近世琉球の王府芸能と唐・大和

板谷　徹著

岩田書院

近世琉球の王府芸能と唐・大和　目次

Ⅱ　唐・大和の御取合と若衆の役割

【資料】

【巻末写真】

表紙口絵

「琉球楽童子白馬乗之図」（沖縄県立博物館・美術館蔵）

序にかえて

御冠船踊りまたは王府芸能への視角

本書は近世琉球の王府に行われた芸能である御冠船踊りに係る論文を編んで一冊とした。近世琉球と唐(中国)・大和(日本)との外交関係のなかで御冠船踊りの果たした役割を考えることが当初に設定したテーマであったが、研究の過程で御冠船踊りという概念に不都合を生じることとなり、むしろ王府芸能とすべきであるとの結論に至った。まずその経緯を説明し、次にもっぱら外交儀礼を上演の場とした王府芸能を考察するための資料の概略を述べて研究の方法を示し、本書の序にかえる。資料が文献に偏るのは王府芸能が置かれた環境に注目するためので、本書でその芸態に言及することは少ない。芸態については村踊りの調査を踏まえて次の課題として構想している。なお本章は全体の凡例をも兼ね、引用文献の表記方法および参照いただきたい拙稿などを(1)【　】で示す。

【本書は「序にかえて」とする本章のほか一〇篇(章)の論文(洋数字)を五部(ローマ数字)に構成したが、見出しは部も章も数字のみとし、本文中に言及する際には第〇部、第〇章と記した。また本書における**年代表記**は、原則として西暦に琉球で用いた中国暦と大和の和暦を併記して「一七一九年(康熙五八/享保四)」などとしたが、文脈から中国暦と和暦の一方だけを併記することもある】

一　御冠船踊りまたは王府芸能という概念

朝貢・冊封関係にあった中国皇帝が勅使（冊封使）を琉球に派遣して冊封する行事を、勅使が乗船する船の名称から琉球では冠船と称した。冠船の際に行われた芸能という意で近代に御冠船踊りの語が通用するが、もとになったと思われる「冠船躍」を近世の王府文書に求めてもわずか数例を見出すに過ぎない。冠船躍の用例は一八三八年（道光一八／天保九）の尚育冊封に際して芸能を準備した躍方の記録である『冠船躍方日記』（尚家文書八一、八二）に限られ、戌（一八三八年）五月二九日条には「冠船躍外組躍羽おとり数番相仕組」とみえる。勅使滞在中、尚育に姫が誕生してその「御伽」[2]を命じられた躍方が準備を始めた記事である。「冠船躍外」とあるからそのあとに続く、現在は御冠船踊りそのものと考えられている「組躍羽おとり」は冠船躍に含まれない。同年の仲秋宴で「神歌こねり」（おもろ）に続いて演じられた多人数の若衆と二才による「入子躍」は、組踊り創始の一七一九年（康熙五八／享保四）以前から冠船芸能の中心であった若衆の芸能を引き継ぐ演目で、その配役と稽古が組踊り、端踊り（「羽おとり」）に先んじて行われ、特別に扱われたことが同日記から知られるので[3]、この冠船躍は入子躍をさすと考えて間違いない。ただし同日記におけるほかの用例では戌一二月に「冠船躍首尾能相仕廻候為御褒美」とあり、褒美の対象は「奉行中取師匠幷躍人数歌鳴物唐棒獅子舞筆者加勢□□支度師迄」であるからこの冠船躍は冠船に躍方が準備した芸能全体をさす。また酉（一八三七年）八月六日（「冠船躍稽古之作花」）、戌三月（「冠船躍稽古之作り花」）の作花はこの年の台本である伊波普猷『琉球戯曲集』（春陽堂、一九二九年）には入子躍の若衆および女踊りの着付にみえ、この冠船躍が「入子躍」のみをさすとは断じ難い。冠船躍が冠船の芸能全体をさす語として使われることはあっても（第1章、二九頁）、とくに「入子躍」を冠船躍とする意識が王府にあったことは注目されねばならない。

近代に冠船の芸能を御冠船踊りと総称したことは間違いではないとしても、一六〇九年（万暦三七／慶長一四）の薩摩侵攻以降に王府から鹿児島に派遣され（薩摩上国）、江戸に参府した（江戸立）王子使者が帯同した芸能が近世琉球の王府に行われた芸能という視野からは欠落する。中世の紋船使の帯同に始まる管絃（御座楽）は、侵攻後も薩摩上国、江戸立に伴われて帯同芸能の中核となり、御座楽と同じく中国から伝習した中国語による演劇の唐躍、冠船にも行われた端踊りの琉躍が、御座楽に遅れて一八世紀から王子使者に帯同されるようになる。冠船に行われた琉球固有の芸能（組踊り、端踊りなど）と中国伝来の御座楽、唐躍を含む薩摩上国、江戸立の芸能にはずれがあり、御冠船踊りの語を中国伝来の御座楽、唐躍にまで及ぼすには無理がある。薩摩上国、江戸立においては琉躍よりむしろ御座楽、唐躍が政治的、文化的に重要であった。

明治一二年の廃藩置県（琉球処分）による王府廃絶の後、中国伝来の御座楽、唐躍は「国王公介」「他国御公界」（次頁参照）という上演の場を失って伝承が絶えたが、同じ事情にあった組踊り、端踊りは芝居に活路を見出して生きのびることができた。御冠船踊りは琉球固有の芸能をさしての呼称であり、それゆえに近代において沖縄のアイデンティティとなりえたのであろう。そのことを顧慮すれば御冠船踊りの語にも充分な意義がある。しかし近世琉球に行われた王府の芸能全体を視野に収め、それらの芸能の様式的完成の契機が唐・大和との外交にあったとする理解に基づき、両国との外交における芸能の役割を解明しようとする本書の立場を示すためには、王府芸能という語が相応しい。

二　王府芸能と士族

唐・大和との外交関係を「御取合（うとぅいえー）」という言葉で捉えるべきであるとしたのは豊見山和行であった(4)。御取合はつきあいという程の言葉で、唐・大和の御取合には料理と芸能による御取持（うとぅいむち）が行われた。一四〇四年（永楽二／応永一一）に始まる唐の御取合（朝貢・冊封関係）のなかで渡唐使節が芸能を帯同することはなかったが、新しい国王を冊封するために渡来する中国皇帝の勅使を饗応する宴が設けられ、はじめは若衆を中心とした芸能、一七一九年（康熙五八／享保四）の組踊り創始以降は次第に二才が加わった芸能が供された。他方の大和の御取合においては、薩摩侵攻以降に上国する王子使者は三種の芸能（御座楽、唐躍、琉躍）を帯同して薩摩藩主に対する御膳進上の場で披露し、また江戸城では御座楽を徳川将軍の上覧に備えた。江戸城で琉球使節が将軍に御膳を進上することはなかったが、薩摩藩主に対しては料理と芸能による御膳進上を御取持とした。琉球で芸能を御取持とする原型は村々の祭りにみられ、村の守護神である獅子加那志の御取持として芸能を行うのは、獅子加那志が芸能を好むと理解されたことによる（一六二頁）。従って唐・大和の御取合における芸能の御取持も琉球古来の慣習に根ざし、芸能を最上のもてなしと考える琉球の姿勢を示したに過ぎない。

琉球が明から、明の滅亡後は清から伝習を受けた御座楽（音楽）、唐躍（演劇）は、かつて中国からの移民によって形成された久米村で伝承され、王府は久米村に対して伝承に怠りなきことを命じて「唐歌唐躍」（歌楽、唐躍）を「御当地御用迄ニ而無之他国御公界向相懸格別成芸術(5)」（『三平等兼題文言集』）とした。また御座楽は首里城御書院の小姓に伝習させて「国王公介並礼式ノ時(6)」（『琉球藩官職制』）に奏され、唐躍は江戸立などの際に久米村の師匠が約一年間をかけて首里の士族に伝授する。ここにいう「公界（公介）」が御取合である。

久米村が伝承に関与する中国伝来の歌楽、唐躍のみならず、一七八六年（乾隆五一／天明六）に制定されたと『球陽』が伝える『褒美条例』の一項に、

諸芸能致伝受御用ニ相立世上之為ニも相成候者、士は御見合を以或位或品物或役儀をも被仰付、無系之者ハ相当之位又ハ芸能之品ニ依て品物をも可被成下事(7)

とあるのは、歌三線、組踊り、端踊りなどを含めた芸能であろう。百姓（無系）は家譜を持たぬゆえに芸能による報奨の実態は知られないが、士族（系持）は芸能が「御用ニ相立世上之為ニも相成」る場合に家譜に記録される。もちろん私的な機会での芸能に報奨が与えられるわけはなく、「御当地御用迄ニ而無之他国御公界向」「国王公介並礼式ノ時」など国の「御用」に立つ場合に限られる。

芸能が報奨の対象となるべきものであったことからすれば、士族の任職、叙位、勲功などを記す公的記録の家譜(8)が近世琉球における王府芸能の基本史料となることはいうまでもない。

家譜の編纂は一六八九年（康熙二八／元禄二）に系図座が設置され、「始めて群臣をして各家譜を修せしめ、已に二部を謄写して以て上覧に備ふ。其の一部は御系図座に蔵し、一部は御朱印を押して以て頒賜を為し、各伝家の至宝と為す」（球陽・五五一）ことに始まる。一八九四年（光緒二〇／明治二七）に「旧御系図座筆者足」によって作成された家譜の目録『氏集』所収二八九一冊（奥書。通し番号では二八六五冊）のうち後世の編集本を含めて約六〇〇冊（『氏集』脱分を含む）が那覇市歴史博物館に収集され、全体の約五分の一が現存する。(9)残存数は少ないが、家譜から唐・大和の御取合における王府芸能の概要が知られる（拙稿「家譜にみられる芸能資料」1冠船、2江戸上り、3薩摩上国。『ムーサ』八～一〇、二〇〇七～二〇〇九年）。なお原本、写本などの用語は書誌学におけるそれとは異なり、家譜においては王

府印のあるものを原本、原本をそのまま書写するが王府印のないものを写本とし、後世に作られた読み下し本、家譜本来の体裁をとらずに書き直したものなどを編集本として区別する(『氏集』増補改訂版(那覇市市民文化部歴史博物館、二〇〇八年)凡例)。

【家譜の引用は「某姓(〇〇〇)〇世某」など、家名(唐名の姓)、『氏集』の通し番号、代数、名乗とする。原則として名乗で表記したために家譜によっては唐名による見出しと異なることがある。また家譜を翻刻する『那覇市史』資料篇第一巻六家譜資料二久米村系家譜(一九八〇年)、同七家譜資料三首里系家譜(一九八二年)、同八家譜資料四那覇・泊系家譜(一九八三年)の引用は「那覇市史家譜資料二・一二三頁」などと略記する】

王府芸能は士族の務めるものであって専業芸能者が王府に存在したわけではない。御座楽が王府以外の士族社会で行われた記録はなく、唐躍も久米村の明倫堂で行われたことはあっても士族社会に普及することはなかった。御座楽、唐躍はいわば王府の所有する芸能で、士族は必要に応じてこれを伝習して御用に立てた。ところが尚穆王代に三司官を務めた伊江親方朝睦(一七八二〜一八〇一年在職)の日記『伊江親方日々記』にみられるように、歌三線、組踊り、端踊り(琉躍)は士族社会に広く流布した芸能であった。近世琉球末期の評定所文書に残る鹿児島琉球館の在番親方から王府へ報告する「従大和下状」には、鹿児島で行われた琉球の芸能に王子方、使者方、在番方の三種があったことが知られる。王子方の芸能は薩摩藩主に対する御膳進上のためにあらかじめ約一年間の準備をして王子使者が帯同し、使者方は王子方のような準備はせずに按司使者などの従者から出され、在番方は琉球館に在番する士族から仕組まれる(第8章第三節)。琉球館勤務の士族は芸能のための上国ではないから、在番方や使者方の芸能によって近世琉球の士族に芸能の素養が広く備わっていたことが窺われる。

士族に備わった芸能的素養、士族社会に行われた芸能を土台として唐・大和の御取合に役立てられるべき琉球固有の王府芸能が形成され、一定の様式的完成がなされたことは、玉城朝薫による組踊りの創始や若衆の踊る女踊りから二才の踊る女踊りへの成熟などの例によって明らかである（第8章第二節4）。しかしこのように形成された王府芸能のすべてがふたたび士族社会に還流したわけではなかった。

端踊り（琉躍）の女踊りに注目すると、冠船では後述する故事集から窺えるように少なくとも一九世紀の女踊りは地謡（琉歌のみで節は不明）が固定化され、様式的に完成する（第6章）。一八三八年（道光一八／天保九）の冠船で前年八月の躍人数任命に先立って「躍師匠共おとり手覚相始候」（尚家文書八一、八二『冠船躍方日記』酉八月一日条）と躍師匠の準備が始まる記事はおもに組踊りをさすと思われるが、歌と節が固定された端踊りの振付もまた稽古に先立って躍師匠が確認すべきものになっていたことを示唆する。ところが薩摩上国、江戸立に残された文献資料にみる限り女踊りの琉歌（あるいは節も）は時々に異なり、また最後の冠船の翌年（一八六七年）に八重山で「当島滞在本部里親雲上より稽古いたし」(10)た躍番組では、冠船の女踊り（故事集）とも現在の琉球舞踊の女踊りとも異なる歌と節で踊られる。

近世以来、間切役人の子弟の首里奉公や士族の地方下りなどを通して村々に伝播した、村踊りの女踊りもまた同様である。少なくとも近世琉球の女踊りには、地謡と振付の固定された「冠船の女踊り」と、踊られるたびに歌と節、さらには振付を変えて創意を楽しんだと思われる「沖縄《うちなー》の女踊り」の二種があり、最後の冠船（一八六六年）の頃まで士族の嗜好は冠船の女踊りとは別のところにあった。

【拙稿「女踊り『諸屯』の成立―琉歌の視点から」（『沖縄県立芸術大学紀要』二〇、二〇一二年）】

冠船に際して組織された躍方が管轄し、冠船のために任命された躍師匠のもとで稽古が行われる冠船の女踊りに対して、薩摩上国、江戸立において歌楽（御座楽の一部）、唐躍の師匠が久米村から任命されたことは家譜にみえても、琉躍の稽古の実態を示す史料は見出せない。わずかに一八四五年（道光二五／弘化二）、中城王子御目見上国の宥免を謝する御礼使義村王子朝章に躍方が組織されたらしいことが文書名のみ残る「義村王子上国ニ付踊方日記」から知られるが⑪、この時は薩摩上国に組踊りが帯同された唯一の事例で、組踊りのために例外的に躍方が組織されたと思われる。

唐、大和の御取合における王府の姿勢は異なり、大和の御取合では王府の芸能である御座楽、唐躍に、いわば士族の芸能(沖縄《うちなー》の女踊り。冠船の諸宴等に出されなかった二才踊りもまた同じ)を加えて帯同させた。他方、唐の御取合にあっては士族の芸能である女踊りも冠船の女踊りとして躍方の管轄下に置く。沖縄の女踊りと冠船の女踊りの違いは唐、大和の御取合における王府の姿勢の違いを象徴する。王府芸能は王府が管理した芸能であるとともに、王府が唐、大和に示そうとした琉球の自己表象であったところに士族社会に行われた芸能との違いがあり、王府芸能という概念を用いる必要がある。

なお本書の主題にとって重要な位置を占める冠船の女踊りと沖縄《うちなー》の女踊りの概念はいまだ文献資料から導き出された作業仮説に過ぎず、いずれ芸態に立ち入ってあらためて検討することとしたい。

以下、本書のテーマを進めるために必要な史料を概観する。

【**『球陽』**の引用は沖縄文化史料集成5『球陽』読み下し編(角川書店、一九七四年)により、同書に附された通し番号によって球陽・五五一あるいは球陽附巻・二七などと記す】

三　唐の御取持

唐の御取合の琉球における基本史料は『中山世譜』で、琉球から中国へ派遣された使者(朝貢使、接貢使、慶賀使、謝恩使など）と中国から琉球へ遣わされた冊封使が記録される。

唐の御取持すなわち冠船における芸能についての通時的資料はこれまで中国に遺された使琉球録[12]に限られ、冠船における芸能の転回点をなす、玉城朝薫が躍奉行を務めた一七一九年（康熙五八／享保四）の冠船以前についてそれが顕著である。一五三四年（嘉靖一三／天文三）の陳侃『使琉球録』を嚆矢とする以降の使琉球録が通時的資料になるのは、勅使が常に「旧使録」（夏子陽『使琉球録』）を参照し、それを検証して新たな使録を著すという姿勢によるところが大きい。琉球の芸能を夷曲、夷戯、夷舞などとする中華思想の制約は免れず、また中国文化のフィルターを通して芸能に係る語彙が選ばれたとしても、そこから冠船の芸能とその変遷を想像することは可能である。その際に問題となるのは書誌とテクストに係る史料批判で、夫馬進編『増訂／使琉球録解題及び研究』（註12）によってようやく使琉球録を扱う根拠が与えられた。

原田禹雄の使琉球録（冊封使録）全訳[13]も裨益すること多く、使琉球録の全体が示された意義は大きい。戦前にはわずかに台湾銀行経済研究室刊の台湾文献叢刊に収録されたテクストのみであったが、戦後になってようやく『那覇市史』資料篇第一巻三（原文編、読み下し編。一部抄録。一九七七年）に収められ、中国でも『国家図書館蔵琉球資料』（北京図書館出版社。彙編、二〇〇〇年。続編、二〇〇二年。三編、二〇〇六年）に影印が収められ、電子データとしても拇指数据庫の『琉球史料』（愛如生数字化技術研究中心、二〇〇六年）が出版されるなど史料環境は格段に充実する。さらに大規模プロジェクト「沖縄の歴史情報」で本文校訂にも着手されるが、その後の進展はない。

北京の故宮博物院に蔵される徐葆光『中山伝信録』の皇帝献上本『琉球冊封図』が近年紹介されて[14]新しい知見が得られ、『増訂／使琉球録解題及び研究』に未収の汪楫『使琉球雑録』の異本（献上本）も故宮博物院に新たに見出され、本文の異同が発見されるなど、使琉球録には異本の調査や本文校訂などの基礎的研究がなお必要であろう。

徐葆光『中山伝信録』の一七一九年には、戦前の沖縄県立沖縄図書館に架蔵されて戦災で失われた同年八月の『冠船日記』があって評価《ハンガー》をめぐる折衝や仲秋宴の記述が詳しく、その筆写本が台湾大学図書館に蔵される。[15] この『冠船日記』のように、冠船に際して膨大な記録が王府で作成されたことが一八三八年(戌)と一八六六年(寅)に編まれた『冠船方諸帳』(尚家文書一二八、一二五二)から知られ、『冠船日記』はそのもっとも古い時期の貴重な一点である。那覇市歴史博物館に移管された尚家文書の「冠船関係資料」には一九世紀の二〇三点が収められ、一八〇〇年(嘉慶五／寛政一二)の三点がもっとも古く、次いで一八〇八年(嘉慶一三／文化五)の一点、残りは一八三八年(道光一八／天保九)の戌の冠船、一八六六年(同治五／慶応二)の寅の冠船の史料である。

【尚家文書の引用は、那覇市歴史博物館編『国宝「琉球国王尚家関係資料」のすべて―尚家資料／目録・解説』(沖縄タイムス社、二〇〇六年)の通し番号を附して書名を示す**】**

なかで注目すべきは『冠船躍方日記』[16](尚家文書八一、八二)で、冠船の芸能を準備した躍方の、準備過程における躍人数の任命、稽古、時々の国王等による上覧の仕組躍、演目決定の手続きなどが詳しく知られ、また御取持の機会として「宴毎幷摂政御殿王子御殿ニ而躍之節々」(戌八月一三日)が挙げられ、諭祭、冊封を除く仲秋宴以降の五宴と、仲秋宴、重陽宴の間に恒例として行われた弁ヵ嶽遊覧、末吉社檀遊覧が、躍方の受け持つべき芸能の御取持であったことが明らかとなる。また躍方の担当する首里躍に対して那覇御座当の仕組む那覇躍が別にあったことも、尚家文書の断片的な史料から知られる(第6章)。

那覇躍の存在は故事集によっても明らかとなる。故事集は勅使などの鑑賞の便のために用意された冊子で、最後の冠船となる寅(一八六六年)には首里躍の二冊(尚家文書二四八、二四九『丙寅冊封諸宴席前演戯故事』)、那覇躍の一冊(尚家文書二五〇『丙寅冊封那覇演戯故事』)が完全なかたちで遺され、遡って戌(一八三八年)、辰(一八〇八年か)の残欠が存在する。これらの故事集は演目資料として重要なばかりでなく（冠船における演目の全体とその変遷）、使録の芸能記述としては突出する『中山伝信録』（一七一九年）に引用される「説帳」（故事集）を含め、王府が勅使に対して芸能をどのような意図で披露したかを知る手掛かりともなる。故事集における演目名の漢訳、あるいは端踊りの琉歌、組踊りの梗概の翻訳を通して、勅使の御取持に供される芸能に係る王府の姿勢が窺える（第6章）。

故事集とともに注目すべきは、諭祭と冊封の儀礼と冊封の返礼としての「上様天使館江行幸」、宴を中心とする仲秋、重陽、御餞別、拝辞、望舟などの諸宴、勅使の帰国に際しての御乗船、御出船の記録である「御礼式日記」であろう。とくに仲秋、重陽、御餞別、拝辞、望舟の諸宴の詳細な次第は、芸能が行われた場の実態を示す資料として貴重である（第5章第二節、【資料2】）。

現存する尚家文書のすべてが公開されているわけではなく、なお補修を待たねばならぬ史料も多い。現存する尚家文書の目録が知られるに過ぎない現状から、必要に迫られて冠船の芸能に関係する史料約百件の解題を別稿にまとめたが、この尚家文書が冠船の芸能研究にどのように役立つかという見通しはいまだ明確ではない。

【拙稿「尚家文書解題抄—冠船関係資料」（『沖縄県立芸術大学紀要』二一、二〇一四年）】

四　大和の御取持

渡唐使節や冊封使の渡来など、儀礼的側面の強かった唐の御取合に対し、大和の御取合は時に政治的課題を伴った使者の派遣であった。その具体的な様相は『中山世鑑附巻』(17)、『大和江御使者記』(18)に知られ、一六一三年（万暦四一／慶長一八）から一八七六年（光緒二／明治九）までの二六三年間に使者の数は一三九〇名に及ぶ(19)。鹿児島には琉球館（はじめ琉球仮屋）が設置されて在番親方が常駐し、薩摩藩からは在番奉行が送られて那覇の仮屋に駐在した。

『中山世鑑附巻』、『大和江御使者記』は近世琉球の上国使者の基本史料であっても派遣の年月日、使者の氏名と用向きが知られるのみで芸能にはまったく触れられない。芸能の実態はむしろ家譜によって明らかとなり、王子使者の薩摩藩主に対する御膳進上が薩琉関係の外交儀礼として重視され、芸能にとってももっとも重要な上演機会であった。王子使者が御膳進上を行う慣例は仲吉朝助「古老集記類」に明確に示され、[20]『鹿児島県史料』薩摩藩法令史料集三（鹿児島県、二〇〇七年）には藩主に対する家臣の御膳進上とは別に王子使者の御膳進上の項目が立てられ、一七九六年（嘉慶一／寛政八）の大宜見王子朝規の鹿児島における御膳進上の次第が範例として収められて、薩摩藩における御膳進上の位置づけが知られる。江戸立において江戸城で奏楽される御座楽とは異なり、唐躍、琉躍は御膳進上のための帯同であるという視点が従来の芸能史研究には欠けていた。つまり、江戸立は薩摩藩主に対する儀礼と徳川将軍に対する儀礼より成り、芸能からみれば江戸城では御座楽のみが行われ（歌三線を含む）、薩摩藩主への御膳進上では御座楽、唐躍、琉躍が行われた。江戸立は王府による幕府への直接的な御取合ではなく、江戸立が薩摩藩主に率領された琉球使節の参府であったように、むしろ薩摩藩と幕府との関係に取り込まれた御取合であった。従って大和の御取合の大和は、実質的には薩摩をさす。

薩琉関係の基本史料に鹿児島琉球館の在番親方からの報告（従大和下状）を含む『琉球王国評定所文書』（全一九巻、浦添市教育委員会、一九八八～二〇〇二年）、『琉球館文書』（琉球大学附属図書館仲原善忠文庫蔵）と、薩摩藩の藩政史料である『旧記雑録』（鹿児島県史料。前編二巻、後編六巻、附録二巻、追録八巻。鹿児島県、一九七〇～一九八七年）がある。**『琉球王国評定所文書』**の引用は、「評定所文書十四・四六六頁」などと巻数・頁数で記す。**『旧記雑録』**の引用は『鹿児島県史料』により、「旧記雑録後編五・六四」（漢数字は『鹿児島県史料』の巻数と文書番号）などと記す。また『島津家歴代制度』を収める『**薩摩藩法令史料集**』(一〜六。鹿児島県、二〇〇三〜二〇一〇年)も同じく「法令史料集一・八〇九」などとする】

江戸立が成立する一六四四年(順治一/寛永二一)以前の寛永期には薩摩藩主の島津家久が琉球から召し寄せて京、江戸で奏楽を行わせ、一六〇九年の薩摩侵攻以前には中世に始まる紋船使が琉球から遣わされ、その末期(一五九一年以降)には島津氏が紋船使に管絃(御座楽)の帯同を求めて寛永期の御座楽の布石となる。この間に薩琉で交わされた書翰を収める旧記雑録に島津氏の施策と王府の対応が知られ、奏楽の実態はほかに『上井覚兼日記』『隔蓂記』などに記される。

一六四四年(寛永二一)に江戸立が始まると江戸城での儀式に参席する大名衆など へ御次第書(沙汰書)が通達されて大名家に保存され(例えば加賀藩前田家の尊経閣文庫蔵『琉球人音楽被仰付沙汰書』など)、これに使節名簿、献上物、拝領物、書翰などを加えて、来朝記、来聘記、来使記、参府記などの題名を有する書物(以下、江戸立史料と称す)が編まれた。幕府編纂の『通航一覧』(一八五三年頃成るか)は幕府史料やこれらの書物を典拠とする。江戸立に係る史料を総覧する横山學には「琉球文献構成試論」(『琉球国使節渡来の研究』(吉川弘文館、一九八七年)所収資料篇第一)があり、江戸立史料を使って「琉球国使節使者名簿」も作成される。

【『**通航一覧**』の引用は『通航一覧』第一(国書刊行会、一九一二年)により、「通航一覧第一・五四頁」などと記す】

江戸立史料が江戸城での御座楽奏楽と楽器資料を主とするのは幕府が関与するからで、薩摩藩は使節に「楽帖並奏楽儀注等数通」(尚家文書三〇三『将軍代替ニ付御祝儀使者伊江王子江戸立仰渡留』)を用意させ、奏楽の儀に備えた。江戸立史料に収められる奏楽儀注(番組、配役、歌詞など)はこの資料に拠る。江戸立史料からはその歴史のなかで楽童子の存在が形成される過程、唐躍、琉躍の演者の使節における本来の職務を知ることができる。ただし江戸立史料の書誌や解題はいまだなく、琉球史研究にとって基本となる江戸立史料の基礎的作業の進展が望まれる。

王子使者の御膳進上は江戸立においては鹿児島と江戸で行われるのが慣例で、薩摩上国においては鹿児島の一回のみであった。御膳進上の対象となる薩摩藩主はそこで行われる芸能の観客でもあって、江戸では藩主の近親者が列席することはあっても原則として非公開であったと思われる。御膳進上における躍番組は御座楽と唐躍一番、琉躍三番を原則としたらしい（一七六四年の金姓（六四三）七世安執、葛姓（一五〇）八世秀倫）が、番組そのものはひとつも伝存しない。御膳進上以外にも島津家の所望などによって帯同される芸能を演じることがあり、これらの機会には躍番組や絵画資料が残される。『琉球史料』三（京都大学文学部蔵）、『琉球人来朝関係書類』一（原本不明。琉球大学附属図書館に複写）、『琉球関係文書』三、一四（東京大学史料編纂所蔵）などに躍番組が収められ、歌謡資料ではあるが『小唄打聞』（東京大学総合図書館蔵）所収「琉球唄」も躍番組と考えられよう（寛政二年の江戸立に採集されたか）。琉躍の詞章については宮城栄昌に「近世日本における琉歌について」（『新沖縄文学』三九、一九七九年）がある。また江戸立の芸能を描く絵画資料については別稿に概観しておいたが、とくに天保三年（一八三二）の江戸立を描く杉谷行直「琉球人坐楽之図」（永青文庫、熊本大学附属図書館寄託）は記録性の高い優れた芸態資料であり、冒頭の第一図（奏楽）には隠居した島津斉宣邸に集まった観客が知られる。

【拙稿「琉球使節の芸能を描く絵師—熊本藩御用絵師杉谷行直の場合」（『沖縄県立芸術大学紀要』一八、二〇一〇年）】

御膳進上や江戸城で行われた芸能は初期には御座楽のみであったが、一七一四年（康熙五三／正徳四）の江戸立に唐躍、琉躍が加わり、一八世紀中葉以降の変化はほとんどない。ただし一八〇六年（嘉慶一一／文化三）、一八三二年（道光一二／天保三）の江戸立で御膳進上が鹿児島の一回のみとなるが、御座楽だけにせよという薩摩藩の指示（『琉球館文書』四）は経費節減を理由としたものであった。経費節減は王府にとっても好都合であったはずだが、国王襲封の謝恩使を視野に入れ、「国王一世一代之礼式ニ茂相懸り候」(同史料)という文言を持ち出して現状を維持する[21]。島津氏が御座楽を政治的に利用したことに始まる薩摩上国、江戸立の芸能は、琉球がその主体性を発現し、あるいは中国文化の受容を誇示する手段に変化していた。

琉球が受容した中国文化の誇示という点で唐躍は大きな役割を果たした。江戸城奏楽のために奏楽儀注を用意したと同様に、恐らく薩摩藩主のために琉球使節は戯文和解(梗概)、戯本(台本)を準備し、江戸立史料に収められることがあった。薩摩藩の歴代藩主のなかでもとくに蘭学、漢学を好み、中国語辞書『南山俗語考』の著もある島津重豪にとって唐躍は恰好の語学材料となり、一七九六年(嘉慶一/寛政八)の江戸立の際、命じて台本と和訳を『琉球劇文和解』の標題で編纂させた。この一書をして王府が江戸立(上国)使節に唐躍を帯同させた意図は充分に果たせたといえよう。

島津氏による王府芸能の利用は中世の天正以降、近世の寛永年間まで時々の政治的状況に起こる出来事となって江戸立の制度化につながるが、王府の場合は逆に制度を利用して宝永七年以後の江戸立(薩摩上国を含む)において持続的にその主張を貫徹したといえようか。

おわりに

以上、『近世琉球の王府芸能と唐・大和』と題する本書の主題と方法(資料文献)を述べ、順不同ながら収録論文の収まるべき位置を示した。本章「御冠船踊りまたは王府芸能への視角」と第Ⅰ部「御冠船踊りの相貌」は研究対象を概観する全体の序となり、続く第Ⅱ部「唐・大和の御取合と若衆の役割」は古琉球から近世琉球への推移のなかで一貫して王府文化の基底にあった若衆の存在に注目した。若衆についてのまとまった資料の得られないことが研究の進展しない理由であろうが、若衆への視点を欠いて近世の琉球芸能史は成り立たない。

註

（1）資料の引用にあたって、適宜読点を付し、中略などは…で、改行は／で、割字は〔　〕で示す。

（2）『恩納字誌』（字恩納自治会、二〇〇七年）は恩納村恩納に「夜伽」と呼ばれる習俗のあったことを伝える。「産後いろいろな悪霊から産婦と産児を守るという意を込め、親戚の男たちによって賑やかに歌い踊り悪霊払いをした」（三八一頁）という夜伽は王家の御伽に通底するものであろう。

（3）『冠船躍方日記』酉一〇月二二日の条に、「今日摂政三司官衆御始表御人数入子躍御しらへニ付」とある。この時、「上様／聞得大君加那志様／佐敷按司加那志様／野嵩加那志様」上覧があった。

（4）豊見山和行が「敗者の戦略としての琉球外交―『唐・大和の御取合』を飼い慣らす―」（『史苑』第七〇巻第二号、二〇一〇年）に提示した。

（5）『那覇市史』資料篇第一巻一一琉球資料㊦（那覇市役所、一九九一年）二三二頁。

（6）筑波大学附属図書館蔵。書院の項。

（7）『沖縄県史』第一四巻資料編四雑纂一（琉球政府、一九六五年）一五八頁。「明治六年大蔵省調」の『琉球藩雑記』所収。なお球陽・一三八〇には「報奨条例」。

（8）田名真之「解説」（那覇市史家譜資料㈢（1）頁。なお本稿でいう家譜は本島系家譜（首里系、那覇系、泊系、久米系）をさす。

（9）正式には『氏集／首里那覇』（那覇市市民文化部歴史博物館、二〇〇八年。一九七六年初版の増補改訂版）。引用は同書九五頁。家譜については註8のほか、田名真之「琉球家譜の成立とその意義」（『沖縄史料編集所紀要』四、一九七九年）、同「琉球家譜の成立と門中」（『歴史学研究』七四三、二〇〇〇年）などがある。

（10）『本田安次著作集／日本の伝統藝能』第一八巻（錦正社、一九九九年）三三三頁。

（11）『旧琉球藩評定所書類目録』（浦添市教育委員会、一九八九年）八三頁。

（12）夫馬進編『増訂／使琉球録解題及び研究』（榕樹書林、一九九九年）は使朝鮮録と対比させて「使琉球録」を採る。本書では琉球への勅使による使録を「使琉球録」と総称し、書名の場合は『　』を付して一般名詞と区別する。

（13）『冊封琉球使録集成』全一一巻（榕樹書林、一九九五～二〇一一年）。訳注は『簫崇業・謝杰／使琉球録』のみ三浦國雄が加わる。

（14）沖縄県立博物館・美術館特別展「中国・北京故宮博物院秘蔵　甦る琉球王国の輝き」（二〇〇八年一一月一日～一二月二一日）。

（15）『国立台湾大学図書館典蔵　琉球関係史料集成』第一巻（国立台湾大学図書館、二〇一三年）に麻生伸一による解題、翻刻、現代語訳を収める。

（16）科研報告書『尚育王代における琉球芸能の環境と芸態復元の研究』（二〇〇三年）に翻刻を収める。

（17）本書では横山重編纂『琉球史料叢書』第五巻（一九七二年、東京美術）を用いた。

（18）尚家文書三一〇とその筆写である、東恩納寛惇文庫本、東京大学史料編纂所本がある。

（19）山田哲史「上国使者一覧―中山世譜による分類・整理―」（『史料編集室紀要』二三、一九九八年）。

（20）『近世地方経済史料』第九巻・第一〇巻（吉川弘文館、一九五八年）。王子使者の御膳進上については第一〇巻二八三頁。「古老集記類」は仲吉朝助編『琉球産業制度資料』に収められ、同書には「仲吉朝忠日記」と注記される。西原文夫『沖縄近代経済史の方法』（ひるぎ社、一九九一年）所収の「仲吉朝助について」など仲吉朝助の研究（同書一五〇頁）に朝助と朝忠の関係、「古老集記類」の成立にふれるものはない。『琉球産業制度資料』は小野武夫編『近世地方経済史料』全一〇巻（近世地方経済史料刊行会）の第九巻、第一〇巻（一九三二年）に収録され、後に吉川弘文館から覆刻版が刊行される（一九五八年）。本書の引用は覆刻版により、引用は二八三頁。

（21）　紙屋敦之「寛政八年琉球使節の江戸上りについて」（『芸能史研究』二〇二、二〇一三年）一四～一五頁。

（追記）　本研究に欠かせない宝玲文庫所収資料については、同コレクションの担当者であるバゼル山本登紀子氏より所蔵先を「ハワイ大学マノア校図書館サカマキ・ホーレー文庫」とすべきご指示をいただいたが、資料の来歴を明示するために本書では旧コレクション名「宝玲文庫」を用いる。

Ⅰ　御冠船踊りの相貌

1　御冠船踊りの相貌——芸をめぐる人と場——

はじめに

本章は近世琉球に行われた王府芸能研究のもうひとつの序論にあたる。序章での議論にも関わらずここで御冠船踊りの語を標題に用い、文中にも頻出するのは、本章が王府芸能のうちおもに琉球固有の芸能を扱うことによる。

一四〇四年（永楽二／応永一一）に始まる中国との朝貢・冊封体制にあった近世琉球では、国王を冊封する勅使が派遣され、勅使は冠衣を授けることで冊封とする。この冠をいただいて勅使の乗船する船を琉球では冠船と称し、また行事全体をも冠船といった。さらに勅使を饗応する諸宴等の芸能を冠船躍（後述）といった。冠船躍には組踊り、端踊り（若衆踊り、女踊り）のほか、入子躍、神歌（おもろ）、獅子舞、唐棒などが含まれる。

一六〇九年（万暦三七／慶長一四）の薩摩侵攻以降、近世琉球は薩摩藩を通して江戸幕府の支配下に置かれる。琉球には薩摩の在番奉行が常駐し、薩摩へ上国する使節も王府からたびたび派遣された。また徳川将軍の襲職に際しての慶賀使、琉球国王の襲封に際しての謝恩使も鹿児島や江戸へ芸能を帯同した。とくに後者の江戸立には必須とされ、明清楽である御座楽とともに唐躍、琉躍が準備され、御座楽は江戸城で、また薩摩藩主に対する御膳進上においては御座楽、唐躍、琉躍が演じられた。琉躍は若衆踊りを除く女踊りと二才踊りの端踊りで、組踊りは一八四五年（道光二五／弘化二）の鹿児島での「琉組躍」[1]を唯一の例外として国外での上演記録がない。

士族社会でも芸能が行われ、一七八二年（乾隆四七／天明二）から一八〇一年（嘉慶六／享和一）まで三司官を勤めた伊江親方朝睦の日記『伊江親方日々記』[2]に、士族社会での芸能の様子が窺える。薩摩の在番奉行や寺の長老を私宅に招請した席（夜咄）の座興に躍や歌、狂言（組踊り）などが用意され、家の祝い事や家人の帰国を待つ留守宅での慰めにも「をとり狂言」が行われていた。

伊江殿内での芸能は士族自身が行うとともに多くの場合は地頭地から奉公に上がった間切役人の子弟の演じるもので、奉公を終えて芸能が地方の村々に持ち帰られた。また一八七九年（光緒五／明治一二）の廃藩置県によって禄を離れた士族は地方に下り、芸能に堪能な士族はこれを村人に教えて生活の資とした。これが村踊りとして現在も字の行事のなかで行われている。

首里王府時代、これらの機会に士族の男子によって行われた芸能は、一八七九年（明治一二）の廃藩置県以降王府を離れて民間の芝居に伝承され、そのうちの端踊りは現在の琉球舞踊となってとくに戦後は女性舞踊家が主体となり、組踊りは一九七二年（昭和四七）の本土復帰を機に息を吹き返す。従ってこれを芸態の側面から研究するためには近代における変化を見極める必要があり、また地方に伝播した村踊りの伝承を視野に入れなければならない。

中国の朝貢・冊封体制に組み込まれ、また江戸幕府の間接的な支配をうけるという近世琉球の対外的立場は王府芸能のあり方に深く関与した。芸能の置かれた社会的、政治的環境が芸の質に深く関わっていることから、本章ではまず御冠船踊りを環境の側面から取り上げてその相貌を描くことにしたい。その際、踊り手の資格や立場、あるいは上演機会を検討することが御冠船踊りの本質を明らかにすることになると思われる。副題を「芸をめぐる人と場」と題する所以である。

ところでこの「御冠船踊り」という言葉は、近代以前の文献にはみえない。

近代には「戌の御冠船」「寅の御冠船」など、勅使の来琉した年の干支をかぶせてその時の芸能を指す習慣がある。戌の御冠船、つまり一八三八年（道光一八／天保九）に勅使饗応の諸宴等に供せられる芸能を準備した躍方の記録である『冠船躍方日記』[3]では、芸能を「羽躍組躍入子躍獅子舞唐棒」（酉二月三日、戌八月一日）、「組躍羽おとり」（酉六月二三日、九月一日、戌三月一八日）などと具体的に列挙して記すほか、これを総称して「冠船躍」（酉八月六日、戌三月、戌五月二九日、戌一二月五日）とも呼ぶ。[4] しかしその過半は「躍」とのみ記される。日記では躍方と称する役所を冠船躍方とも書き、また冠船躍奉行、冠船躍人数、冠船躍衣裳ともするように、これらの言葉は冠船の時の躍方、躍奉行、躍人数、躍衣裳という程の意味で、冠船躍という呼称は芸能の様式を示すものではない。

琉球の正史である『球陽』には「演戯」とあり（球陽・一四七二）、また勅使に組踊り、端踊りなどの内容を漢文、漢詩で示す故事集の標題にも「演戯」を使う。[5] 士族の系図である家譜には躍あるいは戯舞と記され、戯舞も演戯も組踊りと端踊りを含んだ中国風の名称であった。

江戸立などの際、家譜に琉球躍[6]、琉躍、球躍、球戯などとあるのは、同時に演じた中国演劇の唐躍、漢躍、漢戯と対にする必要があってのことだろう。前述のように国外で組踊りが演じられることはほんどなく、琉球躍以下は端踊りを指している。

また『伊江親方日々記』には、「羽をとり組躍」「をとり狂言」などとみえ、士族社会のなかでは組踊り、端踊りというか、総称して躍とのみいっていたことが窺える。

これらの芸能名称は上演機会や記述される文書の性格によるものであり、芸能の内容がそれぞれ異なることを示す資料は見出せない。[7] つまり芸能としてはひとつであり、琉球の士族社会における内部的な名称と対外的名称として考えることができよう。様式を指す名称としては対外的な琉球躍や琉躍が相応しいがここには組踊りが含まれない。一方の冠船躍も、冠船に上演機会が限定されるという不都合がある。しかし一七一九年（康熙五八／享保四）に躍奉行を勤めた玉城朝薫が組踊りを創始して初めて重陽宴に供したように、王府の芸能が冠船の場を中心に形成されたことは疑いない。従って本章では冠船躍を冠船の場で生成され、その他の場でも行われた琉球固有の芸能の総称として用い、今日の通称を採って「御冠船踊り」と表記する。

一　御冠船踊りを担う人

1　若衆と二才

冠船の芸能は明、清を通じて一様ではない。躍奉行であった玉城朝薫が組踊りを創始した一七一九年の冠船を芸能内容の画期とすれば、その前と後では端踊りにも大きな変化がある。

一六〇六年（万暦三四／慶長一一）の冠船では「士戯アリ。聞ク、皆、王宮ノ小従者及ビ貴家ノ子弟之ヲ習フト」（夏子陽『使琉球録』）、一六三三年（天啓六／寛永一〇）には「歌童五十余高歌低舞シ、共ニ夷戯ヲ演ズ」（杜三策『琉球真記奇観』）、一六八三年（康熙二二／天和三）には「余ハ皆小童、歳ハ八九才ヨリ十四五ニ至ル、悉ク朝臣ノ子弟ナリ、常人ハ与ルヲ得ズ」（汪楫『使琉球雑録』）とある。いずれも元服前の若衆をそのおもな担い手とした。

玉城朝薫が躍奉行を勤めた一七一九年の使録、徐葆光の『中山伝信録』は芸能の記述に詳しく、仲秋宴と重陽宴のうち、端踊りの演目と踊り手についての記述のみを抜き出すと以下の通りとなる。

【仲秋宴】

笠舞（小童可十三四歳四人）、花索舞（四小童）、籃舞（小童三人可十余歳）、拍舞（幼童四人）、武舞（武士六人）、毬舞（小童二人、二青獅）、桿舞（小童三人）、竿舞（小童四人）

【重陽宴】

団扇曲（六童）、掌節曲（三童）、笠舞曲（四童）、籃花曲（三童）

「武舞」のみが二才の行う後の唐棒らしく、他は幼童あるいは「十余歳」「十三四歳」の小童、すなわち元服前の若衆が踊る。

端踊りには若衆踊り、女踊り、二才踊りの種別があった。琉球では元服後の二十代、三十代の男子を二才と呼び(8)、髪を真結にする元服前の時期を若衆という。若衆踊りは年齢的にも実際の若衆が踊り、二才踊りは同じく二才の踊るものであった。とすれば二才の「武舞」を除く右の端踊りはすべて若衆踊りというべきかもしれない。池宮正治は一六八三年の『使琉球雑録』に「短襖長裙」とあるのを胴衣下袴とし、ここに若衆の踊る女踊りの初出をみる(9)。若衆踊り、二才踊りに対して女を踊る若衆の女踊りの出現はやはり画期といえよう。一七一九年の冠船における若衆の踊りのなかで、矢野輝雄は「拍舞」のみを女踊りとし(10)、池宮は「花索舞」「籃舞」「竿舞」に現在の女踊りとの類似を指摘する。しかし冠船については芸能の具体的内容を知る資料を一八三八年（道光一八／天保九）まで得られず、この戌の御冠船では仲秋宴と重陽宴の女踊りに豊平子、小禄里之子、豊見城里之子の踊る「女笠をどり」「団躍」、末吉、国頭子、豊平子、小禄里之子が踊る「天川をどり」があった。末吉を除く里之子と子は譜代士族の元服後の最初の叙位または名乗りであり、若衆が女踊りを踊る一七一九年の冠船と二才が女踊りを踊る一八三八年の間に女踊りの何らかの変化があったと考えられる。

ところが一七一九年の九年前、一七一〇年（康熙四九／宝永七）の江戸立では、一二月七日に「吉貴公率領正副使等到高輪御屋敷、此時　先太守妃陽和院真修院二位御前奏楽」と楽童子であった毛姓（一五三〇）九世盛昌の家譜にあり、『琉球使者記　琉球書簡幷使者接待楽章』（国立公文書館蔵）にその番組が「十二月七日、於松平薩摩守殿高輪屋鋪琉球人楽曲幷おどり之次第」として収められている。太平調に始まる御座楽と「三線歌　琉曲」が終わると、

琉球おとり
　くりまへおとり　女形壱人玉城親雲上
唐おとり
　手はうしおとり　女形二人喜屋武親雲上
　　棚原里之子
手おとり　男形二人湧川親雲上
　　前川親雲上

が続いた。

玉城親雲上は朝薫のことでこの時三〇歳、家譜には通事として「日本之言葉」をよくしたことによる褒賞の記事のみがみえる。[11] 右の踊りは琉躍、唐躍とすべきものであるが他の家譜に記載はなく、あくまでも前引の「奏楽」が中心であった。

これ以前の江戸立、薩摩上国の記録に御座楽以外の芸能がみえるのは、一六五六年（順治一三／明暦二）の年頭御礼使に、「於御城献上　光久公御膳、催琉球躍有興行」（薛姓（三五八）一世利元）、一六八七年（康熙二六／貞享四）の同じく年頭慶賀使に「琉躍」（文姓（六八七）五世常孝）[12]とあるのみである。以後は一七一四年（康熙五三／正徳四）の慶賀使、謝恩使に漢戯球戯、一七一八年（康熙五七／享保三）にはみえず、一七四八年（乾隆一三／寛延一）の慶賀使には唐躍のみ、一

七五二年（乾隆一七／宝暦二）以降になって初めて江戸立の漢戯球戯、漢躍球躍、唐躍琉躍が御座楽とともに恒例となる。

江戸立にあっては、那覇川開船に先立って首里城で餞宴が催され、「王子以下在於南風御殿、漢粧礼式及漢戯球戯恭備　聖覧」（翁姓（一〇六五）七世盛寿、一七一四年）あるいは「着漢衣冠進　城、演習赴江府所行之礼数及音楽漢躍球躍等以備叡覧」（向姓（四）一〇世朝忠、一七五二年）と、御座楽、唐躍、琉躍は約一年間の稽古の末に、国王の検分を受けた。

これらの事実からすれば朝薫の踊った二才の女踊りは江戸立に先立ってあらかじめ準備される公的な芸能ではなく、一八三二年（道光一二／天保三）の江戸立で『琉球人来朝関係書類』一（琉球大学附属図書館蔵）の躍番組に用意、用意外とあるように、いわば用意外に演じられたものかと思われる。現在の「綛掛」につながる朝薫の「くりまへおとり」ではあるが、朝薫のこの記事以外に少なくとも女踊りを一人で踊った記録がない。このことも用意外であり、いまだ伝承にのせられぬ朝薫の個人芸であったことを窺わせる。

一八二九年（道光九／文政一二）の、重富にあった島津家の別荘における躍番組⑬では女踊りを大湾子、国吉子が踊るなど、一九世紀には確実に二才が踊る女踊りのかたちが成立した。女踊りが若衆によって踊られる時代から二才の踊る時代への変化があり、朝薫の踊った「くりまへおとり」を萌芽とする二才による女踊りは江戸立の資料によって一八世紀中葉に確立したことが知られ、その後、冠船においても若衆の女踊りと交代したと考えられる⑭。

冠船の芸能に出演する若衆は躍童子と呼ばれていた。戌と寅における若衆踊りのうち、「鞨鞁をどり」（羯鼓舞）に「恵みある御代や　もたえ栄え」（『琉球戯曲集』）、「万民喜集願聖寿　四海太平綿百世」（故事集）、「麾舞」に「仰瞻天使徳広大」（故事集）など、勅使や国王が歌われてその徳を讃えるなど、祝儀性が色濃くみられる。江戸立の楽童子と対をなす冠船の躍童子はともに祝儀性を担うべき存在であり、冠船の芸能の第一義はこの祝儀性にあったが、技芸を必要とした組踊りの出現が、女踊りの変化と芸の成熟を促したと想像される。

2　躍人数と師匠

戌の冠船（一八三八年）では勅使来琉の前年八月一六日に御書院小姓と御書院、下庫理の小赤頭一一名が「躍中」として雇われ、親雲上以下出仕のない若衆までの三三名が躍人数として仰せ付けられたことが躍方日記にみえる。日記には「御雇」「被仰付」とあるが、家譜には憲令を奉じて、命を奉じてとあり、いずれも国王の任命であった。

当初の任命四四名にはそれぞれ肩書があって四種に分かれる。一は御書院小姓など現在の職名、二は上地里之子親雲上の「赤平村嫡子」など当主ではない者、三は真山戸（童名）の「真壁按司次男」など出仕していない士族の子弟（若衆）、四は与那覇親雲上など肩書のない者で、恐らくは出仕していた当主であろう。与那覇親雲上以下の一二名については国学（王府の教育機関）に問い合わせがなされており（酉八月一八日）、師匠、学生あるいは事務方であったかと思われる。躍方から御書院、下庫理に対しては、稽古が始まるので「御番之勤幷諸公事御免」とするよう申し出がなされ（酉八月）、本職を休み躍方の稽古に専念することが原則であった。ただし桃原里之子親雲上のように、「役者柄宜有之…外ニ人体難見合」きために下庫理当を「懸而」躍人数を勤める例外もあった（戌六月）。

酉の八月一六日以後にも辞退や追加の任命があり、延べ人数は約九六名に及ぶ。それぞれの上演機会での躍人数は仲秋宴八四名、重陽宴四四名、二度の王子・摂政御殿での躍りにともに三四名、餞別宴三五名、暇乞宴四九名であったと躍方日記にはみえる（戌八月八日、同一三日、同一七日、同二二日、同二五日、同二七日）。仲秋宴には多数の若衆、二才で踊る入子躍があり、これを最大としての人数である。これらは首里の、しかも筑登之筋目ではなく里之子筋目の士族から選ばれていたことが家譜や位階からわかる。約九六名の躍人数のうち筑登之筋目は組踊り「執心鐘入」に軽業的芸を要する鬼女を務める宮里筑登之ただ一名であった。

この躍人数がどのような方法で選ばれたのかを躍方日記から知ることはできない。歌人数の場合は酉の三月に内々の「御しらへ」つまりオーディションがあって〈かぎやで風節〉〈伊野波節〉〈干瀬節〉〈子持節〉〈散山節〉の五曲を歌わせ、五月に同じ課題で冠船方の役々が立ち会って正式な「御しらへ」があり、翌六月に任命されてただちに躍奉行羽地按司宅で「三味線稽古取付候」と稽古が始まる。ところが躍人数に「御しらへ」のあったことが躍方日記にはみえず、家格が優先された選抜であったかと想像されるのみである。躍人数の稽古は酉の九月五日から始まり、一〇月二二日、同二七日、一二月一九日、戌の三月五日に国王の上覧があり、それまで原則として毎日の稽古であったものが戌の三月二六日からは「月六度完之仕組方相始候」ことになる。諸宴等の躍番組は戌の五月九日の勅使の那覇川入津後、七月二三日に躍方からの上申によって決定される[15]。諸宴等と上覧の仕組躍の躍番組を合わせると故事集に載る端踊り一五番、組踊り一三番に一致し、そのすべてを躍人数は稽古したらしい（【資料b】【資料c】一七六～九頁）。どの程度持ち役が決められていたかはわからないが、半年以上の連日の稽古で相当に熟達したことであろう。想像を逞しくすれば、首里の士族にあった芸能の素養が、オーディションなしに家格で躍人数を選ぶことを可能にしたとも思われる。

一方の江戸立では御座楽を担当する楽童子は楽童子として任命されたが、唐躍、琉躍は与力あるいは小姓など従者として任命される者が担当した。しかし御座楽の歌楽と唐躍は後述するように相当の期間をかけて準備し、前述のように餞宴での演習を国王の叡覧に備えているから当初から予定された役割であり、稽古期間を想定しての早い任命であった[16]。例えば一七九〇年（乾隆五五／寛政二）の江戸立の諸役は前年一二月一二日に任命され、久米村の毛姓（一一一三）六世致志に、

＊乾隆五十四年己酉四月十九日奉　憲令為　宜野湾王子赴江戸府時楽生之師、賜館首里、毎日在安国寺教授音楽歌曲、翌年五月初十日教竣回家

＊乾隆五十四年己酉十月十七日奉　憲令為　宜野湾王子赴江戸府時唐躍仕組師、□時梁淵在殿内既雖教授特以一人之力悉難教授因此倶在殿内毎日教導、翌年五月初十日全竣回家

と、御座楽（歌楽）と唐躍の教授にあたったことが家譜にみえる。歌楽、唐躍の稽古期間は約一年間で、一方が寺に楽童子を集めての稽古であるのに対し、他方は副使幸地親方の屋敷（殿内）で行われた。歌楽も唐躍も、中国から帰化した人々の住む久米村の士族を師とするが、琉躍の師匠や稽古についての記述は家譜にみえない。(17)村踊りでかつてあったように師匠の家でそれぞれ稽古が行われたのかもしれない。

江戸立の芸能としては御座楽が主であり、御座楽を演奏する楽童子は唐躍、琉躍に出演することはなかった。ただし一八三二年の図巻「琉球人坐楽之図」（永青文庫蔵）によれば唱曲の琉歌では楽童子が三線と胡弓の演奏をする。使節のなかの楽師は図巻にみる限り補佐役で、楽童子を指導し補助する立場にあった。天保三年の楽師五名のうち、池城親雲上は琉躍で胡弓も担当し、城間親雲上は笛のほか立方としても二才踊りの「御代治口説」「網打躍」、「打組踊」（現在の「しゅんだう」）の醜女や唐躍にも出演し、芸達者であったらしい。琉躍の地謡は正使使讃の譜久山親雲上、読谷山親雲上と副使使讃の古波蔵親雲上の三名で、琉躍すべての地謡を担当する。同年の『儀衛正日記』（東京大学史料編纂所蔵）によれば、正使（王子）、副使（親方）を上官とし、「讃議官以下」を中官とする(18)（下官は跟伴などか）。楽童子は中官と同じ扱いで、上官、中官は江戸城への出仕登城に騎馬で行列する。中官が芸能の担い手であり、使節諸役は芸能を配慮しての任命であった。

江戸立の琉躍は女踊りと二才踊りで、同じく天保三年の女踊りは正使小姓の立津里之子、崎山子が担当するととも

に唐躍にも出演し、同じ正使小姓の名嘉地里之子は二才踊りの「麾躍」「御代治口説」「節口説」「下り口説」とともに、唐躍では小旦（女形）を演じている。琉躍と唐躍を同じ者が演じることの問題は別稿に譲るが、久米村の例えば梁姓（二一六七）一三世淵などが渡唐して「中華歌楽雑戯」を学び、唐躍の伝承に努めながら、[19] 久米の士族は江戸立にあたって唐躍仕組師、[20] 唐躍師、[21] 中華躍組師[22]として首里の士族に教授したのは、琉躍と同様に唐躍にあっても、それを演じる者の家格が問題とされたのであろう。

しかし御冠船踊りは公的な場では踊り手の家格が問われたにも関わらず、士族社会では公私ともに広く盛んに行われた。伊江朝睦の日記に記される様々な上演機会については次節に述べるが、そのなかでもっとも私的な場では奉公人がこれを演じていたらしい。

家督を継いだ朝睦の嫡子朝安が旅役で薩摩に上国し、その帰帆を待つ家中で、「童子共扇子舞又は供之者共口説はやし狂言なといたし」（嘉慶一八年一〇月三日条）、「童子共又は供之者共おとり狂言共させ相慰」（同八日条）とある。「供之者」は伊江殿内の地頭地から首里奉公に上がった間切役人の子弟すなわち百姓の奉公人のことである。また薩摩の在番奉行平田掃部を招いた夜噺の席では「二才共をとり狂言仕組させ慰御目」（嘉慶二一年四月一六日条）などとあり、この二才も他の記述から奉公人を指している。[23]『琉球資料』（京都大学文学部博物館蔵）のうち「子弟教戒之書」には、「歌三味線之儀、人之性情を養ひ依時檀那方之御用ニも可立物ニ而候間、本職入精余力之時ハ慰かてらに可致稽古候」[24]と奉公人への教戒が示され、首里奉公の百姓は読み書き算盤とともに芸能を学び、地方へ持ち帰る。これが近代の村踊りのもととなったので、本部御殿から本部町崎本部へ、美里御殿から沖縄市美里、読谷山御殿から読谷村座喜味へなどのほか、名護市源河、石川市石川にも首里奉公で踊りを習い覚えたとの伝承がある。[25]

御冠船踊りには、誰にでもこれを許すとともに、外交あるいは政治の場—すなわち王府芸能としては然るべき身分においてこれを務めるべきとの観念があったようで、これは次に取り上げる上演機会の問題とも密接に関連する。

二　御冠船踊りの行われる場―御膳進上―

　御冠船踊りがどのような機会で演じられたのか、それを士族の私的な場から国王の公的な場へとみていく。

　前述の伊江朝睦の日記は一八〇二年（嘉慶七）に三司官を辞するまでの「御用日々記」に始まり、三司官を辞して家督を嫡子朝安に譲ってからの部分には「嫡孫蒲戸勤方ニ付而諸事日記」も含まれる。蒲戸（朝経）は一八〇八年（嘉慶一三）に御側御遣を命じられて出仕し、同年の冠船には躍童子を勤め、九月三日の読谷山御殿で「羽おとり二ツ相勤」める。他の躍人数とともにすでに前年八月一五日に任命されていたのであろう[26]。この蒲戸は一八一〇年（嘉慶一五）に元服して若里之子となり、家中の祝いの席で「御近習御側遣御同学衆おとり一同相勤」（四月一五日）とある。また一八一四年（嘉慶一九）には「豊見城親雲上御祖母七拾三御生年御立願御祝ニ付、兼而家内人数被相招酉頭時分ニ者、宜寿次ょり直罷出、左之通段々御馳走おとり狂言共致見物」（正月一二日）とある。ともに祝いの席での踊りである。

　朝睦の嫡子朝安は伊江親方として前年に薩摩へ上国し[27]、その留守宅の様子が一八一三年（嘉慶一八）の日記に窺える。門中の女性たちが親方の無事帰国を祈って「旅おとり」（踊合）をしばしば催し、親方の帰帆月には旅おとりとともに「うた三味線おとり狂言」（九月二七日）などで「慰」とし、「童子共扇子舞又は供之者共口説はやし狂言」（一〇月三日）もあった。

　朝睦の三司官在職中の日記には「与那原殿内江／上様被遊御高駕」、料理を差し上げるとともに「躍御見物被遊候」とある（乾隆五二年一二月一〇日）。国王尚穆を与那原殿内すなわち三司官与那原親方良矩の屋敷に招き、同じ三司官譜久山親方朝紀とともに朝睦も相伴する。後にみる冠船における勅使帰国後の国王への御膳進上の私的なかたちである。

隠居後の朝睦は首里の寺々の長老たちとの交際を盛んにする。本立寺に招かれて囲碁を楽しみ、寺の長老を同道して嵩原殿内の下屋敷で「二才共をとり狂言稽古」を見物（嘉慶二一年正月二三日）、また自らの下屋敷に月湛長老、越渓長老を招いて「躍致見物」（嘉慶一六年一〇月一五日）など、躍見物の記事が散見する。また「親方より左之人数夜咄招請いたし」「去年、当村文躍仕組置候付相雇、羽をとり組躍一ツ仕させ懸御目」（嘉慶一五年二月八日）とあるのは薩摩の在番役人で、「親方より、於下屋敷ニ御奉行平田掃部殿夜御噺招請」に「二才共をとり狂言仕組させ懸御目」（嘉慶二一年四月一六日）など在番奉行の接待にも芸能が用意された。

伊江親方が三司官を辞した後の日記を整理すると、在番奉行や諸寺の長老との交流（夜咄）、家中にあっては祝い事、旅役の留守宅での慰みなどが芸能の機会であったことがわかる。

士族社会における芸能の、接待（夜咄）の側面が王府の芸能に昇華されて「国王公介（界）」（『琉球藩官職制』）に用いられたのが唐・大和の御取合における冠船や薩摩上国、江戸立の芸能となる。

御冠船踊りが冊封使の宴席に供せられるのは仲秋宴に始まり、その後の弁之嶽、末吉社檀遊覧の帰途に立ち寄る王子・摂政御殿、重陽宴、御餞別宴、御暇乞（拝辞）宴、御旅送（望舟）宴を恒例とした。このうち仲秋宴と重陽宴については、『冠船之時御座構之図』（沖縄県立博物館・美術館蔵）に収められる図面から舞台での上演であったことは間違いない（巻末写真1）。また天使館で行われる御旅送宴も、躍方日記に「天使館舞台作り候場所御見分」（酉九月九日）とあってここにも舞台が仮設された。弁之嶽遊覧の後に立ち寄る御殿の場合（戌）は、「浦添御殿二番御座江舞台仕、座構之儀御座当方幷御殿構楽屋座構者御座当方、幕借入ニ而躍方より仕合候」（戌八月一六日）とあって座敷で行った。このように上演には舞台と座敷の二様があり、御餞別宴、御暇乞宴がどちらであったのかを知る史料がない。ただし舞台の終了後に両勅使から躍童子（若衆三人）が「品々拝領」する際に、御餞別宴（戌八月二六日）では「若衆三人其侭之支度ニ而西之御殿敷内江一列ニ立備」とあるのを「仲秋宴同断」とする記述から、やはり舞台で行ったものであろう。

なお一八〇〇年（嘉慶五／寛政一二）の冠船では乾隆帝崩御の服喪にあった勅使は諸宴を辞退する（一六六～七頁）。代わりに「南苑に請宴するの時、烟花を看るを請ふ。…東苑に請宴し、演戯有るを看る。且餞宴を行はんとし、再び本苑に宴し、亦演戯有り。又都司・巡捕官を南苑・東苑に請宴して、烟花・演戯等の芸を看る」（球陽・一四七二）と首里城を避けて、王家の別荘―南苑（識名御殿）、東苑（御茶屋御殿）を使ったのは勅使の服喪に配慮してのことであった。(28)

諸宴はいずれも両勅使を正客として料理で饗応する宴席であったが、王子・摂政御殿の場合も同様で、例えば一八〇八年（嘉慶一三／文化五）には九月三日の読谷山王子に、「冊封正使斎鯤、副使費錫章、遊観于弁之嶽、回館駅之時、請到駕臨敝宅、恭献十二碗筵宴且設做戯舞以備　叡覧」（向姓（八）一一世朝英）とあって、やはり十二碗の筵宴があり、一七五六年（乾隆二一／宝暦六）にも同様に両勅使をもてなした具志川王子向姓（四八五）七世朝利の家譜に「酒宴ヲ設ケテ歌舞ヲ為シ」とある。この記事には続けて「共ニ王庫ヨリ出ル」とあり、躍方日記には「両勅使様弁之岳御見物ニ付、朝者与那原殿内、晩者浦添御殿より御招請」（戌八月一三日）とあるものの、実態は料理も芸能も王府が用意したらしい。なお躍方日記の御餞別宴の記事には両勅使の「御料理御取付之砌躍相始」（戌八月二八日）とあり、ここに料理と芸能との関係が窺われる。

勅使の帰国後も躍方の勤めるべき上演は、戌（一八三八年）の場合には、国王への御膳進上（一一月一〇日）、「田舎人躍拝見」（一一月一九日、二〇日）、「大和人衆御申入」による薩摩の在番役人のための上演（一一月二一日）、王妃、女官など御内原からの所望による「於御茶屋躍」（一二月五日）と続く。

先に躍方で準備すべき演目は故事集に収載される組踊り一三番、端踊り一五番であると述べたが(三七頁)、このほか勅使来琉前に国王が検分する仕組躍では冊封使の諸宴等には出されない二才踊り三番も躍方は用意した。二才踊りの本番は勅使帰国後にあった。さらに興味深いのは、諸宴等の組踊りとは別に御膳進上のために七番の組踊りが新たに用意されたことである。もちろんこれらには重複もあり、新たな演目は申(一八〇〇年)、辰(一八〇八年)、戌(一八三八年)でいずれも四番であったことが躍方日記や故事集から知られ、これらの組踊りは御膳進上ばかりでなく大和人衆や御茶屋での躍にも演じられた。

ところで琉球における御膳進上は勅使応接の労をねぎらって臣下から国王に御膳を進上するもので、「自官員等人恭献於　主上膳時為戯舞備　上覧而公務全竣」と翁姓(一〇六七)七世盛元に一八〇〇年のことがみえる。戌の場合は勅使一向の出帆は一〇月一二日であったが、九月四日には評定所から「勅使様御乗船、追々御出帆被成筈ニ而候間、御膳進上躍之儀、早々手組可致旨」の指示が躍方に対してあり、同一〇日に「御膳進上組躍」七番が選定されて上申され、同二〇日から稽古に取り付き、一一月一〇日に仲秋宴、重陽宴と同じ形式で、北殿に国王、聞得大君加那志、佐敷按司加那志、野嵩按司加那志、太子及び「王子衆按司三司官表御人数」が列席して行われた(躍方日記)。他の上演機会については省略するが、御冠船踊りすなわち王府芸能が公的な場では料理の献上すなわち御膳進上と密接な関わりにあったことは、薩摩上国、江戸立の場合に一層明確になる。

家譜によれば、薩摩藩主に対する御膳進上において芸能が演じられたもっとも古い例(29)は一六五六年(順治一三／明暦二)で、以下左記の記事が家譜にみえる。(使者を薩摩上国では御祝使、御礼使、江戸立では慶賀使、謝恩使(太字)とする。なお月日が翌年の場合は右肩に*を附す。また家譜資料から芸能内容のもっとも詳しい記事を一例のみ採った。資料aに係る註(①…)は資料の最後に記した)

【資料a】　薩摩上国・江戸立における芸能を伴う御膳進上

一六五六年（順治一三／明暦二）　【国頭王子正則（年頭使）】
　五月（鹿児島）　正則於御城献上　光久公御膳催琉球躍有興行　上覧甚悦為利元其人数故御前被召出致乱舞備　上覧（薛姓（三五八）一世利元）

一六六四年（康熙三／寛文四）　【大里王子朝亮（御礼使）】
　*正月四日（鹿児島）　朝観　光久公於朝亮献膳之時奏楽於御書院（向姓（四九〇）九世朝盛）

一七一〇年（康熙四九／宝永七）　【美里王子朝禎（**慶賀使**）、豊見城王子朝匡（**謝恩使**）】
　閏八月六日（鹿児島）　自両王子献於　吉貴公膳時　朝見奏座楽（毛姓（一〇一四）七世安價）①
　一一月六日（江戸）　美里豊見城両王子進膳于　吉貴公時朝見奏楽（毛姓（一五三〇）九世盛昌）

一七一四年（康熙五三／正徳四）　【与那城王子朝直（**慶賀使**）、金武王子朝祐（**謝恩使**）】
　八月二三日（鹿児島）　両王子在于御書院献膳時漢楽球楽及戯恭備　上覧（翁姓（一〇六五）七世盛寿）
　一一月一六日（江戸）　献上御膳…於　太守公…是時奏聞唐歌琉歌琵琶三線等（向姓（二六一一）一世朝直）

一七一八年（康熙五七／享保三）　【越来王子朝慶（**慶賀使**）】
　七月二三日（鹿児島）　正使朝得御膳進上之時於御城奏楽（向姓（六〇九）三世朝直）
　一一月二三日（江戸）　正使朝得御膳進上之時奏楽（同）

一七三〇年（雍正八／享保一五）　【恩納王子朝直（御祝使）】
　一二月一六日（鹿児島）　現今王子献御膳於　継豊公時朝昆等唱琉歌並唐歌奉聞　太守公（向姓（五〇三）四世朝昆）

一七四八年（乾隆一三／寛延一）　【具志川王子朝利（**慶賀使**）】
　八月四日（鹿児島）　朝利献膳於　宗信公此時奏音楽作唐躍（向姓（四八四）四世朝雄）

一二月二三日（江戸）　朝利進膳於　宗信公因而朝見奏音楽作唐躍（同）

一七五二年（乾隆一七／宝暦二）　【今帰仁王子朝忠（**謝恩使**）】

七月二五日（鹿児島）　進　城恭献御膳時奏音楽及漢躍球躍等以備　叡覧（向姓（四）一〇世朝忠）②

一二月二三日（江戸）　献御膳於　太守公時奏音楽及漢躍球躍等備　叡覧（同）

一七六四年（乾隆二九／明和一）　【読谷山王子朝恒（**慶賀使**）】

一一月一五日（江戸）　王子献御膳於　太守公因而召見〔…此時有奏楽併琉躍三番〕（金姓（六四三）七世安執）

一二月五日（江戸）　王子献御膳於　太守公因而召見…〔此時有奏楽併唐躍一番琉躍三番〕（同）③

（使節が鹿児島に到着の際、藩主が在府のため江戸での御膳進上が二度となる）

一七七三年（乾隆三八／安永二）　【中城王子尚哲（御目見上国）】

一一月一八日（鹿児島）　中城王子献　公盛膳、奏琉唐楽以備　英覧（『近秘野艸』）④

【読谷山王子朝恒（御祝使）】

一一月二一日（鹿児島）　朝恒恭献　太守公御膳並進礼物…〔此時作琉躍以備　叡覧〕（向姓（八）一一世朝憲）⑤

一七九〇年（乾隆五五／寛政二）　【宜野湾王子朝祥（**慶賀使**）】

八月六日（鹿児島）　朝陽献御膳於　太守斉宣公因而召見〔此時有奏楽併唐躍琉躍〕（毛姓（一五一七）一一世盛方）

一二月一三日（江戸）　王子献御膳於　太守公因而召見…〔此時有奏楽併唐躍琉躍〕（同）

一七九六年（嘉慶一／寛政八）　【大宜見王子朝規（**謝恩使**）】

八月九日（鹿児島）　正使朝規進御膳於　太守公〔奏音楽併唐戯琉戯〕（毛姓（一〇〇五）九世安郁）

一二月一九日（江戸）　正使朝規進御膳於　太守公〔奏音楽併唐戯琉戯〕（同）

一八〇六年（嘉慶一一／文化三）
　八月九日（鹿児島）
【読谷山王子朝敕（**謝恩使**）】
恭照例献御膳及方物〔此時奏音楽唐躍琉躍以備　叡覧〕（向姓（八）二世朝英）

一八三二年（道光一二／天保三）
　八月四日（鹿児島）
【豊見城王子朝春（**謝恩使**）】
正使献御膳時随進　奏楽（翁姓（一〇六七）八世盛方）

一八四二年（道光二二／天保一三）
　七月四日（鹿児島）
　一一月二四日（江戸）
【浦添王子朝熹（**慶賀使**）】
正使調膳奉進　太守公〔時有漢戯球舞〕（毛姓（一五一七）一三世盛普）
正使調膳奉進　太守公〔時有音楽並漢戯球舞〕（同）

一八四五年（道光二五／弘化二）
　八月六日（鹿児島）
【義村王子朝章（御礼使）】
進城献宴奏琉楽倣琉躍以尊覧（向姓（一〇）三世朝章）

一八五九年（咸豊九／安政六）
　七月一二日（鹿児島）
【国頭王子正秀（御祝使）】
当日王子始諸御使者役々…登　城、御目見御膳進上其外進上物琉踊　上覧（評定所文書一四・四六六頁）

一八六七年（同治六／慶応三）
　八月九日（鹿児島）
【具志川王子朝敷（御祝使）、豊見城王子朝尊（御礼使）】
当日両王子始御使者役々…登　城、御目見、御膳進上、其外進上物、琉踊上覧（評定所文書一六・四三一頁）

①　毛姓（一五三〇）九世盛昌、夏姓（一六二六）一一世賢光も御膳進上を閏八月六日とするが、阿姓（一六二三）一〇世守生、翁姓（一〇六七）四世盛富は前月の八月六日とする。旧記雑録追録一によってもどちらが正しいかは確かめられ

ない。

②「忠之字因禁止改義」（同家譜）。

③『近秘野艸』は三日とする。

④『鹿児島県史料』旧記雑録拾遺伊地知季安著作史料集六（鹿児島県、二〇〇六年）三八二〜三頁。

⑤「本名称恒後于乾隆四十二年奏改称憲」（同家譜）。

王子使者の薩摩藩主に対する御膳進上についての、琉球、薩摩双方の姿勢の違いは、『琉球館文書』四（琉球大学附属図書館蔵）所収の一八〇五年（文化二）九月二二日付の口上覚（三六五オ〜ウ）に窺える。

来年江戸立付、琉球人上着之上御膳進上之儀、当時之事候間、御用捨被仰付差支ハ有之間敷哉、且右様式立候節、音楽踊備　御覧候儀／公辺ニ而は音楽計候間、御当地ニ而茂音楽迄ニ而踊無之方被仰付、是又差支有之間敷哉、両条吟味を以可申上旨被仰渡、御当地ニ而吟味難相片付御座候間、琉球江問越何分申来候趣申上候様仕度旨、先達而申上置候、然者／御膳進上之儀、王子上国之節ハ跡々より進上被仰付、誠冥加之仕合、琉球之規模、其上国王一世一度之礼式ニ茂相懸り候処、此節より御差止被仰付候而は、古来より之規模相替難有乍、御用捨甚不本意之次第御座候間、是迄之通進上被仰付、且又踊之儀□備　御覧奉、今更旧例相欠候儀、残念之至御座候間、右両件共ニ有リ来通被仰付被下候様願可申上旨、此節琉球より申越候間、此段奉願候、此等之趣を以被仰上可被下儀奉願候、以上

琉球から薩摩藩への上訴は、御膳進上と踊の二点であった。この口上覚にいう一八〇六年（文化三）の江戸立では御

膳進上が鹿児島のみとなり、次の一八三二年（天保三）も同じであったが一八四二年（天保一三）にはまたもとに復され、王府の主張はほとんど通されたことになる。薩摩藩からの指示は王府にとっては経費節減となり好都合であったはずだが、御膳進上は「国王一世一代之礼式」であり「琉球之規模」との認識が王府にはあった。しかも御膳進上には御座楽だけでなく唐躍、琉躍が演じられるべきとしたことは、王府芸能のあり方を考える上で重要であり、御膳進上の唐躍、琉躍に固執する王府の姿勢が強固であったことが窺える。

おわりに

右に述べたところでは御冠船踊りの実際の舞台を想像することは難しいだろう。しかしながら芸態を知る資料は、伊波普猷が『琉球戯曲集』（春陽堂、一九二九年）と題して出版した戌の御冠船（一八三八年）の台本の詞章とト書き、一八三二年（天保三）の江戸立の際に薩摩屋敷での芸能の様子を描いた大和の絵師の手になる「琉球人坐楽之図」（永青文庫蔵）、「琉球人坐楽并躍之図」（沖縄県立博物館・美術館蔵）と題する図巻にほぼ尽きるといってもよい。御冠船踊りに関する芸態資料の少なさは、御冠船踊りが地方に伝播した村踊りによって補われるべきものである。本章ではもっぱら文献資料によって御冠船踊りの芸をめぐる人と場の問題を取り上げた。この二点が御冠船踊りの本質を規定すると考えられるからである。

註

（1）　馬姓（一五三〇）一二世良厚。

(2)『伊江親方日々記』は沖縄県立図書館蔵。影印と翻刻が『沖縄県史』資料編七(沖縄県教育委員会、一九九九年)に収められる。
(3)尚家文書八一、八二。科研報告書『尚育王代における琉球芸能の環境と芸態復元の研究』(二〇〇三年)に翻刻を収める。
(4)ただし戌五月二九日の記事は総称ではなく「入子躍」をさす。
(5)尚家文書一二六『冊封諸宴演戯故事』、同二四八、二四九『丙寅冊封諸宴席前演戯故事』など。
(6)琉球躍(踊)は、薛姓(三五八)一世利元(那覇市史家譜資料七・四一四頁)のほか『琉球使者記／琉球書簡幷使者接待楽章』(国立公文書館蔵)、高木善助『薩陽往返記事』(鹿児島県立図書館蔵)などにみえる。
(7)序章一五～六頁に述べたように、冠船の女踊りと沖縄《うちなー》の女踊り(士族社会や薩摩上国、江戸立などに行われる)には違いがあり、これをひとつの様式における違いとするか否かは検討課題である。
(8)清水彰編著『琉歌大成』本文校異編(沖縄タイムス社、一九九四年)の通し番号四三一に、「いかれいかれ二才衆　二三十どいかる　四五十になれば　大人だいもの」。大意に「勢いよく踊れ、若い衆。二三十歳は元気のいいものだ。四五十歳にもなれば年寄りだから」(一一三頁)。
(9)池宮正治「琉球舞踊の概観」(『琉球舞踊―鑑賞の手引き―』沖縄県文化振興課、一九八五年)一九〇頁。
(10)矢野輝雄『沖縄舞踊の歴史』(築地書館、一九八五年)七九頁。
(11)向姓(八一)一〇世朝薫(那覇市史家譜資料三・二九六頁)。
(12)文姓(六八七)五世常孝の記事では年頭慶賀使の名を向氏奥本親方朝憲とするが『中山世譜附巻』、『大和江御使者記』はともに向氏玉城親方朝恩とする。従ってこの琉躍をただちに信じるわけにはいかない。

（13）註6『薩陽往返記事』。『日本庶民生活史料集成』第二巻（三一書房、一九六九年）六一九〜二二頁。
（14）五八〜九頁。冠船において二才の踊る女踊りがいつから登場したかを示す明確な史料はない。一七五六年に続く一八〇〇年の冠船における芸能内容を知る史料がないからである。ただし第6章で考察するように、尚家文書一二七『演戯故事』が一八〇八年の故事集であるとすれば、「長者の大主」（「拝賀故事」）に踊られた古い端踊り（「附」として挙げられる若衆の女踊りなど）とは別に一八三八年に二才が踊った女踊りと共通する演目が出てくるから、この頃から二才の女踊りが冠船に供せられたと推測できる。
（15）「宴毎幷王子御殿摂政御殿ニ而之おとり番組、名護里之子親雲上登　城、豊平親雲上御取次差出候付、都而申出通被仰付候」（躍方日記）。
（16）『久米／毛氏家譜』（久米国鼎会、一九九二年）一四四頁。
（17）雍姓（一三九九）一〇世興順に「同（道光）八年戊子十一月、奉　憲令、因遣来辰年江府使者、為歌三味線師匠」とあるが他の事例は管見に入らない。
（18）天保三年閏一一月二一日条。
（19）梁姓（二二六七）一三世淵（那覇市史家譜資料二・八一六〜七頁）。
（20）毛姓（二二一三）六世致志（註16）。
（21）註19。
（22）蔡姓（二〇九二）一三世任邦（那覇市史家譜資料二・三三二頁）。
（23）日記の嘉慶二一年正月二九日の条に、「来月十二三日之頃、御奉行平田掃部殿、下やしきニ而夜御咄招請之考ニ而、家修補払除等懸り二才共人数差越」とある。「家修補払除等」にあたらせた二才は明らかに奉公人である。

(24)『那覇市史』資料編第一巻一〇(那覇市役所、一九八九年)七一三頁。
(25)『沖縄人物名鑑』(オキナワ・アド・タイムス、一九八〇年)所収の「沖縄本島村芝居芸能の伝承者」ほか。
(26)毛姓(一〇〇二)一三世安恭の嘉慶一二年(一八〇七)に「八月十五日、因翌年　冊封天使臨国、奉　命為躍童子」。ほかに向姓(四八五)一一世朝張、向姓(四九五)九世朝儀、向姓(五七〇)七世朝清も同日に躍童子の任命。ただし同じ躍童子の向姓(五七八)一一世朝章の任命は九月二八日。
(27)『中山世譜附巻』、嘉慶一七年の条に年頭慶賀使として向氏伊江親方朝安が上国したことがみえる。「六月五日。到二薩州一。翌年十月十四日。回レ国」。
(28)家譜には勅使の東苑への請宴について「庚申之秋冊封天使両度賁臨于御茶屋時作躍以備戯席」(向姓(四)一一世朝賞、同一二世朝郁)など、同じく都司・巡捕官の請宴について「九月十四日都司巡捕官来于御茶屋時作躍以助興」(向姓(四)一二世朝郁)とある。
(29)ただし芸能の有無が確認できない御膳進上は一六二一年(御礼使久米中城王子朝貞)を初出とし、一六二七年(御祝使金武王子朝貞)、一六三一年(御祝使久米具志川王子朝盈)、一六三七年(年頭使具志川王子朝盈)、一六四〇年(具志川王子朝盈)、一六四四年(慶賀使金武王子朝貞)にみられる。なお一六四〇年は尚賢継目の「伺」使者。

2　親雲上(ぺーちん)の鬚—御冠船踊りにおける芸の前提—

標題の「親雲上」は近世琉球における士族の称号。位階制度からすれば正三品から従七品で、親雲上には総地頭、脇地頭の親雲上《ぺーくみー》のほか、里之子筋目の里之子親雲上《ぺーちん》、筑登之筋目の筑登之親雲上があり、いずれも銀簪で黄冠。鬚は周知のように部位によって字が異なり、鬚はあごひげを指し、髭はくちひげ、髯はほおひげで、本章で話題とする図巻「琉球人坐楽之図」(永青文庫蔵)では「打組踊」—現在の「しゅんだう」の醜女役を演じる城間親雲上、徳田親雲上には仮面の下から覗く鬚が描かれていることから鬚を採る(巻末写真3-(2)-①、②右[1])。

永青文庫から熊本大学附属図書館に寄託されている熊本藩御用絵師杉谷行直の筆になる前述「琉球人坐楽之図」を、平成二一年九月に閲覧する機会を得た。その際に同行した小林純子氏がこの鬚を見出し、それまで写真で見ていた限りでは迂闊にも気づかなかったこの鬚の存在を知ることになった。一八三二年(道光一二／天保三)の江戸立において、隠居した前藩主島津斉宣の住む白金の薩摩藩江戸屋敷で琉球使節が斉宣の上覧に供した閏一一月二二日の芸能を描くこの図巻で、女性の役を親雲上たちが鬚を生やしたまま踊るこの場面にいささかの衝撃を覚え、「親雲上の鬚」と題して一文を草することにした。この問題は近世琉球に行われた御冠船踊りの芸の質と関わり、女踊りを踊る二才の年齢に及ぶ。

一　芸能をする親雲上たち

「打組踊」の城間親雲上、徳田親雲上に鬚のみえる「琉球人坐楽之図」には一八三二年（天保三）閏一一月二二日に演じられたすべての演目が描かれ、その演目を家譜資料などの用語によって大別すると御座楽、唐躍、琉躍となる。御座楽は琉歌の唱曲も含むが、中国語で歌う唱曲と奏楽などの明清楽、唐躍は中国語による大陸伝来の演劇、琉躍は御冠船踊りの端踊りで、若衆踊りは含まれない。これら三種の芸能に親雲上は何らかのかたちですべてに関わる。

御座楽は里之子ではあるが元服前の若衆である楽童子と親雲上の楽師によって演奏される。天保三年の場合、御座楽を担当する楽正は伊舎堂親雲上、楽師は富山親雲上、池城親雲上、内間親雲上、具志川親雲上、城間親雲上の五名であったが、楽正は演奏に加わらず、富山親雲上は江戸に到らずして東海道の稲葉宿に没し、残りの四名が図巻に描かれる。

楽師の親雲上は使節のなかでは中官に属し、江戸立では常に琉冠服を着用する。琉服の材質は江戸における諸行事の軽重と立場によって緞子、綸子、紗綾と異なり、(2)例えば一八三二年（道光一二／天保三）の江戸立における『儀衛正日記』（東京大学史料編纂所蔵）の閏一一月二一日、元藩主島津重豪による召し入れの際は正使の王子以下は「琉冠服」、「但王子副使以下中官楽童子緞子、従者小姓冠紗綾羓子大帯着用候也」(3)とある。楽師の装束は琉服としてはもっとも正装の緞子で、高輪の重豪邸に赴いた支度のままで演奏を務めたと思われる。したがって日常のままに豊かな鬚髭が描かれる。

琉躍の地謡は、副使使讃の小波蔵親雲上、正使使讃の読谷山親雲上、譜久山親雲上の三名が端踊りの「団扇躍」

「庵躍」「笠躍」「打組踊」「御代治ル口説」「四ッ竹躍」「柳躍」「節口説」「伊計離節」「上リ口説」④を務め、このうち「四ッ竹躍」「柳躍」「節口説」には城間親雲上が笛で加わり、「網打躍」の地謡だけは読谷山親雲上、譜久山親雲上の二名であった。また唐躍は「打花鼓」のみに地謡が描かれ、楽師の池城親雲上が胡琴(四線)、正使讃の譜久山親雲上が三絃を演奏する。これら地謡を務める親雲上たちの服装は御座楽の楽師とまったく異なることがない。

親雲上は唐躍、琉躍にも出演する。讃渡使の許田親雲上は唐躍の「打花鼓」に官家、同じく讃渡使の徳田親雲上は「打花鼓」の大相公、「借衣靴」の相公、「打組踊」の醜女、「上リ口説」、楽師の城間親雲上は御座楽や地謡の笛ばかりでなく、「打花鼓」にも老公で出演し、前述「打組踊」の醜女、「御代治ル口説」「網打躍」も踊る。このほかに「庵躍」「節口説」「伊計離節」を踊り、唐躍の「風箏記」に状元、「借衣靴」の朋友に出る渡慶次筑登之がいるが、この年の使節名簿にその名がなく、どのような立場の者かわからない⑤。

このうち「打組踊」を除く端踊りで、徳田親雲上、城間親雲上と渡慶次筑登之が踊るのはいずれも二才踊り(「伊計離節」は現在で云う打組踊り)である。二才踊りには大和風と唐風の二種の着付がみられるが、二才が踊る二才踊りとしてはいずれかの衣装であればよく、役に扮するまでもなく、鬚髭を生やした二才の日常の姿そのままで差し支えない⑥。ただし図巻「琉球人坐楽并躍之図」(沖縄県立博物館・美術館蔵)はこの年の別の日の芸能を描き、「琉球人坐楽之図」の「庵躍」を名嘉地里之子と渡慶次筑登之の二名が踊り、二名とも鬚髭がみえない。後者の図巻の二才踊りで鬚髭のあった渡慶次筑登之(巻末写真3-(2)-④)に前者でないのは不審であるが、名嘉地里之子は正使小姓を務める若い二才であったためであろう。

唐躍では琉躍(端踊り)と異なってそれぞれの役に扮して衣装を着用するが、風貌に見合った配役をすればよいわけで、中国は琉球と同じく有髭社会であるから親雲上が鬚髭を生やしていても支障がない。ただし「風箏記」に母親の役⑦で出演する屋嘉比親雲上には鬚髭がない⑧(巻末写真6-(2)-②)。この唐躍の演目は正しくは「風筝誤」、青木正児の記す梗概によれば、第二一齣「前親」あるいは第二九齣「後親」、いずれかの婚姻の場である。⑨素顔で母親を演じるにやはり鬚髭があっては不都合であったろう。横山學の作成する「琉球国使節使者名簿」⑩には屋嘉比親雲上の名がなく、屋嘉比姓に屋嘉比里之子と別に屋嘉比筑登之がみえる。⑪若くして親雲上あるいは筑登之になったか、親雲上が里之子の誤記であったか、いずれにせよ鬚髭を生やす年齢に達していなかったと思われる。

なお「打花鼓」の大相公を演じる徳田親雲上は恐らく鬚の上にさらにおおきな鬚をつけ、また宦家の許田親雲上と老公の城間親雲上は顔を白塗りの如くに描き、しかも鬚がみえない(巻末写真3-(2)-③右)。城間親雲上は「打花鼓」の後、「打組踊」「御代治ル口説」「唱曲」「四竹躍」「柳躍」「節口説」の笛に鬚髭が描かれているから、「打花鼓」の時もあったはずである。同じ天保三年の「琉球人坐楽幷躍之図」では「打花鼓」の許田親雲上、城間親雲上にともに鬚髭がある。「琉球人坐楽之図」の下絵である「琉球踊之図」(熊本県立美術館蔵)⑫にも鬚髭が描かれている(巻末写真3-(2)-③左)ことからすれば、鬚髭を生やしたまま顔を白塗りにしたに違いない。

もっとも扮装の必要な唐躍にあっても、親雲上たちは日常の鬚髭のままに演じ、必要に応じて付け鬚を用いた。二才が踊るゆえにその名がある二才踊りでは当然、二才のままで踊ればよい。唯一不都合の生じる「打組踊」の醜女でも仮面を被ることで良しとする。少なくとも親雲上についていえば、芸能をする際に扮することよりは日常が勝っていたとみられるのである。

「打花鼓」の宦家と老公にみられる化粧を他の出演者もしたかについてははっきりしない。絵師の筆からみれば楽師や地謡と立方の親雲上とに区別はない。ただし楽童子や女踊り、打組踊りや唐躍の女性役の顔はやや白めに描かれる。これが白粉によるか年齢によるかは判じ難い。

二　女踊りを踊る年齢

近世後期の女踊りを二才が踊ったことについては再三述べるところだが、二、三〇歳代の二才[13]にあっても、その年齢が限られていたであろうことが鬚の問題から推測できる。

冊封使を中国から迎えた饗応の場(諸宴等)で行われた御冠船踊りは元来、元服前の若衆を中心とした芸能であった。その芸態と歴史についてここでは詳述しないが、若衆芸がなお大きな役割を果たしていた一七一九年(康熙五八／享保四)の冠船では、端踊りのほとんどを若衆が踊る。

徐葆光の使録『中山伝信録』によれば、仲秋宴で「笠舞」「花索舞」「籃舞」「拍舞」「毬舞」「桿舞」「竿舞」を踊ったのは小童あるいは幼童であった。また重陽宴には「団扇曲」「掌節曲」「笠舞曲」「籃花曲」が出て、いずれも「一童」と人数を記す。仲秋宴の「笠舞」には「可十三四歳」、「籃舞」には「可十余歳」と注記され、これが中国人の推定した年齢であったとしても、童とするところからすれば元服前の若衆であったに違いない。若衆には幼童とみられた幼い子どもも含まれている。

仲秋宴の若衆の踊り七番のうち三番を衣装の記述から池宮正治は女踊りと考え、若衆芸のなかに女踊りが登場したのは正使汪楫が渡来した一六八三年(康熙二二／天和三)で、その使録『使琉球雑録』に「短襖長裙上以五色蕉布半臂」とある「短襖長裙」を女性の着衣の胴衣下袴とみて女踊りの初出とする。[14] 若衆は髪の結い方も衣装も女性と共通していたから(真結)、若衆が女踊りを踊ることに違和感はなかったであろう。

一七一九年(康熙五八)の次、全魁、周煌が渡来した一七五六年(乾隆二一／宝暦六)の冠船にも若衆の女踊りが踊られていたことは、周煌の使録『琉球国志略』に記される仲秋宴の演目が、「笠舞」「花索舞」「花籃舞」「竹拍舞」「獅毬舞」「桿舞」など、前回の冠船と名称も順序も変わらないことから推測される。この後の冠船は趙文楷、李鼎元の一八〇〇年（嘉慶五／寛政一二）になり、李鼎元の使録『使琉球記』は芸能の記述が簡略で、『琉球国志略』以降の変化がみえない。しかし江戸立では一七五二年（乾隆一七／宝暦二）以降に御座楽、唐躍、琉躍と帯同する芸能が定式化し、恐らく一八世紀の中葉に若衆の女踊りから二才の女踊りへの交替があったと推測される。

使節のいわゆる上官、つまり正使、副使以外の中官の場合には、実際の行事のなかで然るべき役割を果たさなければ、家譜にその記述が出てこない。すなわち従者の立場にあった者の家譜に御座楽、唐躍、琉躍の記述があればその出演者とみることができる。そこで家譜から琉躍を担当したと思われる者を宝暦二年（一七五二）以降の江戸立から抜き出してみる。

一七六四年（乾隆二九／明和一）　向姓（一三）八世朝紀　職務不明　三七歳
　　　　　　　　　　　　　　　　毛姓（一〇〇九）一〇世安勅　内証小姓　一八歳
一七九〇年（乾隆五五／寛政二）　向姓（一三）一〇世朝易　職務不明　二一歳
　　　　　　　　　　　　　　　　葛姓（二五〇）九世秀承　従者　三五歳
一七九六年（嘉慶一／寛政八）　毛姓（一〇〇二）一二世安輝　内証小姓　一八歳
一八〇六年（嘉慶一一／文化三）　向姓（一三）一〇世朝承　内証小姓　一九歳

江戸立はこの後、天保三年（一八三二）の謝恩使となり、豊富な資料が残されている。

これら四度の江戸立で、二〇歳前後の毛姓一〇世安勅、向姓一〇世朝易、毛姓一二世安輝、向姓一〇世朝承が女踊りを担当した可能性が高い⒂。これを江戸立に帯同する芸能の定式化と重ね合わせれば、女踊りの若衆から二才への転換が一八世紀の中葉にあったことを裏付ける。

この後の確実な資料としては、『薩陽往返記事』に高木善助が記した一八二九年(道光九／文政一二)、島津家の重富の別荘における「琉球踊十二番」と題する踊番組がある。このなかで女踊りの「団羽をどり」「笠おとり」「和久かすおどり」「貫花おとり」「四ツ竹おとり」を踊ったのは大湾子と国吉子の二人であった。天保三年の江戸立では立津里之子と崎山子が女踊りを担当する(巻末写真3-(2)-⑤)。さらに一八三八年(道光一八／天保九)の尚育冊封における冠船では、仲秋宴に「女笠をどり」を豊平子、小禄里之子、豊見城里之子、重陽宴に「団躍」を同じく豊平子、小禄里之子、豊見城里之子、「天川をどり」を末吉、国頭子、豊平子、小禄里之子が踊ったことがその台本から知られる[16]。

楽童子とは異なり、里之子は原則として元服後の称号で[17]、元服しても位階を授けられない士族は「子」を名乗る。末吉のみは年齢が不詳であるが、女踊りは元服後の二才が踊るものとなったことがこれらの資料から確認できる。

一七六二年(乾隆二七／宝暦一二)に土佐に漂着した琉球の楷船の乗員から藩の儒官戸部良煕が聞き取った『大島筆記』には、「官家の男子十五歳にして文字を書、三司官え見せ、許しを受て元服す。是より成人の形をなせり、廿五歳まで鬚髭を剃り、廿五歳より鬚髭をそらず」とある。この記述に従えば、女踊りを踊る年齢は元服から二五歳までということになる。家格の高い家では一五歳で元服し、低くなれば元服が遅れるので、女踊りを踊る年齢は極めて短い期間であったことになり、先に家譜資料でみた江戸立で女踊りを踊ったと思われる者たちの年齢もこの範囲に入る。天保三年の江戸立に楽童子を務めた小禄里之子は一八三八年の冠船でも「躍員」として端踊り、組踊りを務めたことが家譜(馬姓(一六六七)一二世良泰)にみえる。ただし冠船での小禄里之子は小禄家の長男と次男のいずれかが特定できず、楽童子を務めた長男の良泰は冠船の時に数え一九歳、弟の良厚は一八歳であった。いずれも女踊りの年齢に該当するが、女踊りを踊った小禄里之子が兄であったか弟であったかはなおわからない。

おわりに

女踊りの若衆から二才への交替については以上のところで明らかであろうが、検討すべき問題として残るのが、一七一〇年(康熙四九／宝永七)の江戸立で玉城親雲上が江戸の薩摩藩邸で踊った「琉球おとり」の「くりまへおとり」である。「女形壱人玉城親雲上」とあるから、[18]これが女踊りであったことは間違いない。玉城親雲上は朝薫で、家譜(向姓(八二)一〇世朝薫)によればこの年、三〇歳であった。この二才の女踊りは若衆から二才への交替からすれば例外で、しかもすでに髭を生やしていたであろう朝薫がこれをどのように処理したかを知る資料もない。

朝薫の「女形」は現在の琉球舞踊に誤解を生み、男性舞踊家が歌舞伎に近い女形の芸で女踊りに取り組むこととなる。しかし親雲上の鬚は、近世琉球に行われた御冠船踊りがあくまでも士族の日常に立脚した芸能であり、年齢相応の役を務めるのが原則であって、舞台での変身を目指す専業芸能者の芸とは異なるものであったことを示唆する。

註

(1) 巻末写真3-(2)-②右、同③右、同⑤は小林純子氏の撮影による。

(2) 横山學『琉球国使節渡来の研究』(吉川弘文館、一九八七年)一六七～一六八頁、および表3「琉球人江戸滞在中日程表(『儀衛正日記』)」(一七六～一七九頁)、表4「装束・種類」(一八〇頁)。

(3) 池宮正治「資料紹介『儀衛正日記』」(『日本東洋文化論集』一、一九九五年)一八八頁。

(4) この「上リ口説」は杉谷行直の誤りで、「口説はやし」とすべきことは拙稿「琉球使節の芸能を描く絵師―熊本藩御用絵師杉谷行直の場合―」（『沖縄県立芸術大学紀要』一八、二〇一〇年）一三六頁に述べた。ただし以下の記述では「上リ口説」のままとする。

（5）横山前掲書（註2）所収「琉球国使節使者名簿」五〇五～五一〇頁。

（6）これを唐風といってよいか、また二才の日常であるかについてはなお検討すべき問題である。

（7）「天保壬辰琉使諸記」（『視聴草』十集之五、国立公文書館蔵）、『琉球人来朝関係書類』（琉球大学附属図書館蔵）などに所収の踊番組には「正旦」とある。

（8）屋嘉比親雲上は「借衣靴」にも出演して朋友の役を演じるが、後ろ姿のために鬚の有無は確認できない。

（9）『青木正児全集』第三巻（春秋社、一九七二年）三〇一～三頁。

（10）横山前掲書（註5）。

（11）「琉球国使節使者名簿」（註5）は天保三年において名嘉地里之子以下屋良仁屋までを「同」で続けて「正使小姓」とする。通航一覧には天保三年の記事がなく、『墨海山筆』十九（国立公文書館蔵）所収の『中山聘使略』、『琉球聘使略記』（琉球大学附属図書館蔵）には名嘉地里之子、立津里之子のみを正使小姓とし、以下を「供琉人」とする。屋嘉比里之子あるいは筑登之の使節における職務は不明。

（12）題簽には、「行直翁筆／流《ママ》球踊之図」とある。

（13）琉歌に、「いかれいかれ二才衆　二三十どいかる　四五十になれば　大人だいもの」とある（清水彰編『琉歌大成』本文校異編（沖縄タイムス社、一九九四年）一一二頁）。

（14）池宮正治「琉球舞踊の概観」（『琉球舞踊―鑑賞の手引き―』（沖縄県、一九八七年））一九四～五頁。

（15）一七九六年の毛姓一二世安輝は家譜によれば同一一世安執の次子で、安執は一七九二年（乾隆五七）に「奉　命継父之家統任美里間切総地頭職」とあるからこの江戸立で美里里之子を名乗り、女踊り「団扇踊」と「打組踊」を踊る（東京大学史料編纂所蔵『琉球関係文書』三）。なお冠船についても江戸立と同様に家譜資料を分析することは可能であるが、すでにこの時期には組踊りが行われ、「躍人数」が女踊りを踊ったか組踊りに出演したかの判断が難しい。

（16）『伊波普猷全集』第三巻所収「校注　琉球戯曲集」（平凡社、一九七四年）。

（17）一三四～五頁。

（18）『琉球使者記／琉球書簡幷使者接待楽章』（国立公文書館蔵）。

Ⅱ　唐・大和の御取合と若衆の役割

3　唐・大和の御取合と若衆——琉球における躍童子と楽童子——

尚敬冊封(一七一九年)の冠船は、組踊りが玉城朝薫によって創始された年として記憶されているとともに、御冠船踊りに二才が本格的に進出した年でもある。組踊りと、その後に完成をみる端踊りは近代に持ち越されて現在の琉球芸能となるが、御冠船踊りの近代への継承に欠落するのが若衆芸であった。若衆芸には冠船における芸能の役割が凝縮され、それゆえに時代の要請を失って新しい時代に顧みられなくなったことも当然といえよう。

御冠船踊りの転回点となった一七一九年(康熙五八/享保四)以降においても、御冠船踊りを若衆の担うべき芸能とする意識は、一八三八年(道光一八/天保九)の『冠船躍方日記』(尚家文書八一・八二)の記述に窺われる。戌の五月二八日に崎山御殿で誕生した「御姫様」の「御伽」を躍方が仰せ付けられ、翌二九日の条に「右ニ付今日より勘定座江相揃冠船躍外組躍羽おとり数番相仕組御伽相勤□□」とある。「御伽」として準備された芸能が「冠船躍外組躍羽おとり」であった。躍方日記にみられる「冠船躍」の語は冠船における躍の意で用いられ、躍とのみ記される事例も多い。しかし前引記事の場合は冠船における芸能の総称ではなく、「冠船躍」とこの時期の芸能の中心であった組踊り、端踊りが並記され、組踊り、端踊りが「冠船躍」に含まれていないことが注目される。『琉球戯曲集』(1)や『戊戌冊封諸宴演戯故事』(尚家文書一二六)に知られるこの年の演目からすれば、「冠船躍」は多人数の若衆などによる輪踊り——入子躍以外には考えられない。戌の冠船においては前年、酉八月一六日に他の躍人数が任命されるに先立って五月二三日に「老人老女」とともに入子躍の主要な役々が任命されていること、同九月朔日から組踊り、端踊りなどの稽古が始められ、同月二〇日には早くも「今日入子躍表御人数御しらへ相済候事／附、躍仕組方最早相応ニ有之候間、中引させ、先様月ニ六度完稽古させ候様、被仰付候也」とあり、他の演目に先駆けて仕上げられ、月に六度の稽古とされるなど、入子躍には特別な扱いがみられる。

一七一九年に成立したと考えられる入子躍が、一七一九年以前の冠船における若衆の集団舞踊を受け継ぐものであったことは使琉球録などに明らかで（第6章第五節）、組踊り、端踊りに芸能としての成熟がみられてなお「冠船躍」といえば若衆芸であった記憶が躍方日記の記事であろう。

組踊りは江戸立に帯同されなかったが端踊りの二才踊りと女踊りが鹿児島や江戸で披露され、その踊り手は使節としての役割を兼ねた。それに対して、薩摩藩主に対する御膳進上や、江戸城での奏楽の儀で将軍の御前に御座楽を演奏する楽童子は、その名称の通り奏楽が主たる仕事であり、騎乗して使節の行列に加わる。江戸立の使節が帯同する芸能—御座楽、唐躍、琉躍のうち首位は御座楽であり、御座楽を担当する楽童子にはまた書画詩歌を披露することが求められた。

近世琉球における唐・大和の御取合は芸能による御取持によって実現されたといっても過言ではない。本章では御取持の主役であった若衆に注目して唐・大和の御取合を考える。

一　夷童から躍童子へ

一七一九年以前の冠船における若衆の芸能を知る史料は冊封使などの記録した使琉球録に限られ、その嚆矢である一五三四年（嘉靖一三／天文三）、尚清を冊封する陳侃の使録（『使琉球録』）には七月二二日の払塵宴に、「四夷童ニ夷曲ヲ歌ヒ、夷舞ヲナサシメ、以テ其ノ觴ヲ侑ク。傴僂、曲折、亦以テ観ルニ足ル。舞罷リ、…」（「使事紀畧」）とある。中国からは東夷とされる琉球の童を夷童、歌を夷曲、踊りを夷舞(2)とする記述は、尚寧冊封（一六〇六年）の夏子陽『使琉球録』まで続く。

続く尚元冊封（一五六一年）の郭汝霖『重編使琉球録』の使事紀あるいは礼儀には夷舞がみえず、尚永冊封（一五七九年）の簫崇業『使琉球録』には礼儀に、「八月、請レテ中秋節ヲ賞ス。酒酣ニ、夷童ニ命シテ夷曲ヲ歌ハシメ、更ニ夷舞ヲ為ス」とある。いずれも勅使をもてなす酒宴に四人の夷童すなわち若衆による夷舞があり、踊りとともに歌が披露される。簫崇業の副使謝杰には別に『琉球録撮要補遺』と題する著作があって尚寧冊封（一六〇六年）の夏子陽『使琉球録』に収録され、その「国俗」の項に「讌会毎ニ或ハ夷楽ヲ雑《まじ》ヘ用ヒ、童子節ヲ按シテ、歌ノ高下、抑揚、咸《あまね》ク中度ニシテ聴クベシ」とみえる。国俗の記述であるからあるいは冠船に限らぬ琉球の習慣であったかも知れないが、一六世紀までの琉球では、酒宴などの場で若衆の芸が盛んに用いられたことを知る。この後、夷舞の語は使録にみえなくなる。

使琉球録が群書質異の巻を設けて琉球に関する旧来の知識を引用するのは一六〇六年の夏子陽までであった。杜氏通典にある「歌蹋蹄呼音頗哀怨、扶女子上膊揺手而舞」の存在を否定して陳侃が実際に見たのは「童子四人ヲ以テ、手、柝ヲ撃チ、足、婆娑トシテ舞ヲ為ス」舞であり、使事紀畧にいう四夷童の夷舞であった。郭汝霖、簫崇業は陳侃を再録するにとどめるが、夏子陽はここに「亦、士戯有リ。皆王宮ノ小従者及貴家ノ子弟、之ヲ習フト聞ク。大笠ヲ載セ、加フルニ皁帕ヲ以テ面ヲ蒙《おほ》ヒ、彩色ノ夷服ヲ着テ登台ス。二十余輩ヲ以テ群トナス。傴僂、宛転シ、同声ニ謳ヒテ皆一人ニ出ルカ如シ」と記し、四名の夷童による踊り（夷舞）に代わって、二〇名程の若衆の集団舞踊（夷戯）が使録に登場する。

一七世紀の冠船は若衆による集団舞踊で彩られていた。一六三三年（崇禎六／寛永一〇）に尚豊を冊封した勅使（杜三策、楊掄）の従客胡靖の『琉球記』には龍潭の記述に重陽宴における龍舟戯の様子が詳しく、舟ごとに歌童を乗せた六龍（爬龍舟）の競渡の後、「則チ、六舟ノ歌童五十余滙《あつま》リ、高歌低舞シ共ニ夷戯ヲ演ス」と記す。この夷戯は若衆の集団舞踊である。

この龍舟戯は使琉球録の嚆矢である陳侃の使録にすでにみえ、一五六一年（嘉靖四〇／永禄四）の郭汝霖『重編使琉球録』にも「観渡宴」に龍舟戯があったことがみえるが、郭汝霖はこれを辞しているためにその様子がわからない。一五七九年（万暦七／天正七）の蕭崇業も重陽宴に龍舟戯をみる（『使琉球録』）。運舟は陳侃と同様に金花を簪し、彩服を具した「大臣ノ子弟」であった。一六〇六年（万暦三四／慶長一一）の夏子陽『使琉球録』には龍舟戯に歌われた「一朝表奏九重天」の句が記され、後に汪楫『使琉球雑録』（一六八三年）、徐葆光『中山伝信録』（一七一九年）、あるいは一八三八年（道光一八／天保九）の『冠船爬龍舟方日記』（尚家文書七九）に収める「龍舟太平歌」「龍舟詞」が一七世紀初頭にすでに成立していたことを知る。

胡靖『琉球記』の龍舟戯の部分をあらためて引くと、

潭中ニ六龍ノ競渡有リ。舟毎ニ、歌童十人ヲ置ク。頭ニ扇面団ヲ戴キ、金笠ノ如ク製ス。一金蝶ヲ挿ス。羽、鷹翅ノ如シ。身ニ珠ヲ披リ、瓔珞、飛帯、雑ニ垂ルコト、仙童ノ様ノ如シ。各、一描ノ金杖ヲ執リ、手ニ支テ舟中ニ立チ、斉シク夷調ニ唱フ。両傍ニ夷人坐シ、短楫ヲ以テ輪転シ、浪ヲ拍キ比合シテ相闘フ。

とあり、龍舟戯における若衆は歌童[3]と呼ばれてもはや漕ぎ手ではない。また「六龍」の歌童各一〇人が龍舟戯の後に陸に上がって夷戯を演じたことは「六舟ノ歌童五十余滙《あつま》リ、高歌低舞シ共ニ夷戯ヲ演ス」とあるところから明らかであろう。(4) しかし他に資料がなく、若衆の集団舞踊が歌童に起こると断定するには決め手を欠く。

一六六三年(康熙二／寛文三)の尚質冊封における張学礼『中山紀略』には重陽宴の夷戯について、

幼童百余人、皆、貴戚ノ子弟。又、一少年僧、生成シテ頭長ク尺五、眉髪、雪白、頬ニ霜髯ヲ綴リ、庭中ニ佇立ス。一童子、双髻ヲ挽キ、葫蘆ヲ杖掛ニシ、寿星之右ニ次ス。一童子、生成背駝ニシテ眼細ク、簪冠ヲ戴キ、錦服ヲ穿チ、手ニ蟠桃ヲ擎テ東方朔ノ如シ。寿星之左ニ黒鹿一隻有リ。寿星之前ニ排シ、鑼ヲ鳴シ、鼓ヲ撃ツ。衆童子、環繞、歌舞ス。内ハ錦衣ヲ穿チ、外ハ白綾、半臂ニ菊花ヲ繍ス。以テ佳節ニ応ス。

とあり、一六八三年(康熙二二／天和三)の尚貞冊封における汪楫『使琉球雑録』には龍舟戯の後、

亭午、請ワレテ円覚寺之右殿ニ於テ劇ヲ観ル。劇ヲ演スルニ七十余人ヲ用フ。年長者ノ十余人、皆仮面ヲ戴キ、笛ヲ吹キ、鼓ヲ撃チ、鉦ヲ鳴シ、前導ヲ為ス。余ハ皆小童、年八九歳ヨリ十四五ニ至ル。悉ク朝臣ノ子弟ニシテ常人ハ与ルヲ得ズ。各、金扇面ヲ以テ首飾ト為シ、周囲ニ紙剪ノ菊花ヲ挿ス。短襖、長裙ニシテ上ニ五色蕉布ヲ以テ半臂トス。骨ノ人、二ツノ木管ヲ手ニス。囲経ノ寸長、尺ニ及ス。其中ノ空ニ石子ヲ以テ投シ、両手ニ交モ撃ツ。声歌ヲ作シテ按節ヲ用フ。已ニシテ又、箸ノ如ク細キ小銕管ヲ易シテ、縄ニ数十枚ヲ貫キ、掌中ニ握シテ柏板ト為ス。已ニシテ又、紙ノ払子ヲ易シテ、之ヲ左右ニ揮フ。最後ハ乃チ、各一扇ヲ出シテ招揺翩反ス。使臣ノ為ニ順風ヲ助クルト云フ也。其曲ヲ問フニ、躍踊歌ト曰フ。強イテ之ヲ書使《かかし》ムルニ、十ノ一二モ弁ヘルコト能ス。其ノ大指、畧ホ龍舟歌ト同ニシテ、詞、則チ詳ヲ加ヘルノミ。

という夷戯(劇)があった。張学礼、汪楫の記す衆童子、小童の踊りが同じものであったか否かはにわかに断じがたいが、衆童子、小童を前導し、あるいは中心に立って楽器を演奏する者は異なり、夷戯の芸態は流動的であったらしい。また二つとも重陽宴の事例であるところから、歌童が踊ったことのわずかな傍証になるかも知れない。

汪楫が劇（夷戯、集団舞踊）に用いる躍踊歌の歌詞を書かせても理解できぬ内容であったのは、琉球の言葉で歌われたためであろう。他方、ここにいう龍舟歌、『中山伝信録』などにいう「龍舟太平歌」「龍舟詞」は汪楫自ら使録に採集したように中国語によって歌われる歌であった。[6] 汪楫は躍踊歌について「其ノ大指、畧ホ龍舟歌ト同ニシテ」とし、躍踊歌と龍舟太平歌に共通する歌意は、「首《はじめ》ニ天子ノ万寿ヲ祝シ、継イテ、使臣海邦ニ光ヲ有ツヲ頌」（張学礼『使琉球記』）し、「聖徳遠ニ及ヒ、永ク治平ヲ享ケ、海国、恩ヲ蒙リ、忠ヲ竭シ、仰テ報スル之意」（徐葆光『中山伝信録』）である。また汪楫の『使琉球雑録』にみる集団舞踊の最後には、「各一扇ヲ出シテ招揺翩反ス。使臣ノ為ニ順風ヲ助クルト云フ也」という勅使の帰国に順風を送る扇の踊りあるいは所作もあったらしい。龍舟太平歌を歌う「十齢幼童」（張学礼『使琉球記』）が、「童子、皆、便面ニ着録シテ習読スル」（汪楫『使琉球雑録』）苦労を厭わなかったところに中国語で歌う尊さもあったのであろう。「三龍舟、池中ニ游ヒ　彩童ノ歌唱　重恩ニ報フ」「球国ノ歌唱　重恩ニ報ヒ、忠敬ノ両字、万世ノ心」を表明し、勅使の無事帰国を祈る龍舟太平歌には、若衆のもつ祝儀性が必要であった。

二　躍童子と若衆踊り

尚敬冊封の一七一九年（康熙五八／享保四）までの御冠船踊りは、若衆による少人数の踊り（夷舞）と集団舞踊（夷戯）に加えて、『中山伝信録』に「戯楽」と呼ぶ、一六六三年の仲秋宴に行われた「走馬、弄刀、刺鎗、舞剣、踘毬、走索ノ諸戯」（張学礼『使琉球紀』）、一六八三年の重陽宴における「烟火ヲ観ル。竿ヲ立テ花ヲ放ツ。爆竹ヲ草馬ノ中ニ置キ、騎シテ馳ケ廻リ、環リテ竿下ノ火ニ遇ヒテ震フ」という「笑楽」（汪楫『使琉球雑録』）があるに過ぎなかった。[7] ところが玉城朝薫が躍奉行を務めた一七一九年には、仲秋宴に神歌祝頌（おもろ）、太平曲（七番の若衆の踊りと一番の武舞)、烟火(花火)、戯楽を揃え、重陽宴に龍舟(戯)に加えて老人祝聖事(長者の大主。太平歌と呼ぶ若衆の四番の踊りを含む)、組踊り(鶴亀二児復父仇古事、鐘魔事)、天孫太平歌(後の入子躍)を用意するなど、冠船の芸能は格段に充実する。

かつての夷舞は酒席で行われ、多人数による夷戯は庭で踊られたが、一七一九年に至って同じ宴席ではあっても舞台を仮設しての踊りとなり(『中山伝信録』巻二挿図「中山王府中秋宴図」)、夷戯すなわち集団舞踊は入子躍となる。冠船の芸能を務めることが褒賞の対象として家譜に現れるのも一七一九年で、[8] 躍童子[9]に阿姓(一三五)一〇世守明、向姓(四八九)七世朝喜、毛姓(一〇〇二)九世安升、毛姓(一〇二三)八世安置、毛姓(一五九八)一〇世盛昭、龍舟戯の花差童子に向姓(一〇二三)七世安芳が確認できる。躍童子は六歳から一五歳の若衆で、「太平曲」を踊る小童の年齢を「十三四歳ハカリ」「十余歳ハカリ」などと記す『中山伝信録』の記述に照応する。花差童子の安芳は一二歳であった。花差童子は龍舟戯の歌童の伝統を引き継ぎ、[10] 龍舟太平歌の歌詞も少なくとも戌の冠船(一八三八年)まで変わらずに続けられる。

躍童子の踊りが夷舞を継ぐものか夷戯と呼ばれる集団舞踊から派生したものかは不明だが、一八三八年の冠船にみられる一曲ずつ独立した若衆踊りではなく、若衆の集団のなかから少人数が出て踊るかたちであったことは別に指摘した(第6章第四節)。数篇の踊りをまとめて『中山伝信録』が「太平曲」「太平歌」とするのは、このような若衆の踊りの集合性による。その踊りには後の女踊りらしきものが含まれ、衣装に違いはあっても若衆踊りと女踊りの区別が明確であったようには思われない。この後、一八世紀中葉の薩摩上国、江戸立において女踊りを二才が踊るようになり、夷舞や「太平曲」「太平歌」などの若衆の踊りとは異なる若衆踊りが成立する。

若衆踊りは薩摩上国、江戸立には帯同されず冠船のみに行われ、その歌詞は一八三八年にようやくみえる。この年の仲秋宴と重陽宴の台本を収める『琉球戯曲集』には、「扇子をどり」「鞨鞁をどり」「まりをどり」「若衆笠躍」「麾をどり」の五番（「まりをどり」は仲秋宴、重陽宴に重複）の若衆踊りがみえる。次に挙げるのはその琉歌である。

「扇子をどり」

ⓐ常磐なる松の　かはることないさめ　いつも春くれば　いろどまさる〈特牛節〉

「鞨鞁をどり」

ⓑ御万人やそろて　かめ願よしやべら　恵みある御代や　もたえ栄え〈揚作田節〉

ⓒかにある御座敷に　御側寄て拝で　わどやればわどゐ　つでど見やべる〈亀甲節〉

「まりをどり」

ⓓ獅子や毬つれて　をどり跳ね遊び　わ身や按司そひよ　拝で遊ば〈本節〉

ⓔ御万人や揃て　踊りはねあそび　獅子や毬つれて　をどり遊び〈本節〉

「若衆笠躍」

ⓕおし列れて互に　花の下しので　袖に匂うつち　ながめやり遊ば　いつも花やさかり〈古見浦節〉

ⓖ霞立つ山の　梅の花盛り　風にさそはれる　匂のしほらしや〈港原節〉

ⓗ初春になれば　深山鶯の　さく梅に来なく　声のしほらしや〈港原節〉

ⓘ笠に音無いらぬ　降ゆる春雨や　野山立ち隠す　霞と思て〈高離節〉

「麾をどり」

ⓙ波の声もとまれ　風の声もとまれ　唐土按司がなし　拝ですでら〈辺野喜節〉

ⓚ遊びぼしやあても　まどに遊ばれめ　首里天がなし　御祝やこと〈浮島節〉

若衆踊りの琉歌をみると、勅使（冊封使）を意味する唐土按司加那志を詠むⓙを唯一の例外として、琉球国王の御代の栄えを祈るなど王府における祝儀の場に相応しい琉歌が選ばれ、「若衆笠躍」(ⓕ〜ⓘ)のように祝儀性に関わることのない、女踊りにも用いられる叙情的な琉歌で踊られることもあった。冊封宴で唐土天加那志(皇帝)、唐土按司加那志(勅使)を詠み込んだ「北宮十二頌曲」(『冠船躍方日記』)が、山城正楽写本『琉歌集』(沖縄県立博物館・美術館蔵)に「冊封御規式之時」とあるように冠船以外に歌われることのない琉歌であったのに対して、王府における祝儀の場に行われた若衆踊りの琉歌、あるいは踊りがそのまま冠船に流用される。

ただし若衆踊りの琉歌を故事集で説明するに際しては、勅使に向けた配慮がなされた。「鞨鞁をどり」のⓒでは「かにある御座敷に」(このような御座敷に)を「君王宴ヲ設ケテ天使ニ待《はべ》リ　我何人ソ舞席ニ末《したが》フヤ」と冠船の場に具体化し、「まりをどり」ではⓓの漢詩訳のみを示して、二句目を「吾玉毬ヲ弄シテ使顔ヲ仰ク」とする。使顔は天使(勅使)の顔で、「按司そひ」(按司添)に代える。なお「麾をどり」のⓙにみえる「唐土按司がなし」はもとの歌では二首目のように「首里天がなし」(国王)であった[11]。

若衆踊りは冠船のために特に用意されたのではなく、若衆の生来もつ祝儀性を用いる儀礼がもともと琉球にあり、その祝儀性が勅使に向けられたといえよう。

三　楽童子と奏楽の儀

徳川将軍の襲職を慶賀し、琉球国王の襲封を謝恩する江戸立にあって、楽童子が重要な役割を果たしたことはよく知られている。宮城栄昌は楽童子を、「座楽での弾き手及び歌い手であり、舞踊の場ではその舞い手になった。一二、三歳の美少年が選ばれ、楽童子任命時に若里之子に叙せられた[12]」と説明する。史料による限り、江戸立に帯同される御座楽、唐躍、琉躍のうち楽童子は御座楽のみに関わる。楽童子が唐躍、琉躍に関与した記録はなく、「舞踊の場ではその舞い手」が御座楽に伴う舞であった可能性については後述する。

宮城前掲書（註12）の七「江戸における公式行事」の二「奏楽之儀」、および横山學『琉球国使節渡来の研究』(13)第四章「琉球国使節の路次楽と城中における音楽奏上」には楽童子と奏楽の歴史が詳細に述べられているので省略し、ここでは江戸城における奏楽の儀の始まりについて検討する。

宮城は、一六五三年（承応二）一〇月二六日条に、「音楽を命せられしは、此の時をはしめとす、是より永く例となる」(14)とする『通航一覧』巻六の記事に疑問を呈し、一六一〇年（慶長一五）、一六三〇年（寛永七）、一六四九年（慶安二）の事例によって、承応二年より前に奏楽の行われたことを示す。ただし慶長一五年は前年の薩摩侵攻の結果としての尚寧王参府であり、『通航一覧』巻三には「年十七八之小姓、十四五之小姓両人、しやみせんを引、十七八計之小姓、名字オモヒシラ十四五之小姓、オモヒトクといふ、小うたをも謡ふ」とあるから、奏楽ではあっても御座楽ではない。

楽童子が江戸で御座楽を演奏したのは一六三〇年（崇禎三／寛永七）の徳川秀忠、家光の薩摩藩邸への御成が最初で、続いて一六四四年（順治一／寛永二一）の江戸立には欽姓（七五六）五世清武が楽童子になったと家譜にみえる。同人の家譜にまた「六月中旬至江府不日登城奏楽」という江戸城での奏楽を窺わせる記述がある。『通航一覧』巻五はこの時の楽人として「おもひとく」「おもひ五郎」「おもひ次郎」「真三郎」「太郎金」「松かね」の名を挙げる。(15)さらに一六四九年（順治六／慶安二）の江戸立には毛姓（一〇三〇）五世安親、毛姓（一〇一四）五世安平、向姓（一一一四）六世朝睦、葛姓（二四六）六世秀原が楽童子になったとそれぞれの家譜にみえ、『通航一覧』巻六には「おもひし郎」「まさふ郎」「おもひこ郎」「おかね」「おもひとく」「まかも戸」が小童として載るが（通航一覧第一・四九頁）、江戸城での奏楽の記事はない。これらは一七世紀後半に系図座が設置されて家譜が整備される前の記事で信頼性に不安はあるが、『通航一覧』のほかに家譜を視野に入れれば、江戸立における江戸城での奏楽は家光の将軍在職中の一六四四年（寛永二一）に始まると考えられる（第4章第一第四節1）。

江戸よりむしろ京で早く御座楽が知られていた。孟姓（七三〇）五世宗能の家譜に、一六二六年（天啓六／寛永三）のこととして次の記事がみえる。

天啓六年丙寅奉　命為年頭慶賀使赴薩州朝　家久公、同年　大守公率領宗能及楽童子拾余名赴京都、十一月六日帝王御前於奏楽…亦在京都於朝　将軍家光公而奏楽

また一六三六年（崇禎九／寛永一三）に、

日本　帝王欲聞唐音楽薩州　太守家久尊公、承詔以告報中山国、依之得黎氏小橋川親雲上篤宴主楽時為楽童子、崇禎九年丙子之春到薩州上於京都奏楽於　帝王御前、（益姓（八三〇）四世里安）

とあり、両度とも薩摩藩主島津家久の差配による。こうした一七世紀前半の状況を踏まえて、あらためて寛永七年（一六三〇）を取り上げる。

寛永七年の場合には王子使者の立てられる使節ではなく、島津家久が琉球から楽童子を江戸へ呼び寄せ、将軍家光に薩摩藩の桜田藩邸への御成を乞い、そこで「国楽」（御座楽）を奏した。江戸立ではないために『通航一覧』には記録されず、江戸側の『大猷院殿御実紀』（徳川実紀）に家光の事蹟としてみえ、琉球側の『大和江御使者記』に「同年（崇禎三年）　黄門様　将軍様御請待被遊候付御機嫌伺之御使者／稲福姓名不伝」、『中山世譜附巻』に「本年（崇禎三年）。為下恭三候　黄門公。請二待　将軍一事上。遣二稲福一。到二薩州一。（未レ伝二姓名並月日一）」とあり、欽姓家譜（二〇七一）にその日程が詳しく記される(16)。この一件は、江戸立に楽童子が帯同され、江戸城での奏楽が恒例化する契機になったと思われる。

欽姓(一八四三)三世清信には「崇禎元年己巳、従黄門家久公将軍家光公就御成、楽児五六輩蒙可有上国之命、清信為主取矣」とあり、欽姓三世すなわち城間親雲上清信が主取となって楽児(楽童子)[17]を引率し、一六二九年(寛永六)一二月一四日に那覇を出発、翌年四月初旬に江戸へ着く。楽児は毛氏大里里之子盛伏(一七歳)、葉氏江州里之子兼益(一六歳)、紀氏大嶺真志金好昌(一四歳)、候氏知名思次良正方(一五歳)、牧氏笠里思徳宗淳(一三歳)の五名であった。[18]

江戸に到着した一行にはまず芝の藩邸で試楽が命じられ、「歓喜不斜」「御喜悦」[19]の家久から褒美が下された。四月一八日に薩摩藩上屋敷に家光の御成があり、御能三番の後「於舞台将以奏楽、然処黒書院転坐玉筵近、楽童子等御召寄奏楽一篇、家光公歓喜不斜、蒙感誉之御一言」、「玉筵近於黒書院奏楽也、大樹御歓喜」であったと二人の家譜はそれぞれ記す。二二日には秀忠の御成があり、二四日から御兄弟衆、諸大名衆の招請、尾張大納言、紀伊大納言、水戸中納言やその他大名衆においても奏楽の披露が続く。家譜にはみえないが、六月一〇日には楽童子の登城が命ぜられ、「先に薩藩臨駕の日奏楽せし琉球の童子六人。召れてまうのぼる」、同一五日には「奏楽せし琉球童子に銀二十枚。薩藩の士に帷子三給ふ」と『大猷院殿御実紀』にある。[20]八月一五日には芝の薩摩藩邸で「家久公、光久公献御膳、或歌会、或立花、或管弦、有御遊宴、而間奏楽」[21]があり、帰途の京でも九月一六日に内裏に召されて天皇の前での奏楽が行われた。[22]

一六三〇年は楽童子の御座楽を目的とした江戸上り[23]であり、江戸立の琉球使節とは性格を異にすることから、宮城栄昌もこれを「奏楽の先規」とする。寛永年間、家光周辺に上覧踊りの流行が兆すなかで、諸大名と競って薩摩藩主家久が将軍家光に楽童子の奏楽を上覧に備えようとしたのであろう。

四　徳川家光と楽童子

家光が小姓(若衆)による上覧踊りを好んだことは『大猷院殿御実紀』から知られる。臼田甚五郎がこれに拠って作成し、佐々木聖佳が補訂した表によれば[24]、家光の上覧踊りは一六一八年(元和四)に始まって一六三七年(寛永一四)に頂点に達し、諸大名衆が競って上覧に備えた踊りはこの年だけで二六度に及び、次第に収束して一六五〇年(慶安三)まで続く。上覧踊りの特色を佐々木は、「大名が家光の上覧にあげた小姓の踊りであること。猿楽の後催されることが多かった」とし、芸能史的には「幾筋かの流れが考えられる中世の風流踊りの近世への展開のうち、武家の芸能として展開した踊りの最後のまとまった姿である」ことを指摘する[25]。

本章が話題とする寛永七年の楽童子の江戸上りとの関連でいえば、前年の四月に家光は行幸途中の古河城で永井尚政から踊りを上覧に供され、七月には江戸城で疱瘡回復祝として、寛永七年の同月にも盂蘭盆として家光自らが催行する。寛永七年の御成での奏楽も上覧踊りが「猿楽の後」に行われたと同じ文脈にあった。

楽童子の定義を宮城栄昌から引用した際に、御座楽に舞の伴う可能性を疑った。しかし島津家本『琉球関係文書』一(東京大学史料編纂所蔵)に引く『琉球史鈔』には「音楽之次第」として九曲の曲名がみえ、それぞれ舞人七人あるいは二人と記し[26]、続けて「右楽ハ道中宿々出立ノ折、マタハ日中行列ノ中、亦宿着等ノ節ニモナス事アリ、舞ハ席上ニテノコトナリ、路次ニテハナシ」とある。また沖縄県立博物館・美術館の蔵する絹本著色、軸装の「琉球人舞楽之図」(ⓐ)には七名の楽童子と一名の楽師の演奏によって楽童子一名が舞う場面が描かれる(巻末写真2-①)。画題を同じくするものに所在不明のⓑ「琉球舞踊之図」(『弘文荘待賈古書目』)、ⓒ「琉球人舞楽之図」(海洋博覧会記念公園管理財団蔵)、ⓓ「琉球王宮舞楽図」(広島県立歴史博物館蔵)が知られ、さらに稲墻朋子はⓔ宮川長春「琉球座楽図」(所在不明)を加える。[27] これらは同じ絵師の手になるものではなく、描写が次第に正確になるとの理解から稲墻はその制作順をⓔ―ⓐ―ⓒ、ⓓと想定し、さらに狩野春湖を長春の師と前提した上でⓔには「師から譲られた」粉本があったのではないかと想像する。[28] ただし長春の「琉球座楽図」に描かれなかった楽童子の舞はⓐⓒⓓに加えられる。前引『琉球史鈔』と合わせ考えると楽童子の舞が絵師の創作とは思われない。寛永七年(一六三〇)に家光、秀忠が薩摩藩江戸藩邸に御成になった際の『大猷院殿御実紀』にも「此舞はてゝ」(四月一八日)、「琉球の童舞をも御覧にそなふ」(同二一日)とあることも、出典の『東武実録』に舞がみえないという疑問が残るものの、楽童子の舞があったことを想像させる。これら論拠としては不確実な絵画資料と文献資料に寛永期の上覧踊りを重ね合わせると、御座楽に伴う舞の実在が想像される。一七世紀から一八世紀初頭の江戸立に御座楽で舞う楽童子が存在したからこそ家光の興味を惹き、上覧踊りの流行にのったのではなかったか。

寛永三年に京で家光が楽童子に出会ったことが、寛永七年、家光の薩摩藩邸への御成での奏楽につながり、その年に江戸城で行われた御座楽を先規として江戸立における江戸城での奏楽の儀を成立させることになったと思われる。寛永七年を先規として始まる江戸城での奏楽の儀は初め家光の好みに発するが、家光を先例とし、薩摩藩が琉球の異国性を強調する政策と中国文化の受容を大和に示そうとする王府の意向とが合致したところに江戸城での奏楽は成立する。

五　琉球における若衆

中国から伝習を受けた御座楽を、「国王公界並礼式ノ時」に演奏するのは首里城御書院に置かれた一五名の二才小姓、童子小姓であった[29]。山内盛彬が具体的に述べるところによれば、公界とは薩摩藩在番奉行の招宴であり、もちろん冊封使饗応の宴、薩摩藩主に対する御膳進上や徳川将軍に対する江戸城における奏楽も含まれるであろう[30]。他方の礼式には冠船や国王即位、元服が挙げられ、冠船礼式では冊封宴と仲秋宴における奏楽[31]が現在のところ確認できるが、これを御書院小姓が担当したことを示す明確な史料はない。二才であれ童子であれ、小姓が御座楽の演奏に携わる習慣は中国になかったことで、明清楽が琉球で受容される際に、若衆を儀礼の表舞台（公界、礼式）に立てる琉球の文化のなかに置き直される。

御冠船踊りが二才によって内容的にどれだけ充実されようと、その主役が依然として若衆であったことは一八三八年の『冠船躍方日記』によって冒頭に指摘したが、同書には躍人数を代表して勅使の褒美をいただくのが躍童子であったとあり、若衆の立場を象徴する[32]。

一七一九年に創始された玉城朝薫の組踊り五番にはすべて若衆が登場する。「二童敵討（護佐丸敵討）」の鶴松、亀千代、「執心鐘入」の中城若松、「銘苅子」の男子、「孝行之巻」の男子、「女物狂」の男子である。役名を男子とする、若衆が脇役に過ぎない三作品に対して、「執心鐘入」における若松の性格はドラマに深く関与し、宿を借りる場とその直後にみられる現代からみれば身勝手と思われる性格は、後の「手水之縁」で玉津を見初める山戸にも共通する。若松と山戸の人物造型には、現在の行動基準とは異なる時代の要請や文化の土壌があったに違いない。朝薫が組踊りを創始した時代に冠船芸能の中心がいまだ若衆であったことが朝薫の作に反映されているとしても、若松の人物造型は若衆の祝儀性を逸脱する。

尚敬冊封（一七一九年）の九年前、一七一〇年（康熙四九／宝永七）の江戸立に楽童子を務めた糸満里之子盛周は翌年に帰国し、その年にふたたび御祝使美里王子朝禎の上国に小姓として随い、六月に那覇を開船するが、日をおかずして「於読谷山間切高志保之沖朝禎倶破船溺死」する（毛姓（一五四五）一〇世盛周）。『浮縄雅文集』（沖縄県立図書館蔵）に収める「糸満里之子いた□ることは（悼める詞）」は不慮の事故で夭折した美少年盛周を悼んだ文章で、琉球に衆道のあったことを示す早い時期の資料である。その後、組踊り「銘苅子」の天女に関してふたつの文章が遺される。ひとつは『琉球資料』所収の「万書付集」に収める書簡で[33]、その表紙に「大清道光六年戊九月吉日求□」とあるから一八〇八年（嘉慶一三／文化五）以前の冠船に上演された「銘苅子」について、「冠船躍人数[34]」を務めた某が友人へ送った書簡である。舞台の詳細を述べるなかに天女の役について「此躍若衆何かしに而紅顔美麗[35]」と書き記す。一八三八年（道光一八／天保九）の冠船では同じ天女について『琉球雅文集』（琉球大学附属図書館蔵）所収の書簡は、「独り絶倫之若衆其名は不覚候得共、色たをやかにして肥たるに非、痩るに非、雪のはだへ柳之腰に而、吉野之花もあざむき、躍の仕様言語之声節、一として不備といふ事なく、源氏の君か業平之再来かともいふべき人に而、見る人なつかざるはなし[36]」と記す。大和の影響が色濃い文章であるが、冠船のための稽古を観て天女役の美貌と演技を讃える筆者（武島親雲上か）には、引用文の前段に「衆道」の意識がはっきりと認められる。

一八三八年に天女を務めたのは『琉球戯曲集』によれば小禄里之子で、一八三二年の江戸立に楽童子であった兄良忠であれば一九歳、弟の良厚であれば一八歳でともに元服した若い二才であった（馬姓（一六六七）一二世良忠、一二世良厚）。前述「万書付集」の天女を誰が務め、何歳であったかは不明だが、糸満里之子は元服前で享年は一七歳である。衆道の対象が元服前後にまたがること、大和で前髪が若衆の要件であったようには若衆の真結と二才の片髪《かたかしら》の区別がなかった違いはあっても、琉球の士族社会に衆道があったことはこれらの史料によって証される。

先に述べた若松、山戸の人物造型は、唐・大和の御取合などいわば公的な場における若衆の祝儀性のみを根拠としては説明できない。唐の御取持のために創始された組踊りではあっても、故事集に強調される表向きの義理とは別に、士族の本音である衆道もまた組踊りに反映されていると考えられるのである。

しかし組踊り—とくに若松や山戸あるいは天女を演じる若衆（若い二才）に対する士族の意識を王府の儀礼、芸能の公的側面に敷衍すると間違うことになる。

夫馬進は琉球と同じ中国の冊封国であった朝鮮に起こった「女楽問題」について述べる[37]。女楽問題とは、「朝鮮においては、貴人を接待するのに女性の舞楽を見せるのは当然のことであったが、中国の使臣はこれが中華の地においてないので、礼にはずれたものとして受け入れなかった」ことに起こる両国の齟齬である[38]。一六世紀の使琉球録が群書質異に杜氏通典を必ず引用して女性の舞を取り上げ、今はないとするのも女楽問題を意識してのことであったかも知れない。琉球はこうした中国の意向を汲んで冠船に若衆の芸を用意したのではなく、すでに若衆を儀礼に用いる文化があったからこそ女楽問題は起こらなかった。

前掲の宮城栄昌『琉球使者の江戸上り』には「使者たちの私的文化活動」が詳述されている。王子以下の諸役が文化的に活躍するなかで、楽童子も立場として能書であること、詩歌をよくすることが求められた[39]。一八三二年（天保三）の江戸立の、隠居した前藩主島津斉宣の屋敷における図巻「琉球人坐楽之図」（永青文庫蔵）の冒頭には楽童子が席書を披露する場面が描かれる。若衆という存在が具える祝儀性に加えて、中国の士大夫の教養に発して日本でも好まれる画題となった「琴棋書画」（四芸）の具現を琉球は楽童子に託していたのではないか、との推測も可能であろう。つまり王府の儀礼と芸能における若衆は中国文化に倣ったものではなく、琉球固有の文化であったことになる。しかし琉球固有の若衆を大和の御取合において楽童子として定立するにあたっては中国の文化を後ろ盾とした。

註

（1）伊波普猷『琉球戯曲集』（春陽堂、一九二九年）。後に『伊波普猷全集』第三巻（平凡社、一九七四年）。
（2）夷舞は東夷の民族の舞踊という意味でしかないが、便宜的に一六世紀の使録にみえる若衆の踊りを後の若衆踊りと区別して本稿では夷舞とする。
（3）「爬龍舟歌童（俗呼花差小童）」（毛姓（一五五五）一二世盛意）。
（4）夷戯が夷舞と異なる点は、踊り手が歌いながら踊るところにある。
（5）胡靖『琉球記』にも、「其ノ唱ノ何レノ詞ナルカ、何ヲ演スルカヲ知ラスシテ記ス」とある。なお故事集は躍方の主管する芸能についてのみ扱い、後述するような翻訳に際して手が加えられることがあった。躍踊歌は勅使に求められた通事のとっさの翻訳であったために理解が得られなかったとも考えられる。
（6）「寓目シテ伝写スルコトヲ得ンヤ」と汪楫は同書に記す。一七五六年の冠船に「爬龍船歌師」（鄭姓（一一五五）六世亮采）、同じく一八〇八年に魏姓（一二〇〇）八世永昌、一八三八年の同じく九世秉礼が「爬龍舟唐歌師」を勤めたことがみえ、いずれも久米村人が歌童を指導した。
（7）この戯楽、諸戯について、細井尚子は道教儀礼であったのではないかという。
（8）系図座の設置は一六七九年だが、現存の家譜にみる限り、一六八三年の尚貞冊封の冠船に係る記事は見出せない。
（9）家譜においては若衆の躍童子に対して、二才は躍人数、躍員などと呼ばれる。
（10）註3。
（11）清水彰『琉歌大成』本文校異編（沖縄タイムス社、一九九四年）通し番号三三〇四、二一一三の琉歌。
（12）宮城栄昌『琉球使者の江戸上り』（第一書房、一九八二年）五三頁。

(13)　横山學『琉球国使節渡来の研究』(吉川弘文館、一九八七年)。
(14)　『中山世譜附巻』崇禎七年の条に「勅使ノ礼待ハ原太守公之恩ニ出スル謝ス事ノ為」(佐敷王子)、「年頭使ノ事ノ為」(金武王子)とある。『大和江御使者記』も同じ。
(15)　通航一覧第一・四三頁。同史料は楽人の名を記した後に、「両使に従ふむち持、旗持童子の外の楽人幷士は、下馬にとゝまる」とする。「むち持、旗持童子の外の楽人」は路次楽の楽人をさすか。天保三年『儀衛正日記』閏一一月四日の登城に「路次楽ニ而繰出」「路次楽ニ而最前道筋罷通」とある。
(16)　『大和江御使者記』『中山世譜附巻』はともにこの時の使者を「稲福」とし、「不伝姓名」などとする。城間清信とは別に使者が立てられたか否か不詳。
(17)　欽姓(二八四三)では楽児が後に楽童子と書かれ、牧姓(二〇七一)も楽童子とする。
(18)　年齢は『大猷院殿御実紀』巻一五(『新訂増補国史大系』徳川実紀第二篇、吉川弘文館、一九七六年)四八一頁による。笠里思徳宗淳は牧姓(二〇七一)の三世宗淳。五名のうち最初の二名はすでに元服した里之子、あとの三名は童名の若衆である。首里城御書院に置かれて御座楽を奏する二才小姓と童子小姓に対応し、江戸へ派遣されたのは御書院小姓であったかも知れない。
(19)　欽姓(二八四三)および牧姓(二〇七一)。
(20)　『新訂増補国史大系』徳川実紀第二篇(吉川弘文館、一九七六年)四八五頁。
(21)　欽姓(二八四三)三世清信。
(22)　欽姓(二八四三)三世清信。牧姓(二〇七一)三世宗淳。
(23)　本稿では寛永七年の楽童子の「江戸上り」を、慶賀使、謝恩使の「江戸立」と区別する。

(24) 臼田甚五郎「寛永期公方家上覧躍小歌の考察」(『国学院大学大学院紀要』四、一九七三年。後に『臼田甚五郎著作集』第三巻(おうふう、一九九五年)に収録)一七～九頁。佐々木聖佳「上覧踊り考―家光上覧踊から藩の踊りへ―」(『日本歌謡研究』四二、二〇〇二年)八五～六頁。

(25) 佐々木前掲論文(註24)八六頁、九四頁。

(26) 舞人が七人あるいは二人と書かれる点でこの史料の信頼性は薄いと思われ、この史料のみからは御座楽の舞の存在が確定できない。

(27) 拙稿「琉球使節の芸能を描く絵師―熊本藩御用絵師杉谷行直の場合―」(『沖縄県立芸術大学紀要』一八)一二九～一三〇頁参照。なお稲墻朋子「宮川長春と薩摩藩主島津家、そして琉球」(『國華』一三九四)は拙稿を補って参照すべき点が多い。

(28) 稲墻前掲論文(註27)二二～四頁。ただし御座楽の楽と唱曲で異なる二種の楽器編成が混在することは最後まで正されなかった。

(29) 『琉球藩官職制』(筑波大学附属図書館蔵)に「小姓十五人国王公界並礼式ノ時座楽ヲ奏シ又給仕を勤ム」。公界は「社交。交際。付き合い」(『沖縄語辞典』、国立国語研究所編、二〇〇一年)。やはり久米村で伝承される唐歌唐躍が、「御当地御用迄ニ而無之、他国御公界向相懸」(『那覇市史』資料篇第1巻11琉球資料(下)二三二頁)とされることに照応する。『那覇市史』の引用は稽古案文であり、添削後のかたちで示した。

(30) 『山内盛彬著作集』第一巻(沖縄タイムス社、一九九三年)一七六頁。なお一八世紀に入ると薩摩上国に楽童子の帯同が絶える。恐らく王子使者に従う小姓が御座楽を担当したと思われる。

(31) 『冠船躍方日記』戌八月三日の冊封宴に「御酒被召上候砌御庭楽相始引次歌有之」、寅の仲秋宴(尚家文書一四二『冠

船御礼式日記』）では初めて御銚子が出されると「御座楽相始候段惣役より言上仕」とある。

(32)「両勅使様より躍惣人数江品々拝領被仰付候付武村親雲上色衣冠ニ而若衆三人其儘之支度ニ而西之御殿敷内江参上一列ニ立一跪三叩頭仕退去」（戊八月一二日）。武村親雲上は躍奉行の一人。

(33)『那覇市史』資料篇第一巻一一琉球資料（下）五二八頁。

(34) 註33。

(35) 同書所収の重複する書簡、六一二頁。

(36) 崎原綾乃『琉球雅文集』翻刻と注釈」（『琉球アジア社会文化研究』6）四〇頁。なお池宮正治「『琉球官話集』の補注追記」（『国文学論集』三四、一九九一年）は「小官生得好」に注して『浮縄雅文集』や『琉球雅文集』を根拠に「『若衆』という語に性の対象としてのそれを意味するのは本土近世語の移入であるが、近世沖縄にもそれがあった」とする（五六頁）。

(37) 夫馬進「使琉球録と使朝鮮録」（『増訂使琉球録解題及び研究』榕樹書林、一九九九年）一六三頁。

(38) 女楽問題は一四五〇年の倪謙、一四八八年の董越、一五三八年の龔用卿の使録にみえるという。

(39) 宮城前掲書（註12）二一六〜七頁。

4 楽童子の成立—紋船使から江戸立へ—

江戸立と呼ばれる、近世琉球の王府(国王)から幕府へ派遣される使節には楽童子が伴われ、江戸城において徳川将軍に御座楽を披露することを恒例とした。

江戸立は徳川将軍に対する儀礼(進見、辞見)と薩摩藩主に対する儀礼(進見、御膳進上)から成る。江戸立の正使である王子が鹿児島と江戸で薩摩藩主に対する御膳進上を行ってその場で芸能を披露するのは上国する王子使者の務めであり[1]、加えて江戸立本来の目的として江戸城での進見の儀、辞見の儀があり、また奏楽の儀に御座楽が奏された。一七一八年(康熙五七／享保三)からは奏楽と辞見は同日に行われることになる。江戸城奏楽の儀での演奏が御座楽と歌三線のみであるのに対して、薩摩藩主への御膳進上には一七一四年(康熙五三／正徳四)以降、御座楽に唐躍、琉躍を加えた三種の芸能を上演することが定式となるが(第8章第二節)、唐躍、琉躍が江戸城で行われることはなかった。

「国王公介並礼式」[2]に用いることを目的として首里城御書院で伝習される御座楽と、「他国御公界向相懸」[3]る芸能として久米村で伝承される唐躍、これら中国伝来の芸能とは異なる琉球固有の琉躍の、公界に用いられる芸能としての歴史と性格はそれぞれ異なる。御座楽は一六世紀の紋船使に始まり、唐躍上国の初出は前述の一七一四年である。

近世を通じて一貫して江戸立の芸能の中心が御座楽にあったことは、江戸城での奏楽とともに、後年、御膳進上の芸能を縮小して御座楽のみとすることを求めた薩摩藩の姿勢にも窺われる[4]。御座楽には一六世紀末に始まる島津氏による琉球の附庸国化政策から、一六〇九年（万暦三七／慶長一四）の薩摩侵攻を経て徳川幕藩体制の安定に至る時代の推移が反映されているといってもよい。従って近世琉球における王子使者の芸能帯同は江戸立のなかでのみ考えるべきではなく、紋船使における管絃（御座楽）という前史を踏まえ、その奏者である後の楽童子の形成過程に注目すべきであろう。そこで中世末期における紋船使の管絃帯同から、侵攻後の寛永年間（一六二四〜一六四四年）における禁裏奏楽（寛永三年）、徳川家光薩摩藩邸御成の奏楽（同七年）、江戸立の実質的開始（同二一年）を第一、その後の江戸立の制度的形成と一七一〇年（康熙四九／宝永七）におけるその定着を第二として、琉球と薩摩、幕府（あるいは禁裏を含む）との関係のなかで御座楽の役割を明らかにし、専ら薩摩が主導した御座楽の上国に対する琉球の対応を楽童子の定立にみることにする。

第一　島津氏と琉球の御座楽―紋船使末期から寛永年間へ―

一　紋船使の先例

1　天正三年の奏楽

古琉球期における鹿児島での奏楽は『上井覚兼日記』天正三年（一五七五）四月一〇日条がよく知られ、また古い。『上井覚兼日記』は大日本古記録に翻刻されるが[5]（以下「古記録」）、一部は旧記雑録後編所収の島津義久公譜に採られ[6]（同じく「義久譜」）、本文に異同がみられる。

天正三年の奏楽は島津氏が王府へ送った使僧をめぐる対立的状況のなかで行われた。島津貴久は一五七〇年（隆慶四／永禄一三）に義久の嗣立を報じ（旧記雑録後編一・五五二）、印判なき渡航船の取締りを琉球に求めて（同・三二一〜三四及び三六）使僧広済寺雪岑を遣わす。しかし王府は適切な対応をとらず、重ねて「近来違背旧例之条々」を列挙する島津氏老臣の連署状が王府の使僧を務める円覚寺宛に送られ（同・七五九）、一五七五年（万暦三／天正三）の、「先王俄崩御、国家取乱、于今延引」による遅滞、不手際を詫びる国王書状（同・七九五）を携えた使僧天界寺南叔、使者金（金武）大屋子の派遣となる。古記録に「紋舟当津へ着候」（三月二七日条）、義久譜に「琉球国之紋船着岸」（同・七九四）とあるように、中世における琉球から島津氏への正式な使者である紋船（後述）を仕立てての派遣であった。この年の紋船使は鹿児島に到着するとまず島津氏家老から「諸事背先規候之条々幷為使僧広済寺雪岑和尚琉球へ御越之時、疎略扱」ったことに対する返答を求められ（古記録三月二九日）、四月一〇日にようやく義久と対面の運びとなる。

この日、唐衣装の紋船使一行は「色々楽を仕、鉄放なと仕候て、殿中へ参」り（同）、国王の書状と方物を献じる。この楽は路次楽であったらしい。義久との対面を果たし、その後の酒宴の様子を古記録は次のように記す。(7)

琉球より之御酒参候時、盃・かねなと云童子二人参候て、御酌申候、其後しやひせんひき両人参候て、御椽にて曳候、同哥もうたひ候、それ共二三人参候、其後管絃衆七人参候て、対面所御椽にて楽仕候、其後大楽衆四人参候て、御庭にて大鞁打候、四人拍子を揃て打候、

以下義久譜との異同を記すと、引用文冒頭、琉球の酒を童子が酌をし、「しやひせん」を披露する部分が、義久譜では「盃酒数巡之後、童子両輩持金盃与銚子来、丁勧珍酒之時、又三童子進鼓三線歌異曲」となり、「しやひせんひき」が童子であったこと、そこに鼓の加わっていたことが知られる。池宮正治は同日記の三月二九日条に「琉球人しやひせんとも曳候て」とあることから「専門の演奏家」の存在を想定するが、(8)三味線を弾いたのは童子であり（義久

譜）、酌の童子とともに小姓役の小赤頭が務めたのであろう⑼。

古記録の「管絃衆七人参候て、対面所御椽にて楽仕候」が義久譜には「七人進座外為管絃謳鄭曲」とある。座外は「御椽」のこと。鄭曲は鄭音から類推すると「みだらな音楽」か⑽。鄭曲を謳うとあるから御座楽の唱曲と考えられ、古記録は七人を童子とせず、奏者は二才であったらしい。

『琉球国由来記』巻四の楽に「是為二大平楽一。奏二于座中一故、亦曰二座楽一⑾」と注される座楽（御座楽）の琉球への伝来年代を同書は、「当国、楽、□察度王□尚巴志王之世間、自二中華一伝授来乎、不レ可レ考」とし、察度王と尚巴志王の間は一四世紀後半から一五世紀前半であるから、御座楽はすでに伝来していた。

大楽は同書に中華伝来とされる座楽、大楽、笙家来赤頭楽、路次楽とみえる大楽であろう。庭で演奏され、義久譜に「四人進庭上鐘鼓管籥之尽佳曲⑿」とあり楽器は大鞁だけではなかった。なお大楽は後の史料にみえなくなるが、その芸態の一端がこの史料によって知られる。

酒宴にはさらに猿楽の一王大夫（河野通貞）が伺候して舞い、夜に入って花火を催すなど遅くまで和やかに続く。

「琉球より之御酒参候時」とある文言から、近世における薩摩藩主に対する御膳進上の原型をここに認めることができるかもしれない。しかし琉球からの紋船使の派遣と管絃（御座楽）の扱いなど、その後の歴史に大きな影響を及ぼす問題をこの酒宴は胚胎していた。

2　紋船使についての齟齬

紋船の名は舳に青雀、黄龍を描き、王家の紋を翻して、船自体が賀意を表する艤装⒀に起こり、『島津国史』巻之一二の一四八一年（成化一七／文明一三）に「秋八月六日。琉球文船至⒁」とある記事を初出として琉球から島津氏へ派遣され、その歴史や性格については小葉田淳、喜舎場一隆、紙屋敦之の研究がある[15]。紋船使の派遣機会に関しては天正三年前後に島津氏と王府の間に齟齬が生じ、その後の紋船使における管絃帯同にも関わることから、紙屋論文[16]を参照しつつ整理しておく。

紙屋は旧記雑録附録一では年代不詳とされた琉球国中山王書状（二五三）、琉球国三司官書状（二五四）を考証し、その年代を一五七三年（万暦一／天正一）と推定する[17]。一五七三年とすれば天正三年（一五七五）の二年前になり、永禄一三年（一五七〇）に発する島津氏と王府との応酬の渦中にある。二通は同年に琉球へ派遣された使僧楞厳寺、使者松下安芸入道の持参した弥簡（二五三）、尊書（二五四）に対する島津義虎と家老衆への返書で、三司官書状（二五四）には「彼文船之儀者従往古到鹿児府之主へ者、御即位代々文船無渡海之儀候、自然応時於有要用之儀者渡海之儀有之候、其謂未成分別候哉」とある。義虎は義久の娘婿で当時は義久に次ぐ立場にあった。伝存しない義虎の弥簡あるいは家老衆の尊書に恐らくあった「御即位代々」の文言に対する王府の反駁が「応時於有要用」（時に応じ要用あるにおいて）である。

天正三年に家老が奏上する紋船使の弁明を聞いた島津義久は、「紋舟之事者、御一代ニ一度参事候」（古記録四月三日）と述べ[18]、義久譜がこの部分を「文船者守護人毎一代一度也」とするのは、永禄一三年の貴久書状（旧記雑録後編一・五五二）に義久の嗣立を報じたことを承けてのことであろう。

紋船が「守護人毎一代一度」とすれば、天正三年の後、島津義久が豊臣秀吉の九州征伐に降伏して（一五八七年）家督を次弟義弘に譲り、また一五九四年（万暦二二／文禄三）に義弘の三男家久が家督を継いだ際[19]に紋船が派遣されたはずであるが、家久にのみ紋船使の記録が残る（後述「呈琉球国王書」）。「御即位代々」とすれば、琉球では尚永薨じて尚寧が即位するが（一五八八年）、もちろん即位を理由とした王府の紋船派遣はなかった。『中山世譜附巻』の一五九一年（万暦一九／天正一九）に二度の紋船使がみえ、その一は使僧建善大亀和尚、使者茂留味里大屋子を派遣した、豊臣秀吉による「関八州追伐之祝儀」（旧記雑録後編二・七七三）の紋船使であった。一五九〇年（天正一八）の中山王宛義久書状に秀吉の天下統一に対して、「右之御祝儀遠国端島一統可為言上、貴邦事者、早速被催紋舟」（同・六八七）と島津氏は王府に紋船使派遣を促す。王府の「応時於有要用」が薩摩にとっても実際であったかと思われる。ところが一六〇九年（万暦三七／慶長一四）の国王宛義久書状に「載其方物来以賀我家久之嗣而立、又攀旧例也」（旧記雑録後編四・五三二）とあり、島津氏はなお「守護人毎一代一度」の紋船派遣に固執する。

この義久書状（「呈琉球国王書」）については次節に述べるが、薩摩侵攻の結果、虜われた尚寧が帰国を許された二年後（一六一一年）に提出を命じられた尚寧の起請文に、

琉球之儀自往古為　薩州島津氏之附庸、依之　太守被譲其位之時者、厳艤船以奉祝焉、或時々以使者・使僧献陋邦之方物、其礼義終無怠矣（旧記雑録後編四・八六二）

とあることは「呈琉球国王書」と照応する。琉球が島津氏の附庸であることを認めさせられるとともに、島津氏の従来の主張であった家督相続における紋船使（「艤船」）の派遣を約束させられる。近世琉球の上国使者はこの起請文を根拠として派遣され、管絃（御座楽）もまたその一端を担うことになる。

3　紋船使の管絃帯同

一五七五年（万暦三／天正三）の路次楽、座楽、大楽等の帯同は王府の発意による帯同と思われ、島津氏が求めた形跡を史料に見出せない。しかし琉球の附庸国化へと島津氏の施策が傾斜するなかで、前述一五九〇年の秀吉天下統一を祝う紋船使派遣を促す国王尚寧宛書状には管絃（御座楽）の帯同を求め（旧記雑録後編二・六八七）、円覚寺にも「貴邦

者被催綾舟、管絃役者等無聊爾被相調、上洛肝心之段　御諚候」(同・六八八)と伝える。

王府はこれに応じて翌年に紋船使を派遣し、国王から義久への書状に、

今度紋船令渡海、万端可然之様、御調達憑入候、国家衰微之間、雖不献方物、表楽人等之儀式、為使節差上建善大亀和尚・茂留味里大屋子、…(旧記雑録後編二・七七三)

と、国家衰微の折から進上物は用意できないが、島津氏の求めに応じて管絃を送り、「楽人等之儀式」によりその賀意を表す。

ただしこの度は京へ赴く紋船使であった。前年にも国王尚寧の書状[20]を携えた天龍桃庵和尚が上京し、豊臣秀吉に「遠邦奇物」を献じ[21]、秀吉は二月二八日に国王宛返書を認めて翌月に小田原攻めのため京を出立する。七月に北条氏を平定し、奥州攻めに転じて九月に京へ戻る。前述義久書状(旧記雑録後編二・六八七)は在京中の義久が小田原平定を承けて早速、琉球に送ったものであった。秀吉に降伏して(一五八七年)家督を義弘に譲った義久が、琉球の管絃を利用して秀吉への恭順を表したのであろう。

前述のように薩摩侵攻の年、一六〇九年二月付の国王尚寧宛の島津義久(龍伯)書状があり、「呈琉球国王書」と称される書状に次の一文がみえる。

就中我宗子之嗣而立、則画青雀黄龍於其舟、以使紫其衣者黄其巾者二人其遺使篚厥玄黄来、而結髻於右髩之上者、奏衆楽於庭際、蓋致嗣子之賀儀也、今也遣崇元寺長宜謨里主、載其方物来以賀我家久之嗣而立、又攀旧例也

この書状は禅僧で義久の側に仕えた南浦文之が起草し、『南浦文集』にも収められる[22]。『南浦文集』には年月を欠き、旧記雑録後編四・五三二の義久譜所収の同書状には「慶長十四年二月」とある。琉球出兵の月に書かれたことになり、書状の趣旨も徳川将軍の望む明との貿易について琉球の仲介を依頼することにあって時期的に相応しくない。義久譜

に採られた時に年月を間違ったか実際には国王に届けられなかったか疑問が残る。

文中の「今也遣崇元寺長宜謨里主、載其方物来以賀我家久之嗣而立」は一五九四年（万暦二二／文禄三）に家督を相続した家久を賀する紋船使で、『中山世譜附巻』、『大和江御使者記』にはみえない。

本章の注目するところは「結髻於右髩之上者、奏衆楽於庭際」とされる管絃（衆楽）にある。これを「蓋致嗣子之賀儀也」とし、「攀旧例」とする島津氏が琉球に求めた管絃は、「結髻於右髩之上者」すなわち攲髻《かたかしら》を結った元服後の二才による管絃であった。管絃（御座楽）に若衆が登場するのは後の寛永年間のこととなる。

古琉球期の鹿児島における奏楽の史料はこれで終わる。

後に「国王公界並礼式」（『琉球藩官職制』）の芸能とされる管絃（御座楽）が、いわば国王の芸能であったことを島津氏が理解していたか定かではないが、管絃を紋船使に帯同されるべき芸能として利用する姿勢は、琉球を附庸国化した後の寛永年間における島津家久の御座楽召し出しの伏線となる。

二　寛永三年の禁裏奏楽

1　禁裏奏楽の史料

孟姓（七三〇）五世宗能の家譜に一六二六年（天啓六／寛永三）に禁裏で行われた奏楽の記事がみえる。

天啓六年丙寅、奉　命為年頭慶賀使赴薩州、朝　家久公。同年　大守公率領宗能及楽童子拾余名、赴京都。十一月六日　帝王御前於奏楽時、各賜銀子〔数量不詳〕。亦在京都於朝　将軍家光公、而奏楽、後回麑府事竣。崇禎元年秋帰国

この家譜資料を『氏集』六番の七三〇すなわち「大宗孟揚清大里親方宗森」を系祖とする家譜として扱うのは厳密には間違いで、原本はすでに失われ、西平家に伝来する「孟姓系図家譜西平家写」をもとに、現存する支流宇良家[23]、同じく長嶺家[24]の家譜などを参照し、一九八九年（平成一）一月に新たに編集した家譜であることが編者の孟姓支流一六世西平宗堅の序文に記される。[25]家譜原本あるいは写本でないにも関わらず、この記事が一六〇九年（万暦三七／慶長一四）の薩摩による琉球侵攻の後、すなわち近世琉球における御座楽が上国した記録としてはもっとも古いことから、後の江戸立、薩摩上国の芸能を考える上で看過しがたい。

編者はそれぞれの記事が拠る「系図家譜及文献」を注記し、巻末にその一覧を載せるなど編集本[26]家譜としては良心的ではあるが、王府、薩摩、幕府、禁裏に家譜の記事を裏付ける史料を求めて検証する必要がある[27]。

王府の上国記録である『大和江御使者記』には一六二六年（天啓六年）の条に「為年頭使事。遣法司。孟氏今帰仁親方宗能」とあり、『中山世譜附巻』にも同様の記事がみえて今帰仁親方宗能上国の事実は間違いないが、禁裏奏楽には触れない。しかし旧記雑録後編五・六四の家久譜に、

　家久徴琉国之楽童子、則今帰仁者以之来、既而家久倶之上京、今也無事而帰麑府、乃使之還中山、因贈書於琉王
　如左矣

とあって前引家譜の記事を裏付ける。ここに「贈書於琉王如左」とある一一月六日付の国王尚豊宛島津家久の書状（同六五）は家久譜に続けて収められ、次の文言がみえる。

　…仍今度、両将軍被成御上洛、行幸可然相済、就中我等儀被任中納言、於仕合者無残所候間、可安御心候、然者今帰仁同心ニ而罷渡候衆三人、今度京都へ召列候、別而神妙ニ奉公相勤令辛労候、併　行幸之様子共致見物候条、
　幸之至候

この書状から、家久の指示した「宗能及楽童子拾余名」(孟姓(七三〇)五世宗能)の上京が徳川秀忠、家光の上洛に関わるものであり、京では「楽童子」に「奉公」つまり奏楽が予定されていたことが知られる。

ただし禁裏周辺にも、『大猷院殿御実紀』など幕府関係にもこの記事を裏付ける史料は見出されない。禁裏で奏楽のあったことは家久譜と書状から確実であるとしても、月日不明の家光への朝見と奏楽は、八月二日の入洛から、九月六日に後水尾天皇の二条城への行幸を得て同一〇日まで続く饗応の後、九月二五日の京発輿までの間であったと想像するのみである。

2　禁裏奏楽の意図

島津家久に随って上京した今帰仁親方宗能の本来の上国目的は、王府の上国記録(『大和江御使者記』『中山世譜附巻』)によれば年頭使にあった。一六一三年(万暦四一／慶長一八)に始まる年頭使は年頭慶賀の礼を職務とするが、初期には法司三年詰を兼ねることもあり(一六三〇年、一六四二年、一六四四年、一六四六年)、これらに先立つ三司官(法司)であった今帰仁親方の上国にも人質としての意味を含んでいたかもしれない。

一六〇九年(万暦三七／慶長一四)の薩摩侵攻の後、国王尚寧は虜われて鹿児島に上り、さらに島津家久に随って駿府で徳川家康に、江戸で秀忠に拝謁する。その後、寛永三年(一六二六)に至るまで徳川将軍の琉球使者引見はなく、家久によって寛永一一年(一六三四)に国王襲封の「御礼」が京で実現する。寛永三年と同一一年の状況は極めて類似し、寛永三年は年頭使の今帰仁親方宗能が、寛永一一年の冊封使来琉の御礼使、世孫佐敷王子朝益と年頭使金武王子朝貞は、ともに本来の上国目的に加えて京へ率領され、前者の場合は朝見と奏楽を行い、後者では家光に国王襲封の御礼を言上し[28]、後の江戸立への道を拓く。寛永三年の徳川家光への朝見と奏楽が事実であったとすれば、同じ将軍上洛を機にした寛永三年は寛永一一年の布石であったとも考えられる。

前引の家久書状(旧記雑録後編五・六五一)に対する国王尚豊の返書(同七七)に、

　将又当年茂可被遊　御上洛候哉、如何奉存候、…随而者小童三人指上申候之処、京都迄致供奉、種々蒙御憐愍、

　剰天下希代之行幸拝見仕候由、彼是以冥加不少候

とあり、「将又当年茂可被遊　御上洛候哉」という文言に、将軍上洛に係る家久の画策に対する琉球の当惑が窺える。薩摩侵攻以後は寛永三年まで「楽童子」の上国記録はなく、寛永三年の家久に幕府に対して御座楽を政治的に利用する意図があったことは明らかであろう。ただし家久にはもうひとつ禁裏との交誼を深める思惑もあったと思われる。禁裏奏楽を仲介したのは近衛家であった。

島津家と五摂家の一近衛家とは代々、昵懇の関係にあった。近衛家が日向、大隅、薩摩に及ぶ島津荘を領していたことがその背景にあり、家久の叔父義久は薩摩坊津に配流された近衛信尹を厚遇した。『寛政重修諸家譜』の家久、元和三年(一六一七)の条には「二月家久京師にいたり、近衛信尹公に就て、後水尾院の天機をうかゞひたてまつりしかば、御琴一面、御竪笛二管、及び御香をたまはり、のち江戸におもむく」[29]とある。信尹の没年は慶長一九年(一六一四)であるから、信尹の養子で近衛家を継いだ信尋の誤りであったとしても、島津家の禁裏接近に果たした近衛家の役割が窺える。

また家久は禁裏に知られた手猿楽の中西長門守秀長を慶長七年頃に薩摩藩に召し抱え、寛永三年には正月と四月に中西秀長が後水尾天皇に召されて猿楽を舞う[30]。こうした禁裏接近を果たすべき家久の政略の一環として楽童子の奏楽が位置づけられる。

3　奏楽の実態

寛永三年の禁裏奏楽についてはその実態が窺える史料がもうひとつある。在京中の薩摩藩士岩切六右衛門から一一月一八日付で国許の家老衆に宛てた書状（旧記雑録後編五・六六）で、その全文は次の通りである。

任幸便一書令啓上候、然者琉球之楽人衆爰許仕合能仕舞被申候而、御暇被下候間、今日京都を打立被罷下候、従禁中様銀子廿枚、従　仙洞様卅枚、六条之西御門跡様より拾枚、近衛様よりちりめん一巻充被下候、為御納得之申上候、巨細者相良満右衛門尉殿可被申達候、恐惶謹言

今帰仁親方宗能の家譜（九二頁）に「数量不明」とされた「帝王御前於奏楽」の際の「各賜銀子」がこの書状によって明確になるとともに、列席者の顔ぶれも知られる。「禁中様」の後水尾天皇は寛永文化の中心人物で後に幕府との対立によって退位し、「仙洞様」はその父後陽成上皇である。「ちりめん一巻充」を下された「近衛様」は後陽成上皇の第四皇子で後水尾天皇の兄弟であり、近衛信尹の養子となった信尋である。前述の島津氏と近衛家との関係から、禁裏奏楽が近衛家の斡旋によることがこの書状で判然とする。「六条之西御門跡」すなわち西本願寺もまた参席していた。家久の意図は寛永文化を牽引した後水尾天皇のサロンでの奏楽にあったといえよう。

天正から寛永に至る御座楽の演奏実態を知りうる史料は極めて少ないが、紋船使の時代―天正三年（一五七五）、文禄三年（一五九四）に二才を奏楽者とした御座楽（『上井覚兼日記』及び旧記雑録後編四・五三二）に、寛永三年に至って童子（若衆）が加わる。すなわち家久譜に「琉国之楽童子」（同六四）とあり、「今帰仁同心ニ而罷渡候衆三人」（同六五）とある家久書状の返書に国王尚豊は「小童三人」（同七七）と記す。今帰仁親方の家譜がいう「楽童子」はこの三人の小童をさすのであろう。

この時の演奏者の姓名は伝わっていないが、小童三名で御座楽の演奏が可能とは思われず、天正三年の管絃衆が七

名であったことからすれば二才と若衆の混成による奏楽であったと思われる。とすれば家譜の「楽童子拾余名」は「楽童子等拾余名」とあるべきで、そのうち小童（若衆）が特に注目されたことになる。

古琉球末期の紋船使にあって二才の演奏した管絃（御座楽）に寛永年間に至って若衆（童子）が加わる変化は注目すべき問題であるが、その契機、理由を示す明確な史料は得られない。島津家久の企図した寛永年間の御座楽はすべて徳川家光との関係のなかで行われ、家光が小姓による上覧踊りを好んだことが御座楽を若衆に演奏させた理由としてわずかに考えられる（第3章第四節）。琉球には冊封使を若衆の芸でもてなす慣習があり、独自の若衆文化ともいうべきものがあったから、若衆の御座楽を家久が求めたとしても王府に違和感はなかったに違いない。中国伝来の御座楽ではあったが中国に若衆が演奏する伝統はなく(31)、明楽が楽師の担当とならずに若い二才を含めた若衆の演奏になったのは明楽の琉球化というべき現象であったといえよう。

三　寛永七年の薩摩藩邸御成

1　城間親雲上清信の家譜

一六三〇年（崇禎三／寛永七）に予定される徳川家光の江戸薩摩藩邸御成について島津家久の命が王府に伝えられ、これに対する王府の対応が城間親雲上清信の欽姓家譜（一八四三）に次のように記される(32)。

崇禎二年己巳、従黄門家久公、将軍家光公就御成、楽児五六輩蒙可有、上国之命清信為主取矣、楽児之人数毛氏大里里之子盛伏、葉氏江州里之子兼益、紀氏大嶺真志金好昌、候《ママ》氏知名思次良正方、牧氏笠里思徳宗淳、相共承上国之命

この時に楽児として江戸に上った牧氏笠里思徳宗淳にもやはり写本ながら家譜が残され、牧姓家譜（二〇七一）の該当箇所に、

崇禎二年己巳、従　家久公因請待　将軍家光公、有命時、楽童子五六輩将赴于薩州。因是為楽童子、与主取欽氏城間親雲上清信倶、同十二月十四日那覇出船（牧姓（二〇七一）三世宗淳、那覇市史家譜資料四・四七八頁）

とみえる。後述するように島津家にも幕府にもこれを裏付ける史料は多く、家譜の記述するところに間違いはない。

欽姓家譜によれば城間親雲上清信は一五九八年（万暦二六／慶長三）の生まれで唐名を欽徳基といい、万暦四〇年に若里之子に叙せられ、翌年に家統を継いで浦添間切城間地頭職に就き、さらに翌四二年に敧髪を結って（元服）、黄冠（親雲上）に叙せられる。万暦四六年には家久の宰相任官の御祝使具志頭王子朝誠に随って上国し、家光御成の寛永七年に数え三三歳であった。

旧記雑録後編五所収の「中納言家久公江御成之記」（三〇三）に、「今度御成ニ付、琉球より楽人上下三拾人余被召寄、此内楽者思徳十三歳・真志金十四歳・志次郎十五歳・江州之里子十七歳・城間之親雲上、いつれも美麗之童子なり」とある。(33)「城間之親雲上」すなわち城間親雲上清信が「美麗之童子」であったかは疑問としても演奏に加わったことは間違いない。(34)

なお『球陽』附巻一には尚豊王の「九年、欽徳基、楽を日本大樹公及び帝王の御前に奏す」の見出しで寛永七年の一件を収める（球陽附巻・二七）。「日本大樹公」は徳川家光、「帝王」は後水尾上皇で、江戸からの帰途に京でも九月一六日に禁裏での奏楽があった。記事が「亦家康公（前授将軍、即ち家光の父）を請待し、再び御前に奏楽す」と秀忠を家康に誤るのは、『球陽』がこの記事を欽姓家譜から採ったことから生じたものであろう。この年の江戸と京での奏楽は王府にとって記憶に留めるべき出来事であった。

2　島津家久の御成準備

徳川家光の上洛に京で奏楽があった一六二六年（天啓六／寛永三）の二年後、

家久思欲奉成　相国秀忠公及　将軍家光公於桜田之第、而自今茲始営作（旧記雑録後編五・一五三）

と家久譜にあり、寛永五年に家久は薩摩藩の桜田藩邸へ徳川秀忠、家光を迎えるべく準備を始め、家老伊勢貞昌に「総造営監事」を命じる（同）。

また同年九月一〇日付の家老喜入摂津守（忠政）[35]から三司官宛書状（同一七九）で御成が「来々年」（寛永七年）の予定であると王府に伝えられる。御成に琉球の奏楽を用意する構想を早くから家久は抱いていたのではないかと思われる[36]。箇条書きのこの書状にはまた、「兼日申候三線弾之童稽古、同楽、小歌、無油断稽古候而、来年之夏必参上可被申事」と、一六二九年（崇禎二／寛永六）に上国予定の御礼使金武王子朝貞が帯同すべき芸能についての指示がみえる。「三線弾之童」はかねてからみえる小姓（小赤頭）の三線、「楽」は御座楽、「小歌」は不明。金武王子朝貞の家譜（五）に芸能帯同の記事はみえないが、天正末以降の紋船使における管絃の帯同を指示する島津氏の姿勢が琉球侵攻と幕藩体制という新たな状況のなかに引き継がれる史料として注目される。

もちろん御成の奏楽が王府の発意に起こるはずもなく、琉球楽児の一行が江戸を立つ際の八月二七日付の中山王宛家久書状に「然者其地之楽児、兼日依申談無緩疎被仰付、存慮之外早速参着」（同三二八）、同日付金武王子朝貞宛書状に、「今度就　御成、其地楽児之衆到江戸可被差越之由、兼日申談之処、王位依御入魂不違時節来着、欣然々々」（同二五五）とみえ、「兼日依申談」「兼日申談」と楽児を江戸へ上らせる指示がかねて家久から王府に出されていた。

薩摩藩としては御成を三月か四月に望んでいたが容易に決まらず、家老の伊勢貞昌が本光国師を尋ね、日撰の結果が出たのは寛永七年の三月であった[37]。琉球からの一行はすでに前年一二月一四日に那覇を開船し、鹿児島を発って江戸への道中にあり、辛うじて御成に間に合う四月初旬の到着となる。

江戸に到着した琉球楽児をあらためて欽姓家譜、『球陽』その他史料を加えて記すと、毛太用大里里之子盛伏[38]（一七歳）、葉自錦江州里之子兼益（一六歳）、紀遐文大嶺真志金好昌（一四歳）、侯国隆知名思次郎正方（一五歳）、牧達材笠里思徳宗淳[39]（一三歳）の五名である（唐名、家名、位階または童名、名乗）。元服を境に若衆と二才を分かてば、盛伏、兼益は二才、好昌、正方、宗淳は若衆となる。二才と若衆の混成で御座楽を務めるのは寛永三年と同じであった。

後世の編になる欽姓家譜、牧姓家譜には「楽童子」、家久譜に「中山国之楽童子」（旧記雑録後編五・二九七、三一七）の名称がみられるものの、同時代史料には楽児（家久、貞昌書状）、幕府側の史料に童子（大猷院殿御実紀）とあることは、いまだ楽童子が正式名称とはされず、楽児あるいは童子と捉えられていたゆえであろう。

3　江戸での琉球楽児

琉球楽児の一行は江戸到着の翌日、芝の薩摩藩邸で島津家久に「御目見」し、「楽之音律如何」を試す奏楽が命じられる。試楽に満足した家久からは「楽裳束」として「金叙金花薄入奥繻子二通紕縮緬紕綸子細袖袴金襴大帯」[40]を賜う。試楽に対する褒美ではなく、御成の場で着用すべき衣装が薩摩藩によって用意されたのであろう。将軍御成の場に相応しい衣装という配慮である。なお楽児の一行が琉球に帰ると、一一月一八日に首里城の「於御書院以江戸裳束奉奏楽」と国王の上覧があったことが欽姓家譜にみえる。家久から賜った「江戸裳束」を着して御成での奏楽を再現する。江戸での装束が後の楽童子に影響を及ぼしたとすれば、楽童子のイメージの形成にも薩摩は深く関与したことになる。

四月一八日の徳川家光御成の奏楽については牧姓家譜に、「家光公入御数奇座、御膳御茶等進上相済出御、于御広間御能三番有之後、玉筵近於黒書院奏楽也」とある。この度の御成は式正ではなく数寄屋御成であったために家光に対して数寄屋でまず御膳、御茶が献じられ、広間で能三番を観た後、座を変えて琉球楽児の奏楽となる。奏楽について御成記は、「御寝殿におひて、七五三御易の御膳参りて、驄而楽被仰付、琵琶・琴・しんせん・しやミせん・笛・ひちりき・こきう・とら・太皷などにて楽仕る」と記す。また家久譜は、「而調和琵琶・琴・四線・三線・笛・篳篥・鼓弓・鉦・太鼓等音声、而奏楽数刻、紘紘掩抑声声尽曲」(旧記雑録後編五・二九七)とする。

奏楽に対する家光の反応は、「紘々掩抑声々之曲調、実可謂仙楽者乎、御座敷之佳興不可勝計、公方様御快然不斜、於日本、如此異国人令倍従、楽とも仕候事、可謂前代未聞歟」(御成記)、「大樹公甚乗興有　鈞命曰、於倭国視聴如斯、異国人之音楽希有之事也云云」(家久譜)と薩摩の史料には記され、幕府側の『東武実録』にも「御座敷ノ興斜ナラス」とあるから、将軍の好みに叶ったことは間違いない。六月一〇日には「先に薩藩臨駕の日奏楽せし琉球の童子六人。召れてまうのぼる」(『大猷院殿御実紀』)と楽児の一行は江戸城に召され、その五日後に家光より「奏楽せし琉球童子に銀二十枚」を賜ったことにも、家光の反応が知られる。

四月二一日の秀忠御成にも同じく奏楽があった。その後については欽姓家譜に、

従同二十四日数日、相続御兄弟衆諸大名衆御申請、楽同前也。御成首尾能為相調、就御祝儀御家中諸士給燕宴而終日御能有、御興家久公御機嫌最善。其後尾張大納言殿、紀伊大納言殿、水戸中納言殿、於殿下奏楽。加之御大名衆於館下奏之

とある。家光の兄弟、御三家、諸大名などの招請が続き、江戸での初めての御座楽は幕藩体制の上層部に遍く知られることとなり、琉球という附庸国の可視化を江戸においても実現した家久が「御機嫌最善」であったのは当然といえ

よう。欽姓家譜によれば、「崇禎三年庚午四月、当時在番奉行菱刈伴右衛門殿、御下国之砌、知行高二十斛完楽人数可御給由有御詔[43]」という異例の達しが薩摩から王府に伝えられ、清信と楽児は加増される。家久の望んだ将軍家の御成が、琉球楽児によって期待以上の結果を残したことに対する措置であったと思われる。

4　江戸城奏楽の嚆矢

『大猷院殿御実紀』寛永七年六月一〇日の「奏楽せし琉球童子」の登城を裏付ける他の史料は管見に入らないが、その五日後の褒美は六月一〇日の登城に対してのものと思われる。この日に江戸城で奏楽があったとすれば[44]、江戸立で後に恒例となる暇乞の儀における江戸城奏楽はここに萌すことになる。

徳川家光は諸大名などから供される小姓による上覧踊りを好み、寛永年間に盛んに行われた。寛永七年（一六三〇）に島津家久が企図した若衆の御座楽もそうした時代背景のなかで捉えるべきことを別に述べた（第3章第四節）。次節で詳しく検討するが、寛永七年の江戸城奏楽は江戸立としては最初となる寛永二一年（一六四四）の江戸城における奏楽の先例となった[45]。この年に家光の嫡子として誕生した家綱を祝す金武王子朝貞、尚賢の継目を謝する国頭王子正則の江戸立にあたり、薩摩藩の家老から三司官に宛てた書状（旧記雑録後編六・二七八）に仕度（唐仕度か琉球仕度か）、進物など数箇条の指示が下され、なかに「若衆達座敷ニて楽可被仕衆も可被召上之由候事」の一文もみえる。また同年六月二五日の江戸城への登城行列に「楽人」として六人の童名がみえることから、江戸城で奏楽があったことが想像される。寛永七年の江戸城での奏楽はいわば非公式であったが、家光の意を汲んだ家久が慶賀使、謝恩使の公的行事に若衆の奏楽を組み込んだのであろう。

なおここに注意すべきは、『大猷院殿御実紀』の御成の記事に「此舞はてゝ」（四月一八日）、「琉球の童舞をも御覧にそなふ」（同二一日）とあることである。これらの記事の出典である『東武実録』に舞のことはみえず、[46] 御座楽に伴う舞が御実紀編纂時の粉飾であった可能性もある。ただしこれを否定しきれない資料として宮川長春「琉球座楽図」に始まる一連の絵画の存在がある。「琉球座楽図」は字義通り御座楽であるが、その流れにあるいずれも作者、制作年代不詳の「琉球人舞楽之図」（沖縄県立博物館・美術館蔵）、「琉球舞踊之図」（『弘文荘待賈古書目』）、「琉球人舞楽之図」（海洋博覧会記念公園管理財団蔵）、「琉球王宮舞楽図」（広島県立歴史博物館蔵）の四点には楽童子一人の舞姿が描かれる。また『琉球史鈔』（東京大学史料編纂所蔵『琉球関係文書』一所収）には御座楽の曲名ごとに舞人の人数が示され、「舞ハ席上ニテノコトナリ」との注記がある。「琉球座楽図」などの楽器編成が、本来は楽と唱曲とで異なる楽器が入り交じるなど信憑性を欠くが、御座楽の舞が絵空事と断じることは出来ないであろう。

これら楽童子の座楽図（舞楽図）が宮川長春（一六八二～一七五二）の「琉球座楽図」を嚆矢とすれば、その制作は一七一〇年代の江戸立（宝永七年、正徳四年、享保三年）に想定され、[47] 他もさらに下る。家光が属目した「楽童子」の舞が後に江戸城では奏楽のみとなり、しかし非公式の場で行われていた舞を絵師が美人画風に仕立てたとすることも可能であろう。「いつれも美麗之童子」（御成記）であった琉球の楽児が家光の趣味に合い、それが江戸城における奏楽の儀の成立につながったであろうことは充分に考えられる。

四　寛永一一年の江戸立へ

1 寛永一一年の布石

寛永一一年(一六三四)には寛永三年に続く徳川家光の上洛があった。「今度御上洛候ハヽ、いかさま御しをき共候するかと中候間、無心元事にて候、国かへ共御さ候するやとおもひ候事」(旧記雑録後編五・六一七)と島津家久は家老宛書状(寛永一〇年四月付、島津久慶宛)にその心中を漏らす。このたびの上洛では秀忠没後(寛永九年)の家光の施策を示すべき領知替(国替・転封)と領知判物の発給などが予定され、家久には国替の不安があった[48]。結果は家久の杞憂に終わり、琉球は島津氏の領知として「幕藩体制の知行・軍役体系の中に組み込[49]」まれることが確定する。慶長一五年(一六一〇)の尚寧王参府以来絶えていた幕府への聘礼実現を策し、家久は尚寧王参府を「実態は島津氏の捕虜であったにもかかわらず、それを『外交使節』に仕立てあげて迎接した[50]」幕府の姿勢を根拠として、寛永一一年の将軍拝謁を準備する。その間に将軍が琉球の奏楽に接する機会(寛永三年、同七年)はあったが使者ではなかった。

一六三四年(崇禎七/寛永一一)に王府が両使を上国させた目的が、前年に行われた尚豊冊封の御礼(佐敷王子朝益)、年頭使(金武王子朝貞)にあったことは『中山世譜附巻』『大和江御使者記』に明らかである。両使の上京すべき旨がいつ琉球側に伝えられたかは史料に明らかでないが、家光上洛中の閏七月二日付の老中奉書に「琉球之国主御代替付而、公方様江御礼被申上候様ニと思召、兼日被仰遣候処、当国主煩ニ付、子息幷国守舎弟近日来着之由承候、御書中之通達　上聞候処、則於京都御礼可為請之旨被仰出候」(旧記雑録後編五・七四九)と、家久の申し入れが幕府へ伝えられていた。

宮城が『通航一覧』巻三の注とこの老中奉書から、代替わりに国王の来朝があって然るべきとする幕府の方針を前提した上で、「琉球は病気の理由をもって虜囚の辱めを避け、幕府はそれを恩免とすることで権威を維持した」㊿と解するのは建前であって、旧記雑録後編からは国王来聘の準備を進めた様子は窺えず、最初から家久にその意図があったとは思われない。

島津家久は御礼使佐敷王子朝益を徳川家光襲職の慶賀使、年頭使金武王子朝貞を尚豊襲封の謝恩使に仕立て㊾、江戸立の先例を作ることになる。これについて豊見山和行は、

前年の冊封使来琉の謝恩のため鹿児島へ渡った佐敷王子らは急遽、上洛中の将軍家光に二条城で謁見し、「琉球国主御代替」の「御礼」を言上することになった。これはかねてから幕府への「御礼」の機会を窺っていた薩摩藩に対し、意図的に将軍の上洛にあわせて二条城での謁見を幕府が指示したことによるものであった。

とする㊸。

京で方物が家光に献じられたことから、進上物はあらかじめ用意されていた。また前年の寛永一〇年八月二六日付中山王宛書状に、「為当年之御祝詞国頭渡檣之由、於江戸令承知候、…少人之衆、楽稽古候様被　仰付尤候、…」（旧記雑録後編五・六四一）㊹と奏楽の用意もなされていたことが窺えるものの、奏楽を示す史料はなく家譜などに楽人の名も伝わらない㊺。

2　再度の仙洞奏楽

寛永七年の御成での奏楽のため江戸に上った琉球楽児はその帰途、禁裏でも奏楽を行ったことが欽姓家譜（二八四三）、牧姓家譜（二〇七二）にみえる㊻。寛永六年に幕府との対立から譲位した後水尾上皇の希望であった。

寛永一一年に京で琉球使節の将軍謁見を実現し江戸立への布石とした島津家久は、二年後の寛永一三年(一六三六)にも京へ琉球の楽人を呼び寄せ、仙洞御所で後水尾上皇の聴聞に備えた。「楽童子」を務めた益姓四世里安の家譜(八三〇)に、

日本　帝王欲聞唐音楽、薩州　太守家久尊公承詔命、以告報中山国。依之得黎氏小橋川親雲上篤宴主楽時、為楽童子。崇禎九年丙子之春到薩州、上於京都、奏楽於　帝王御前

とある。里安は一六二二年(天啓二)の生まれで童名を思五良といい、一六三五年(崇禎八)に小赤頭として出仕し、京での奏楽はその翌年、数え一四歳であった。仙洞御所では一〇月一三日と二四日の二度奏楽が行われたと『隔蓂記』にみえる。二四日の条には、

今晩於　仙洞、琉球人之音楽聴聞。琉球人六人、其内四人者少年、十四歳、十五歳、十六歳也。二人者三十四五歳、又廿六七歳之者也。少年四人之名、真三郎・思徳・思金・思五郎、二人之者ノ名、ヲハシヤハ・タイラ。奏音楽、挽四線・三線・二泉。了、酌酉水、献酬之礼、与日本、異也。日本之伶人習琉球楽、此中習了、漸奏之者也。為　勅命、習楽云々。有道之臣在傍、攢眉曰、夷狄之楽、非桑間濮上、而何乎、今習淫声之楽、非好事、為朝之訛哉。

とある。[57] 家譜に「主楽」とある黎氏小橋川親雲上篤宴が三四、五歳の「ヲハシヤハ」であろう。ほかに二六、七歳の二才と思われる「タイラ」、一四～六歳の少年が四線(絃、以下同)、三線、二線を弾く。楽器編成からすれば楽ではなく唱曲で、江戸立に加えられる前からすでに唱曲が行われていた。[58]

後水尾上皇にとっては寛永三年、七年に続く御座楽となり、御所の伶人にこれを習わせるほど意に叶った音楽であったようだが、「夷狄之楽」として眉をひそめる(「攢眉」)有道のような公家もいた。仙洞での奏楽を指図したのは家

久であろうが、この年から病身となり、その意図や経緯を示す史料は残っていない。

禁裏での奏楽は寛永一三年を最後とするが、対立する幕府と禁裏の双方に童子の御座楽をもたらした家久には、一方で琉球を附庸国とする薩摩藩の立場を、定着しつつある幕藩体制のなかで確かなものとし、他方で後水尾上皇(天皇)を中心とする寛永文化のサロンへ参入する意図があったかと思われる(59)。

二年後の寛永一五年(一六三八)、病床にあった家久の見舞いのため、家久と懇意であった金武王子朝貞が送られる(二月一五日鹿児島着)が、同月二三日に没する。薩摩からも出兵した島原の乱がようやく終息しようとする騒然としたなかでの家久の死であった。翌月に鹿児島を発って参府した長子光久は五月八日に跡目を継ぐべき台命を蒙り、琉球の御座楽を利用した家久の政略は光久に引き継がれることになる。

3　寛永二一年の江戸城奏楽

一六四二年(崇禎一五／寛永一九)には江戸立実現へむけた幕府との交渉が島津光久によって進められる。八月二九日付の覚(旧記雑録後編六・二七八)は、光久が老中に問い合わせた幕府の回答を鹿児島へ伝える三条よりなる覚で、国王跡目の儀は薩摩の「分別次第」とされたこと(第一条)、徳川家の若君誕生に対する琉球からの使者派遣も公方の同意が得られたので来年には唐、琉球の二通りの仕度を用意して上国すべきことなど使節の規模(第二条)、進上物の指示(第三条)を内容とする。

第二条には「又若衆達座敷ニて楽被仕衆も可被召上之由候事」の文言がみえ、幕府も江戸城での奏楽を望んでいたようである。江戸と国元とで交わされた家老衆の寛永二〇年二月四日付書状(同二九七)では「御成之刻琉玖之楽人参候、此衆なと若為罷出事も哉候ハん」と寛永七年の御成、登城を先例とした奏楽に評定が及ぶ。豊見山が指摘するように幕府も薩摩藩も琉球使節の「待遇等に関する明確な規範を持ち合わせていなかった」[60]ことに薩摩藩家老衆の困惑があった。

一六四四年（順治一／寛永二一）の実質的な最初の江戸立は、徳川家光の嫡子家綱誕生の御祝使[61]金武王子朝貞、尚賢襲封の謝恩使国頭王子正則を正使とし、六月二五日の出仕登城の行列には正使に「馬上之従者廿四人」が随い、二四名のなかの童名六名は「楽人」であった。後の楽童子にあたる楽人が諸役の親雲上などとともに騎馬で行列に加わり、江戸城内でも将軍拝謁の場で「両使ハ御下段其次廿余輩次間下々ハ玄関ノ前白州ニ並居」（『琉球人御礼次第[62]』）、つまり拝謁に際して次の間に控えるという慣行は、この時に始まり最後の江戸立までの規矩となる。

童子の楽人に対するこのような待遇がどこに起因するかを示す史料はないが、寛永七年の薩摩藩邸御成後の登城を先例として踏まえ、家光の意向を汲んだ幕府の扱いであったと考えるのが妥当であろう。

しかし同年の江戸立関係史料には六月二五日の出仕登城、七月一二日の御暇登城に奏楽を記す記事は見出されず、『通航一覧』も二回後の江戸立である一六五三年（順治一〇／承応二）に「音楽を命せられしは、此時をはしめとす、是より永く例となる」（通航一覧第一・五四頁）とその始まりを記す。前引旧記雑録後編六所収の覚（二七八）と書状（二九七）からは家光を意識し、光久はその意向に添うかたちで江戸立の実現を図ったことが窺われ、江戸城奏楽がなかったとすれば不思議である。

ところが欽姓（七五六）五世清武には、

同（崇禎）十六年癸未、為将軍家《ママ》　綱公御誕生之御祝使、尚氏金武王子朝貞赴子《ママ》府之時、為楽童子、…翌年…六月中旬至江府、不日登城奏楽也

と江戸城奏楽を記す[63]。正使金武王子朝貞の向姓家譜（五）[64]に奏楽の記事があれば欽姓家譜の裏付けとなるが、「翌年（寛

永二一年）四月到于江城朝　将軍家光公」と簡略に記されるのみである。ただしこの年の江戸到着を向姓家譜が四月とするのは誤りで、光久公御譜に「六月十二日到江府」（旧記雑録後編六・四〇〇）とあり、「六月中旬至江府」とする欽姓家譜が正しく、奏楽のみを誤りとすることはできない。「不日」を「日ならずして」と読めば六月二五日の出仕登城を意味し、登城と奏楽が同日でないとすれば七月一二日の御暇登城となる。薩摩藩の文書である『琉球使者参府之事』（鹿児島県立図書館蔵）は一二日の御暇登城に「音楽　上覧之儀未詳」とする。同文書は後の編纂で同時代史料ではないが、旧記雑録後編六・二九七を「右使者被召連候儀ニ付、寛永十九年午八月廿五日、江戸御問合書之内左之通」として収め、「又若衆達座敷ニ而楽可被仕衆も可被召上候」までを記して「以下略」とする。「可被召上」とする幕府の回答によって楽人を帯同するが、曲目などの詳細が残されていなかったゆえに「未詳」としたのではなかったか。江戸立の初回であったゆえに江戸城での次第が手探りであり、記録に漏れたとしても、寛永年間を通して島津家久が徳川家光に対して策した御座楽による異国支配の可視化は、江戸立における江戸城奏楽なしには完成しなかったと思われる。

なおこの江戸立は一二月に改元があったために正保元年と表記されるが[65]、琉球使節の江戸での諸行事は六月から七月にかけてであるから寛永二一年とすべきであろう。徳川家光上洛における禁裏奏楽（寛永三年）に始まる島津家久の御座楽を利用した政略は、徳川家光の薩摩藩邸御成（同七年）、再度の仙洞奏楽（同一三年）へと続き、寛永一五年の家久没後は家督を継いだ光久による同二一年の江戸立に結実する。この時期を寛永年間と捉えることによって侵攻後の島津家二代の琉球使節の聘礼に対する姿勢と御座楽の扱いが明確になり、御座楽にとって寛永年間が重要な転機となったことが明らかとなる。

第二　江戸立における楽童子の成立

一　寛永から宝永へ―江戸立資料―

一六四四年(順治一／寛永二一)に実質的に始まった江戸立は、その後、慶安二年(一六四九)、承応二年(一六五三)、寛文一一年(一六七一)、天和二年(一六八二)、宝永七年(一七一〇)と続く。

この宝永七年と次の正徳四年(一七一四)には、「従来の諸式が改められ、使節の構成・城中における諸礼式・献上物の内容等がこの時期から定形化した」とする横山學の指摘がある。(66)江戸立の制度的確立に至る寛永二一年から宝永七年への時期は、寛永年間に薩摩から一方的に御座楽が召し寄せられ、受け身で応えていた王府が、御座楽に積極的な外交的意義を担わせるに至る過程でもあったと考えられる。

そこで各年度の江戸立を、御座楽を担った者の楽童子の呼称、待遇(行列での騎馬あるいは歩行など)、姓名の名乗り方を中心に整理し、この間における楽童子の推移をみる。項目として立てた楽童子は正確には「後の楽童子にあたる楽人の童子」の意で、後述するように宝永七年に楽童子の呼称が成立したと考えるから、宝永七年以前については便宜的に〔楽童子〕と表記する。

参照する資料は、ⓐ『通航一覧』と、ⓑ『琉球来聘日記抄』(国立公文書館蔵)、ⓒ『琉球使者参府之事』(鹿児島県立図書館蔵)などの史料(67)(各年度に追記)、図巻に家譜を加える。

【一六四四年（順治一／寛永二一）】

〔正使〕徳川家綱誕生の御祝使金武王子朝貞、尚賢襲封の謝恩使国頭王子正則。(68)

〔史料〕ⓐⓑⓒのほかⓓ『琉球人御礼次第』（国立公文書館蔵）がある。『国書総目録』によれば戦前の沖縄県立沖縄図書館にはⓓと書名を同じくする『琉球国王尚賢ヨリ両使御礼ノ次第』があった。

〔日程〕江戸着は六月一二日。同二五日出仕登城、七月三日日光山参詣、同一二日御暇登城。江戸発は不明ⓐ。江戸着のみⓒ。

〔奏楽〕すでに指摘したように、七月一二日の御暇登城にあった可能性がある（一一〇～一一一頁）。

〔構成〕六月二五日の登城行列にみえる琉球人は使者金武王子朝貞、国頭王子正則、「馬上之従者廿四人」の「紫鉢まき」一名、「黄鉢まき」九名、「赤鉢まき」八名、「楽人」六名など。

〔楽童子〕楽人として、おもひとく、おもひ五郎、おもひ次郎、真三郎、太郎金、松かねⓐ。

〔家譜〕楽人のうち太郎金の欽姓（七五六）五世清武にのみ家譜が伝わる。


【一六四九年（順治六／慶安二）】

〔正使〕尚質襲封の謝恩使具志川王子朝盈。

〔史料〕ⓐⓑⓒのみで、ⓑは記述が簡略で知られるところが少ない。

〔日程〕七月一〇日江戸着。九月一日出仕登城、同一一日日光山参詣、同二五日御暇登城。江戸発は一〇月三日（旧記雑録追録一・二九一）。

〔奏楽〕ⓐにこの年の奏楽の記事はみえない。『琉球使者参府之事』の慶安二年条に、「音楽奏之儀者不記置候」とあって、奏楽はあったが記録には留めてない」とする宮城栄昌の指摘(69)は誤りで、その前文に「二度目登　城之節は音楽上覧御暇被下拝領物被仰付事候処」とあって『琉球使者参府之事』の編者は後の慣例から御暇登城に奏楽があるべきとの考えから、島津図書家の文書に「音楽奏候儀は不記置候」とするに過ぎない。ただし旧記雑録追録一の光久譜に「球人奏二音楽一」(二九〇)とあり、奏楽があったことは間違いない。

〔構成〕九月一日の登城行列の琉球人は具志川王子朝盈と「従者十七名(但小童共)」(別に「馬上十七人」とも)などで、一七名の内訳は「黄はちまき／唐装束」の七名、「赤はちまき」の四名と「小童」の六名。

〔楽童子〕小童として、おもひし郎、まさふ郎、おもひこ郎、おかね、おもひとく、まかも戸ⓐ。

〔家譜〕家譜の毛姓(一〇三〇)五世安親、毛姓(一〇一四)五世安平、向姓(一一四)六世朝睦、葛姓(二四六)六世秀原にこの年の楽童子の記事がみえるが、安平(松金)を除く三名の童名は家譜ではいずれも思次郎で、ⓐの「おもひし郎」がいずれであるかは不明。

【一六五三年(順治一〇／承応二)】

〔正使〕徳川家綱襲職の慶賀使国頭王子正則。

〔史料〕ⓐⓑⓒのほか、寛文一一年を含むⓔ『琉球人来朝記』(国立公文書館蔵)、ⓕ『承応二年／琉球国王使出仕記』(肥前島原松平文庫蔵)、多年度を記すⓖ『琉球使節記』(筑波大学附属図書館蔵)がある。

〔日程〕九月二〇日江戸着。同二八日に出仕登城、一〇月一〇日に日光山参詣、同二六日御暇登城、奏楽。江戸発は不明ⓐ。

〔奏楽〕一〇月二六日の御暇登城に奏楽があって「楽之次第」を収め、「太平楽」「万歳楽」「難来郎」が奏され、「太平楽」に「各無言に而奏之」、「万歳楽」に「発微音唱歌、但非舞楽」、「難来郎」に「右同断」と注記される。末尾に「楽者以上七人にて、三度共七人宛出、内六人は童子也」とある。六名の童子に加わる「かうち」（幸地親雲上）は登城行列で唐装束を着し奏楽で「ひちりき」を担当する。職名はわからないが宝永七年の例（唐装束）からすれば後の楽正か。また奏楽の後に徳川家綱の「件之楽珍敷被思召、御喜色之御事」が伝えられ、時服が下される（以上ⓐ）。ⓕもほぼ同じ内容を記す。

〔構成〕九月二八日の「行列之次第」にみえる琉球人は、正使国頭王子正則、「馬上之従者十五人」のうち「着唐装束」の五名、「黄はちまき」三名、「赤はちまき」一名、「此六人は楽人也」とする小童（自注）など。唐装束の五名に紫冠の親方と黄冠の親雲上がいたらしい。

〔楽童子〕小童（楽人）として、おもひ二郎、まやまと、たるかね、おもひかな、ま三郎、思ひとく（ⓐ）。

〔家譜〕この年の江戸立に章姓（一九九）二世正恒（小太良）、葛姓（二五〇）六世秀盈（真徳）が楽童子に任命されたと家譜にあるが、ⓐの童名と一致しない。

【一六七一年（康熙一〇／寛文一一）】

〔正使〕尚貞襲封の謝恩使金武王子朝興。

〔史料〕ⓐⓑⓒのほか、ⓔ『琉球人来朝記』（前出）、ⓗ『琉球紀事』（東京大学国文学研究室蔵）、ⓘ図巻「琉球使者金武王子出仕之行列」（宝玲文庫蔵。巻末写真2-②）がある。

〔日程〕七月二一日江戸着。同二八日出仕登城、同二九日老中、若年寄等の宅廻り、八月七日東叡山参詣、同八日大老酒井雅楽頭宅にて奏楽、同九日御暇登城。同一九日江戸発（ⓐ）。

〔奏楽〕この年には江戸城奏楽がなく、大老酒井雅楽頭宅で「太平楽」「万歳楽」「万歳楽」「難来郎」「難来郎」（「楽五道」）と「送親々」「一更裡」「相思病」「為学当」（「楽四道」）があったとⓐは伝え、「此時、厳有院殿の渡御、及ひ諸役人聴聞等の事詳ならす」とする。

〔構成〕七月二一日の「琉球人来朝」に金武王子以下一八名の姓名を記し、この年の使節総数は七四名。同二八日の登城行列に「屋轎に乗」る金武王子と「従者十七人騎馬」。「騎馬十七人之族」の内訳は親方一名、親雲上一〇名と「楽人頭取小姓六人」（「何茂楽人也」と注記）ⓐ。図巻ⓘでは、金武王子と騎馬の親方一名、親雲上の五名は唐装束、小姓（楽人）六名は騎馬で琉装束、頭に花簪らしきものを付ける。

〔楽童子〕小姓（楽人）六人の姓名は、保栄茂里子、大城里子、玉城思次郎、佐辺太郎兼、新城松兼、小橋川真三郎ⓘ。ⓔでは保栄茂里子の右肩に「楽人頭取」とある（ⓐの七月二一日にも同じ六人の姓名がみえる）。

〔家譜〕楽人六名のうち、佐辺太郎兼と小橋川真三郎に向姓（八一）、隆姓（一二五八）の家譜が伝わる。

【一六八二年（康熙二一／天和二）】

〔正使〕徳川綱吉襲職の慶賀使名護王子朝元。

〔史料〕ⓐⓑⓒのほか、ⓙ人見竹洞『壬戌琉球拝朝記』（国立国文学資料館蔵）、ⓚ『琉球往来』三（国立公文書館蔵）がある。

〔日程〕四月六日江戸着。同一一日に出仕登城、同一四日に江戸城で奏楽、一六日に御暇登城。江戸発は不明。

〔奏楽〕四月一四日の奏楽をⓐは「松平薩摩守綱貴琉球人をひきひて登城、国技を奏す」とし、奏楽の次第と役割を記す。（ⓙⓚも同じ）。曲目は「太平楽」「万歳楽」「難無楽」「難無楽」「万歳楽」「唐歌」「唐歌」「三線歌（琉球歌）」。

嗩吶は照屋親雲上。奏楽の後、「右唐歌畢有　命使備後守伝　命曰初所奏之太平楽宜再奏之山城守承之伝命」(ⓐ)と、将軍綱吉の命により最初の曲「太平楽」が再奏された。しかしⓙに記された人見竹洞の感想は「余亦登　城聞□其国楽太鄙不足聞之」という。

〔構成〕ⓐの四月一一日に「名護王子登城、屋轎に乗る、従者拾九人馬に乗る」とあり、従者は親方一名、親雲上一二名。続いて記される六名(〔楽童子〕参照)はⓐの奏楽に「楽人」、正使の向姓家譜(四八四)に「楽人数」(嗩吶の葛氏照屋親雲上秀盈を含む)、またⓙに「楽童」(「於白書院正面御廊下琉球楽童奏楽」)とある。

〔楽童子〕ⓐに、浜川里之子、野里里主、識名里之子、伊舎堂真満刈、佐鋪思徳、佐辺松兼。向姓(四八四)一世朝元に「楽人数」として葛氏照屋親雲上秀盈のほか、文氏浜川里之子孝辰、毛氏野里里之子安倚、毛氏識名里之子安満、孟氏佐辺松金宗政、阿氏伊舎堂真満刈守寿、温氏佐敷思徳紹長。

なお『御徒方万年記』(国立公文書館蔵)四月一六日条(御暇)に、中山王、名護王子への賜物と「此外惣琉球人江銀三百枚」、さらに「随者楽童子江」「時服三宛」が下されたとみえる。幕府関係史料に楽童子の語がみえる初出である。ⓚには「去ル十四日楽被　仰付輩へ時服三ツ、下サ」れ、小姓六名のほか浜比賀親雲上、照屋親雲上、宮平親雲上、稲峯親雲上の四名が記され、時服を下された「右十人七人ハ楽人二人ハ役者一人ハ肝煎ナリ」とある。七名は照屋親雲上以下の楽人数、肝煎は楽主取(向姓(四八四)一世朝元)の浜比賀親雲上守浄であろう。役者二名は宝永七年以降の楽師か。

〔家譜〕文姓(六八三)五世孝辰(浜川里之子)、毛姓(一〇〇一)八世安倚(野里里之子)、毛姓(一〇〇二)七世安満(識名里之子)の家譜が伝存する。

【一七一〇年（康熙四九／宝永七）】

〔正使〕徳川家宣襲職の慶賀使美里王子朝禎、尚益襲封の謝恩使豊見城王子朝匡。

〔史料〕宝永七年の史料は多く、横山學『琉球国使節渡来の研究』の「使節渡来記録（目録①）」は二四点を挙げる。本稿で参照する資料はおもに『通航一覧』（ⓐ）のほか、①図巻「宝永七年寅十一月十八日琉球中山王両使者登　城行列」（国立公文書館蔵）とし、他は随時引用する。なお①は行列の諸道具、路次楽、御座楽の楽器図を加えた別本が「琉球人登城之行列」として宝玲文庫に蔵される。また旧記雑録追録二の吉貴譜（三〇一九）に「琉使参府始終記」（本文に標題なく、巻末「文書・記事目録」による）を収める。

〔日程〕一一月一一日江戸着。同一八日出仕登城、同二一日江戸城奏楽、同二三日御暇登城、同晦日東叡山参詣、一二月二日老中若年寄、同四日御三家廻り。同一八日江戸発。なお一一月一八日の江戸出立では、「里之子（自注、小童なり、）拝領之時服を仕立着之、美々敷事也」とⓐにみえる。

〔奏楽〕一一月二一日江戸城の奏楽では、「太平調」（自注、楽。以下同）、「桃花源」（楽）、「不老仙」、「揚香」（明曲）、「寿尊翁」（清曲）が奏され、「依御好相勤候楽曲」として「長生苑」（楽）、「芷蘭香」（楽）、「寿星老」（明曲）、「正月」（清曲）、「三線歌」（琉曲）があった。哨吶は照屋親雲上。

〔構成〕使節総数は一六八名で、「島津淡路守様御屋敷扣之写」によれば、正使二名のほか行列で騎馬の従者の職名は副使、附役、右筆、与力、役人、小姓、座楽主取、楽人、別当。なお楽人は「松平薩摩守様御屋敷扣之写」では楽童子、照屋親雲上は箏篥となっている（以上ⓐ）。

一一月一八日の登城行列はⓐに「使者輛に乗り、従者騎馬」とあるが、①の図巻によると正使二名は屋轎、副使二名は籠で、親雲上以下三〇名が騎馬で描かれる。三〇名の職名は行列順に、儀衛正、圉師、掌翰史（二名）、賛儀官

（二名）、楽正（これまでが唐装束）、楽童子（八名）、使賛（一五名）であった（楽童子以下は琉装束）。なお従者の職名については史料に異同が多い。①に使賛とある棚原里之子（小姓役兼之）、保栄茂里之子親雲上（小姓）、照屋里之子親雲上、安慶田親雲上が『琉球国来聘使日記』（宝玲文庫蔵）で、前川親雲上、仲原親雲上、森山里之子が『琉球人参府記』（同）で楽師とされるのが一例で、これらの楽師は奏楽儀注に名がみえず、その役割がわからない。

〔楽童子〕①の図巻では楽童子として次の八名がみえる。伊舎堂里之子、根路銘里之子、内間里之子、小禄里之子、津覇里之子、野国里之子、内嶺里之子、糸満里之子。

図巻によれば楽童子は琉装束に頭髪に花簪を挿し、「小童段子装束髪巻あけ、銀のかうかいさし、真鍮の花をさし見事也」と⓪にある（通航一覧第一・八三頁）。このうち⓪で「小姓より勤」めて楽童子とされる内間里之子、童子小姓とされる糸満里之子の二名は家譜（後述）に記された任命は楽童子であった。

〔家譜〕八名の楽童子のうち、阿姓（二六二三）一〇世守生（伊舎堂里之子）、毛姓（一〇一四）七世安僙（内間里之子）、毛姓（一五三〇）九世盛昌（小禄里之子）、夏姓（一六二六）一一世賢光（内嶺里之子）、毛姓（一五四五）一〇世盛周（糸満里之子）に家譜が伝存する。

ただし伊舎堂里之子守生はこれが正しい姓名か確証はないが、阿姓（二六二三）一〇世守生に、「康熙四十八年己丑十一月十一日、就尚氏美里王子朝禎、尚氏豊見城王子朝匡、江戸御上洛、為楽童子」とある。同人の見出しに「十世阿九経南風原里之子」とあり、父の九世南風原親方守周が当時、大里間切南風原地頭職（転任康熙四十一年）にあったから行二（次男）であっても南風原里之子を名乗るのが当然であるが、『通航一覧』等の史料に南風原里之子という名の楽童子はみえない。祖父守浄が伊舎堂親方であったのでこの時には伊舎堂里之子を名乗ったと推定した。(70)

以上の江戸立資料から知られる、幕府側の史料に記載される〔楽童子〕の呼称が宝永七年において「楽童子」と定まること、また童名で呼ばれていた〔楽童子〕（一部は里之子、里主）がやはり同年において全員が若里之子に叙されて里之子となること、の二点については次節以下に検討される。

二　楽童子という呼称

国王の名代である王子使者を正使とする使節が制度化される以前の、寛永年間における薩摩藩主の召し出しによる大和での奏楽（禁裏、御成）、寛永一一年（一六三四）を布石として同二一年（一六四四）に始まり、その制度が定着する宝永七年（一七一〇）に至る江戸立、および一七世紀後半に行われた世子世孫の御目見上国に帯同されて奏楽を担当する童子をこれまで便宜的に楽童子としたのは、その資料を家譜に拠ったためでもある。近世琉球の大和における奏楽の初見である一六二六年（天啓六／寛永三）から宝永七年（同年は除く）までの奏楽に係る家譜の記事に、奏楽を担当する童子を楽童子と呼ぶ次の用例が管見に入る。

【一六二六年】孟姓（七三〇）五世宗能、【一六三〇年】欽姓（一八四三）三世清信、牧姓（二〇七一）三世宗淳、【一六三五年】益姓（八三〇）四世里安、【一六四四年】欽姓（七五六）五世清武、【一六四九年】毛姓（一〇三〇）五世安親、毛姓（一〇一四）五世安平、向姓（一一四）六世朝睦、葛姓（二四六）六世秀原、【一六五三年】章姓（一九九）二世正恒、葛姓（二五〇）六世秀盈、【一六六〇年】傅姓（一六四九）五世崇道、【一六六四年】武姓（六五〇）七世宗備、毛姓（一〇〇二）六世安依、向姓（四九〇）九世朝盛、毛姓（一〇五五）六世安映、傅姓（一六四九）五世崇道、【一六七一年】向姓（八一）八世朝祥、隆姓（一二五八）五世基林、【一六七四年】李姓（二八二）四世孟由、湛姓（九五七）四世宣易、毛姓（一五一九）八世盛祐、【一六八二年】毛姓（一〇〇二）七世安満、文姓（六八三）五世孝辰、毛姓（一〇〇一）八世安倚、【一六九二年】文姓（六八三）五世孝相。

家譜における楽童子の用例二八のうち、将軍御成の奏楽（一六三〇年）に主取を勤めた城間親雲上清信の家譜に楽童子を別の箇所で「楽児」とするのは、奏楽の労を謝する薩摩藩家老伊勢貞昌から城間親雲上に宛てた同八月二九日付書状（旧記雑録後編五・三一九）が家譜にも収められ、「今度就　御成、従琉陽楽児五六輩因渡楫、…」と記されることの反映であろう。つまり寛永から宝永に至る期間（前述）の家譜において、あるいはその期間の事蹟について琉球では楽童子の語を用いることが一般的であったといえる。ただし一六八九年（康熙二八／元禄二）の系図座成立によって家譜が編纂されたことからすれば、過去の事蹟について家譜編纂時の用語が過去に遡って用いられた可能性もあり、ただちに信じることはできない。

『球陽』によれば一六六七年（康熙六／寛文七）に「始めて御朱印は、賤官・軽職に授賜するを許さずと定む」（球陽・四〇七）すなわち辞令書（御朱印）の発給対象を「高官・重職に擢んづ」る場合に限った。それまでの叙位、授職、褒賞は家々に伝わる辞令書などを根拠に家譜に書き込まれ、系図座の成立以降は辞令書に代わって家譜そのものが根拠となる。もちろん田名真之が指摘するように家譜の編纂は一六八九年が最初ではなく、『中山世鑑』編纂を契機として一六五〇年（順治七／慶安三）に一部で家譜が作られ、さらに一六七〇年（康熙九／寛文一〇）に摂政羽地王子朝秀が家譜の編纂を命じ、一六七九年（康熙一八／延宝七）に大里王子朝亮が家譜の編纂を総裁するなど[71]、家譜成立の前史があった。そうした事情からすれば、系図座の成立（一六八九年）からどれほど遡れるかははっきりしないとしても、王府の用語として楽童子はすでに通用していたと考えられる。

他方、薩摩側の呼称をみると、寛永七年（一六三〇）の御成に関して出された同年八月二七日付中山王宛島津家久書状に「其地之楽児」（旧記雑録後編五・三一八）、また同八月二七日付金武王子朝貞宛家久書状に「今度就　御成其地楽児之衆」（向姓（五）二世朝貞）とあり、島津家久は楽童子を楽児と呼ぶ。遡って寛永三年（一六二六）の禁裏奏楽については「今帰仁同心ニ而罷渡候衆三人」（旧記雑録後編五・六五、寛永三年一一月六日付中山王宛家久書状）、「琉球之楽人」（同六六、同年一一月一八日付薩摩藩家老宛岩切六右衛門書状）とある。琉球側でも「小童三人」（同七七、寛永四年正月一一日付家久宛中山王書状）とされ、事例は少ないものの王府は楽童子の語は対外的には使わなかったと思われる。

なお旧記雑録後編五所収の家久譜には禁裏奏楽（寛永三）に「家久徴琉国之楽童子」（同六四）、御成（寛永七年）に「所徴中山国之楽童子数輩」（同二九七）、「中山国之楽童子」（同三一七）[72]と楽童子の語が使われる。家久譜の出典は薩摩藩の記録所で編纂された『続編島津氏世録正統系図』（成立年未詳）で、家久没後（寛永一五年）と思われる譜の編纂時期[73]には王府の呼称であった楽童子が薩摩藩でも用いられるようになったと思われる。

ところが江戸においては宝永七年（一七一〇）まで楽童子と名乗ることがなかったらしく、楽人、小童、小姓などとみえることは先の江戸立資料にみた通りである[74]。

幕府側史料の基本となる『通航一覧』では、寛永二一年（一六四四）に〔楽童子〕（第二第一節「江戸立資料」にいう楽童子）を「楽人」と記す。慶安二年（一六四九）には「小童」六名が〔楽童子〕で、承応二年（一六五三）の〔楽童子〕は「此六人は楽人也、〔自注小童也〕」とされ、奏楽に関して「楽者以上七人にて、三度共七人宛出、内六人は童子也」とする。

寛文一一年（一六七一）には「楽人頭取小姓六人」として、保栄茂里子、大城里子のほか四名が〔楽童子〕で「何茂楽人也」とし、図巻ⓘは姓名のみを墨書して職名はない。童子の楽人が小姓であったことについては別に検討するが、「楽人頭取小姓六人」を楽人頭取と小姓六名と解するか、行列では一番前の保栄茂里子（ⓘ）が楽人頭取を兼ねたかは判然としない。天和二年（一六八二）は〔楽童子〕を「楽人」とし（ⓙは「楽童」）、『御徒方万年記』に初めて「楽童子」

とみえる。

幕府側の史料は「松平薩摩守様御屋敷扣之写」(通航一覧第一・七七～八頁。宝永七年)のように王府から薩摩藩に提出され、幕府に伝えられた使節名簿に基づくと考えられる。伝達の過程で錯誤があっても、使節の職名には王府の認識あるいは薩摩藩の意向が比較的正確に反映されているとみてよく、天和二年(一六八二)までの江戸立において、王府が幕府に対して楽童子の語を用いていなかったことは明らかであろう。天和二年の正使名護王子朝元の家譜にこれを「楽人数」とすることもそれを裏付ける。ただし『御徒方万年記』の天和二年条に例外的に楽童子の語が現れ、正式な職名とは別に楽童子の語が江戸でも通用し始めていたことが窺われ、文献にも図巻にも楽童子の語があまねく使われるようになるのが宝永七年であった。

楽童子は江戸立ばかりでなく一七世紀後半の世子世孫の御目見上国にも帯同されたが、江戸立資料に相当する記録が薩摩になく、同じように検討することができない。

三　御目見上国における楽童子

一六〇九年(万暦三七／慶長一四)の薩摩侵攻の後、虜われて上国した尚寧の帰国後に薩摩は琉球に人質を求め、国王尚寧の世子尚豊が国質(一〇年質)として一六一六年(万暦四四／元和二)に上国(ただし同年冬に摂政に任じられて帰国)して以降、人質は法司(三司官)三年詰などのかたちで続くが、一六四六年(順治三／正保三)に王府の懇願によって廃止され、その二年後に使者の派遣が始まる。(76) 尚豊に続く尚賢、尚質に世子(世孫)としての上国はなく、一六六〇年(順治一七／万治三)の尚貞(尚質長子)に始まる御目見上国(朝覲)が人質制度の儀礼化された新たな形態であることは豊見山和行の論考からも窺える。[77] 豊見山は御目見上国が一六六〇年に始まる理由を不明とするが、尚豊を継ぐ尚賢が明清争乱のために冊封を受けられないなど、明清交代期の国際情勢が御目見上国実現を遅らせた背景にあったのかもしれない。豊見山は御目見上国を服属儀礼であったとする一方で、儀礼の実際に服属を要求する要素は無く、むしろ「大々的に接遇することで薩摩藩の大国ぶりを誇示し、それを次期国王へ直に見せつけることによって薩摩藩への帰服を狙うことに主眼があった」とする。

この世子（世孫）の御目見上国に楽童子を伴ったのは、中世の紋船使に管絃を求めた島津氏の施策が侵攻後の近世に復活したともみられる。御目見上国は一六四四年（順治一／寛永二一）の実質的な江戸立の開始には遅れるものの、一七世紀後半には江戸立と御目見上国が並行して行われていたから、御目見上国を視野に入れなければ江戸立における楽童子を考えることができない。

一六六〇年（順治一七／万治三）、中城王子尚貞の御目見に楽童子を帯同したらしいことが傅姓家譜（一六四九）の五世厚清[78]（崇道）の条にみえる。

順治十五戊戌年間　王世子尚貞公渡御于薩州、此時〔厚清〕年十四歳、奉　命随楽童子等学習音楽、而節々　聖上及在番御奉行之於御前奏座楽〔于時楽奉行葉氏我如古親雲上兼益也〕

この時の楽奉行は寛永七年（一六三〇）の徳川家光御成に奏楽した江州里之子兼益で、姓名の伝わらない楽童子は少なくとも一カ年以上音楽（御座楽）を学習し、国王や在番奉行の前でも披露した。家譜は続けて「順治十六己亥年間為王世子尚貞公楽童子常拝　聖顔…」とし、はじめ楽童子とともに御座楽を稽古した厚清（童名真佐加栄）はその技量を認められて遅れて楽童子に加えられる。

中城王子尚貞の上国は順治一七年七月一六日（鹿児島着か）で（旧記雑録追録一・八七七）、厚清の小赤頭拝命は家譜に同年八月二〇日とあるから記事の錯誤か、あるいは楽童子拝命時に小赤頭ですらなかったことになる。厚清は帰国後の一六六二年（康熙一／寛文二）に数え一八歳で元服して下庫理若里之子となり、翌一六六三年に清朝となって初めて来琉した尚質冊封の勅使一行から清楽を学んだと家譜に記される。

太明年間、中華之音楽伝来於本国、然暦年久遠、其節奏声容未免有錯乱故、康熙二年癸卯　天使已賁臨時、聖上聞太清之楽契合于心不覚発歎曰、美哉洋々乎満耳可聞也、吾国豈可以不学、此楽乎而遂請于　天使命諸臣令習其楽時、厚清亦奉　命於那覇習之、及天使帰朝之後　世子尚貞公奉賀　聖上封王位事時、始奏所伝之楽、其楽即今之太平楽是也

勅使の帰国後に行われた「世子尚貞公奉　賀　聖上封王位事」すなわち世子が冊封（封王位）を慶賀する儀礼の実態は詳らかではないが、新たに教授された太平楽（御座楽）が世子から国王に呈されたものであるならば、「王世子尚貞公楽童子」（傅姓（一六四九）五世厚清）のように世子に近侍する小姓などによって組織された奏楽であった可能性もある。

この冠船終了を薩摩に報告する御礼使大里王子朝亮が一六六四年（康熙三／寛文四）に上国するにあたり、厚清は「楽師匠」となる（「為楽師匠大清音楽教授于楽童子等」）。若年にして楽師匠を務めたのは冠船で清楽を学んだためであろう。ただしこの一例だけは御目見上国ではなく、楽童子を務めた毛姓（一〇〇二）六世安依の家譜に、薩摩藩主島津光久の「曰、此節之音楽勝絶也、正則対曰、去去年冠船来着因為奉奏聞使大清之音楽云云、由是御喜色異他時而御遊興及深更」とあるように、冠船終了報告の一環として新たに伝授を受けた清楽を薩摩で披露するための楽童子帯同であったらしい（正則は大里王子朝亮と同時に上国した年頭使国頭王子正則）。

なお一六六四年の楽童子は武姓（六五〇）七世宗備（真三良）、毛姓（一〇〇二）六世安依（思徳）、向姓（四九〇）九世朝盛（真栄久佐）、毛姓（一〇五五）六世安映（真山戸）の四名が知られ、いずれも小赤頭から童名で楽童子を勤め（安映は冠船に

御書院若里之子足、六人之侍官)、帰国後に下庫理あるいは御書院若里之子となる[79]。

次に一六七四年(康熙一三/延宝二)の中城王子尚純の御目見上国に楽童子が随う。楽童子に李姓(一八一二)四世孟由(真三郎)、湛姓(九五七)四世宣易(思徳)、毛姓(一五一九)八世盛祐(長尾里之子)がいた。孟由、宣易は小赤頭出仕の後、中城御殿小姓から楽童子となり、孟由は帰国後に若里之子に叙される(宣易は不明)。盛祐は楽童子任命と同時に若里之子に叙された(「奉命為楽童子叙若里之子」)と家譜にある。

一六九二年(康熙三一/元禄五)には世孫佐敷王子尚益の御目見があり、楽童子として文姓(六八三)五世孝相が上国する。孝相は数え一五歳で小赤頭に出仕し、翌年中城王子小姓となり、さらに翌年楽童子を拝命し(九月)、若里之子に叙される(一二月)[80]。

一七一一年(康熙五〇/正徳一)には世子尚敬の御目見が予定されたが、翌年七月に国王尚益薨去のため中止となる。この時には多嘉山宗順が嗩吶役に任じられ、恐らく楽童子の帯同も予定されていたであろう。

世子(世孫)御目見上国の制はこの後途絶え、一七七三年(乾隆三八/安永二)の中城王子尚哲に一度だけ復活する[81]。家譜から知られるところでは、鄭姓(一一五三)一五世永功、葛姓(一二五〇)八世秀倫、毛姓(一〇九九)五世景裕が楽師を務め、尚哲の小姓を命じられた向姓(一六一三)一一世朝意は鹿児島で音楽、歌楽を奏し、「司聖堂之官員」に教授した[82]。また久米村の蔡姓(一〇九二)一三世任重が中華歌師に任じられ、同じく梁姓(一一六五)五世国琬が歌楽師を拝命して「毎日於広徳寺教授御小姓[83]」とある。一七世紀の御目見上国に帯同された楽童子に代わって、尚哲の小姓であった松川里之子朝意、梁国琬が教授した「御小姓」のように御座楽は楽童子を名乗らず、小姓として務めるものに変化する。一八世紀以降の御目見上国はこの一例だけで、楽童子はもっぱら江戸立を象徴する語となる。

王府は御目見上国すべき世子(世孫)の年齢を元服と考えていたらしく、尚貞の一六歳(一六六〇年)のほか尚純(一六七四年)、尚益(一六九二年)、尚哲(一七七三年)はいずれも一五歳であった。元服以前に即位(尚敬、尚温)、あるいは中城王子にならずに即位(尚穆、尚成、尚灝、尚泰)する場合には御目見上国をせず、[84]尚育が御目見上国をしなかった理由を豊見山は当時の国際情勢にあったとする。[85]

薩摩藩に一貫して御目見上国の制度を維持する意向のあったことは一八世紀末の中城王子尚温の例から窺え、世子(世孫)の年齢(元服)は顧慮せずに王府に御目見上国を求める。王府は一七九三年(乾隆五八/寛政五)にその宥免を訴える。その口上に御目見上国を「太子太孫一世一度之公務於琉球ハ此上之大切成儀無御座」[86]とし、御目見上国が冠船、江戸立より物入りで大切なる公務であるとしながら、一七七三年(乾隆三八/安永二)の尚哲御目見上国に御座楽を奏する小姓を楽童子とはしなかったように、すでに王府は江戸立に重きを置いていた。

四 小姓としての楽童子

1 御書院小姓と楽童子

江戸立資料(一一二~一一九頁)によれば、寛文一一年(一六七一)の(楽童子)は「楽人頭取小姓六人」(通航一覧第一・六一頁)とされ、宝永七年(一七一〇)には内間里之子安僙、糸満里之子盛周など小姓を兼ねた楽童子がいた。以降は職名として小姓を兼ねる楽童子は江戸立関係史料にみえなくなるが、下って天保三年(一八三二)の図巻「琉球人坐楽之図」(永青文庫蔵)冒頭「奏楽」には薩摩藩前藩主島津斉宣邸において茶を捧持する楽童子が描かれ、楽童子は小姓の役割を果たす(巻末写真3-(1))。また嘉永三年(一八五〇)の江戸立に際して、摂政三司官から正使、副使へ出された訓示に、「楽童子の儀、為晴立御座へ毎度被召出事候、常式之風情其心得専一に候」とあり、[87]「古老集記類」の「江戸立之時御使者役々」は楽童子を「在府中時々御前へ被㆓召出㆒、諸大名衆へも御取合、別て晴場之勤向にて、礼儀作法其外応答等品能相嗜、字も相嗜候事[88]」とし、同書が「御書院御小姓之儀、御宮仕方又は御座楽哥楽等相携候勤職にて、気持之敬入㆑念、一体之挙動品能相見得候様無㆑之ては不㆑叶事御座候[89]」とする小姓と、楽童子の職務は重なるところが多い。小姓という側面から楽童子の職務あるいは立場を考える必要があるだろう。

明治年間の史料である『琉球藩官職制』(筑波大学附属図書館蔵)によれば首里城御書院には一五名の小姓がいて「国王公介並礼式ノ時座楽ヲ奏シ又給仕ヲ勤ム」という[90]。小姓のうち六名が元服した二才小姓で年期六年、九名が若衆の童子小姓で「年齢十五歳ニシテ退役」とされ、御書院小姓は日常的には給仕を務めるとともに、「国王公介並礼式ノ時」に御座楽を担当した。

また喜舎場朝賢の『東汀随筆』にも「書院方ノ事」に、「二才小姓小赤頭ハ門閥ノ子弟年齢見合申付ル　右三点ハ宮仕並音楽ヲ掌ル[91]」とあり、三点は二才小姓、童子小姓、小赤頭をさす。

座楽(音楽)と給仕(宮仕)を職務とし、「国王公介並礼式ノ時」の演奏要員であった御書院小姓、とくに元服前の童子小姓は楽童子に選ばれるに相応しいと思われるが、家譜資料は必ずしもそうでなかったことを示している。一七一〇年(康熙四九／宝永七)から一八五八年(咸豊八／安政五)まで、すなわち楽童子の語が幕府においても定着する宝永七年以降、家譜の伝存する楽童子三六名のうち任命時に御書院童子小姓(相附を含む)であった楽童子は一〇名に過ぎず、御書院または下庫理の小赤頭は二〇名(中城御殿小赤頭の一名を含む)で[92]、宝永七年には世孫小姓が三名いた(【資料1】「楽童子一覧」)。必ずしも御書院童子小姓から楽童子が選ばれるわけではなく、楽童子に選ばれることの多い小赤頭に注目しなければならない。

一七二九年(雍正七／享保一四)に御書院の童子小姓が減員され、『諸役増減抄』(沖縄県立図書館蔵)に次の覚が収められる。

御書院童子御小姓之儀、跡々者十二人之御模ニ而候処、去年十二月六人ニ被仰定置候、然者六人之内片髪結候得者新入之方御宮仕、幷楽之稽古方及延引御用向差支可申候間、前以右稽古人数下庫理、幷其外之童子方より見合おかす差出候ハヽ、及言上、稽古被仰付度奉存候、稽古成就次第片髪人数おかす仕候ハヽ、其代者稽古人之内より被仰付度旨御書院方より申出趣有之、私共江も同意存候間、向後右模可被仰付事

童子小姓が六名とされたことによる御座楽伝習の不都合を「下庫理幷其外之童子方」から補いたいとするのが御書院方からの訴えで、その六年後、一七三六年（乾隆一）を初出とする(93)、小赤頭を「御書院御座楽稽古相附」とする制度に具体化されて一七九九年（嘉慶四）まで続く。

御書院の童子小姓を減員する一七二九年（雍正七）の改革内容は、『球陽』尚敬王一七年（一七二九）の「始めて国書院の小赤頭六員を裁つ」とする条（球陽・八六九）により詳しく知られる。

往昔の時より、国書院に児童の内使十二員有り。而して其の内六員は、里之子と称し、六員は小赤頭と称す。是の年に至り、始めて其の小赤頭六員を裁つ。

『球陽』の原文に「児童内使」とあるのが『諸役増減抄』の童子小姓（いずれも一二員）で、童子小姓に実は「里之子と称」する六員と「小赤頭」を称する六員の二種がいた。一七一三年（康熙五二）に成る『琉球国由来記』巻二にも中城御殿の記事ではあるが「御小姓〔六員。有二若里之子・小赤頭一也〕(94)」とあり、小姓に若里之子に叙位される元服前の童子と小赤頭がいたことを示す。若里之子も常には里之子を名乗るから、『球陽』のいう里之子も若里之子のことであろう。なお『琉球国由来記』巻二御書院の条の割注に「…里之子六員、御小姓十二人。此中有二若里之子、花当九人、御路地当二員、御包丁三員、小盤三員一(95)」とあるがこれでは「此中」の意味がわからず、中城御殿の例からして「御

小姓十二人。〔此中有二若里之子一〕」とされるべきであろう。

また「首里王府の役人の品級と官職全体を初めて体系的に編纂した(96)」とされる一七〇六年（康熙四五）の『琉球国中山王府官制(97)』国書院（御書院）の条に「賛度内使十二員」（里之子）、「内使官生六員」（小赤頭）がみえる(98)。括弧内は琉球における名称で、賛度内使が『球陽』の児童内使つまり童子小姓にあたり、ほかに「官生」つまり賛度内使の見習いとして小赤頭がいた。

これら一七〇六年（康熙四五）から一七二九年（雍正七）までの史料を整理すると、まず里之子を職名とする後の二才小姓（『琉球国由来記(99)』）、この時代に小姓と呼ばれる童子小姓（若里之子に叙される童子と小赤頭）、さらに小姓の見習いとして小赤頭がいた。一七二九年における童子小姓の定数改革によって、童子小姓に含まれる小赤頭を童子小姓から除いて小姓見習いの小赤頭のみとされ、御書院御座楽稽古相附にならぬ限り小赤頭は御座楽の稽古に参加できなくなる。この改革は、その後も小赤頭から多く楽童子が任命されるという実態と矛盾する。

2　小赤頭から小姓へ

王府の制度史料では小姓の初出が『琉球国由来記』（一七一三年）に求められるが、あくまでも原則である制度に対して実態はこれに反し、首里系家譜（那覇市史家譜資料三(100)）では一六三四年（崇禎七）の傅姓（一六四九）四世厚能に初めて小姓の語がみえる。しかし次の事例である阿姓（一三五）九世守祐（一六六九年）までは三五年の間隔があり、系図座成立前（一六八九年）の事蹟でもあって厚能の小姓は疑わしい。その後『琉球国由来記』の成立年（一七一三年）までに一二例(101)の小姓が同書に見出され、一七世紀後半にはすでに小姓の職名が王府に成立していたと思われる。経歴に元服の年月を欠く一例を除く一一例のなかには元服後の小姓もあり（四例）、御書院小姓は三例のみで残りは世子、世孫の小姓か旅役の小姓で、御書院小姓成立の具体的経緯は依然としてわからない。

『琉球国由来記』巻二によれば王府の官制で小姓が置かれるのは御書院と中城御殿に限られるが、薩摩上国、江戸立の王子使者は小姓を伴った。王子使者の従者構成が知られるもっとも古い事例である一七一二年(康熙五一／正徳二)の御祝使与那城王子朝直の従者は家譜(向姓(二六一一))によれば総勢三七名、「公儀衆」一七名と「内証召列」二〇名に分かれる。公儀衆が国王の任命による従者で、附役、与力、右筆、小姓、近習、儀者、包丁、内証小姓、儀者相付より成り、小姓、内証小姓はそれぞれ二名であるが小姓と内証小姓の相違はわからない。(102)「内証召列」は王子等の家人、跟伴(従者)であろう。大和への旅役を務める小姓は日常的に王子に仕える小姓ではなく、(103)国王の名代を務める王子使者に限ってとくに国王から賜る小姓であったと思われる。

旅役を小姓が務める前は小赤頭が務めていた。崇禎年間の五年(一六三二)の御祝使具志川王子朝盈に東姓(一七〇六)五世政信、七年(一六三四)の御礼使佐敷王子朝益に向姓(四九〇)八世朝誠、一一年(一六三八)の島津家久薨去の吊使勝連按司朝盈に夏姓(一六二六)七世賢忠、向姓(二六)六世朝賢が小赤頭として随ったと家譜にみえる。この後も江戸立では寛文一一年(一六七一)までは(楽童子)に童名がみえ、御目見上国でも延宝二年(一六七四)までは同じく童名がみえる。童名が小赤頭であったとすれば(後述)一六七四年までは小赤頭の旅役が続く。逆に江戸立に小姓が初めてみえるのが一六七一年、(104)薩摩上国は同じく一七〇三年の向姓(八一)一〇世朝薫であるから、家譜における小姓の初出(阿姓(一三五)九世守祐の一六六九年)と併せて考えれば、王府において小姓の職が創設され、旅役において小姓が小赤頭と交代するのが一六七〇年前後となり、(105)先に王府における小姓の創設時期として推定した一七世紀後半はさらに絞り込まれることになる。

五　若里之子に叙される楽童子

1　楽童子の若里之子叙位

宝永七年（一七一〇）が江戸立におけるひとつの画期であると考えられるのは、楽童子の名称が江戸立関係史料に見出されるようになり、幕府においても通用し始めたことであった（第二第二節）。すでに王府に流通していた楽童子が対外的にも使われるようになる宝永七年の変化は、楽童子がその任命によって若里之子に叙され里之子を名乗る変化でもあり、楽童子の若里之子叙位を近世琉球の位階制度のなかで考える必要がある。そこでまず前掲の江戸立資料から〔楽童子〕の名乗りを抜き出して一覧する。

【寛永二一年（一六四四）】
　おもひとく、おもひ五郎、おもひ二郎、真三郎、太郎金、松かね
【慶安二年（一六四九）】
　おもひし郎、まさふ郎、おもひこ郎、おかね、おもひとく、まかも戸
【承応二年（一六五三）】
　おもひ二郎、まやまと、たるかね、おもひかな、ま三郎、思ひとく
【寛文一一年（一六七一）】「琉球使者金武王子出仕之行列」ⓘ
　保栄茂里子、大城里子、玉城思次郎、佐辺太郎兼、新城松兼、小橋川真三郎
【天和二年（一六八二）】

浜川里之子、野里里主、識名里之子、伊舎堂真満刈、佐鋪思徳、佐辺松兼

【宝永七年（一七一〇）】「宝永七年寅十一月十八日琉球中山王両使者登　城行列」(1)

伊舎堂里之子、根路銘里之子、内間里之子、小禄里之子、津覇里之子、野国里之子、内嶺里之子、糸満里之子

すべて童名であった寛永二一年、慶安二年、承応二年から、寛文一一年には童名でない保栄茂里子、大城里子、天和二年には浜川里之子、野里里主、識名里之子が加わり、宝永七年に至って楽童子の全員が里之子を名乗ることになる。

はじめ小赤頭に出仕した童子（若衆）は位階が与えられず童名を名乗り、士族にとって初めての位階である若里之子（里之子筋目の場合）に叙されると里之子を名乗る。ただし元服前であっても地頭職を継ぐ者の名乗りは里主となる。寛文一一年の保栄茂里子[106]、大城里子（里主あるいは里之子の誤記か）、天和二年の野里里主が恐らくこの例で、寛文一一年の二名には家譜が伝存しないので確かめられないが、野里里主（毛姓（一〇〇一）八世安倚）は数え七歳で家統を継いで北谷間切野里地頭職を拝授し（里主）、一二歳の時に若里之子となり（「為若里之子」）、同年に楽童子に任じられる[107]。

天和二年の浜川里之子は出発前年に中城御殿小姓から〔楽童子〕に任命され、翌年正月に若里之子の叙位を受ける。識名里之子は〔楽童子〕任命の前年に若里之子に叙されていた。浜川里之子は〔楽童子〕に伴う叙位かとみられるが、識名里之子は〔楽童子〕あるいは小姓の職との関連がみられない。

楽童子八名の全員が里之子を名乗る宝永七年では、伊舎堂里之子守生、内間里之子安僙、糸満里之子盛周、小禄里之子盛昌、内嶺里之子賢光の五名に家譜が伝わる。出発前年の一一月一一日に楽童子の任命があり（伊舎堂里之子、内間里之子、小禄里之子、内嶺里之子。糸満里之子のみ同月六日）、同一六日に若里之子の叙位があった（内間里之子、糸満

里之子、内嶺里之子）。中城王子小姓であった伊舎堂里之子は任命の年二月にすでに若里之子に叙され、小禄里之子は任命の時に御書院若里之子（小姓）であった。根路銘里之子、津覇里之子、野国里之子の家譜は得られないが、すでに若里之子であった者を除き、楽童子の任命に伴って同日（一一月一六日）に若里之子の叙位が行われたことから、楽童子の任命に伴う若里之子の叙位という原則が少なくとも江戸立において成立したことが知られ、この原則によって楽童子はすべて里之子を名乗ることになる。

御目見上国についてはすでに詳しくみたが（第二第三節）、里之子の（楽童子）が現れるのは現存の家譜では一六七四年（康熙一三）の長尾里之子[108]と一六九二年（康熙三一）の西平里之子[109]の二人で、一六八二年（天和二）の江戸立における浜川里之子とともに楽童子の任命と若里之子の叙位は近接していて、任命と叙位が連動するようにもみえるが、家格、年齢などを理由とした叙位であった可能性も否定できない。御目見上国を視野に入れても、楽童子任命に伴う若里之子叙位の慣行が宝永七年以前に始まっていたと断定できる資料は管見に入らない。

2　国王の御取持と小赤頭

『琉球国由来記』巻二の里之子には「昔ハ御書院・下庫裡ニ、有㆓此官位㆒。其外無㆘叙㆓此位㆒之人㆖[110]」とある。すでにみたように同書の別の条では御書院に「里之子六員、御小姓十二人」がいて「御小姓十二人」の割注に若里之子がみえるから、六員の里之子は元服後の二才が就く職名で、割注の若里之子は位階であろう。田名真之は「万暦の中頃から」みえる里之子の名称は役職名に始まり、「康熙の中頃には完全に位階を示すものとな」ったと指摘する[111]。しかし康熙年間末期に編纂された『琉球国由来記』（一七一二年）には依然として職名の里之子がみえ、明治の『琉球藩官職制』でも評定所や下庫理の職名に里之子が残る。むしろ職名と位階が一体化し、御書院、下庫理などの里之子は官職

（役職名）に就くとともに官位（位階）を与えられたことを示す[112]。

一七三二年（雍正一〇）に王府から布達された『位階定』（沖縄県立図書館蔵）には、「片髪ニ里之子」つまり元服とともに里之子に叙されるのは御弟部次男以下、御弟部座敷次男、按司部次男、御姉御妹部嫡子、三司官以上之嫡子嫡孫、三司官座嫡子、親方部嫡子のみで、家格が下がって「平常里之子家」の嫡子は二四歳、同じく次男以下は二七歳より里之子と定められる。これは正八品の里之子のことで、日常的には里之子を名乗る、里之子に準ずる従八品の若里之子の叙位について『位階定』はまったく触れず、若里之子が国王周辺の特殊な位階であったことを窺わせる。

天和二年（一六八二）の楽童子識名里之子は数え一二歳で若里之子の叙位を受け、年齢としてはもっとも若い。ほかに向姓（一九）五世朝由が同じ歳で叙位された例がある（一六六六年）。また一三歳に叙位を受けた向姓（五六五）四世朝成（一六三四年）、同五世朝興（一六七四年）、馬姓（一六六七）六世良律（一六七一年）、毛姓（一五一七）六世盛泰（一六〇九年）、毛姓（一五一八）七世盛紀（一六三一年）、同九世盛忠（一六七九年）の例もあり、国王の縁戚（向姓）、門閥（毛姓、馬姓など）であれば幼くして若里之子の叙位が行われた。識名里之子の叙位が特異であったわけではなく、楽童子が年齢に関わらず若里之子に叙されることはけっして異例なことではなかった。

さきに職務として御座楽を伝習する御書院の童子小姓に比べて、実際に楽童子に任命されたのは小赤頭が多いことを指摘した。また童子小姓に若里之子と小赤頭のいたことも述べた。すでに若里之子であった童子小姓を楽童子にするならば宝永七年の措置は必要なかったわけで、むしろ楽童子に任じた小赤頭に然るべき立場（若里之子）を付与するための措置が宝永七年だったのではないか。大和の影響を受けたと考えられる小姓ではなく、国王に近侍する童子としては小赤頭が琉球の古い伝統であった。

『喜安日記』の記すところによれば、薩摩侵攻後に虜われた国王尚寧の上国（一六〇九年）に際して、「既に供奉の人々相定る。…小あくかべには、思五良、太郎金、思徳、真三郎、此等を先として都合百余人[113]」が従い、小赤頭も国王に扈従する。その後の参府(一六一〇年)にも「去程に、東関に御発足既に相定る。供奉の人々、…太郎金思徳思二郎思徳真三郎、都合二百人に及へり[114]」と、童名の小赤頭は江戸まで国王に従う。江戸では、「年十七八之小姓、十四五之小姓両人しやみせんを引、十七八計之小姓、名字オモヒシラ十四五之小姓、オモヒトクといふ、小うたをも謡ふ、在江戸衆彼小姓を呼、しやみせんを引せけると云々」と『通航一覧』慶長一五年八月二五日条にみえる(第一・二八～九頁)。童名のオモヒシラ(思二郎[115])、オモヒトク(思徳)は『喜安日記』にみえる小赤頭である。国王が国外に出る異常な事態のなかで国王に小赤頭が扈従したのは、国王の御取持に小赤頭は欠かせぬ存在であったからであろう。御取持とは給仕と御座楽であり(『琉球藩官職制』)、国王の名代である王子使者も国王の御取持を代行するために小赤頭、小姓を伴った。

王子使者が成立する以前の天正三年(一五七五)に使僧、使者が童子を伴ったのも国王の御取持と考えられよう。そうしてみれば、寛永年間における島津家久による御座楽の召し出しは、国王の芸能であった御座楽を別な文脈に置き直して国王から引き剝がした所為といえる。

宝永七年(一七一〇)の『琉球来使記』(国立国会図書館蔵)は楽童子を「国王小姓之内座楽をする者也」とし、同年の江戸立に使節の冠、服、簪を図示する『冠服簪図』(尚家文書二九六)は「此花簪は国王江仕候童子又は高官之者之妻女計用候[116]」とする。王府における小姓制度の成立(一六七〇年前後)に伴って小赤頭の役割が童子小姓に引き継がれる。しかしなお童子小姓より小赤頭から楽童子を選ぶことの多かったのは、王府官制においては小姓が小赤頭より優位に立つにも関わらず、小赤頭の伝統を尊重する心意が王府に底流していたからであろう。

楽童子の花簪は楽童子を象徴する髪飾りであったようで、宝永七年の登城行列のなかで「真鍮の花をさし見事也」

と評されたことは前に述べた（一一九頁）。同年の図巻①「宝永七年寅十一月十八日琉球中山王両使者登　城行列」にも馬上の楽童子が挿す花簪が描かれ、遡って寛文一一年（一六七一）の図巻ⓘ「琉球使者金武王子出仕之行列」（巻末写真2-②）にもその存在が確かめられる。首里城において国王に近侍する小赤頭、童子小姓が花簪を用いたことを示す史料はないものの、楽童子の名称が対外的に成立する宝永七年以前からすでに楽童子が特別な存在であったことが花簪によって示され、それは国王の芸能（御座楽）を担う者であることを意味したと考えられる。

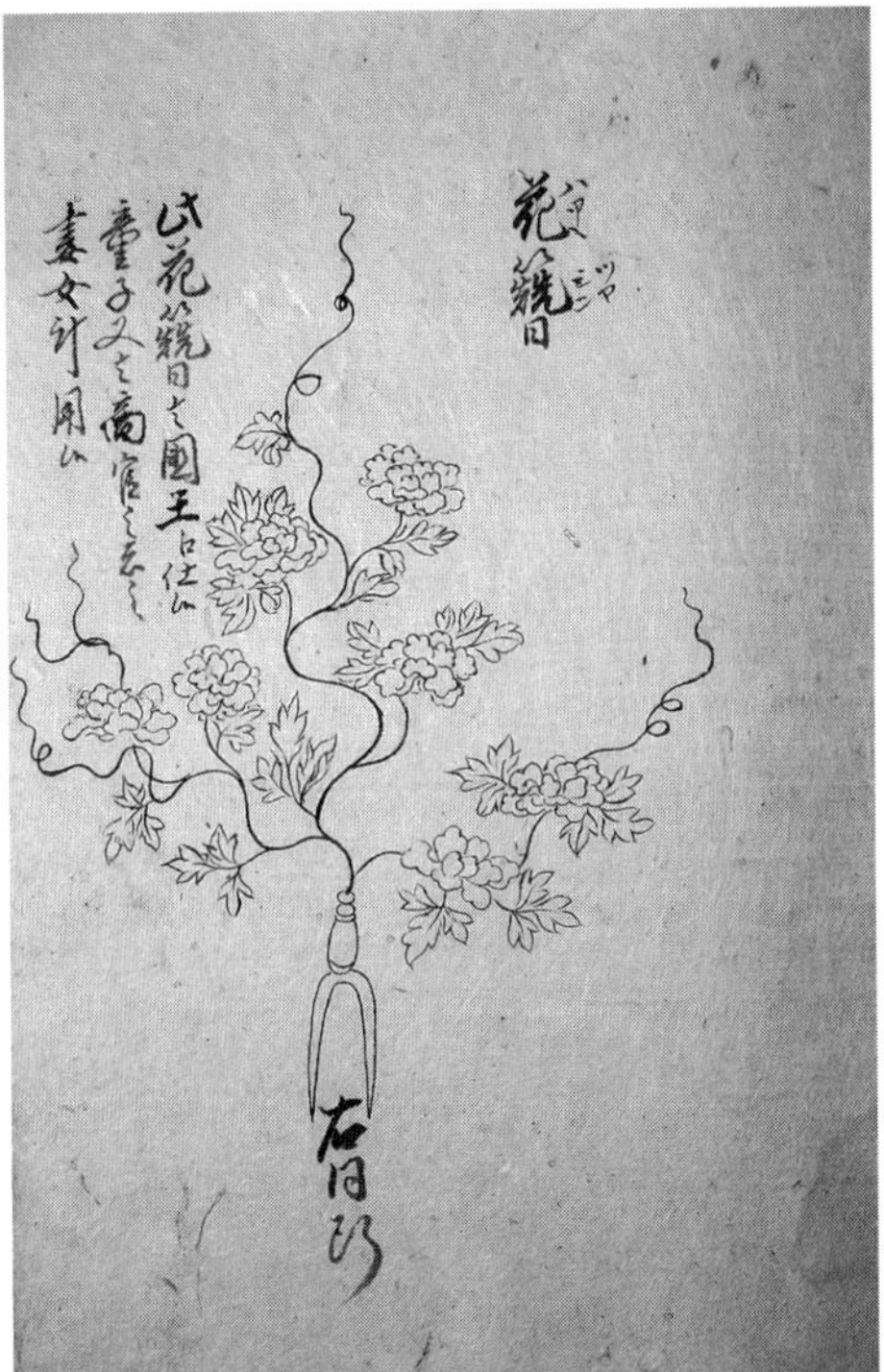
尚家文書296『冠服簪図』

寛永二一年（一六四四）に始まる江戸立は宝永七年（一七一〇）に至って幕府に無用とされる。しかしながら薩摩藩からの強い懇請によって結局は実現し、幕府、薩摩、琉球それぞれの思惑によって以後の継続的な制度が成立する。紙屋敦之は「琉球にとって外交使節を幕府へ派遣するということは、幕藩体制下に自らを『異国』として存続させる唯一の拠り所であった[117]」とし、幕府も「異朝之風物ニ似候様ニ可ㇾ有ㇾ之、日本向に不㆓紛敷㆒様ニ可㆓相調㆒[118]」と琉球の異国性を強調し、それが東アジアのなかでの日本（幕府）の「御威光」になるとする薩摩の論理を受け入れる。

琉球がその異国性を強調する手段は、江戸立使節の唐装束、江戸城奏楽における御座楽など琉球が受容した中国文化であった。異国性を担う御座楽において、小赤頭（小姓）による古琉球以来の国王の御取持を実質的には維持しつつ、対外的には童名であった小赤頭の若里之子叙位によって里之子の楽童子を実現したのが、宝永七年に楽童子を里之子（若里之子）とする王府の施策であった。古琉球における民族的な慣習であった御取持のかたちが、古琉球末期の紋船使において御座楽が求められ、近世琉球の寛永年間に至って慣習から逸脱する島津家久の召し出しに御座楽が利用され、江戸立においてもなお薩摩に主導された御座楽の帯同によって変質するなかで、一七一〇年にあらためて異国性強調の手段として御座楽を定位し直した王府にとって、若くして若里之子に叙される楽童子の存在は琉球の「規模」(119)とされる御取持を復活させるために必要であった。

註

（1）「古老集記類」（『近世地方経済史料』第一〇巻、吉川弘文館、一九六九年）二八三頁。
（2）『琉球藩官職制』（筑波大学附属図書館蔵）書院の項。
（3）「三平等兼題文言集」（『那覇市史』資料篇第一巻一一、那覇市役所、一九九一年）二三二頁。
（4）『琉球館文書』（琉球大学附属図書館蔵）所収文化二年（一八〇五）九月二二日付口上覚。
（5）大日本古記録『上井覚兼日記』上中下（岩波書店、一九五四〜一九五七年）。
（6）旧記雑録後編一、二。
（7）『上井覚兼日記』上（註5）一一六〜七頁。
（8）池宮正治「三線繁盛記」（『新琉球史』近世編上、琉球新報社、一九八九年）二四四頁。

（9）池宮は酌をした峑・かねという名の童子を「のちの楽童子（小赤頭・小姓）」とする（註8）。楽童子が小姓に起こることを示す史料であり、小赤頭の旅役については第二第四節に述べる。
（10）『広漢和辞典』下巻（大修館書店、一九八二年）九五一頁、「鄭音」。
（11）『定本琉球国由来記』（角川書店、一九九七年）一二〇頁。
（12）「鐘鼓管籥」は実際に使用された楽器ではなく、文飾の可能性が大きい。
（13）山本正誼『島津国史』巻之一二、文明一三年八月六日条（島津家編集所、一九〇五年）。
（14）註13。
（15）小葉田淳『中世南島通交貿易史の研究』（日本評論社、一九三九年）、喜舎場一隆『近世薩琉関係史の研究』（国書刊行会、一九九三年）、同「あや船再考」（『海事史研究』六〇、二〇〇三年）、紙屋敦之『東アジアのなかの琉球と薩摩藩』（校倉書房、二〇一三年）。
（16）紙屋前掲書（註15）第一部第二章「中山王権と薩摩」、第三章「紋船一件の再検討」、第二部第一章「薩摩と琉球―琉球の主体性を考える」。
（17）紙屋前掲書（註15）七一～七二頁。
（18）『上井覚兼日記』上（註5）一〇九頁。
（19）『島津氏正統系図』（島津家資料刊行会、一九八五年）五〇頁に、「同（文禄）三年甲午之夏蒙二テ於秀吉公之高命一ヲ相二続ス家督一ヲ」。
（20）『続善隣国宝記』（『史籍集覧』二一、近藤出版部、一九二四年）三三頁。
（21）註20、三三～四頁。

(22)『南浦文集』巻之中二〇（『新薩藩叢書』四、歴史図書社、一九七一年）五一三頁。

(23)七三九。「元祖大里親方宗森六世佐辺親雲上宗寒支流次男孟合義宇良親雲上宗昌」。編集本。

(24)七四五。「元祖孟氏大里親方宗森七世佐辺親方宗茂支流長子孟命新佐辺里之子親雲上宗令」。原本。

(25)那覇市歴史博物館蔵の複写本には、所蔵者西平宗堅氏の住所と小橋川秀義氏が当時の那覇市史編纂室に持参して平成四年に複写した旨の書き入れがある。両氏ともにすでに物故され、『孟姓系図家譜西平家写』の所在は不明である。なお小橋川氏は編纂室長であった。

(26)『氏集』（那覇市市民文化部歴史博物館編、平成二〇年増補改訂版）凡例の家譜の種別。

(27)家譜編者が出典とする『大和江御使者記』『鹿児島県史』のみからこの記事は書くことができず、恐らく『孟姓系図家譜西平家写』に拠ったと思われるがその所在は現在不明である。

(28)「同（崇禎）七年甲戌　尚豊王為冊封之御礼使佐敷王子朝益公渡御于薩州、朝貞任年頭使兼朝益公之太保、同年二月上国、茲逢　将軍家光公御参内之時、転以上京、而於二条城朝　家光公」（向姓（五）二世朝貞）。

(29)『新訂寛政重修諸家譜』第二（続群書類従完成会、一九六四年）三四三頁。

(30)林和利『能・狂言の生成と展開に関する研究』（世界思想社、二〇〇三年）第二章第六節「薩摩藩世襲能役者『中西』の家系と芸風」。とくに二七九～二九一頁の「三、中西長門守秀長（虎屋長門）の事跡」。

(31)細井尚子氏のご教示による。

(32)すでに原本は失われ、近代に写されて米須家（浜元家）に伝わる家譜（以下「米須本」とする）、東恩納寛惇作成の読み下し本（同じく「読み下し本」）および鎌倉芳太郎「琉球美術史論（一）」（『東京美術学校校友会月報』二二巻六号、一九二三年）に収める抄録（同じく「抄録本」）がある。この記事の年号を米須本、読み下し本は崇禎元年に誤り、抄録本のみ正しいこと、鎌倉が大正一〇年に沖縄県女子師範学校・沖縄県立高等女学校に赴任して、清信の長男で琉球美術史に著名な自了の絵画と出会い、その末裔を首里赤田町に訪ね（与那原恵『首里城への坂道―鎌倉芳太郎と近代沖縄の群像』筑摩書房、二〇一三年、七三～七四頁）、家譜を借覧したらしい（米須清賢『自了物語集』私家版）ことから、抄録本がもっとも原本に近いと判断し、引用は抄録本に拠った。

(33)　ここには大里里之子盛伏の名がみえないが、『東武実録』に「今度　御成リニ依テ琉球国ヨリ楽人ヲ召寄ル思徳〔十三歳〕真志金〔十四歳〕思次郎〔十五歳〕江洲之里主〔十六歳〕大里〔十七歳〕城間各容顔美麗ノ童子ナリ」とあり、脱落であろう。また志次郎が思次郎、江州之里子が江洲之里主となる。

(34)　寛永年間までは楽師の名称が史料にみえず、親雲上であった城間清信は後の事例からすれば楽師になるがその役割は判然としない。奏楽における後の楽師の役割について、金城厚「楽童子・楽師・歌楽師―御座楽を伝えた人々」（『御座楽の復元に向けて―調査と研究―』御座楽復元演奏研究会、二〇〇七年）は「初期の御座楽では『唱曲』がなく、弦楽器が初めて登場するのは第6回（天和2年：1682）から」とする（七四頁）。しかし寛永七年には、琵琶、琴、四線、三線などの絃楽器がみえ（旧記雑録後編五・三〇三）、すでに唱曲があったと考えられる。天正三年にもまた「為管絃謳鄭曲」（九〇頁）とあるからやはり唱曲が含まれていた。

(35)　『薩藩政要録』（『鹿児島県史料』薩藩政要録、鹿児島県立図書館、一九六〇年）による。

(36)　寛永四年八月に家久は「御成道具」を唐へ誂えるよう指示する（旧記雑録後編五・一一一）。

(37)　『本光国師日記』第六（続群書類従完成会、一九七一年）二九四頁。

(38)　米須本欽姓家譜（二八四三）は盛伏。

(39)　牧姓家譜（二〇七一）は達村。

(40)　東恩納寛惇の読み下し本は「金叙」を「金釵」かとする。
(41)　那覇市史家譜資料四・四七八頁。
(42)　『視聴日録』(国立公文書館蔵)の同日条にも「琉球人思徳増金恵須思次郎大黒葛玉以上六人被為　召候ニ付松平薩摩守家来召連之参上」とある。思徳は笠里宗淳、増金は大嶺好昌、恵須は江州兼益、思次郎は知名正方、大黒は大里盛伏の大里を誤るか、葛玉は城間清信と思われるが不明。
(43)　家譜は抄録本、編集本ともにこの年月を「崇禎三年庚午四月」とするが、恐らくは原本の崇禎四年辛未を誤ったのであろう。
(44)　宮城栄昌も「四月一八日の奏楽に対する下賜銀であったとは思えない」とし、「ここに江戸上り時の奏楽の先規があった」とする(『琉球使者の江戸上り』第一書房、一九八二年、一二一頁)。
(45)　奏楽自体の記録はないが、六月二五日の登城行列にいずれも童名の「楽人」六名の名がみえる(通航一覧第一・四三頁)から江戸城で奏楽があったと思われる。
(46)　六月一〇日のもうひとつの依拠史料『水戸記』は未見。
(47)　稲墻朋子「宮川長春と薩摩藩主島津家、そして琉球」(『國華』一三九四、二〇一一年)一七頁。
(48)　この年七月、幕府は島津氏に領内での中国船との交易停止を命ずる。
(49)　紙屋敦之『大君外交と東アジア』(吉川弘文館、一九九七年)一三六頁。
(50)　豊見山和行『琉球王国の外交と王権』(吉川弘文館、二〇〇四年)一二〇頁。
(51)　宮城前掲書(註44)四五頁。
(52)　『通航一覧』巻五は『中山聘使略』を出典として佐敷王子を「賀慶正使」、金武王子を「恩謝使」とする。なお『歓廟日記』には「三使」(「佐敷玉城金武」)とあり、玉城は『中山世譜附巻』、『大和江御使者記』にみえず、その名目も不明である。また佐敷王子の慶賀使は家光の将軍襲職から一一年後のことになる。

(53) 豊見山前掲書(註50)一二二頁。

(54) 「国頭渡楫」は一六三二年(崇禎五)の「為㆓年頭使事㆒。遣㆓馬氏国頭按司正弥㆒。到㆓薩州㆒。翌年秋回㆑国」(『中山世譜附巻』)のこと。

(55) 『大猷院殿御実紀』閏七月一八日条に、「琉球の使臣も暇の賜物あり。惣猿楽へも銀二百六拾枚下さる」とあり、ここで奏楽のあった可能性もある。なお向姓(四九〇)八世朝誠の崇禎七年の条に「因　冊封大典完竣　王命尚文公佐敷王子朝益為謝礼使赴薩州時、奉　命為小赤頭到麑府、因　黄門様在京都故随朝益公抵京」とあり、奏楽の可能性をわずかに示す。

(56) 「九月十三日、経過京都之時、従　帝王承欲聞音楽之宣上故、同十六日奏于楽内裏」(那覇市史家譜資料四・四七八頁)。

(57) 『隔蓂記』(思文閣出版、一九九七年)三八頁。

(58) 金城前掲論文(註34)は楽師の役割を楽における哨吶の演奏と唱曲における歌とし、「初期の江戸上りでは楽童子が歌を歌っていたが、正徳4年を境に、楽師をもって歌わせるように変更した」とする(七六〜七頁)。金城論文は宮城栄昌『江戸上り史料』中の芸能史料」(『沖縄文化研究』三、法政大学沖縄研究所、一九七六年)を資料として用いる。一六八二年(天和二)の『壬戌琉球拝朝記』は国立国文学研究資料館蔵、一八三二年(天保三)は琉球大学附属図書館蔵『琉球来朝関係書類』一の「唱曲儀注」である。

(59) 猿楽、立花など。

(60) 豊見山前掲書(註50)一二四頁。

(61)　徳川家の嫡子誕生を祝う王子使者はこの時限りで、後に例となる将軍襲職の慶賀使と区別して家譜の名称に従う。
(62)　『琉球人御礼次第』(国立公文書館蔵)は失われた沖縄県立沖縄図書館蔵『琉球国王尚賢ヨリ両使御礼ノ次第』と同内容と思われる寛永二一年の史料。
(63)　欽姓家譜(七五六)は昭和五〇年一一月一日に米須幸助によって筆写されたペン字の写本である。「子」は「江」の書き癖か。
(64)　原本。
(65)　宮城前掲書(註44)一一頁、横山學『琉球国使節渡来の研究』(吉川弘文館、一九八七年)三七七頁。『大猷院殿御実紀』『通航一覧』など幕府の編纂物は一二月一六日に正保と改元される前の寛永二一年についても正保とする。
(66)　横山前掲書(註65)六一頁。
(67)　横山前掲書(註65)三三八～四二頁に「使節渡来記録」がある。
(68)　『琉球使者参府之事』は賀慶使(慶賀使)に分類するが、将軍襲職の慶賀使とは性格が異なるので家譜に従って御祝使として区別する。
(69)　宮城前掲書(註44)一二一頁。
(70)　家譜の見出しに「十世阿九経南風原里之子」とある理由はわからない。
(71)　田名真之「琉球家譜の成立と門中」(『歴史学研究』七四三、二〇〇〇年)三五～六頁。
(72)　ただし同じ記事に「同年八月二十七日、将使城間親雲上及楽児等還球国」ともある。
(73)　『新編島津氏世録正統系図』は慶長七年までの家久譜、以降の家久譜は『続編島津氏世録正統系図』に収録。この系図編纂は光久の命により一六四五年(正保二)に始められ、「明暦三年(一六五七)には記録奉行職がたてられ平田純正が就任、寛文二年(一六六二)の死去までに家久譜までの編纂が進む」(林匡「『島津家由緒』と薩摩藩記録所―寛永から正徳期を中心に―」『黎明館調査研究報告』二五、二〇一三年、五頁)とされる。これが新編をさすか続編をさすか不明だが、同「鹿児島藩記録所と文書管理―文書集積・保管・整理・編纂と支配―」(『藩政アーカイブズの研究―近世における文書管理と保存―』岩田書院、二〇〇八年)によれば光久の次、綱貴の家督相続時(一六九五年)には家久譜がすべて完成していたらしい(二八三～二八五頁)。従って宝永七年に楽童子の語が幕府に対する公用語となる前から薩摩では通用していたと考えられる。

(74)　横山前掲書(註65)所収の「琉球国使節使者名簿」は寛文一一年、天和二年(四七七～四七九頁)に楽童子を載せるが名称の出典は不明。

(75)　尚豊は尚元王の第三子、後に追贈される尚久王の第四子。

(76)　紙屋前掲書(註15)一七九頁。

(77)　豊見山前掲書(註50)二二二頁、二六九～二七二頁。

(78)　『琉球・沖縄芸能史年表』(財団法人国立劇場おきなわ運営財団、二〇一〇年)は田崎厚清とするが(九頁)、具志川間切田崎地頭職の授職は康熙二六年であるから、父の阿波根を名乗っていたであろう。

(79)　ただし宗備、安依、朝盛は下庫理、御書院の若里之子職に就いたのであって、若里之子の叙位ではない。

(80)　孝相の家譜には那覇開船前の二月に尚益公の小姓となった(「翌壬申二月十二日為　尚益公御小性」)とあるが、二年前の康熙二九年に「為　東宮中城王子尚益公御小性」ともある。

(81)　豊見山前掲書(註50)Ⅱ第四章、Ⅲ第二章。

(82)　尚哲の御目見上国で奏楽したのは朝意のほか、楽師の鄭姓(二一五三)一五世永功、葛姓(二二五〇)八世秀倫、毛姓(二〇〇九）元祖景裕（沖縄県立図書館蔵『県史編纂資料』）のみが知られる。
（83）那覇市史家譜資料二、八三五頁。なお江戸立、薩摩上国に際して御座楽を教授した久米村人の家譜に教授対象を「楽生」とするなかで（同書三二九、三三〇、三三四、六七八頁、林姓（二一一三）五世家樟、鄭姓（二一四一）一八世邦輔、『久米／毛氏家譜』一二九、一四四頁）、小姓という表記は注目される。ただし一六六四年の大里王子朝亮の上国に「楽師匠」を勤めた厚清にのみ「大清音楽教授于楽童子等」（傅姓（一六四九）五世崇道）とある。
（84）一六五〇年に中城王子となった世子尚貞の御目見上国（一六六〇年）は父尚質の冊封前である。中国皇帝から冊封を受けるのは世子であるから、対中国、対大和において二重に世子が存在したことになる。
（85）豊見山前掲書（註50）二七〇頁。
（86）『琉球館文書』二、寛政五年二月付口上覚（一四六オ）。
（87）宮城前掲書（註44）五三頁。
（88）註1、三三七頁。
（89）註1、三七九頁。
（90）以下「首里城御書院の座楽の担い手」については内田順子「琉球王権と座楽」（『御座楽の復元に向けて―調査と研究―』御座楽復元演奏研究会、二〇〇七年）に言及される。
（91）名嘉正八郎・我部政男校訂『校本　東汀随筆』（至言社、一九八〇年）一四八頁。
（92）毛姓（一五一八）一一世盛真（伊野波里之子）は楽童子任命前の経歴が不明。
（93）実質的には初出の前年（雍正一三）に「奉　命随御書院官員習御座楽」（金姓（六四二）六世安乗）とみえる。金姓六世安乗はこのとき下庫理小赤頭であった。

(94)『定本琉球国由来記』(角川書店、一九九七年)巻二、六六頁(「諸御殿並三司官従官定之事」)。
(95)註94、五四頁(「官爵位階職之事」)。
(96)豊見山和行「『琉球国中山王府官制』の情報化」(科研報告書『沖縄の歴史情報研究』、一九九八年、追補)。
(97)写本が東京大学史料編纂所、琉球大学附属図書館、早稲田大学中央図書館にあり、『国書総目録』第八巻(岩波書店、一九七二年)は版本が戦前の沖縄県立沖縄図書館、鹿児島島津家にあるとする。
(98)『琉球国中山王府官制』にはまた、王法宮(百浦添下庫理)、世子府(中城御殿)、世孫府(読谷山御殿)にもそれぞれ賛度内使(里之子)、内使官生(小赤頭)がみえる。
(99)『琉球国中山王府官制』の下庫理にみえる賛度内使(里之子)は小姓ではありえず、小姓と官職の両様に使われている。
(100)小姓は「門閥ノ子弟」(『東汀随筆』)から選ばれるので首里系に限った。また現存家譜の悉皆調査ではなく、那覇市史家譜資料三のみを対象とした。
(101)崇禎七年の例を含めた小姓の一三例では、二才小姓と童子小姓の書き分けはない。
(102)次の「内証召列」からすれば家人と思われるが、註98のように王子御殿に小姓は置かれない。
(103)王府から家令として「座敷大親二人与力三人儀者大屋子三人筑之登之座敷儀者三人」を賜ると同人の家譜にみえ、小姓は含まれない。『琉球国由来記』巻二「諸御殿並三司官従官定之事」参照。
(104)横山前掲書(註65)所収の「琉球国使節使者名簿」によれば承応二年(一六五三)の使節に小姓がみえるが(四七六、七頁)、いずれの史料に拠ったかは不明。
(105)向姓(二六一一)初世朝直、向姓(四)一〇世朝忠、同一一世朝賞、向姓(八)元祖朝恒、向姓(三)一〇世朝祥、向姓(四七三)一一世朝忠、『冠船付御書院日記』(尚家文書八七)、『新納久仰雑譜』一(『鹿児島県史料』鹿児島県、一九八六年)。

小赤頭が旅役を務めなくなる順治年間以降に王府に小姓の制度が始まるかとも考えられる。

(106)『通航一覧』巻七所引の『慶延略記』は里主とする。

(107)若里之子に叙されれば里之子を名乗るが、里主が優先されるか。

(108)毛姓(一五一九)八世盛祐。

(109)文姓(六八三)五世孝相。この時の家名は不明だが、家譜における同人の見出しに「西平里之子親雲上」とあることから西平里之子とした。

(110)註94、五二頁。

(111)田名真之「解説」(那覇市史家譜資料三)(4)頁。家譜では若里之子の職に就く場合は「為」、若里之子叙位の場合は「叙」あるいは「擢」と書かれる。

(112)那覇市史家譜資料三所収の首里系家譜で、若里之子に叙された者が後に御書院、下庫理の若里之子の職に就くことはあっても、若里之子の職にあるものが後に若里之子に叙される例はない。

(113)『喜安日記』(榕樹書林、二〇〇九年)三〇〜一頁。池宮正治翻刻では、「…真武多親部小、あくかべには…」となっているが、底本とした琉球大学附属図書館伊波普猷文庫本では朱の読点(、)が付され、「…、真武多、親部、小あくかべには、…」とある。

(114)註113、四〇頁。

(115)後発か。

(116)なお大英図書館蔵『琉球楽器図』にも「花簪」の図を載せ、「金花トモ」「此金花楽童子用申候」の注記がある。一八三八年の冠船における台本(『琉球戯曲集』。『伊波普猷全集』第三巻、平凡社、一九七四年)に若衆の着付としてみえる

「金花」（三六、五一、六九、一一七、一六〇、二二四頁）と関連すると思われるが未考。また「高官之者之妻女」が用いた花簪については不明。

(117)　紙屋敦之『幕藩制国家の琉球支配』（校倉書房、一九九〇年）所収「幕藩体制下における琉球の位置―幕・薩・琉三者の権力関係―」二四九頁。

(118)　横山前掲書（註65）六一頁。

(119)　第8章二九一頁参照。

【資料1】

楽童子一覧

＊この一覧は楽童子（寛永年間および宝永七年以前の江戸立を含む）のうち家譜の現存する者の出仕から元服（結髪）までの経歴を示し、楽童子の出自を明らかにする本章第二の資料とする。
＊西暦年号の太字は江戸立、細字は薩摩上国を示す。ただし一八五八年の江戸立は鹿児島で中止となる（×）。
＊年号の次の行には資料の得られる年度に限って楽童子全員の姓名を記し、その出典を括弧内に示した。ただし名簿と家譜の姓名が一致しないこともある。
＊姓名（太字）に続く括弧内には里之子名または童名を家譜によって記した。
＊経歴の右肩に記される年号はすべて叙位、叙職を示し、月日の異なる場合には年号を再掲し、家譜に叙位、叙職の月日が確認できない場合には・によって併記した。なお姓名、経歴などに係る注記は※で示す。

一六三〇年（崇禎三／寛永七）　御成奏楽

毛氏大里里之子盛伏、葉氏江州里之子兼益、紀氏大嶺真志金好昌、侯氏知名思次良正方、牧氏笠里思徳宗淳（欽姓（一八四三）三世清信）

牧姓（一〇七一）三世**宗淳**（思徳）　天啓一 若里之子→崇禎二 楽童子

万暦四五年生　※天啓元年に五歳で若里之子の叙位は疑わし

一六三六年（崇禎九／寛永一三）　禁裏奏楽

真三郎、思徳、思金、思五郎（『隔蓂記』）

益姓（八三〇）**四世里安**（思五良）　小赤頭《崇禎八》→楽童子《崇禎九？》→結欹髻《崇禎一一》

天啓二年三月五日生

一六四四年（順治一／寛永二一）　慶賀使（金武王子朝貞）・謝恩使（国頭王子正則）

おもひとく、おもひ五郎、おもひ次郎、真三郎、太郎金、松かね（通航一覧第一・四三頁の「楽人」）

欽姓（七五六）**五世清武**（太良金）　小赤頭《崇禎一五》→楽童子《崇禎一六》→結欹髻《順治二》

崇禎二年一月六日生

一六四九年（順治六／慶安二）　謝恩使（具志川王子朝盈）

おもひし郎、まさふ郎、おもひこ郎、おかね、おもひとく、かまも戸（通航一覧第一・四九頁の「小童」）

向姓（一一四）**六世朝睦**（思次郎）　小赤頭《順治四》→楽童子《順治六》→結欹髻《順治八》（下庫理若里之子）

崇禎六年一一月二五日生

毛姓（一〇三〇）**五世安親**（思次郎）　楽童子《順治五》→御書院若里之子《順治七》

崇禎七年生　※家譜に結欹髻の記事なし

毛姓（一〇一四）**五世安平**（松金）　小赤頭《順治六》→楽童子《順治六》→御書院若里之子《順治七》→結欹髻《順治一〇》→御書院若里之子《順治一〇》

崇禎八年二月四日生

葛姓（二四六）**六世秀原**（思次郎）　※横山は思金、家譜は松金

崇禎八年一一月一一日生　小赤頭《順治五》→楽童子《順治六》→結欹髻《順治一〇》・下庫理若里之子《順治一〇》

一六五三年（順治一〇／承応二）　慶賀使（北谷王子朝秀→国頭王子正則）

おもひ二郎、まやまと、たつかね、おもひかな、ま三郎、思ひとく（『通航一覧』）

章姓（一九九）**二世正恒**（小太良）　小赤頭《順治七》→楽童子《順治九》→御書院若里之子《順治一一》

崇禎一一年一一月二八日生

葛姓（二五〇）**六世秀盈**（真徳）　楽童子《順治八》・小赤頭→若里之子《順治一一》

崇禎一二年六月一日生

一六六〇年（順治一七／万治三）　中城王子尚貞御目見上国

傅姓（一六四九）**五世厚清**（真佐加栄）　楽童子《順治一六》→小赤頭《順治一七》→結欹髻《康熙一》→下庫理若里之子《康熙一》

順治二年六月二二日生

一六六四年（康熙三／寛文四）　御礼使（大里王子朝亮）

毛姓（一〇五五）**六世安映**（真山戸）　小赤頭《順治一八》→御書院若里之子足・六人之侍官《康熙二》→楽童子《康熙三》→若里之子《康熙四》→結欹髻《康熙四》

順治六年三月二一日生　※順治十八年、襲父之家統任浦添間切沢岻地頭職

武姓（六五〇）**七世宗備**（真三良）　小赤頭〔康熙三〕→楽童子〔康熙三〕→下庫理若里之子〔康熙四〕→結欹髻〔康熙四〕
順治六年一二月一三日生

向姓（四九〇）**九世朝盛**（真栄久佐）　小赤頭〔康熙二〕→楽童子〔康熙三〕→下庫理若里之子〔康熙四〕→結欹髻〔康熙五〕
順治七年一二月一一日生

毛姓（一〇〇二）**六世安依**（思徳）　小赤頭〔康熙三〕→楽童子〔康熙三〕→御書院若里之子〔康熙四〕→結欹髻〔康熙四〕
順治八年二月八日生

一六七一年（康熙一〇／寛文一一）　謝恩使（金武王子朝興）
保栄茂里子、大城里子、玉城思次郎、佐辺太郎兼（樽金）、新城松兼、小橋川真三郎（「琉球使者金武王子出仕之行列」）

向姓（八一）**八世朝祥**（樽金）　小赤頭〔康熙六〕→楽童子〔康熙九〕→結欹髻〔康熙一〇〕→下庫理若里之子〔康熙一〇〕→御書院若里之子〔康熙一〇〕
順治一〇年八月二五日生

隆姓（一二五八）**五世基林**（真三良）　楽童子〔康熙九〕→小赤頭〔康熙一〇〕→中城御殿御小姓〔康熙一〇〕→結欹髻〔康熙一二〕
順治一四年八月五日生

一六七四年（康熙一三／延宝二）　中城王子尚純御目見上国

湛姓（九五七）**四世宣易**（思徳）　小赤頭〔康熙一二〕→中城御殿御小□〔康熙一三〕→楽童子〔康熙一三〕→結欹髻〔康熙一五〕
順治一五年九月一九日生

李姓（二八二）**四世孟由**（真三郎）　小赤頭《康熙一三》→中城御殿御小性《康熙一三》→楽童子《康熙一三》→若里之子《康熙一五》→結欹髻《康熙一六》
順治一六年三月一日生
毛姓（一五一九）**八世盛祐**（長尾里之子）　楽童子《康熙一三》・若里之子→中城御殿若里之子《康熙一五》→結欹髻《康熙一六》・下庫理里之子
康熙一年一一月一七日生　※康熙十三年甲寅二月十一日再改名長尾。

一六八二年（康熙二一／天和二）　慶賀使（名護王子朝元）
文氏浜川里之子親雲上孝辰、毛氏野里里之子安倚、毛氏識名里之子安満、孟氏佐辺松金宗政、阿氏伊舎堂真満刈守寿、温氏佐敷思徳紹長（向姓（四八四）一世朝元）
文姓（六八三）**五世孝辰**（浜川里之子）　小赤頭《康熙一九》→中城御殿御小姓《康熙一九》→楽童子《康熙一九》（若里之子）→結欹髻《康熙二二》
康熙五年六月一一日生
毛姓（一〇〇二）**七世安満**（識名里之子）　若里之子《康熙一九》→楽童子《康熙二〇》→御書院若里之子《康熙二一》→結欹髻《康熙二五》
康熙八年三月一九日生
毛姓（一〇〇一）**八世安倚**（野里里之子）　若里之子《康熙一九》→楽童子《康熙一九》→御書院若里之子《康熙二一》→結欹髻《康熙二四》
康熙八年九月二二日生

一六九二年（康熙三一／元禄五）　佐敷王子尚益御目見上国
文姓（六八三）**五世孝相**（西平里之子）　小赤頭《康熙二八》→中城王子御小姓《康熙二九》→楽童子《康熙三〇》→若里之子《康熙三〇》→尚益公御小姓《康熙三一》→結欹髻《康熙三三》
康熙一四年一〇月一三日生

一七一〇年（康熙四九／宝永七）　慶賀使（美里王子朝禎）・謝恩使（豊見城王子朝匡）

伊舎堂里之子、根路銘里之子、内間里之子、小禄里之子、津覇里之子、野国里之子、内嶺里之子、糸満里之子（「宝永七年寅十一月十八日琉球中山王両使登城行列」）

阿姓（一六二三）一〇**世守生**（伊舎堂里之子）　康熙四六小赤頭→康熙四七世孫御小姓→康熙四八若里之子→康熙四八楽童子→康熙五〇結欹髻

康熙三一年一二月一一日生

毛姓（一〇一四）**七世安償**（内間里之子）　康熙四六小赤頭→康熙四七世孫御小姓→康熙四八楽童子→康熙四八若里之子→康熙五〇結欹髻

康熙三二年一〇月二五日生

毛姓（一五三〇）**九世盛昌**（小禄里之子）　康熙四六御書院小赤頭→康熙四八若里之子→康熙四八楽童子→康熙五〇結欹髻

康熙三三年一〇月一四日生

夏姓（一六二六）一一**世賢光**（内嶺里之子）　康熙四七小赤頭→康熙四八御書院小赤頭→康熙四八楽童（兼小姓役）→康熙四八若里之子→康熙五〇結欹髻

康熙三四年六月一一日生

毛姓（一五四五）一〇**世盛周**（糸満里之子）　康熙四七小赤頭→康熙四八世孫御小姓→康熙四八楽童子（若里之子）

康熙三四年一〇月一三日生　※結欹髻前、上国の際に溺卒

一七一四年（康熙五三／正徳四）　慶賀使（与那城王子朝直）・謝恩使（金武王子朝祐）

浜川里之子、喜屋武里之子、保栄茂里之子、稲嶺里之子、禰覇里之子、手登根里之子、伊野波里之子、久志里之子（通航一覧第一・一〇五頁）

毛氏浜川里主安英、毛氏手登根里主安因、向氏久志里之子朝成、毛氏具志川里之子盛征、向氏根覇里主朝綱、翁氏稲嶺里之子盛亮、毛氏伊野波里之子盛真、毛氏喜屋武里之子盛守（向姓（一六一一）一世朝直）

毛姓（一五三六）**九世盛陳**（保栄茂里之子）

康熙三七年一〇月二四日　　康熙五一 御書院小赤頭→康熙五二 楽童子→康熙五三 若里之子→康熙五四 結欹髻

※里之子名は横山による。

毛姓（一五一八）一一**世盛真**（伊野波里之子）

康熙四〇年四月六日生　　康熙五二 楽童子→康熙五三 若里之子→康熙五四 結欹髻

※若里之子の叙位は餞宴当日。

一七一八年（康熙五七／享保三）　　慶賀使（越来王子朝慶）

富里里之子、伊良皆里之子、喜屋武里之子、源河里之子、伊野波里之子、当麻里之子、嵩原里之子、奥間里之子（通航一覧第一・一四一頁）

向姓（六二五）**七世朝宜**（玉里里之子）

康熙四一年五月一日生　　康熙五二 下庫理小赤頭→康熙五五 御書院小赤頭→康熙五六 楽童子→康熙五八 結片髪

向姓（六〇九）**三世朝直**（田里里之子）

康熙四二年三月二三日生　　康熙五五 下庫理小赤頭→康熙五五 御書院小赤頭→康熙五六 楽童子→康熙五七 若里之子→康熙五八 結欹髻

※乾隆三年に「任美里間切田里地頭職」

一七四八年（乾隆一三／寛延一）　　慶賀使（具志川王子朝利）

智念里之子、奥原里之子、大城里之子、徳嶺里之子、湊川里之子、伊江里之子（通航一覧第一・一五六頁）

知念里之子、奥原里之子、大城里之子、徳嶺里之子、湊川里之子、伊江里之子（『琉球人来朝記』）

一七五二年（乾隆一七／宝暦二）　謝恩使（今帰仁王子朝忠）

喜屋武里之子、真境名里之子、立津里之子、摩文仁里之子、東風平里之子、幸地里之子（通航一覧第一・一六九頁）

麻姓（一一五五）一三**世真厚**（真境名里之子）　乾隆一五下庫理小赤頭→乾隆一六楽童子→乾隆一六若里之子→乾隆一八結欹髻

乾隆四年九月一二日生　※祖父真本は乾隆二年真境名地頭職、同二一年渡慶次地頭職、父は不明。

一七六四年（乾隆二九／明和一）　慶賀使（読谷山王子朝恒）

向氏田島里之子朝盈、翁氏佐久真里之子盛知、向氏羽地里之子朝康、向氏神村里之子朝矩、毛氏仲里里之子盛武、向氏源河里之子朝泰（向姓（八）一世朝憲）

田島里之子、徳村里之子、源河里之子、佐久真里之子、羽地里之子、神村里之子（通航一覧第一・一七三頁）

向姓（一九）**九世朝盈**（田島里之子）　乾隆二四下庫理小赤頭→乾隆二五御書院御小姓相附→乾隆二六楽童子（若里之子）→乾隆三〇結欹髻

乾隆一二年八月二二日生

向姓（三〇）一一**世朝康**（羽地里之子）　乾隆二六下庫理小赤頭→乾隆二六楽童子（若里之子）→乾隆三〇結欹髻

乾隆一四年九月七日生

一七九〇年（乾隆五五／寛政二）　慶賀使（宜野湾王子朝祥）

小波津里之子、渡慶次里之子、国頭里之子、伊是名里主、上間里之子、伊舎堂里之子（『琉球人来聘』）

麻姓（一一五五）一**四世真要**（渡慶次里之子）　乾隆五一下庫理小赤頭→乾隆五一中城御殿小赤頭→乾隆五三御書院小赤頭→乾隆五四楽童子（若里之子）→

乾隆三九年五月一八日生
結欹髻《乾隆五七》

向姓（五〇三）**六世朝用**（小波津里之子）
乾隆三九年一〇月一一日生
※義父十三世真厚は乾隆三六年に渡慶次地頭職
下庫理小赤頭《乾隆四八》→中城御殿小赤頭《乾隆五一》→御書院小赤頭《乾隆五三》→御書院御小姓《乾隆五四》（若里之子）→楽童子《乾隆五四》→結欹髻《乾隆五七》

翁姓（一〇六七）**七世盛元**（伊舎堂里之子）
乾隆四一年一月二四日生
下庫理小赤頭《乾隆五一》→中城御殿小赤頭《乾隆五三》→楽童子《乾隆五四》（若里之子）→結欹髻《乾隆五七》

一七九六年（嘉慶一／寛政八）　謝恩使（大宜見王子朝規）
安里里主、具志堅里之子、森山里之子、垣花里之子、浜元里之子、今帰仁里之子（『琉球人来聘』）

毛姓（一〇〇五）**九世安郁**（安里里之子）
乾隆四四年三月一四日生
下庫理小赤頭《乾隆五三》→御書院御小姓《乾隆五八》（相附）→御書院御小姓《乾隆五八》（若里之子）→楽童子《乾隆六〇》→結欹髻《嘉慶二》

向姓（五二二）**九世朝綱**（垣花里之子）
乾隆四六年八月一九日生
下庫理小赤頭《乾隆五八》→楽童子《乾隆六〇》（若里之子）→結欹髻《嘉慶二》

馬姓（一七〇一）**一二世良典**（浜元里之子）
乾隆四六年一〇月三日生
下庫理小赤頭《乾隆五七》→楽童子《乾隆六〇》（若里之子）→結欹髻《嘉慶二》

向姓（四）**一二世朝郁**（今帰仁里之子）
乾隆四八年六月一八日生
下庫理小赤頭《乾隆五八》→楽童子《乾隆六〇》（若里之子）→結欹髻《嘉慶二》
※行一朝英は乾隆五四年に運天地頭職、嘉慶一四年に今帰仁間切総地頭職

一八〇六年(嘉慶一一／文化三)　謝恩使(読谷山王子朝敕)
　翁氏佐久真里之子盛喜、馬氏渡具知里之子良用、向氏仲吉里之子朝惟、毛氏玻名城里之子安詳、向氏本部里之子朝伯、向氏伊江里之子朝平(向姓(八)二世朝英)

向姓(七四)一一**世朝惟**(仲吉里之子)　下庫理小赤頭《嘉慶七》→御書院童子御小姓《嘉慶八》(若里之子)→楽童子《嘉慶一〇》→結欹髻《嘉慶一二》
乾隆五六年七月一日生

毛姓(一〇一四)**九世安詳**(波名城里之子)　躍童子《嘉慶四》→下庫理小赤頭《嘉慶五》→御書院小赤頭《嘉慶八》→御書院童子御小姓《嘉慶九》(若里之子)→楽童子《嘉慶一〇》→結欹髻《嘉慶一二》
乾隆五六年一一月四日生

向姓(四九〇)一**五世朝郁**　下庫理小赤頭《嘉慶四》→御書院小赤頭《嘉慶八》→御書院若里之子《嘉慶八》→楽童子《嘉慶九》(辞役)→御書院御小姓《嘉慶一二》→結欹髻《嘉慶一二》
乾隆五七年一月二三日生

向姓(五九)一**三世朝隆**　下庫理小赤頭《嘉慶五》→御書院小赤頭《嘉慶八》→楽童子《嘉慶八》(辞職)→結欹髻《嘉慶一二》(若里之子)
乾隆五七年九月九日生

向姓(四七三)一〇**世朝平**(伊江里之子)　下庫理小赤頭《嘉慶七》→楽童子《嘉慶九》(若里之子)→結欹髻《嘉慶一二》
乾隆五八年三月三日生

一八三二年(道光一二／天保三)　謝恩使(豊見城王子朝春)

毛姓(一〇一四)一〇**世安泰**(登川里之子)　下庫理小赤頭《道光五》→御書院小赤頭《道光六》→御書院童子御小姓《道光七》(若里之子)→楽童子《道光八》→結欹髻《道光一三》
嘉慶二二年三月二四日生

馬姓（一七〇一）一**四世良珀**（浜元里之子）　道光四 下庫理小赤頭↓道光六 御書院小赤頭↓道光七 御書院童子御小姓（若里之子）↓道光八 楽童子

嘉慶二二年三月三〇日生　↓道光一三 結欹髻

馬姓（一六六七）一**二世良忠**（小禄里之子）　道光五 下庫理小赤頭↓道光八 楽童子（若里之子）↓道光一三 結欹髻

嘉慶二四年五月六日生

一八四二年（道光二二／天保一三）　慶賀使（浦添王子朝熹）

向姓（一三）一**二世朝昇**　道光一〇 下庫理小赤頭↓道光一六 御書院小赤頭↓道光一七 御書院童子御小姓↓道光一七 楽童子（不果）↓

道光四年三月一五日生　道光一九 結欹髻

毛姓（一〇〇五）一**〇世安通**（安里里之子）　道光一四 下庫理小赤頭↓道光一七 御書院小赤頭↓道光一八 御書院童子御小姓・若里之子↓道光一九 楽童子

道光六年一〇月三日生　↓道光二三 結欹髻

毛姓（一〇〇二）一**四世安綱**（美里里之子）　道光一七 下庫理小赤頭↓道光一七 躍童子↓道光一八 御書院小赤頭↓道光一九 楽童子（若里之子）↓道光二三 結欹髻

道光八年一二月一一日生

毛姓（一五一三）一**六世盛綱**（豊見城里之子）　道光一八 下庫理小赤頭↓道光一八 楽童子（若里之子）↓道光二三 結欹髻

道光九年一月二六日生

一八五〇年（道光三〇／嘉永三）　謝恩使（玉川王子朝達）

馬姓（一六六七）一**三世良休**（小禄里之子）　道光二三 下庫理小赤頭↓道光二六 御書院小赤頭↓道光二八 楽童子（若里之子）↓咸豊一 結欹髻

道光一五年八月二九日生

一八五八年（咸豊八／安政五）×　慶賀使（伊江王子朝忠）　※咸豊八年麑府に至るも家定薨去のため帰国

向姓（五二二）一**二世朝鎮**（座間味里之子）　下庫理小赤頭《道光二八》→御書院小赤頭《咸豊一》→楽童子《咸豊四》（若里之子）→結欹髻《咸豊八》

道光二一年一一月八日生

翁姓（一〇六七）**九世盛英**（不明）　下庫理小赤頭《道光二八》→楽童子《咸豊四》（若里之子）→結欹髻《咸豊七》

道光二二年一月一八日生　※家譜に父は道光一八年、中城間切総地頭職

向姓（六一）一**四世朝隆**（伊志嶺里之子）　下庫理小赤頭《道光二九》→楽童子《咸豊四》（若里之子）→結欹髻《咸豊八》

道光二三年一月一四日生

向姓（五九）一**四世朝常**（不明）　下庫理小赤頭《咸豊一》→御書院小赤頭《咸豊四》→御書院童子御小姓《咸豊四》（若里之子）→楽童子《咸豊六》

道光二三年九月二八日生　→結欹髻《咸豊八》

※同（咸豊四）年十二月十七日転授西原間切惣地頭職

Ⅲ　冊封使の観た御冠船踊り

5　御冠船踊りを観る冊封使―唐の御取持―

唐（中国）と大和（日本）の二重支配を受けた近世琉球が、両国との関係を「唐・大和の御取合（うとぅいぇー）」という言葉で捉えていたことを指摘したのは豊見山和行であった。[1] その指摘には近世琉球史の見直しが意図され、この言葉からは両国の従属下にあった琉球の独立国としての矜持が窺われる。

外交姿勢を示す「御取合」のなかで、冊封使を琉球に迎えた際の諸宴、そこで行われる芸能―御冠船踊りが「御取持（うとぅいむち）」として行われた。冊封使を饗応する諸宴を「御取持」と記す史料は管見に入らないが、従者についてはその次第が「御取持日記」[2]の名で残され、寅（一八六六年）の望舟宴に、「右宴ニ付御取持幷御進物等被差上候為御礼使、翌日唐人共致登　城候」（尚家文書二三二）とあり、この「御取持」は料理と芸能をさす。

他方、薩摩上国、江戸立においては薩摩藩主に対して王子使者の御膳進上が行われ、料理を献じ、芸能を上覧に備えるのが近世の慣例であった（第7章）。この御膳進上は冠船においても冊封使帰国後にその無事終了を祝って諸臣から国王に対して行われた。御膳進上が国王、薩摩藩主に対するものであったとすれば、唐については皇帝になされるべき御膳進上の語をその勅使に対して用いるのは不適当でもあったろう。しかしながら冊封使を饗応する諸宴は役割において御膳進上に準じる。

御冠船踊りは近世末から地方に伝播し、現在もなお伝承される村踊りに芸能を御取持とする原型がある。村踊りが地域の守護神である獅子加那志の御取持として行われることがあるのは、「獅子は踊りの好きな神」と観念されているからである(3)。一七一九年(康熙五八／享保四)の使録『中山伝信録』には御冠船踊りの舞台が詳しく書き残され、著者である冊封副使徐葆光の芸能への関心が窺える。しかしほぼ同じ舞台を一七五六年(乾隆二一／宝暦六)の周煌は「然レバ皆、淫哇、鄙陋ニシテ鞮鞻氏之レヲ採リテ備フルニ足ズ」(琉球国志略)と酷評する(4)。冊封使の実際の嗜好よりもまず「踊りを好む冊封使」という前提が王府にあり、賓客を料理と芸能でもてなす習慣があった。

本章は冊封使を饗応する諸宴等の実態を解明し、儀礼のなかで冊封使がどのような芸能を、どのように観たかについて考察する。したがって標題を「御冠船踊りを観る冊封使(5)」としたが、故事集を主題とする次章で、王府が中国に対し、芸能を通して琉球をどのように示そうとしたか、つまり外交戦略として用いられた御冠船踊りの役割とそこに意図された琉球の自己表象を解明する前提ともなる。

一　七宴または諸宴の成立

冠船における芸能を準備する躍方の日記(尚家文書八一、八二『冠船躍方日記』。以下「躍方日記」と略す)に、

宴毎并王子御殿摂政御殿ニ而之おとり番組、名護里之子親雲上登　城、豊平親雲上御取次差出候付、都而申出通被仰付候事(戌七月二三日)

という記事がみえる。一八三八年(道光一八／天保九)の尚育冊封の冠船では、勅使来琉の前年九月から約半年にわたって芸能の稽古が毎日続き、その後は月に六度の稽古となり、躍方の芸能が初めて提供される仲秋宴の約一カ月前に、諸宴等の躍番組が決定されたことを右の記事は示す。諭祭、冊封には後者の歌三線を除いて躍方の勤めはなく、「宴

毎井王子御殿摂政御殿ニ而之おとり」の実質は仲秋宴以降の五宴と、仲秋宴と重陽宴の間に恒例として行われる勅使の弁ヵ嶽、末吉社檀遊覧後の、王子御殿における饗応であり、これが王府としての芸能による公式な御取持であったことを躍方日記の記事は示している。

いずれも料理の馳走に伴う芸能であって純粋にこれを鑑賞したわけではない。またこれらの機会において勅使から芸能を所望したことは少なく、王府の慣習に基づく芸能の提供であった。

勅使饗応の諸宴については使録の嚆矢である一五三四年[6]（嘉靖一三／天文三）の陳侃『使琉球録』にみえ、「彼国ニ停泊スルコト一百十五日。日ニ廩餼之供有リ、旬ニ問安之礼有リ、月ニ筵宴之設有リ」とある。「月ニ筵宴之設」とあるのが諸宴のことで、この年、勅使一行は五月二五日に那覇に入港し、その後、諭祭宴（六月一五日）、冊封宴（七月二日）、払塵宴（七月二二日）、中秋宴（八月一五日）、名目不明の宴（八月二九日、九月七日）が催され、九月二〇日に出港する。「月ニ筵宴之設」は一種の文飾で、約四ヶ月の滞在に六度の宴が催された。陳侃から一世紀を経た一六三三年（崇禎六／寛永一〇）の胡靖『琉球記』には「茲ノ封ニ大宴ハ七」とある。次の一六六三年（康熙二／寛文三）、張学礼の『使琉球記』に「使臣ニ七宴有ルヲ例トス」、同じく『中山紀畧』に「旧例、使臣ニ七宴有リ」として迎風宴、事竣宴、中秋宴、重陽宴、冬至宴、餞別宴、登舟宴を挙げるのは胡靖を従客とした杜三策、高澄来琉の冠船（一六三三年）をさしてのことで、この頃に七宴の制が成立したと思われる。

使録でいう陳侃から胡靖への一世紀の諸宴は、その目的も名称も一七世紀中葉以降とは異なるところがある。陳侃の使録に七月二二日に行われたとされる払塵宴は、次の一五六一年（嘉靖四〇／永禄四）の郭汝霖の時も七月一九日にあったが、以後にその名称はみえない。重陽宴以降について陳侃は「餞ヲ請フ」とのみ記し、餞宴の意があるものの名称は定かでない。郭汝霖の使録には九月一九日に「餞ヲ行フヲ請フ」とのみあって仲秋宴、重陽宴の記事がみえない。一五七九年（万暦七／天正七）の簫崇業の使録には重陽宴以後、九月一〇日、同二二日、一〇月五日、同八日に請宴があったが名称は不明で、うち二度は辞退する。一六〇六年（万暦三四／慶長一一）の夏子陽の使録は九月九日の重陽宴のみを記す。一六三三年の従客胡靖の『琉球記』には冊封宴、重陽宴のみが記されるが七宴のあったことは前述の通り。

張学礼の使録『使琉球紀』（一六六三年）では、諭祭に「迎風宴」、冊封に「事竣宴」など特殊な名称を用いる。諭祭宴[7]は先王を弔って初めて世子が勅使と宴をともにする機会であるために「迎風宴」と呼ばれたか。冊封宴は勅使のもっとも重要な職務である冊封を終えた「事竣宴」であって芸能による饗応が目的ではない。

諭祭宴、冊封宴は「祭王礼」「封王礼」とも呼ばれる規式に伴う宴であり、続く仲秋宴、重陽宴は節日の祝いであるらしいが、「日撰」[8]によって日が決められて必ずしも暦通りに実施されるわけではない。餞別宴以下の三宴は後に全体として勅使の餞別のための宴となるが、一六六三年には餞別宴が冬至宴とされ、これも節日の祝いであったものが後に一連の餞別行事に組み込まれる。なお最後の望舟宴は国王が天使館に出向いて行われる宴で、一八三八年には御旅送宴と呼ばれた[9]。

一八〇〇年（嘉慶五／寛政一二）の尚温冊封には諸宴が行われなかった。『球陽』に、

今般、天朝、喪服未だ闋らざるを以て、冊使辞して筵宴を卻く。故に、中秋・重陽並びに請宴無し。其の外亦挙行の典礼に宴膳を進むる莫し。

とあるのは前年に乾隆帝が薨じたことによる（球陽・一四七二）。この時の使録『使琉球録』に、服喪中の副使李鼎元は諭祭、冊封には茶のみで帰館し、その他の宴は辞したと記す。ところが同じ『球陽』には、「東苑に請宴し、演戯有るを看る。且餞宴を行はんとし、再び本苑に宴し、亦演戯有り。又都司・巡捕官を南苑・東苑に請宴して、烟花・

演戯等の芸を看る」（球陽・一四七二）とあり、いわば非公式な宴席を設けた。東苑すなわち御茶屋御殿での請宴は家譜にもみえ、[10] 九月八日には恒例の弁之嶽遊覧の後にも宴席が設けられて勅使は芸能を観る。[11] 李鼎元はこれらの宴席を使録から省いたのであろう。

王府の姿勢は、「冊使は、請ひて天朝より遠来す。筵宴を廃止するに忍びず。有る所の七宴は、旧例に依照して、宴席及び礼物を奉送す」（球陽・一四七二）という文言にみられ、李鼎元も使録に、「此ノ行、宴会セズ。晤語ノ時、無シ。甚ダ主人ノ礼ヲ欠キ、心ニ不安有リ」[12] という国王の言葉を記す。

ところが服喪中でないにも関わらず諸宴を辞退する勅使もあった。陳侃以前はわからないが、諭祭宴、冊封宴、払塵宴、仲秋宴、重陽宴に臨席した陳侃も九月七日の重ねての請宴について、「復タ餞ヲ請フ。予等、其ノ煩ヲ訝ル也」[13] と記すものの再三の申し入れに結局は出席する。一五六一年の郭汝霖、一五七九年の簫崇業にも宴を辞したことが使録にみえる。いずれも一六世紀の事例で、七宴が王府と勅使の共通認識となっていなかったことを証し、これがもっぱら王府の意向によって実施されたことを示す。

二　御礼式の次第

これら諸宴または七宴は、王府文書では「御礼式」と呼ばれる。一八六六年（同治五／慶応二）の最後の冠船では評定所で六冊の「冠船御礼式日記」が作成された。その内容は諭祭、冊封、仲秋、重陽、御餞別、拝辞、冊封之為御礼天使館江御光越、望舟、御乗船、御出船で、七宴のほか冊封の御礼に国王が天使館へ赴く礼式と勅使の乗船、出船に伴う礼式を含む。「御礼式」は「御礼」の式ではなく、御「礼式」である。それぞれの「日撰」の後、その次第である漢文の「礼節⑭」と琉球側の「御次第」が作られてともに国王の裁可を得、前者は天使館に届けられる。この漢琉両様の次第書に当日前後の記事を加えたものが「冠船御礼式日記」と呼ばれる。

芸能を含む礼式として寅（一八六六年）の仲秋宴を例にとれば、その次第概略は次表の通りである。

仲秋宴御礼式の次第（尚家文書一四二『丙寅冠船御礼式日記』、尚家文書一六三『冊封之時勅使献立并卓之図』による）

到着　**嗩吶楽奏**
御登席（着座）　笙楽奏
御茶
初度　笙楽奏（被召上）
二度　笙楽奏（被召上）
三度　笙楽奏（被召上）
琉官人衆**参見**　笙楽奏（一跪三叩頭）
唐官人衆**参見**　笙楽奏（一跪三叩頭）
着替（御休息之間）　笙楽奏（御一揖御拱手、入御）
笙楽奏（出御、御一揖御拱手、安座）
御銚子　笙楽奏（被召上）
御座楽
御食卓
初段　御碗（大碗四、点心、湯）　⇦**躍**　＊躍相始候段惣役より言上仕河口通事を以　勅使様江申上躍始／附躍相済迄之間奏楽無之（尚家文書一四二、仲

二段　御銚子、御碗（大碗四、点心、湯）
三段　御銚子、御碗（宮碗四、点心、湯）
四段　御銚子、御碗（宮碗四、点心、湯）
　御菓子（菓碟拾六）、御吸物
五段　御銚子、御碗（鉢四、食、湯）
御手水（御休息之間）
御囲碟《いちよう》卓（看卓）
火花見物
御下席
御帰館

秋宴）
＊両勅使様御料理御取附之砌躍相始（躍方日記、戊九月二日、御旅送宴）
⇨
噴吶楽奏

当日朝、八時頃から正議大夫、仮長史、御書院当など久米村の役々と王府の役人が三度にわたって催帖を天使館に持参、正午に勅使は天使館を出発する。行列が首里城に着くと、奉神門から御庭《うなー》に入り、君誇の北之御門前に国王が出迎え、勅使が下轎すると噴吶楽が奏されて互いに一揖。御庭、北殿の前に仮設された舞台を通って北殿に着座する時には笙楽が奏される。

まず御茶が進められること三度。終わると世子が紹介され、続いて王子、三司官、諸官の勅使への参見。次に唐官人衆の国王への参見。国王、勅使は休息之間に入って着替え。この時、食卓を調える。ふたたび出御すると、銚子と碗が五度進められる。料理の内容は『冊封之時勅使献立并卓之図』（尚家文書一六三）、『琉球冠船記録』二（東京大学史料編纂所蔵）に詳しい。戊の躍方日記（尚家文書八二）の御旅送宴に「両勅使様御料理御取附之砌躍相始」、寅の『御座当方公事帳』（尚家文書一五〇）に「此宴より者御料理初之御碗出候時分より躍相始候也」とあるように、初段の碗が出されると舞台の芸能が始まる。五段が済むと休息之間に入って手水を使い、料理は囲碟卓となる。舞台が終わると席を舞台に移し、「火花」（花火）見物となり、午後八時頃に勅使は帰館する。

これが仲秋宴のおおまかな次第で他の宴も基本的な次第に異なるところはなく、料理とともに舞台が進行する。御礼式の次第書には国王と勅使の行動を中心に礼式の次第が詳しく書かれる。以下は『冠船御礼式日記』（尚家文書一四二）における仲秋宴の「初之御碗」から「二番目之御銚子」の部分である。

一　初之御碗各様御宮仕人一同捧出候ハ、
上様御直可被差上与御食卓之側迄
　御差寄被遊　両勅使様茂御轎椅
　御迦各様御食卓之側迄御差寄
　河口通事を以御辞退
上様御代惣役御碗請取
　勅使様之御食卓ニ居上
　勅使様より茂御直可被差上与御座候ハ、
　惣役を以御辞退　勅使様御代
　河口通事御碗請取
上様之御食卓ニ居上各様御食卓之側ニ而

御互ニ御一揖御拱手御安座被遊
河口通事御座真中出跪ニ而上菜与唱候ハ、
上様御両手ニ而御箸御取揚御拱手被遊
勅使様茂御同前ニ而被召上
一　二番目之御銚子御下入共君使官ニ載御宮仕人一同
捧出候ハ、　勅使様江者御取次御宮仕人
上様江者六人之組当官ニ而御盃請取
御酒次させ各様御食卓居上河口
通事御座真中出跪ニ而上酒与唱候ハ、
上様御盃御取揚御拱手被遊
勅使様茂御同前ニ而被召上

宮仕人（給仕人）に運ばれた碗、銚子を、まず国王は席を立ち自ら勅使に差し上げようとするが勅使はこれを辞退し、次に勅使自らが同じく国王に差し上げようとするが国王は辞退する。碗の場合は国王の代わりに惣役、勅使の代わりに河口通事が国王、勅使に差し上げる。国王と勅使は立って互いに一揖、拱手して坐り、河口通事が前に出て「上菜」と唱えると初めて箸をとる。銚子の場合は直に盃が差し上げられて注がせ、やはり河口通事が前に出て「上酒」と唱えてから盃を取り上げる。

極めて儀礼化された宴席で、このやりとりが五度の碗、銚子に省略されることはない。つまり宴席の手続きは舞台と無関係に進行し、繰り返される一揖、拱手と飲食のため、勅使が舞台を注視することは難しい。五段目の碗が終わった後、手水をつかうために国王、勅使が休息之間へ入る間も、恐らく舞台は続けられたと想像されるが次第書にその記述はない。ただし舞台が始まる前の茶を、また初段の酒を召し上がる時などに奏される笙楽は、「躍相済迄之間奏楽無之」（尚家文書一四二『冠船御礼式日記』仲秋宴）とあって行われず、飲食儀礼に伴う楽は舞台に取って代わられる。

三　舞台と故事集

勅使の席が設けられる首里城の北殿に正対して舞台は設置される。戌（一八三八年）の『冠船御礼式日記』（尚家文書五八）などに「せんほこり之前舞台相立候事」とある仙詩は北殿中央のやや突き出た破風のある部分で、冊封宴にはここで庭楽と十二頌曲[15]の三線の演奏が行われるが、仲秋宴以降は仮設される舞台でふさがれる。寅（一八六六年）の『冠船之時御座構之図』（沖縄県立博物館・美術館蔵）に勅使の座と舞台の関係が知られ、同図の右、左とあるのが舞台に正対する両勅使の席、上とあるのが国王（上様）の席で右勅使の左脇に斜めに置かれ、国王はいわば陪席する立場にあった。舞台にも左、右、上と書かれているのは舞台の芸能終了後に花火（火花）を鑑賞する席である（巻末写真1）。

舞台は三間四方で左奥に橋掛が付けられ、その奥にも三間四方の楽屋がある。正面奥と橋掛の右側には幕がめぐらされ、正面奥の幕裏で地謡が演奏し、正面奥の幕は左右で切れており、そこが『琉球戯曲集』のト書きに南表、北表と記される演者の出入り口となり、これに橋掛を加えた三箇所が出入り口として演出によって使い分けられる。

舞台で演じられる組踊りの唱えと地謡の琉歌、端踊りの地謡の琉歌などはいずれも琉球の言葉であるから勅使はその意味を解さない。王府はそのために琉歌を漢詩に直し、組踊りの梗概を漢文に訳した故事集を用意して勅使が舞台を鑑賞する助けとした。

徐葆光が『中山伝信録』で仲秋宴と重陽宴の舞台を詳細に記述しえたのも、ひとつは故事集に拠ったからである。仲秋宴の神歌《おもろ》と老人の口上を「説帖ニ云」として記し、重陽宴の「老人祝聖事」と組踊り「鶴亀二児復父仇古事（二童敵討）」、「鐘魔事（執心鐘入）」の梗概もまた同じである。この説帖は故事集をさす。

尚家文書には一八三八年の戌（一二一六『戊戌冊封諸宴演戯故事』）と一八六六年の寅（二四八・二四九『丙寅冊封諸宴席前演戯故事』、二五〇『丙寅冊封那覇演戯故事』）の故事集が伝存する。(16) これらの故事集は久米村で作成されたらしく、冠船関係の文書目録である『冠船方諸帳』（一二一六（戌）、二五二（寅））には「久米村方諸帳」の項目の末尾「漢本巻次」に、戌は「冊封諸宴演戯故事」（巻之六、巻之七）、寅は「丙寅冊封諸宴席前演戯故事」（巻之九、巻之一〇）、「丙寅冊封那覇演戯故事」（巻之一一）とみえる（漢本巻次の巻数）。

『丙寅冊封諸宴席前演戯故事』は躍方の管轄する諸宴と王子・摂政御殿のために準備されたすべての演目を収める。戌の躍方日記と寅の故事集によれば申（一八〇〇年）、辰（一八〇八年）、戌（一八三八年）の組踊りが一三番、寅（一八六六年）は一四番で、故事集には組踊りの梗概のほか、冊封宴の北宮十二頌曲、神歌、入子躍、老人老女（「長者の大主」）などの詞章や由来、端踊りの琉歌が収められ、分量からしても二冊にする必要があった。

現存する諸宴等の故事集は戌の一冊目（尚家文書一二一六）と寅の二冊（同二四八・二四九）と考えられる。『尚家資料／目録・解説』(17) が一二一六に続けて載せる一二一七の『演戯故事』は、その年代が一八六六年（同治五／慶応二）、すなわち寅の故事集かとされる。すなわち冒頭に落丁があると思われる一二一七は戌でいう「仙老夫婦率領子孫拝賀故事」「餞宴拝賀故事」（いずれも「長者の大主」）と端踊りの琉歌、組踊り六番の梗概で、寅の体裁からすれば一二一六、一二一七はいずれも一冊目に相当し、戌の故事集の二冊目は伝存しないことになる。

戊 3/12 上覧躍	戊 8/12 仲秋宴	戊 8/16 浦添御殿	戊 8/18 大里御殿	戊 8/24 重陽宴	戊 11/10 御膳進上	戊 11/21 大和人衆	戊 12/5 於御茶屋	寅年 1866 故事集
	○							
	○				○	○ ○	○	
○				○				
	○		○		○	○ ○	○	■
○	○							■
○				○		○	○	■
○				○		○	○	■
○		○						■
					○	○		
			○					■
○	○	○			○	○ ○	○	■
								■
			○			○	○	■
○				○				■
○				○				■
		○	○					■
		○			○	○		■
						○	○	■
								■
					○	○ ○	○	
					○	○ ○	○	
○	○			○	○	○ ○	○	○
○	○			○	○	○ ○	○	■

寅年は『丙寅冊封諸宴演戯故事』(248, 249)による。■は故事集に詞章の記載ある演目。
＊上覧躍と浦添御殿，大里御殿，大和人衆，於御茶屋は『冠船躍方日記』(81, 82)，仲秋宴，重陽宴は『琉球戯曲集』，御膳進上，大和人衆は『冠船付御書院日記』(87)による。ただし戊 11 月 21 日の躍番組は二つの資料で異なり，同欄の左に前者，右に後者を記す。

【資料b】 19世紀における御冠船踊りの演目(1)　端踊りその他

演目＼年度		辰年 1808	戊年 1838	酉 10/22	酉 10/27	酉 12/19	戌 3/5
躍番組記載	故事集記載	故事集		御しらへ	上覧躍	上覧躍	上覧躍
神歌こねり							○
入子躍	天孫氏首出御世故事			○	○		○
老人老女	仙老夫婦率領子孫拜賀故事						
	餞宴拜賀故事						
扇子おとり	扇舞	■	■	○	○	○	○
鞨皷おとり	羯鼓舞	■	■			○	
麾おとり	麾舞	■	■	○	○		
若衆笠おとり	笠舞		■			○	
菊見おとり	咏菊舞		■				
秋躍	—						
大兼久おとり	大兼久舞	■	■				
女笠おとり	笠舞(伊野波節)	■	■	○	○	○	○
女笠おとり	笠舞(本嘉手久節)		■				
貫花おとり	串花舞(貫花)	■	■		○		
団羽躍	団扇舞(作田)	■	■			○	
天川おとり	天川舞(天川)	■	■				
しゆとん躍	女舞(諸屯)		■			○	
経掛おとり	經絡舞(綛掛)		■	○	○		○
柳躍	柳舞(柳)		■				○
四ツ竹躍	四竹舞(四つ竹)		■				○
手拍子おとり	—			○	○	○	○
二才麾躍	—						
二才扇子躍	—				○		
唐棒	六棒交戯			○	○	○	
まりおとり	弄毬舞・双獅舞	■	■	○	○	○	○

＊演目名は，「入子躍」「老人老女」等，若衆踊り，女踊り，二才踊り，その他で区分する。なお女踊りの(　)内は琉球舞踊に伝承する同系統の演目であるが，躍番組の「女笠おとり」，故事集の「笠舞」は「伊野波節」とも「本嘉手久節」とも特定できず，便宜上「女笠おとり(伊野波節)」の欄に上演を記した。また「秋躍」は躍番組(尚家文書87所収)から若衆踊りであることがわかる。

＊辰年は『演戯故事』(127)を同年のものと推定する。戌年は『戊戌冊封諸宴演戯故事』(126)，

戌 3/5	戌 3/12	戌 8/12	戌 8/16	戌 8/18	戌 8/24	戌 11/10	戌 11/21	戌 12/5	寅年 1866
上覧躍	上覧躍	仲秋宴	浦添御殿	大里御殿	重陽宴	御膳進上	大和人衆	於御茶屋	故事
	◉				◉	◉	◉ ◉		■
	○			○			○	○	■
○		○						○	■
	○				○				■
	○				○			○	■
									■
	◉				◉	◉	◉ ◉		■
○		○							■
	○		○				○		■
○			○						■
◉	◉	◉				◉	◉ ◉		■
○								○	■
○									■
	○			○					■
						●	●	●	
						●	● ●	●	
						●	●	●	
						●	●	●	

＊戌 11/21 の躍番組は『冠船躍方日記』と『冠船付御書院日記』で異なり，同欄の左に前者，右に後者を記す。

＊○は諸宴のみ，●は御膳進上のみ，◉は諸宴と御膳進上に重複する演目。■は故事集に梗概を載せる演目。

【資料 c】　19 世紀における御冠船踊りの演目(2)　組踊り

年度／演目		申年 1800	辰年 1808		戌年 1838		酉 10/22	酉 10/27	酉 12/19
躍番組記載	故事集記載	日記	故事	日記	故事	日記	御しらへ	上覧躍	上覧躍
孝行之巻	孝感除蚊姉弟興家	◉		○	■	◉			◉
義臣物語	一人忠義再興基業	○	■	◉	■	○			○
護佐丸敵討	兄弟報仇忠孝並全	◉	■	○	■	○	○	○	
大城崩	母子義情感動敵人	○		○	■	○			○
大川敵討	婦人設計救君討敵		■	◉	■				○
忠孝婦人	奸臣叛主終逢戮刑	○			■	○			
銘苅子	天縁奇遇児女承慶	◉	■	○		◉			◉
忠士身替之巻	君爾忘身救難雪仇	○		○		○			○
万歳敵討	計設戯藝為父報仇	○		○		○	○	○	
花売之縁	夫婦約別得財再合		■	○		○		○	
執心鐘入	淫女為魔義士全身	○		◉		◉	◉	◉	
天願若按司敵討	幼君得救報仇継堯			○		○	○	○	
巡見官	児子至孝雙親免罪	○		○		○		○	○
女物狂	児被賊刼狂婦苦尋	○	■	○		○	○	○	
辺戸の大主		●		●		●			
我数之子		●							
孝女布晒		●		●					
姉妹敵討		●		●		●			
本部大主				●		●			
東辺名夜討		○				●			
北山崩		○							

＊端踊りその他の凡例のほか，申年，辰年の演目は『冠船躍方日記』(81,82)酉２月３日条，戌年は同じく酉２月９日，戌９月10日条による。また組踊りの記載順は寅の故事集に従う。

＊日記は『冠船躍方日記』(81,82)，故事は故事集の略。

＊辰年と推定した故事集『演戯故事』(127)は二冊目を欠く。

＊戌年の故事集『戊戌冊封諸宴演戯故事』は一冊目(126)のみ現存し，二冊目を欠く。

【資料c】によれば尚家文書一二七『演戯故事』所収の組踊りは戌とも、申、辰とも完全には一致しないものの、同書にはかすかに王府印がみられることから冠船の故事集であることは間違いなく、申、辰の故事集であった可能性がある（第6章）。

これらの故事集を実際に勅使が手にすることはなかった。戌の躍方日記、戌八月一二日の条に、

> 宴毎幷摂政御殿王子御殿ニ而躍之節々、躍組文組役ニ而組立、久米村方より直表御方江差出候事

とある躍組は勅使に奉呈される漢文の躍番組で、上演ごとに故事集の抜粋が久米村の文組役すなわち漢文組立役で作られ[18]、王府の「表御方」に届けられる。また寅の仲秋宴については、

> 躍番組漢文ニ相直、兼而長史天使館参上、河口通事御取次、　両勅使様江壱冊宛差上置候、委細久米村方江相見得候、以後之宴ニ茂此通、（尚家文書一四二『冠船御礼式日記』寅九月八日）

とあり、あらかじめ天使館に届けられ、二名の勅使に一冊ずつ献じられた。

これを届けた長史の手本が尚家文書二四二『丙寅冊封諸礼帖啓手本日記』寅九月七日の条に収められている。すなわち同書の第九三に「本日演戯故事二本呈上　天使二位」とあり、手本に続けて「右者長史より　勅使様江漢字之躍組掛御目候時差上候手本写」とある。王府は故事集を勅使に対しては「演戯故事」と称し、王府内では「躍組」と称していたことが知られる[19]。『冠船方諸帳』にみえる「躍組」は「諸方」の項目に「同躍方日記」（戌）、「冠船付躍方日記」（寅）に続けて記載されているから勅使に差し上げられた漢文のものとは別で、久米村が漢文で作成した「漢本巻次」に躍組はみえず、演戯故事（故事集）のみが記載される。前引記事で「躍之節々」に作成したとされる躍組は単に演目名を漢文に直したものではなく、故事集を種本とし、当日の躍番組に従って琉歌を訳した漢詩（端踊り）、梗概を訳した漢文（組踊り）を抜粋した躍組が勅使に届けられたと考えるのが妥当であろう。

また尚家文書二四二には第九四に「本日呈上／都司／遊撃／弾圧官／同前」、「右者同時長史より遊撃都司弾圧官右同断ニ付而差上候帖写」とあり、使節のなかでは勅使に次ぐ立場にあった都司、遊撃、弾圧官にも演戯故事が届けられた。

四　冊封使の観た組踊り

故事集においては、諸宴で組踊り、端踊りに先立って演じられる入子躍を「天孫氏首出御世故事」とし、長者の大主（「老人老女」）も「仙老夫婦率領子孫拝賀故事」「餞宴拝賀故事」とするなど、組踊りが題材とした琉球の故事ばかりでなくこれらの演目も故事とされることから、御冠船踊りの全体が勅使に対して琉球の故事として示され、そこに故事集の標題が出たであろうことは次章で検討する。

玉城朝薫が躍奉行を務めた一七一九年（康熙五八／享保四）以降、冠船諸宴等の芸能は次第に組踊りが中心となる。この年の仲秋宴には組踊りが出されず、重陽宴に初めて登場することは周知の通りである。『中山伝信録』には重陽宴に「鶴亀二児復父仇古事」すなわち「二童敵討」、「鐘魔事」すなわち「執心鐘入」の二番が上演されたとある。ただし徐葆光が皇帝に献上した『冊封琉球全図』（北京・故宮博物院蔵）の重陽宴の項には、龍潭における爬龍舟の後「開宴于北宮演劇六折、大略如中秋宴、中又加本国前代故事三四折」とあって、重陽宴での組踊りの番数に異同がある。続いて餞別宴には「又国中ノ故事、一二齣ヲ増シテ、楽ヲ為ス」と『中山伝信録』にあり、拝辞宴に「儀礼、戯楽ヲ増スコト、前ノ如シ」とあるのみで組踊りの上演がわからない。

次の冠船である一七五六年（乾隆二一／宝暦六）には端踊りの「笠舞」以下の後、「演雑劇悉其国中故事」と周煌の

『琉球国志略』にあり、また同じく餞別宴に「座次、演劇、前ノ如シ」とあるのみで詳しくはわからない。七宴のうちどの機会に組踊りが行われたかはなお不明であるが、一八三八年（道光一八／天保九）、戌の冠船の躍番組にみられるかたち、すなわち組踊りと端踊りを交互に上演することはなく、組踊りが続けて上演されるのは端踊りに対応する番数が準備できていなかったためであろう。

一八〇〇年以降の冠船では諸宴等に一三番、御膳進上に七番の組踊りを用意することが慣例となる（【資料c】）。玉城朝薫、田里朝直の作を含めて冠船諸宴等に供する充分な組踊りの番数が揃ったことにより、可能となったのであろう。戌（一八三八年）の冠船では、前年酉の二月三日に申（一八〇〇年）、辰（一八〇八年）を資料として用意すべき組踊りについて評定所に伺いをたて、同二月九日に「辰年御例通」として辰と同じ演目を戌に用意することが決定される。この時の故事集『戊戌冊封諸宴演儀故事』（尚家文書一二六）は二冊目を欠く端本であるが、躍方日記、酉二月九日の演目にみえぬ「奸臣叛主終逢戮刑」が一冊目に収められている。

戌には稽古の過程での仕組躍（上覧躍）の躍番組六種（躍方日記）、仲秋宴、重陽宴（『琉球戯曲集』）、弁ヶ嶽遊覧後の浦添御殿での、同じく末吉社檀遊覧後の大里御殿での躍番組（躍方日記）、御膳進上、大和人衆御招請の躍番組（尚家文書八七『冠船付御書院日記』、後者は躍方日記にも）、御茶屋での躍番組（躍方日記）が知られる。このうち諸宴等、すなわち勅使に供した躍番組で組踊りをみると、仲秋宴に三番、重陽宴に四番、その間に行われた弁ヶ嶽、末吉社檀遊覧後の御殿でそれぞれ二番となる。これらは八月一二日、一六日、一八日、二四日と日程がつまっていることもあってか組踊りの演目に重複がなく、用意された一四番のうちすでに一一番を費やす。

重陽宴以降にもなお御餞別宴、拝辞宴、望舟宴（御旅送宴）の三宴があるが、躍番組は残されていない。寅の『冠船那覇詰内証日記』（尚家文書一九七）によれば、九月二一日の餞別宴に「与躍弐番羽躍数々唐棒」、同二四日の拝辞宴に

「与躍二番羽躍」、さらに二八日の那覇天使館での望舟宴に「与躍三番羽躍」とみえ、それぞれ二番、二番、三番の組踊りが供されている。寅の躍番組は伝存せず、寅から類推すれば戌においては餞別宴以降の七番を加えれば諸宴等の組踊りが延べ一八番となり、後の三宴では四番が再度上演されたことになる。

五　もうひとつの御冠船踊り

冠船における諸宴等で勅使は御冠船踊りをどのように観たかについての資料は乏しく、冒頭に述べたように一八世紀の徐葆光の姿勢、周煌の感想が知られるに過ぎない。ただし一七一九年（康熙五八／享保四）の『冠船日記』には興味深い記事がみられる。

この史料は台湾大学図書館の蔵本で、戦争で失われた沖縄県立沖縄図書館蔵本[20]からの筆写であろう。内容は康熙五八年（一七一九）、すなわち玉城朝薫が躍奉行を務め、徐葆光が『中山伝信録』を著した冠船の、評定所による八月分の日記で、八月二〇日に行われた仲秋宴の様子が詳しく知られる。同書には、躍七段が済んだ後に勅使等は休息所に入り、ふたたび出御したところで「勅使より躍御望ニ付躍二段有之」とある。この「躍二段」は『中山伝信録』によれば桿舞、竿舞とみられ、勅使の所望で行われたと同書はいう。徐葆光はこのところを「席終換席」とのみ記し、勅使からの所望であったことを省筆した。

くだって一八三八年（戌）の冠船で勅使が帰国のために乗船し、風待ちをする間に踊りを雇ったことが家譜にみえる。

＊道光十八年戊戌九月六日、同十七日、両勅使様奥之山並住吉江　御光駕之時、躍相勤候付、為御褒美扇子一本御自筆一枚従　両勅使様拝領之（朝姓（二八一五）新参五世盛信）

＊道光十八年戊戌九月二十六日、両勅使様御乗船之時、躍御雇付、於冠船両艘躍相勤候、為御褒美扇子一本銀牌一枚従　両勅使様拝領之（同）

この盛信は朝姓仲村渠家の分家筋で新参五世、嘉慶二一年（一八一六）生であるからこのとき数え二三歳であった。系祖の盛亮は目取真親方朝儀と側室の間に生まれたために別に家譜を立て、那覇の東村に居住した那覇士族である。同家譜には譜代六世盛登（一三歳）、譜代六世盛宜（一一歳）の項にも同じ記事がみえ、仲村渠家の三名は勅使の乗船した船に呼ばれて躍を披露した。(21)「躍御雇付」とあり、また褒美に「銀牌」が与えられて諸宴等の褒美とは異なることから勅使が雇ったと考えてよい。

この記事は勅使が自ら躍を所望した貴重な資料であるが、引用記事の前半には勅使が奥之山、住吉へ遊覧した際にも躍を務めたことが記される。また一八六六年（寅）の『勅使様方々御見物日記』（尚家文書一五一）には寅一〇月七日の条に三司官与那原親方の那覇の旅宿への勅使招請がみえ、勅使の体調不良で実現しなかったその宴席では「那覇躍」(22)が行われるはずであった。

那覇躍は躍方日記、戌三月二三日の条に「今日那覇御座当方仕組之躍　上覧相済候事」、譜久山殿内『冠船日記』（尚家文書一九三）寅三月二五日の条に「今日那覇躍被遊　上覧候付…」とあるように、躍方（首里躍）ではなく那覇御座当方が仕組み、あらかじめ国王が検分した、王府の御取持の一環であった。

那覇士族によって踊られる那覇躍の師匠について、『冠船日記』（尚家文書一五二）同治五年四月の条に「大仲村向氏嫡子躍師匠／与世田里之子親雲上」「久米村習氏次男歌師匠／具志筑登之」の名がみえ、躍方の仕組む首里躍と内容的な相違はなかったと思われる。

那覇躍が行われる機会は前述のほか、『冠船那覇詰内證日記』（尚家文書一九六）寅八月九日の条に、

遊撃より那覇躍御覧被成度、御迎大夫真栄里親雲上江御相談有之候付、同人より首里江茂御案内之上、今日四ツ時分遊撃弾圧官其外従客唐人共、台屋江御越、右躍御見物被成候付、真栄里より之筋を以大台所調ニ而御菓子等差上、遊撃弾圧官には躍惣済不致内御帰、其外唐人共者残居致見物候段、把門官首尾申出候事、

という記事がみえる。勅使に従う唐人から所望された那覇躍であったが、上役は途中で帰ったものの、ほかの唐人は最後まで観る。このほかに那覇躍の資料が見出せず、那覇躍の全貌はわからない。しかし勅使側から所望のあったことは確かで、この問題についてはなお勅使が随行させた戯子との関係も視野に入れて検討されねばならない。

故事集を検討する際にはずした『丙寅冊封那覇演戯故事』（尚家文書二五〇）は那覇躍の故事集であったと思われる。この故事集には端踊り二二番、組踊り三番を収め、首里躍とは異なる特徴がみられる。若衆、二才、女など の役柄が冠せられる。若衆、二才、女な端踊りの演目名には童子（若衆）、冠者（二才）、女児、閨女、婦女、女などの役柄が冠せられる。若衆、二才、女などの役柄と持ち物を踊りの名とする例は江戸立史料、冠船や八重山の躍番組にみられるが、女踊りに年齢を設定する考え方はこの故事集以外にはない。また勅使の前には出されないといままで考えられていた二才踊りが七番踊られていることも注目される。躍方の稽古には二才踊りも含まれていて、勅使来琉前の国王の上覧や帰国後の御膳進上などの躍番組にみられるものの、諸宴等には出されていない。

首里躍と那覇躍の違いについては、前者が儀礼の場に相応しい洗練が施され、後者が天保三年（一八三二）の「琉球人坐楽之図」（永青文庫蔵）にみられるように士族社会で日常的に踊られたものに近い内容であったと推測することはできる。とくに二才踊りの扱いにそれが顕著であるにしても、那覇躍の故事集を分析して二才踊りの芸態（地謡）を明らかにする芸態論的作業なしには、その違いが確かなものにはならないであろう。従って本稿は那覇躍の存在を提示し、その概略を述べるにとどめる。

おわりに

那覇市歴史博物館に所蔵される尚家文書は平成二一年五月から公開された。本章はおもに尚家文書の冠船関係資料によって御冠船踊りを観る勅使の実態を再構成しようと試みた。テーマの性質からして結論を得られるものではないが、上演環境に依存するところの大きい御冠船踊りは、それが近代におけるような純粋な鑑賞の対象ではなかったことは是非とも確認しておく必要がある。

外交儀礼としての宴会は古今東西を問わず普遍的なかたちであり、近世琉球における料理（御膳）と芸能による御取持もこの範疇に入る。ただし近世琉球の特異性は芸能に託されたものの内実にあり、王府における御冠船踊りの意図を故事集から探る第6章によって本章は完結する。

註

（1）豊見山和行「敗者の戦略としての琉球外交―『唐・大和の御取合』を飼い慣らす―」（『史苑』第七〇巻第二号、二〇一〇年）四〇頁。

（2）尚家文書六一『大清道光十八年戊戌／諸宴参将弾圧官以下物唐人御取持日記』ほか。

（3）宜保栄治郎「三線の伝播と獅子舞について」（『地域と文化』五〇、一九八八年）一七頁、同「田井等・親川の豊年祭（概説）」（『田井等誌』、二〇〇八年）二八六～七頁など。

（4）ただしこの時の冊封正使全魁は周煌とは異なり、一〇月一八日に「望舟宴　王駕未到天使館　正使大人要見歌舞朝直率領同時五人進長風閣拝見」、翌年正月八日に「正使全大人宣召歌舞人数一歌一舞終日歓楽」（向姓（六〇九）三世朝直）と、躍を所望したことが躍奉行田里朝直の家譜にみえる。

（5）以下、王府文書の慣例に従って冊封使を「勅使」と記す。

（6）なお「旬ニ問安之礼」とあるのは三司官が交代で冊封使の宿泊する那覇の天使館に問安のために赴くことで、同じく胡靖の『琉球記』に「朔望、逢五及十ノ如キハ、皆、小宴。則チ、輪ニ三法司ヲ遣シテ那覇ニ詣テ、相陪ス。必ス梨園ヲ以テ劇ヲ演ス。悉ク随行スル者ヲ用フ。彼ノ国ノ者ノ若キハ、則チ、何物ヲ為スカヲ知サル也」とあり、この際も小宴があって冊封使に随行する戯子すなわち役者による芸能があったらしいが、躍方の関与はない。

（7）豊見山和行は「世子はその日、三司官を天使館にやって、諭祭礼の労をねぎらう宴を催す（第一宴）」（「冊封の諸相」『新琉球史』近世編上、琉球新報社、一九八九年、八八頁）とする。『中山伝信録』に拠ると思われるが、諭祭礼の後、崇元寺前堂での「不設楽茶酒皆親献」が諭祭宴であろう。

（8）「冠船御礼式日記」の冒頭には必ず日撰の記事がみえる。

（9）一七五六年（乾隆二一）の冠船七宴について、向姓（四）一〇世朝忠に、「二十七日諭祭　先王尚敬八月二十一日開読封王此日朝義在于西宮始拝見　天使二十六日国王詣館拝謝　天使九月初四日中秋宴十二日重陽宴十月初三日餞行宴初六日拝謝宴十八日望舟宴以上七宴」とある。「忠之字因禁止改義」により朝忠は後に朝義と名乗る。

（10）翁姓（一〇六七）七世盛元。「東苑遊覧之時為戯舞」（那覇市史家譜資料三・九八頁）。

（11）尚姓（一〇）一世朝宜。「九月八日正副使遊観晃嶽之時、乞請駕到敝宅饗応十六椀之宴、且設做戯舞以為欵待」（那覇市史家譜資料三・三八七頁）。

（12）『使琉球記』巻五、三オ（師竹斎版。読み下しは筆者）。

(13)『使琉球録』使事紀略一九オ(明嘉靖刻本。読み下しは同じ)。

(14)真栄平房敬は、「一連の儀礼過程は『引礼官』を中心に進められ、その進行は『儀注』とよばれる一種の儀礼書を手本としたようである。王府の役人と冊封使はあらかじめ儀注について打合せを行なったことが使録に示されている」と述べる(「琉球国王の冊封儀礼について」『沖縄の宗教と民俗』第一書房、一九八八年、一八二頁)。儀注と礼節との関係は不明。

(15)『冠船躍方日記』に「北宮十二頌曲」、『丙寅冊封諸宴席前演戯故事』に「冊封之時北宮十二曲章」として琉歌、その漢詩訳を収める。沖縄県立博物館・美術館蔵の山城正楽本『琉歌集』の末尾にも「冊封御規式之時」として琉歌一二首がみえる。この琉歌集は識語から野村安趙の琉歌集の写本とみられる。琉歌は中国の皇帝を讃え、勅使の労をねぎらい、琉球の繁栄を祈念する内容であり、少なくとも北宮十二頌曲については「楽や歌三味線でもてなす」(豊見山前掲書、註7、九一頁)ことが意図されてはいない。

(16)諸宴とは別に那覇の故事集があったことについては後に舞台内容のところで言及する。

(17)『国宝「琉球国王尚家関係資料」のすべて―尚家資料/目録・解説』(沖縄タイムス社、二〇〇六年)。

(18)「古老集記類の二」(小野武夫編『近世地方経済史料』第一〇巻、吉川弘文館、一九五八年)に、「文組役之儀、唐御取合之御状幷御世譜記事、又は時々御用之漢文等相調候事」(三七九頁)とある。

(19)前引『冠船躍方日記』『冠船御礼式日記』にみられる「躍番組」も「躍組」とともに使われていたらしいが、前者に収める演目名だけの番組と区別するためにここでは「躍組」とする。

(20)沖縄研究資料二『沖縄県立沖縄図書館蔵/郷土志料目録』(法政大学沖縄文化研究所、一九八二年)八六頁。

(21)この家譜では「冠船両艘」で踊ったとある。正副使は頭号船に乗ったから、随行する兵士にも別にみせたか。またこの年の『冠船付御書院日記』（尚家文書八七）によれば乗船の予定は一〇月二日であったが実際には四日に乗船し、一二日に出船したとある。

(22)『琉球雅文集』（琉球大学附属図書館蔵）所収の武島親雲上書簡にも、「冠船御渡来に付而御先規通首里那覇躍被仰付」とある。なお所蔵先の書名は「崎山之御園一件」。

【資料2】

仲秋宴御礼式之御次第

＊「仲秋宴御礼式之御次第」は尚家文書一四二『大清同治五年丙寅／冠船御礼式日記』の一部であり、舞台の芸能を伴う仲秋宴以降の諸宴に共通する次第の典型がみられる。一七〇～一頁に抄出した次第の全体を、那覇市歴史博物館の許可を得て、翻字、紹介する。

＊丁付は実丁数による。なるべく原資料の体裁の再現を心がけたが、小字右寄せについては適宜判断し、「して」「より」などの合字は再現していない。

＊次第の構成については「仲秋宴御礼式の次第」（一七〇～一頁）を参照されたい。

一　当日五ツ時分正議大夫一人朝衣冠ニ而
天使館参上一番之催帖一通宛
（12オ）
正議大夫名書之手本一通宛河口
通事御取次差上
一　四ツ頭時分仮長史一人右同断ニ番之
催帖差上
一　四ツ時分御書院当一人仮長史一人
右同断三番之催帖差上
一　両勅使様九ツ時分御発駕前条
催帖御使之正議大夫仮長史幷把門官
都通事一人供奉仕
（12ウ）
附
一　天使館御発駕之早使問役登
城惣役江相達候ハ、、惣役より三司官江

申達下庫理当御取次言上仕
一　茶湯崎矼御参被成候段遠目引之
筑登之走参御鎖之側江申達候ハ、
右同断言上仕
一
上様玉御冠天青地織金紗御皮弁服
御釘瑠有黄組物御帯被為召唐玻豊真正面より（13オ）
西之御殿江　出御被遊
附
一　六人之組下庫理より供奉仕
一　外御番所前紫巾官両人耳目官
両人一跪ニ而御迎仕御帰館之時同断
一　歓会門御入被成候段遠目引之
筑登之走参御鎖之側江申出
同人ニ而言上仕（13ウ）
一　首里森前三司官両人王舅一跪ニ而
御迎仕御帰館之時同断
一　奉神門御入之砌都通事跪ニ而

請大人轎進与申上
一　歓会門御入之段及言上候ハ、
上様舞台西之階より御下申口詰座
之前御立扣被遊御涼傘大御団羽相備
附三司官一人惣役幷紫巾官一人
長史両人六人之組当両人同（14オ）
里之子両人同童子里之子両人
御後ニ立侍
一　勅使様奉神門御入君誇北之御門前
御轎居候砌御双方御涼傘大御団羽
を以傾庭御下轎被成候ハ、御涼傘
大御団羽差揚御互御急御進歩嗩吶楽奏
御迎三司官一人惣役紫金大夫一人供奉御一揖被遊
勅使様茂御同揖御互御拱手を以
御譲（14ウ）
勅使様御右
上様御左少御後より舞台江御進歩
舞台西之階下ニ而御互御拱手を以

御譲被遊舞台江御登物役供奉御対面ニ
御立御互御一揖
上様西之御殿江御向御互御拱手を以
御譲せんほこり内ニ而御互御拱手を以
御譲西之御殿江上様少御後　入御被遊楽止
附御涼傘大御団羽は舞台　（15オ）
階下江御進歩之砌迄立扣舞台江
御登被成候ハヽ引納
一　勅使様
上様御拱手を以御譲御対面御立勅使様東方上様西方
御銘々御蟄子敷笙楽奏　御互ニ一跪三叩頭
被遊即
上様より　正勅使様之御轎椅江御差寄
両勅使様御蟄子御迦東南之隅ニ少御寄上様江御向御立　御袖ニ而御椅
御払御居直之御心入を以御手を被為懸　（15ウ）
御轎椅之左表ニ少御退
正勅使様江御向御一揖正勅使様茂御差寄御同揖
御轎椅江御拱手　正勅使様茂御同前

被成楽止　副勅使様江茂御礼儀
右御同前ニ而本之御座江御帰御立
笙楽奏止同断　勅使様より茂
上様之御椅御払可被成与御差寄被成
候砌笙楽奏　御急御差寄惣役河口通事
を以御辞退被遊候得共強而御払被成　（16オ）
此時勅使様江御向御立　上様者西南之隅少御寄
上様之御轎椅右表少御退
上様江御向御一揖上様茂御差寄御同揖　御轎椅江
御拱手被成候ハヽ
上様茂御同前被遊各様御対面江御立
御一揖
上様　勅使様江御向御轎椅江御拱手
勅使様茂御同前　各様御轎椅之側ニ御立御互ニ
御一揖ニ而御安座勅使様北上座ニして東表西向上様西表東御向　（16ウ）
被遊楽止
附
上様御後ニ三司官一人王舅惣役幷紫巾官

一人紫金大夫一人耳目官一人六人
之組代々立侍
一　追付初之御茶御茶之子入台ニ載各様御宮仕人
勅使様江は久米村人上様江は六人之組里之子一同ニ捧出候ハヽ、
上様御轎椅御迦御直可被差上与
御差寄被遊　正勅使様茂御轎椅
（17オ）
御迦御差寄河口通事を以御辞退
被成惣役ニ而御茶碗差上候
副勅使様江茂御同前ニ而紫金大夫を以
差上若両勅使様御辞退不被成候ハヽ、御直上被遊候　勅使様より茂
御直ニ可被差上与御差寄被成候ハヽ、
此時御茶碗は御側之相公江御持候惣役を以御辞退被遊
河口通事ニ而被差上候此時御茶碗は六人之組江御持候御互ニ
御轎椅之側ニ而御一揖　勅使様江
御向御轎椅江御拱手　勅使様茂
（17ウ）
御同前各様御着座此時勅使様江者相公上様江は六人之組ニ而御茶碗差上候
上様御茶碗乍御請御拱手笙楽奏
勅使様茂　御拱手御互ニ御一揖ニ而

御茶被召上楽止
一　二度目之御茶御茶之子入台ニ載御宮仕人勅使様江は久米村人
上様江者六人之組里之子一同ニ捧出候ハヽ、　勅使様江者
御取次御宮仕人初之御茶御直上之砌勅使様御辞退不被成候ハヽ、此時茂御直上被遊候
上様江者六人之組当官ニ而差上候
上様御茶碗御請笙楽奏　勅使様江御向
（18オ）
御拱手被遊　勅使様茂御拱手御互ニ
無御一揖被召上楽止
附御茶三度差上候共御礼儀二度
目之御茶御同前尤御茶之子は
三度共色替を以差上
一　右相済
上様御轎椅御迦惣役河口通事を以
太子様手本差上　勅使様茂御同前
御立御請被成惣役河口通事引退候ハヽ、
（18ウ）
各様御拱手を以御安座被遊
一　右相済王子衆三司官幷諸官御勝手表より
差寄　勅使様参見仕度旨河口

通事御取次申上相済候ハ、王子衆御一同
西之御殿御座末罷出笙楽奏一跪三叩頭仕
引次三司官王舅一列右同断親方
一列申口より長史迄一列二段にしてせん
ほこり罷出右同断参見仕此時
勅使様御轎椅御迦三度御答揖被成
（19オ）
上様茂御轎椅御迦御立被遊王子衆以下
諸官引退候ハ、各様御拱手を以御安座
被遊楽止
一　唐官人衆より
上様参見仕度旨河口通事を以　勅使様幷
上様江申上相済候ハ、右之官人衆西之御殿
御座末江罷出笙楽奏三揖被成候砌
上様御轎椅御迦三度御答揖被遊
勅使様茂御轎椅御迦御立即右
（19ウ）
官人衆退去楽止引次巡捕書吏内史為参見
せんほこり江罷出笙楽奏一跪三叩頭仕候ハ、
上様三度御答揖相済　勅使様江御向

御拱手各様御着椅楽止又兵役共
為参見せんほこり江罷出笙楽奏一跪三叩頭
仕候ハ、
上様御轎椅江乍　着御御抗《ママ》手被遊楽止
一　右相済
上様御轎椅御迦惣役河口通事を以
（20オ）
両勅使様江御着替被成候様被仰上
勅使様茂御轎椅御迦御轎椅之側ニ而
笙楽奏　御互御一揖御拱手を以御譲
勅使様御先
上様少御後より各様御休息之間江
入御被遊楽止
附
一　此時御食卓相直
一　両勅使様御轎椅者南向にして
（20ウ）
正勅使様左方　副勅使様右方
上様御轎椅者東北向西南表相直
一　御登席之時　勅使様御装束

之儀物役より河口通事江相伺御掛子
被召候段有之候ハ、
上様茂御貟領被為召御袍子被召候段
有之候ハ、
上様茂御道袍被為召
一　御登席之御時分物役より河口通事　（21オ）
申談言上仕河口通事を以
勅使様江御注進被仰上
上様御紗帽御貟領青色龍紋紗
石御帯被為召少御先御座御勝手表江
出御御立扣　勅使様御出之砌笙楽奏
御互御拱手各様御差寄御拱手
を以御譲　勅使様東方
上様西方御対面御立御互ニ御一揖
勅使様江御向御轎椅江御拱手　（21ウ）
勅使様茂御同前　勅使様より
上様茂御列座被遊候様御挨拶御座候ハ、
御轎椅西北表南向少東表ニ側して

相直各様御食卓之側ニ而御互
御一揖御拱手御安座被遊楽止
一　追付各様御宮仕人勅使様江者久米村人 上様江者六人之組里之子一同ニ
金之耳御盃台共御箸幷御銚子
各君使官ニ載捧出候ハ、
上様御直可被差上与御轎椅御迦　（22オ）
御食卓之側迄御差寄被遊
両勅使様茂御轎椅御迦各様
御食卓之側迄御差寄河口通事
を以御辞退
上様御代物役御盃台共請取御酒次させ
勅使様御食卓ニ居上亦御箸居上
勅使様より茂御直可被差上与被成候ハ、
惣役を以御辞退被遊　勅使様
御代河口通事御盃台共請取御酒　（22ウ）
次させ
上様御食卓ニ居上又御箸居上相退
候ハ、各様御食卓之側ニ而御互御一揖

御拱手御安座被遊河口通事御座
真中ニ出跪ニ而上酒与唱候ハヽ
上様御盃御取揚御拱手被遊笙楽奏
勅使様茂御同前ニ而被召上楽止
附御銘々様御多葉粉盆御座江
差出置御側之相公幷六人之組より（23オ）
御多葉粉差上
一　御座楽相始候段惣役より言上仕河口
通事を以　勅使様江申上楽始
一　躍相始候段惣役より言上仕河口通事
を以　勅使様江申上躍始
附躍相済迄之間奏楽無之
一　初之御碗各様御宮仕人一同捧出候ハヽ
上様御直可被差上与御食卓之側迄
御差寄被遊　両勅使様茂御輴椅（23ウ）
御迦各様御食卓之側迄御差寄
河口通事を以御辞退
上様御代惣役御碗請取

勅使様之御食卓ニ居上
勅使様より茂御直可被差上与御座候ハヽ
惣役を以御辞退　勅使様御代
河口通事御碗請取
上様之御食卓ニ居上各様御食卓之側ニ而
御互ニ御一揖御拱手御安座被遊
河口通事御座真中出跪ニ而上菜与唱候ハヽ（24オ）
上様御両手ニ而御箸御取揚御拱手被遊
勅使様茂御同前ニ而被召上
一　二番目之御銚子御下入共君使官ニ載御宮仕人一同
捧出候ハヽ　勅使様江者御取次御宮仕人
上様江者六人之組当官ニ而御盃請取
御酒次させ各様御食卓居上河口
通事御座真中出跪ニ而上酒与唱候ハヽ
上様御盃御取揚御拱手被遊
勅使様茂御同前ニ而被召上（24ウ）
一　二番目之御碗御宮仕人一同ニ捧出候ハヽ
勅使様江者御取次御宮仕人

上様江者六人之組当官ニ而各様御食卓ニ
居上河口通事御座真中出跪ニ而
上菜与唱候ハヽ
上様御両手ニ而御箸御取揚御拱手　（25オ）
被遊　勅使様茂御同前ニ而被召上
右之御次第を以四番目迄之御酒
御碗被召上
一　四番目之御碗相済御菓子御吸物
君使官ニ載御宮仕人一同ニ捧出候ハヽ
上様御直ニ可被差上与御轎椅御迦
御食卓之側迄御差寄被遊
両勅使様茂御轎椅御迦御食卓
之側迄御差寄被成河口通事を以
御辞退
上様御代惣役　両勅使様之御食卓ニ　（25ウ）
御菓子居上又御吸物居上
勅使様より茂御直ニ可被差上与御座候ハヽ
物役を以御辞退

勅使様御代河口通事
上様之御食卓ニ御菓子居上亦御吸物
居上候ハヽ各様御食卓之側ニ而御互ニ
御一揖御拱手御安座被遊河口通事
御座真中出跪ニ而上湯与唱候ハヽ
上様御両手ニ而御箸御取揚御拱手　（26オ）
被遊　勅使様茂御同前ニ而被召上
一　二段より五段迄之御次第初段二番目之
御碗御同前之御礼式ニ而被召上
附御酒幷御碗御吸物居上候毎度
上酒上菜上湯与唱申筈候得共
勅使様より御免被仰出候ハヽ唱不申
一　右相済
上様御轎椅御迦御手水御遣被成候様
河口通事を以　両勅使様江被仰上　（26ウ）
両勅使様御轎椅御迦各様御食卓
之側ニ而御互ニ御一揖御拱手を以御譲
勅使様御先

上様少御後ょり各様御休息之間江
　入御被遊
　　附
一　御休息之間ニ而御茶御多葉粉
　各様御宮仕人差上
一　此時御碗幷御盃御箸御杪引下ヶ
　御囲碟居上
（27オ）
一　御換席之御時分惣役ょり河口通事
　申談言上仕河口通事を以
　両勅使様江御注進被仰上
上様少御先御座御勝手表江
　出御御立扣　勅使様御出之砌御互ニ
　御拱手各様御差寄御拱手を以
　御譲　勅使様東方
上様西方御対面ニ御立御互御一揖
（27ウ）
　勅使様江御向御轎椅江御拱手
　勅使様茂御同前各様御囲碟卓
　之側御立御互ニ御一揖御拱手御安座

被遊
一　金之耳御盃台共御箸幷御銚子
　各君使官載御宮仕人一同捧出候ハヽ
上様御直可被差上与御囲碟卓之側迄
　御差寄被遊候得者
　勅使様茂御轎椅御迦各様御囲碟
　卓之側迄御差寄河口通事を以御辞退
（28オ）
上様御代惣役御盃台共請取御酒
　次させ　勅使様之御囲碟卓ニ居上
　又御箸居上　勅使様ょり茂御直ニ
　可被差上与御座候ハヽ惣役を以御辞退
　勅使様御代河口通事御盃台共請取
　御酒次させ
上様御囲碟卓ニ居上又御箸居上相退
（28ウ）
　候ハヽ各様御囲碟卓之側ニ而御互
　御一揖御拱手御安座被遊河口通事
　御座真中出跪ニ而上酒与唱候ハヽ
上様御盃御取揚御拱手

勅使様茂御同前ニ而御酒被召上之
上様御両手ニ而御箸御取揚御拱手被遊
勅使様茂御同前ニ而御肴被召上
一　焇火之時分罷成候ハ、惣役より河口通事
申談言上仕
上様御轎椅御迦舞台江御出焇火
御覧被成候様河口通事を以被仰上　（29オ）
上様御一揖舞台江御向御拱手御一同
御進歩階之上幷階下ニ而御拱手を以御譲
舞台江御出　勅使様江御向御轎椅江
御拱手被遊　勅使様茂御同前ニ而
御互御轎椅之側ニ御立御一揖御拱手
被遊　勅使様左表
上様右表一並南向御安座被遊
附　（29ウ）
一
上様御後ニ立侍候人数西之御殿同断
一　御食卓一面宛各様御前江相直

御囲碟居上
一　焇火始ル
一　金之耳御盃台共御箸幷御銚子各
君使官ニ載御宮仕人一同捧出候ハ、
上様御代惣役御盃台共請取御酒次させ
勅使様之御囲碟卓ニ居上亦御箸居上　（30オ）
勅使様御代河口通事御盃台共請取
御酒次させ
上様之御囲碟卓ニ居上亦御箸居上
河口通事御座真中ニ出跪ニ而上酒与
唱候ハ、
上様御盃御取揚　勅使様江御向御拱手
勅使様茂御同前ニ而御酒被召上亦
上様御両手ニ而御箸御取揚
勅使様江御向御拱手　（30ウ）
勅使様茂御同前ニ而御肴被召上
一　勅使様御轎椅御迦御暇乞被成候ハ、
上様茂御轎椅御迦河口通事を以御緩々

被成御座候様被仰上候得共頻ニ御暇乞与
御座候ハ、喨吶楽奏御拱手を以御譲舞台
せんほこり表ニ而御対面ニ御立勅使様東方上様西方
御一揖各様舞台之階下ニ而勅使様御左上様御右少御後御送
御一同ニ御一揖　勅使様之御轎江
御向御拱手被遊　勅使様茂　（31オ）
御同前ニ而御上轎
上様より御一揖被遊候ハ、　勅使様茂乍
御上轎御一揖ニ而楽止御帰館被成此時吹鼓始
勅使様奉神門御出被成候ハ、最前
之通真正面より　入御被遊
以上　（31ウ）

6　故事としての御冠船踊り―尚敬冊封の画期―

平成二一年六月に尚家文書が一般公開されるに先立ち、現在の所蔵先である那覇市歴史博物館が編集する『尚家資料／目録・解説』(1)によって現存する尚家文書の全貌が示された。そのうち「冠船関係資料」は戌(一八三八年)と寅(一八六六年)の冠船に係る史料を中心に二〇三点を数える。

これまでは戌の仲秋宴、重陽宴の台本を収める伊波普猷『琉球戯曲集』(2)に拠って御冠船踊りを論じられることが多かったが、補修を終えて順次公開される冠船関係資料により御冠船踊りの実態が次々と明らかにされることになろう。ただし多くは準備過程と上演環境に係る史料であり(3)、御冠船踊りの舞台内容を知ることの出来る、また『琉球戯曲集』を補うに足る直接の資料は前述二〇三点のうちにも少なく、勅使に対していわば鑑賞の手引きとして用意された故事集がその貴重な資料となる。内容は漢文、漢詩に訳された組踊りの梗概、端踊りの琉歌ではあるが、故事集によってその年の冠船に躍方が準備した演目の全体を知ることができ、また漢詩から地謡の琉歌を推定することも可能である(4)。

故事集の存在は冊封副使徐葆光の著した『中山伝信録』に「説帖」とみえる一七一九年にまで遡り、徐葆光は説帖(故事集)によって仲秋宴、重陽宴の芸能の詳細な記述をなしえた。

ただし故事集による漢語訳はその正確さが必ずしも意図されず、勅使の理解を容易にする意訳となることもあれば、御冠船踊りを勅使にどのように観せるかという王府の姿勢が反映された訳ともなる。例えば、いわゆる「長者の大主」が戌の台本（『琉球戯曲集』）には「老人老女」の名で重陽宴にみえ、(5)そこで踊られる「老人老婦扇子踊」の〈かぎやでふう節〉の琉歌は、「今日のほこらしやや　なをにきやな譬てる　莟て居る花の　露きやた如」(6)であった。この琉歌が一七一九年（康熙五八／享保四）の故事集（説帖）を引用したと思われる『中山伝信録』では、

王徳如海　民之父母　受封於天　帯礪永固

と漢詩に訳され、後述する戌の故事集(2)『戊戌冊封諸宴演戯故事』は、

帝徳巍々　天高地厚　我王受封　帯礪永固

となる。(7)二つの漢詩がいずれも戌の台本にみえる琉歌の翻訳であるとしたら、意図的な変更が加えられたことになる。つまり一七一九年に冊封を受ける国王を讃えた漢詩が、一八三八年には逆に冊封する中国皇帝を讃える内容となる。琉歌そのものは抽象的な祝儀の歌であったが、歌われる場に相応しい具体性が与えられたものの、やはり国王を讃える前者の漢詩は勅使に対して不都合であったのであろう。

しかし端踊りの琉歌を翻訳する際には、詩形、平仄、脚韻などに制約され、和文学の影響を受けながらもなお民俗性の色濃い琉歌を逸脱しなければ漢詩とはならなかった。組踊りについても事情は同じで、組踊りのドラマに儒教道徳を強調した梗概を用意することによって勅使の理解を得ようとしたと思われる。(8)これらおもに組踊り、端踊りの翻訳から窺える、御冠船踊りを勅使に観せる王府の姿勢とは別に、故事集を「演戯故事」と称し、御冠船踊りの枠組みとなる「入子躍」を「天孫氏首出御世故事」、「長者の大主」を「拝賀故事」とするなど、漢語訳された演目名にみられる「故事」の語には、御冠船踊りの総体を故事として捉え、琉球の故事を芸能によって中国に示す、という王府のもうひとつの姿勢があったのではないか。この仮説の検証を本章の課題とする。

一　伝存する故事集の解題

以下、尚家文書に現存する故事集を列挙し、逸失した一冊を加えて解題する。なお書誌、とくに法量については『尚家資料／目録・解説』に拠った。

(1)『演戯故事』

尚家文書一二七。紙本墨書、袋綴。法量は縦二三・四cm、横一九・六cm。五〇丁。表紙に「演戯故事」。内題はない。本文に朱文の鎖印。

冒頭に欠丁があり、後述、尚家文書一二六、二四八における「仙老夫婦率領子孫拝賀故事」「仙老夫婦拝賀故事」の記述と比べると、その後半から始まる。

以降の内容は、「餞宴拝賀故事」、その「附」として「三祝舞」「扇舞曲」「笠舞曲」「桃潭曲」「六棒交戯」「弄毬曲」「雙獅舞」「団扇舞」「藍花曲」「経絡舞」「掌節曲」「良会舞」「串花曲」「咏花舞」の演目名のみ、端踊りに「扇舞」「笠舞」「羯鼓舞」「弄毬舞」「串花舞」「麾舞」「団扇舞」「大兼久舞」「天川舞」の詞章の漢詩訳、組踊りに「一人忠義再興基業」「天縁奇遇児女承慶」「児被賊刼狂婦苦尋」「婦人設計救君討敵」「兄弟報仇忠孝並全」「夫婦約別得財再合」の梗概の漢文訳。

『尚家資料／目録・解説』は本書を一八六六年(同治五／慶応二)、つまり寅の故事集かとするが、『丙寅冊封諸宴席前演戯故事』(二四八、二四九)と比較すると寅の故事集の一冊目(二四八)とは一致しない。戌の躍方日記(八二)酉二月三日の条に記載される「申年組躍」(一八〇〇年)、「辰年組躍」(一八〇八年)では諸宴等の組踊りが一三番、「御膳進上之時」がいずれも七番であり、組踊りを六番しか収めない本故事集が一九世紀のものであるとすれば、二冊目を欠く端本ということになる。[9]

本故事集に収載されているにも関わらず、前述「中年組躍」「辰年組躍」にみえない演目は申の「夫婦約別得財再合」（花売之縁）、辰の「婦人設計救君討敵」（大川敵討）で、申、辰ともに完全には一致しない。従って組踊りの演目からは、申、辰のいずれの故事集かを判断することが難しい。

ただし一八〇八年（嘉慶一三／文化五）に故事集にとっての変化があったらしいことが蔡姓（二〇八二）一六世修の家譜に窺える。[10]

> 嘉慶十一年丙寅六月初一日、蒙　憲令為漢文組役並作為総師寄役、至於十三年戊辰閏五月、因　冊使臨国、拝作表奏咨文之外、又編成首里那覇之戯本、至十四年己巳六月朔日、公務全竣退職

この「戯本」が故事集をさすことは、戌（一八三八年）の躍方日記に、

> 宴毎并摂政御殿王子御殿ニ而躍之節々、躍組文組役ニ而組立久米村方ょり直表御方江差出候事、（戌八月一二日）

とあることから類推される。また「首里那覇之戯本」は躍方の主管する首里躍と那覇御座当の仕組む那覇躍[11]のことで、寅（一八六六年）の冠船には(3)『丙寅冊封諸宴席前演戯故事』と(4)『丙寅冊封那覇演戯故事』のように双方の故事集が残される。

ところで組踊り「執心鐘入」の中城若松が『中山伝信録』ではその唐名を陶松寿とし、戌、寅の故事集では同じく松瑞となる。また後述するように演出においても一七一九年（康熙五八／享保四）の『中山伝信録』が参照した故事集と一九世紀の故事集とで記述に明らかな相違がみられる（二一二頁の③）。徐葆光の参照した漢文梗概の本文が残されていないので推測でしかないが、一八〇八年の冠船に係る蔡修の記事は同人によって古い梗概が全面的に書き直され、

あらたな組踊りを書き加えた働きを示すものではないか(12)。原則として先例を踏襲する本文で、全面的に改定された故事集とそれを先例として書き写すだけの故事集とでは漢文組立役の役割が異なることから、蔡修の家譜はこの故事集が辰に作成されたとする推測をわずかに裏付ける。

(2)**『戊戌冊封諸宴演戯故事』**

尚家文書一一二六。紙本墨書、袋綴。法量は縦二二・四cm、横一九・六cm。五五丁。本文に朱文の鎖印。後表紙に「戊戌／冊封諸宴演戯故事／二冊」、原表紙に「戊戌／冊封諸宴演戯故事／巻之□」。内題に「戊戌冊封諸宴席前演戯故事」。標題から一八三八年（戊戌）の故事集である。後述の収録演目からすれば諸宴等に準備された組踊り一三番（躍方日記、酉二月九日）の一部を欠く。戊戌『冠船方諸帳』（一一二八）の久米村方「漢本巻次」に「冊封諸宴演戯故事巻之六」とある一冊が本書で、次の巻之七を欠くと考えられる。

内容は、「神唄頌」「天孫氏首出御世故事」「仙老夫婦率領子孫拝賀故事」「餞宴拝賀故事」、続けてその「附」として「三祝舞」「扇舞曲」「笠舞曲」「桃潭曲」「六棒交戯」「弄毬曲」「雙獅舞」「団扇舞」「藍花曲」「経絡舞」「掌節曲」（以上は演目名のみ）、また端踊り「扇舞」「笠舞」「羯鼓舞」「弄毬舞」「串花舞」「麾舞」「団扇舞」「大兼久舞」「天川舞」「女舞」「笠舞」「経絡舞」「柳舞」「四竹舞」「咏菊舞」の琉歌の漢詩訳、組踊り「孝感除蛟姉弟興家」「一人忠義再興基業」「兄弟報仇忠孝並□」「母子義情感動敵人」「婦人設計救君討敵」「奸臣叛主終逢戮刑」の梗概の漢文訳。

ただし「奸臣叛主終逢戮刑」は酉二月九日に決定された戌の演目にはみえない（躍方日記）。

(3)**『丙寅冊封諸宴席前演戯故事』**

【一冊目】尚家文書二四八。紙本墨書、袋綴。法量は縦二三・三cm、横二〇・〇cm。六一丁。本文に朱文の鎖印。後表紙に「丙寅／冊封諸宴演戯故事／二冊」、原表紙（写真1）に「丙寅冊封諸宴席前演戯故事／巻之九」。標題から一八

六六年（丙寅）の故事集であることは明らか。丙寅『冠船方諸帳』（二五二）の久米村方「漢本巻次」に「丙寅冊封諸宴席前演戯故事巻之九」とある。

内容は、「冊封之時北宮十二曲章」「神唄頌」「天孫氏首出御世故事」「仙老夫婦拝賀故事」、「御餞別宴」として「餞宴拝賀故事」（⑴、⑵の標題からの推定）、端踊りの「扇舞」「笠舞」「笠舞」「笠舞」「羯鼓舞」「弄毬舞」「双獅舞」「六棒交戯」「串花舞」「麾舞」「団扇舞」「大兼久舞」「天川舞」「女舞」「経絡舞」「柳舞」「四竹舞」「咏菊舞」の琉歌の漢詩訳（ただし「六棒交戯」は曲名のみ）、同じく、組踊り「孝感除蛟姉弟興家」「一人忠義再興基業」「兄弟報仇忠孝並全」「母子義情感動敵人」「婦人設計救君討敵」「奸臣叛主終逢戮刑」の梗概の漢文訳（写真3〜5）。

【二冊目】尚家文書二四九。紙本墨書、袋綴。法量は縦二二・五cm、横一九・六cm。六三丁。後表紙に「演戯故事」、原表紙に「丙寅冊封諸宴席前演戯故事／巻之十」（写真2）。内題はない。前述、丙寅『冠船方諸帳』の久米村方「漢本巻次」に「丙寅冊封諸宴席前演戯故事巻之十」とある。

内容は、組踊り「天縁奇遇児女承慶」「君爾忘身救難雪仇」「計設戯藝為父報仇」「夫婦約別得財再合」「□女為魔義士全身」「幼君得救報仇継業」「児子至孝雙親免罪」「児被賊刼狂婦苦尋」の梗概の漢文訳。

二四八の表紙に「丙寅／冊封諸宴演戯故事／二冊」とあるように、「丙寅冊封諸宴席前演戯故事」は二四八と二四九の二冊からなる唯一伝存する完本である。

⑷『丙寅冊封那覇演戯故事』

尚家文書二五〇。紙本墨書、袋綴。法量は縦二三・〇cm、横一八・七cm。三六丁。本文に朱文の鎖印。表紙に「丙寅冊封那覇演戯故事／巻之十一」（写真6）。内題はない。本書は一八六六年の冠船における那覇躍の故事集。[13]丙寅『冠船方諸帳』の久米村方「漢本巻次」に「丙寅冊封那覇演戯故事巻之十一」とある。

冒頭に「老翁祝曰…」の口上、続いて端踊り「童子弄扇舞」「冠者拍掌舞」「童子弄扇舞」「女児弄団扇舞」「冠者弄麾舞」「童子弄笠舞」「冠者拍掌舞」「女児弄笠舞」「童子咏松竹梅舞」「閨女哂苧舞」「冠者弄扇舞」「童子弄麾舞」「閨女賞月舞」「冠者拍掌舞」「童子弄扇舞」「婦女繅糸舞」「冠者弄笠舞」「童子弄扇舞」「女打竹舞」「冠者拍掌舞」「女咏菊舞」「童子徒手舞」の詞章の漢詩訳（写真7）、組踊り「継母妬忌女児払雪（雪払）」「手水佳偶契如日月（手水の縁）」「伏山報讐忠孝両全（伏山敵討）」の梗概の漢文訳。

冒頭の口上は演目名を欠くものの、文中に「今年一百二十歳」とあり、末尾に「子孫処趨御前共効鼇抃躍之慶聊助賓主讌会之興矣」とあることから、「長者の大主」（老人老女）と思われる。

また端踊りの演目名に童子（若衆）、冠者（二才）、女児、閨女、婦女、女などの役柄を附し、漢詩訳の多くが七言絶句の体裁をとるところが首里躍の故事集とは異なる。

(5)『故事集』

このほかに、沖縄県立沖縄図書館の戦前の目録[14]によって知られる『故事集』があるが、原本は第二次世界大戦で失われた。真境名安興が「組躍と能楽との考察」に部分的に引用した『故事集』がこれにあたると思われ、同論文に「組躍を冊封使に見せる為めに漢訳せしものが十八篇ある」とし、注に「執心鐘入」「万歳敵討」「花売之縁」の一部を引く[15]。戌、寅の故事集と校合すると一部相違がみられるものの、その相違は誤写に過ぎないとも思われる。

また「十八篇」とある組踊りの番数に注目すると、田里朝直が躍奉行を務めた一七五六年（乾隆二一／宝暦六）に朝薫の五番に加えて一三番が作られたとは考えられず、この『故事集』が一八〇〇年以降の冠船のものであることは確実である。戌の躍方日記にみえる申（一八〇〇年）、辰（一八〇八年）の組踊りは両度とも諸宴等に一三番、御膳進上に七番で、これが躍方の用意すべき組踊りの標準であるが、御膳進上の組踊りには故事集が作られず、躍方の主管では

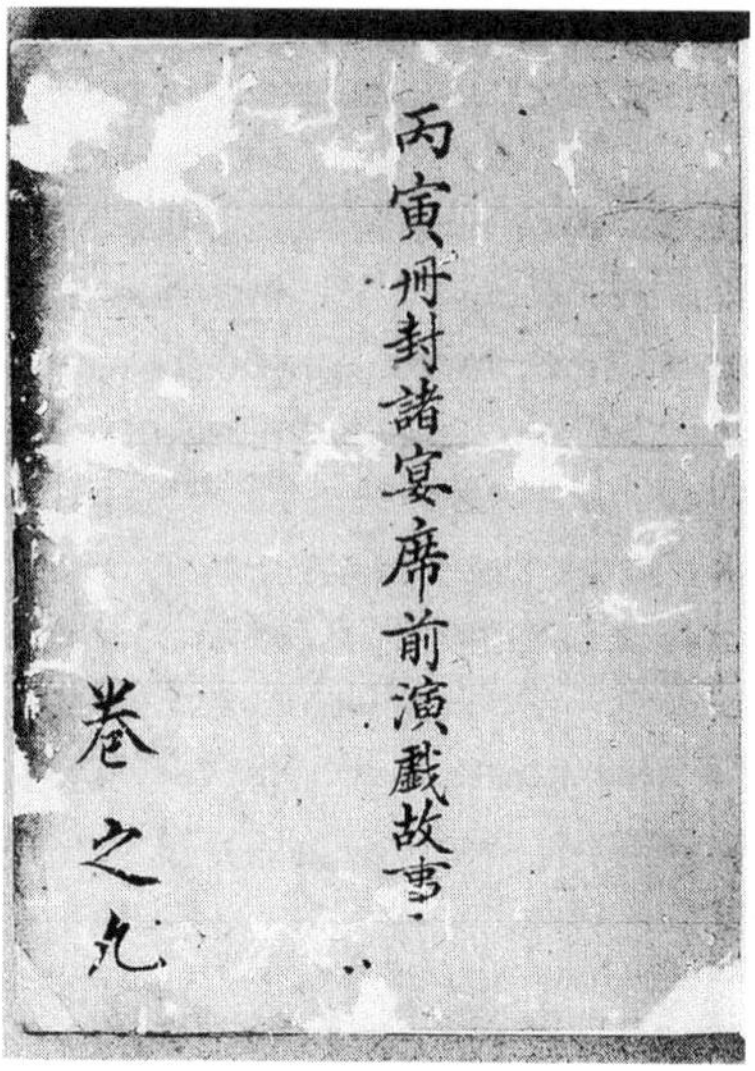
丙寅冊封諸宴席前演戯故事
巻之九

写真1 『丙寅冊封諸宴席前演戯故事』
（尚家文書 248）の原表紙

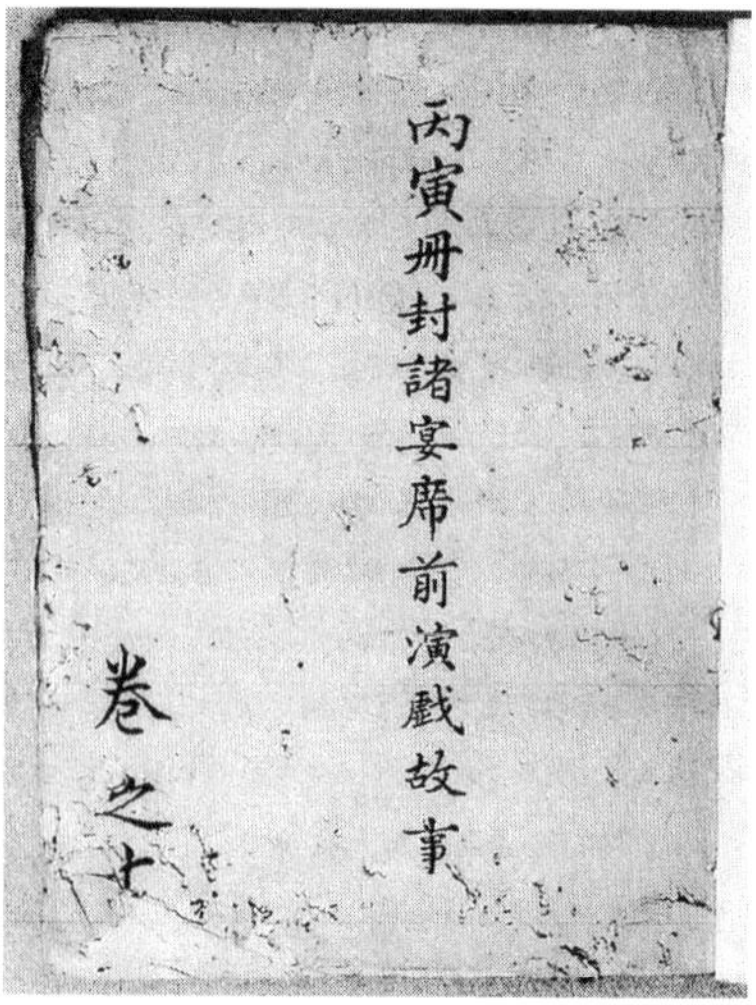
丙寅冊封諸宴席前演戯故事
巻之十

写真2 『丙寅冊封諸宴席前演戯故事』
（尚家文書 249）の原表紙

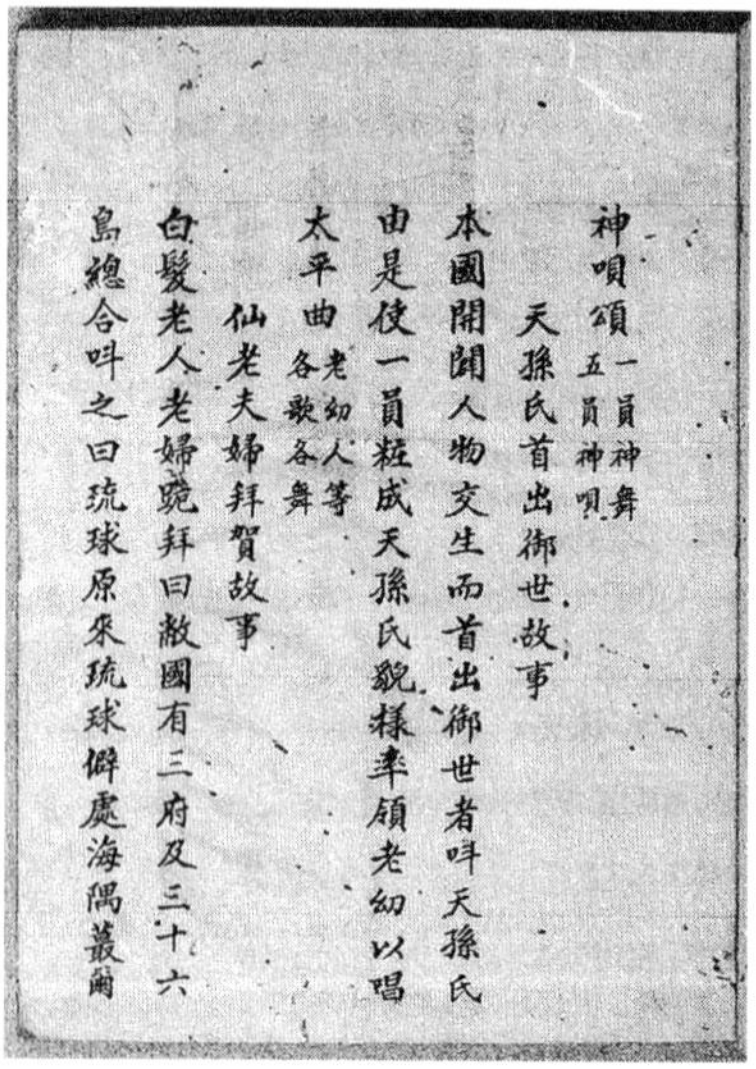
神唄頌 一員神舞 五員神唄
天孫氏首出御世故事
本國開闢人物交生而首出御世者吽天孫氏
由是使一員粧成天孫氏貌様率領老幼以唱
太平曲 老幼人等 各歌各舞
仙老夫婦拜賀故事
白髪老人老婦貌拜曰敝國有三府及三十六
島總合吽之曰琉球原來琉球僻處海隅蕞爾

写真3　おもろ、入子躍、「長者の大主」
（写真1の6オ）

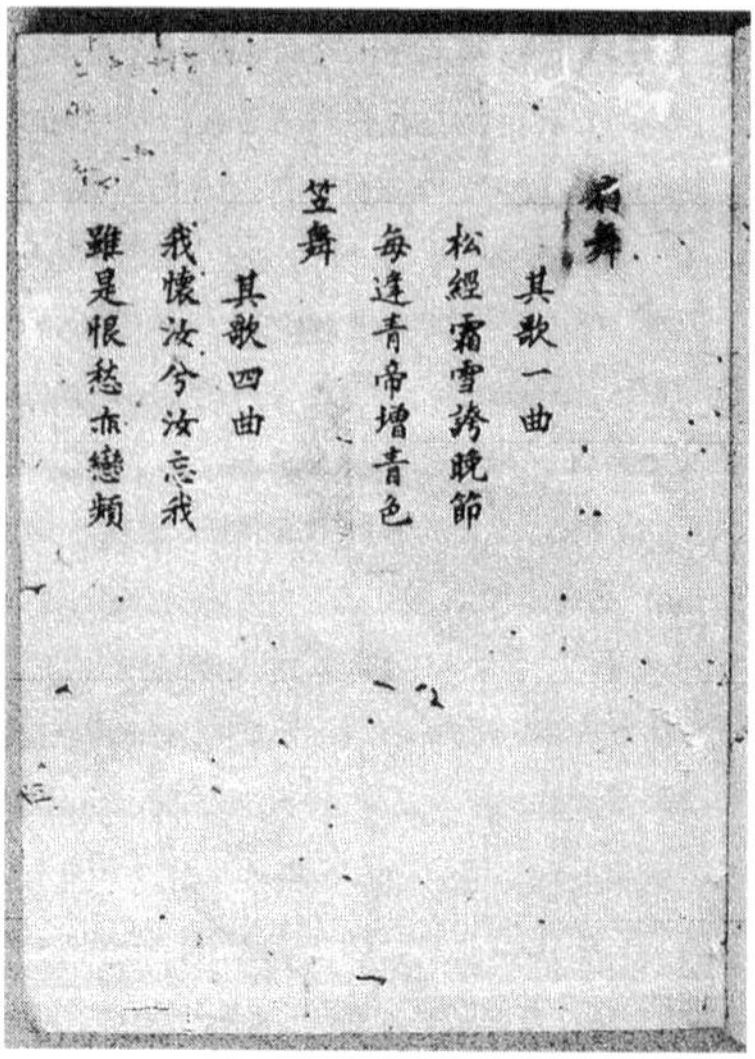
扇舞
其歌一曲
松經霜雪誇晩節
毎逢青帝増青色
笠舞
其歌四曲
我懐汝兮汝忘我
雖是恨愁亦戀頻

写真4　端踊りの琉歌を翻訳した漢詩
（写真1の9オ）

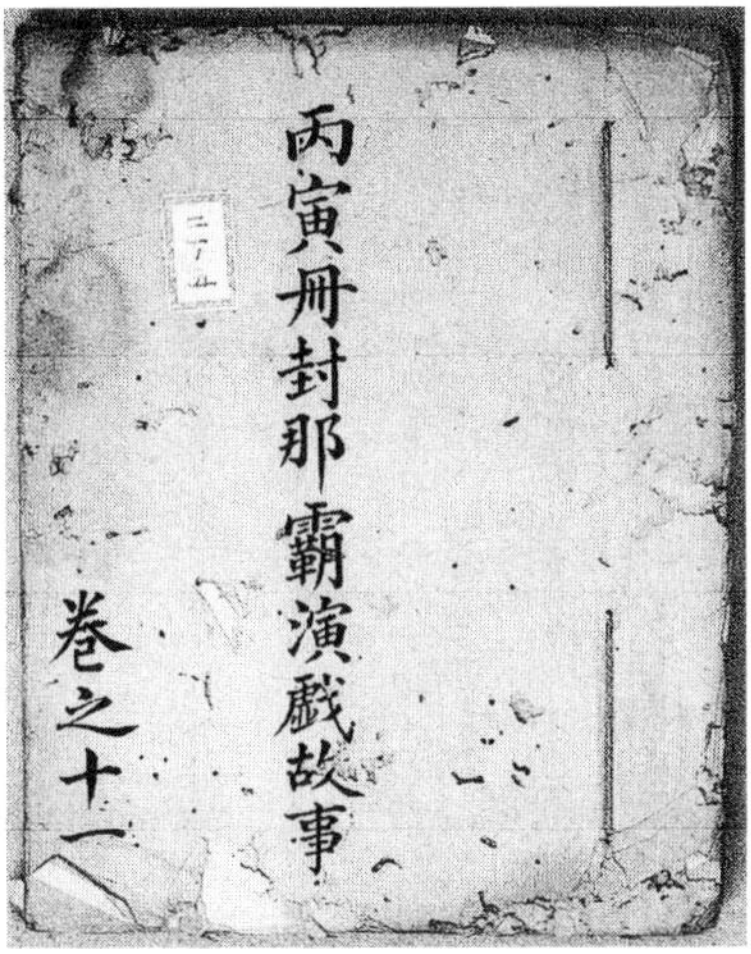
丙寅冊封那覇演戯故事
巻之十一

写真6 『丙寅冊封那覇演戯故事』
（尚家文書 250）の原表紙

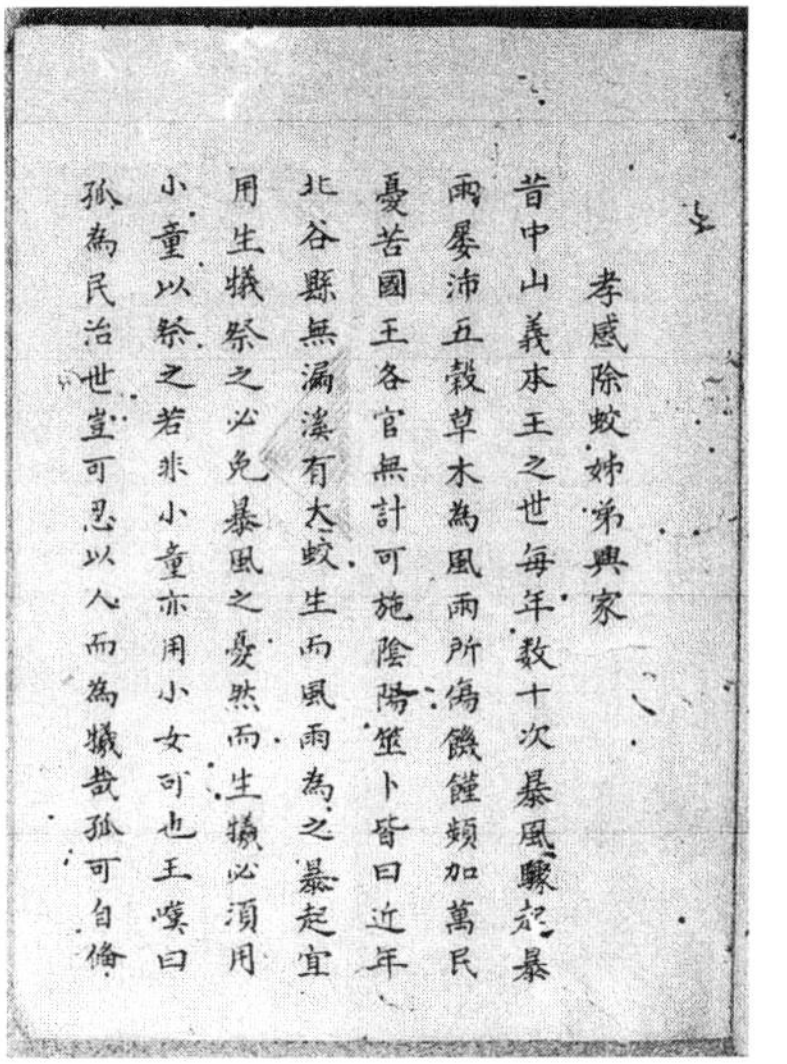
孝感除蛟姉弟興家
昔中山義本王之世毎年數十次暴風驟起暴
雨憂沛五穀草木為風雨所傷饑饉頻加萬民
憂苦國王各官無計可施陰陽筮卜皆曰近年
北谷縣無漏溪有大蛟生而風雨為之暴起宜
用生犧祭之必免暴風之憂然而生犧必須用
小童以祭之若非小童亦用小女可也王嘆曰
孤為民治世豈可忍以人而為犧哉孤可自倫

写真5　組躍りの梗概を翻訳した漢文
（写真1の18オ）

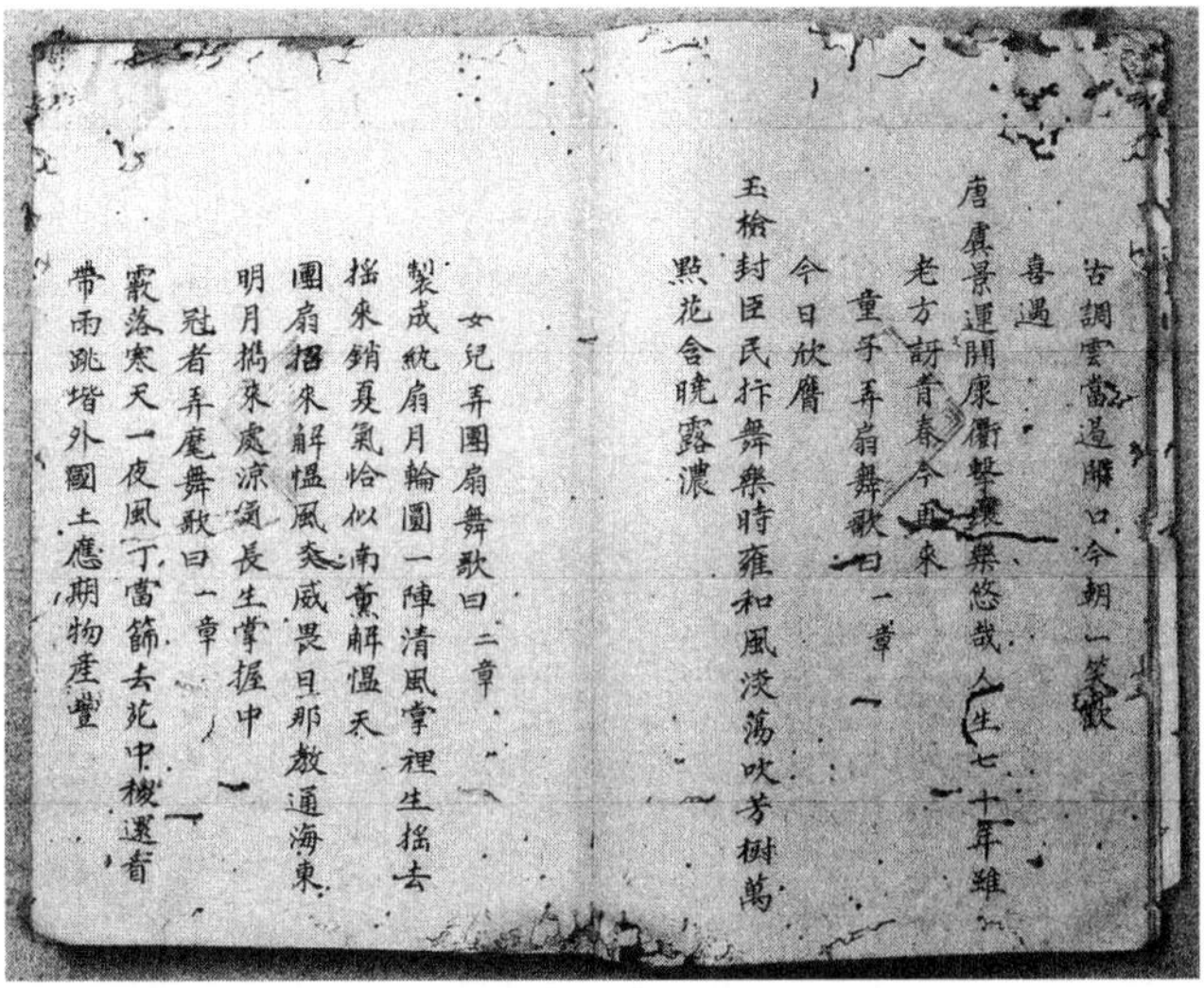
古調雲當道隴口今朝一笑歡
喜遇
唐虞景運開康衢擊壤樂悠哉人生七十年雖
老方許青春今再來
童子弄扇舞歌曰一章
今日欣膺
玉檢封臣民忭舞樂時雍和風淡蕩吹芳樹萬
點花含曉露濃
女兒弄團扇舞歌曰二章
製成紈扇月輪圓一陣清風掌裡生搖去
搖來銷夏氣恰似南薰解慍天
團扇搖來解慍風炎威畏日那敎通海東
明月搗來處涼須長生掌握中
冠者弄麾舞歌曰一章
霰落寒天一夜風丁當篩去苑中棲還肴
帶雨跳堦外國土應期物産豐

写真7　端踊りの琉歌を翻訳した漢詩（写真6の3ウ、4オ）

ない那覇躍の演目は躍方日記に記載されない。『故事集』所収の「花売之縁」は申の諸宴等の演目にないものの那覇躍で出された可能性もあり、『故事集』は申、辰、戌、寅の可能性をすべて排除できない。那覇躍の故事集である『丙寅冊封那覇演戯故事』(4)には組踊り三番が収められ、これが那覇躍の標準であったとすれば、『故事集』の一八番のうちの五番が那覇躍であったことになり、やや番数が多すぎる。原本を見ない限り確実なことは何もいえないが、申、辰、戌、寅で諸宴等に出された組踊りは合計一六番であり、この時期の故事集を総合し、これに予備的あるいは都合で差し替えられた二番を加えたのが本『故事集』であったとするのがひとつの理解であろう。

以上の解題にみた故事集の内容をあらためて整理すると、首里躍の故事集は二冊、那覇躍は一冊が一九世紀における標準的なかたちで、内容的には端踊り、組踊り、その他に分かれる。ただし歌三線演奏の「冊封之時北宮十二曲章」[16](3)、おもろ演唱の「神歌頌」(2)、(3)、「入子躍」の「天孫氏首出御世故事」(2)、(3)、「長者の大主」である「仙老夫婦(率領子孫)拝賀故事」「餞宴拝賀故事」(2)、(3)と、漢訳名不明の(4)を含むその他は端踊り、組踊りにも勝る重要な演目であり、とくに「入子躍」「長者の大主」が故事とされる点に注目される。

「故事集」と通称されるのは標題を「演戯故事」とすることに拠るが、[17]故事集については従来、組踊りが琉球の故事に題材を採る点にのみ注目されてきた。ところが「入子躍」を「天孫氏首出御世故事」、前述の「長者の大主」が「仙老夫婦(率領子孫)拝賀故事」「餞宴拝賀故事」と漢語訳されることを知るに及んで、これらの演目と故事集の語義を視野に入れた、御冠船踊りの再検討が必要となる。

二　組踊りと故事

勅使の舞台鑑賞を助ける冊子に「演戯故事」の語が付された理由はまず組踊りにあった。組踊りを創始した玉城朝薫の家譜に、

奉　命揔取本国往古之故事、以備戯席、球国以故事作戯者、従此始矣(向姓(八一)一〇世朝薫)

とあり、また『球陽』に、

首里の向受祐(玉城親雲上朝薫)は、博く技芸に通ず。命じて戯師と為し、始めて本国の故事を以て戯を作り、人に教へ、次年演戯して、冊封天使の宴席に供せしむ。其の戯、此れよりして始まる。(球陽・七二五)

とあることは周知の通りである。

一七一九年(康熙五八／享保四)に朝薫の組踊りを観た徐葆光も、『中山伝信録』巻三、重陽宴の項に二番の梗概(「為鶴亀二児復父仇古事」「為鐘魔事」)に続けて「二事皆百年前国中事」と記し、餞別宴には「国中ノ故事、一二齣ヲ増シテ楽ヲ為ス」とある。徐葆光が皇帝に献上した『冊封琉球全図』[18]の重陽宴には、「北宮ニ開宴ス。劇ヲ演スルコト六折、大略、中秋宴ノ如シ。中ニ又、本国前代ノ故事三四折ヲ加フ」[19]ともある。次の冠船(一七五六年)における周煌の使録『琉球国志略』巻一一の仲秋宴にも、「後ニ雑劇ヲ演ス。悉ク其ハ国中ノ故事」とみえ、尚敬、尚穆の冊封に際して王府が組踊りの故事であることをしきりに強調したことが中国側の使録から窺える。

故事集には組踊りの梗概を載せたとこれまで述べたが、実は梗概ではなく、組踊りの素材となった故事である可能性も検討されねばならない。前述のように「執心鐘入」の中城若松が故事集では唐名の陶松寿あるいは松瑞となり、

『中山伝信録』には若松にはねつけられた宿の女が「女羞且怒持猟具欲殺松寿」とする場面があって台本を正確に反映した梗概にはなっていないからである。すでに畠中敏郎も故事集が「真にその時上演の組踊の筋の紹介なのか、そうでなくて、国中の故事を、それも唐人好みの書方で、漢文で書いたものか、判然としない。むしろ後者の臭いのするのは、…」と指摘する[20]。

台本と故事集を比較すると次のような差異が見出される。

①台本からはわからない登場人物の名前や年齢が故事集から知られる、あるいは名前が異なる(「孝行之巻」「大川敵討」「銘苅子」「執心鐘入」「巡見官」「女物狂」など)。

②作品の時代設定が故事集に明記される(「孝行之巻」:「昔中山義本王之時」、「義臣物語」:「往昔本国勢分鼎足時」、「二童敵討」:「昔中山」、「大城崩」:「球国乱世之時」、「大川敵討」:「昔北山府」、「忠臣身替」:「昔三山分争之時」、「手水之縁」:「昔山南府」。他の演目では「昔」「往昔」)。

③台本にみられぬ演出が故事集にみられる(前述の「執心鐘入」、「二童敵討」「万歳敵討」の最後。また「二童敵討」では祖父国吉が登場して兄弟との会話がある。「銘苅子」で母が子達に自分が天女であることを語る、など)。

台本と故事集との違いは玉城朝薫の作に多く、創作年代が下ると少なくなる。後者にはまた会話を再現する記述が多くみられ、時代が下るとともに台本を忠実に反映する梗概になる。

ところで陳侃(一五三四年)以降の使琉球録をみると、一七世紀初頭の夏子陽に初めて「国俗」の項が立てられ(一六〇六年)、汪楫の「俗尚」(一六八三年)、徐葆光の「風俗」(一七一九年)によって琉球の生活に関心が及び、周煌に至ってさらに「人物」が加えられる(一七五六年)。周煌が記すのは「忠節」「忠義」「孝義」「列女」などの故事であり、故事としては対象人物の具体性が求められる。故事集の記載が台本より詳細であるのは、このあたりに理由が求められるだろう。

作品の時代設定についても、それが「本国の故事」であるゆえに梗概が「昔」「往昔」から書き起こされることが多いが、その「昔」に三山時代を想定していたことが故事集から窺える。故事の語義のひとつ、「歴史の教訓」[21]としては時代を明示する必要があったかと思われる。

組踊り以前の説話が組踊りに影響を受けて変化する点はなお検討すべき課題であるが、故事はあくまで組踊りの素材としての説話であり、故事集は台本の要約が意図されてはいなかった。そうした意識が故事集を「演戯故事」と名付けさせたと考えられる。

三　拝賀故事としての「長者の大主」

組踊りの次に端踊りを検討すべきであるが、例えば戌（一八三八年）の仲秋宴や重陽宴に組踊りと交互に踊られる端踊りそのものは近世に故事として扱われた形跡はなく、そのなかで端踊りが踊られる「長者の大主」が故事集では「拝賀故事」と称された。

一七一九年（康熙五八／享保四）の『中山伝信録』に「老人祝聖事」、一八三八年（道光一八／天保九）の台本（『琉球戯曲集』）や躍方日記の躍番組にみえる「老人老女」は、故事集で「仙老夫婦率領子孫拝賀故事」（寅）と訳されて、重陽宴に行われる。[22]御餞別宴にも「長者の大主」が行われて「餞宴拝賀故事」とされ（辰、戌）、「仙老夫婦拝賀故事」（戌）、寅の故事集(3)には草書体で「御餞別宴」と肩書きされ、標題のないまま「仙老夫婦跪拝曰」から始まる本文が記される。また那覇躍の故事集である(4)『丙寅冊封那覇演戯故事』の冒頭も、標題は記されぬが「我翁祝曰」と始まる

「長者の大主」の口上である。ただしこれがどのような機会に演じられたかを知る史料はない。

(3)『丙寅冊封諸宴席前演戯故事』には「仙老夫婦拝賀故事」の内容が次のように記述される。

白髪老人老婦、跪拝シテ曰ク。敝国ニ三府及三十六島有リ。総合シテ之ヲ呌ンデ琉球ト曰フ。原来、琉球ハ海隅ノ僻処ニシテ、蕞爾、蝸居、土瘠《や》セ産乏シ。恭シク聖世祖章皇帝ニ遇フ。徳ハ唐尭ヨリ高ク、道ハ周武ニ邁《すぐ》ル。書車之盛ヲ一統ニ著シ、八埏《はちえん》ニ日月之輝ヲ照ラス。敝国、首先《はじめに》、恭順納欵シ、夙ニ皇徳之教化ニ沐シ、天朝之礼風ヲ仰キ観《み》ル。聖沢浩蕩ニシテ国家安静タリ。今ニ至リテ茲ニ二百有余年。這番、例ニ遵シテ封ヲ請ヒ、天使賁臨ヲ荷蒙《いただ》キ、敝主恪《つつしみ》テ封爵ヲ受ケ、国ヲ挙テ人民歓懽、躍舞ス。小臣夫婦、本国ニ生長シテ今年一百二十歳。身体康健ニシテ有ル所ノ子孫、共ニ計シテ三百三十余人。科ニ登リ官ニ陞ルモノ、多ク有リ。家ヲ挙テ老若皆、国恩ヲ蒙ル。今子孫ノ内、或ハ会《よく》唱シ、或ハ会《よく》弾シ、或ハ会《よく》舞ヒ、莱子戯ヲ作ス者、指ヲ屈シテ勝《かぞ》フベカラズ。今日我王、天使ニ進宴ヲ請ヒ、臣士先ヲ争テ各、其職ヲ供ス。是ニ由リ、臣夫婦、子孫ニ歌舞セシメ、以テ席上ニ高興ヲ備フ。惟《ただ》、俚言、高明ヲ上瀆セザルカ知ラス。大笑ニ附スヲ請ヒ、大笑ニ附スヲ請フ。因テ、夫婦先自ラ舞フ。歌ニ曰ク、帝徳巍巍ニシテ天高ク地厚シ、我王封ヲ受ケ帯礪永ク固シ。

老人の口上に国王が冊封を受けた歓びを代弁し、一二〇歳となる老夫婦のなした子孫「三百三十余人」に芸能をなさしめ、宴席に興を添えようといい、自らまず舞う。この本文と辰、戌のそれとはほぼ同じながら注目すべき相違がみられる。すなわち冒頭、寅の「白髪老人老婦跪拝曰」が戌では「白髪老人与老婦率子孫跪拝曰」となる（辰は欠丁のため不明）。次に口上の辰と戌で「率子孫」とある部分が寅では「使子孫」となり、末尾の辰、戌で「夫婦舞罷次有群童隊々慶舞之曲」とある一文が寅にはない。これらの三点は戌の標題に「仙老夫婦率領子孫拝賀故事」とある「率領子孫」が寅で落ちていることに対応する。

御餞別宴[23]に行われた「餞宴拝賀故事」にも同様のことがみえる。寅の記述は次の通りである。

仙老夫婦、跪拝シテ曰ク。我王、既ニ封爵ヲ受ケ、国ヲ挙ケ、人民、天朝之礼風ヲ親ク覩、皇上之教化ニ深ク沐ス。歓懽雀躍シテ雲霧ヲ披キ、青天ヲ見ルカ如シ。我王、天使ニ進宴ヲ請フ毎ニ、我、子孫ヲシテ歌舞ヲ以テ席上ニ高興ヲ備フ。恭シク天使笑覧之恩ヲ承ル。謝シ謝シテ尽シ難シ。今日、諸礼全竣シ、マサニ辞行、開洋セントス。我夫婦及子孫、四個月ヲ屈指スルニ、親シク天使ノ芝顔ヲ拝ス。慕恋之心、送行之情、何ンソ唯、桃花千尺之水ノミナランヤ。伏シテ願フハ、風順ニシテ波静カニ宝船海ヲ渉リ、平安席ノ如クアラン。国ヲ挙ケ、老若目ヲ以テ馬歯ヲ送過シ、心ヲ以テ帝京ニ到ルヲ送ル。皇上ノ龍顔大ニ悦ヒ、特ニ二位ノ賢労之功ヲ嘉スルヲ恭シクトス。而シテ我中山、帯礪永安ナルカ。

寅の故事集に「我使子孫歌舞以備席上」とあるところが、辰、戌で「我幸率子孫歌舞以備席上」となっている点は重陽宴と同じである。ともに「率子孫」が寅に「使子孫」となるのは、老夫婦が子孫を率いて登場し、勅使(天使)に踊りをお目にかけるという辰、戌の演出が変化して、「長者の大主」に踊られるべき端踊りが寅では無くなっていたこと、「使子孫」の一句は「長者の大主」のなかで踊られるべき端踊りが「長者の大主」から括り出され、「長者の大主」の後に演じられる組踊り、端踊りなどの全体に拡大したことを示唆している。

辰、戌の故事集では「餞宴拝賀故事」に「附」が続く。辰では「附」の一つ書きの演目が終わると改丁して「一扇舞…」などの見出しと端踊りの漢詩となるから、一つ書きの演目は「餞宴拝賀故事」、あるいは「仙老夫婦率領子孫拝賀故事」を含めた「長者の大主」に対する「附」とみられ、老夫婦に率いられて登場した子孫が「長者の大主」のなかで踊ったのが、辰の「三祝舞」「扇舞曲」「笠舞曲」「桃潭曲」「六棒交戯」「弄毬曲」「雙獅舞」「団扇舞」「藍花曲」「経絡舞」「掌節曲」「良会舞」「串花曲」「咏花舞」の一四番であり、最後の三番を欠く戌の一一番であろう。寅の故事集にこれらの端踊りがみえないことは、前述の、辰、戌と、寅との異同に照応する。

これらの演目を『中山伝信録』の仲秋宴、重陽宴と比較すると、前者の「武舞」は「六棒交戯」、「毬舞」は「弄毬曲」「雙獅舞」、「花索舞」は「串花曲」に比定され、後者については「笠舞曲」「団扇舞」「藍花曲」「掌節曲」がそのまま一致する。「武舞」を除く『中山伝信録』記載の端踊りは若衆の踊る若衆踊り、女踊りであった。一八世紀中葉以降に二才の踊る女踊りが登場してなお、古いかたちの若衆による踊りは「長者の大主」のなかに伝えられたのではあるまいか。「長者の大主」における端踊りは、子孫といいながら子（二才）による踊りは「六棒交戯」のみで、ほとんどが孫にあたる若衆の踊りである点が前述の推測を裏付ける。「附」以外の端踊りのように漢詩を故事集に載せないことも、これら若衆の端踊りをすでに前代のものとする意識のあったことを示す。

現存する一九世紀の故事集のみによって検討すれば、戌（一八三八年）と寅（一八六六年）の間に「長者の大主」の変化があったことが窺われる。しかし戌では「仙老夫婦率領子孫拝賀故事」と題されながら台本に「率領子孫」に相当する部分の記述がみられず、何よりもここで端踊りを担当する出演者の氏名が台本にないことから、「老人申上候意趣」に「子孫ニ能ハシメテ、御目カケヤベラ」とある一句は、「長者の大主」のなかでの踊りではなく、その後の組踊り、端踊りの全体をさすと理解される。すでに戌では「長者の大主」における子孫の踊りが無くなり、故事集と実際の舞台との間に齟齬が生じていたと理解するのが妥当であろう[24]。

「長者の大主」のなかで子孫の踊りがなかろうが、それに続く演目が「長者の大主」の枠組みのなかで演じられるという意識の方がむしろ重要で、村踊りで神あるいは獅子加那志の御取持[25]に芸能を演じた慣習が勅使の応接にも実践され、これが琉球の「拝賀」のかたちであったゆえに、「長者の大主」を「拝賀故事」としたのであろう。

四　若衆による端踊りの集団性

前述の「古いかたちの若衆による踊り」（以下、「古い端踊り」とする）のみが「長者の大主」との関連において故事であることを窺わせ、その後の端踊り（以下、「新しい端踊り」とする）は故事ではないと考えられることから、本節でも言及を控える。ただし古い端踊りを新しい端踊りと対照させて検討する必要があり、しばらく故事集からは離れる。

戌（一八三八年）の諸宴における躍番組にみる限り、端踊りは組踊りと交互に上演する原則があったらしい。仲秋宴では端踊りと組踊りがともに三番、重陽宴では同じく四番である。また弁ヶ嶽、末吉社檀遊覧後の王子御殿での躍番組[26]では、前者は端踊りを三番続けて組踊り、端踊り、組踊りとなり、後者では端踊り二番の後に組踊り、のかたちを二度繰り返す。勅使に供する躍番組の資料が限られているために番組の立て方についてこれ以上の言及はできないが、新しい端踊りがそれぞれ独立して踊られたらしいことが窺える。

ところが『中山伝信録』の一七一九年においては、仲秋宴の「神歌祝頌」に続く端踊りは「戚臣ノ子弟ノ俊秀ナル者数十人、衣彩ヲ衣テ、隊隊相続テ」踊られる。また端踊りを「第一遍」などと数え、端踊りの全体を「太平曲」とする。重陽宴では第一「老人祝聖事」、第二「鶴亀二児復父仇古事」、第三「鐘魔事」、第四折「天孫太平歌」という大きな演目のなかで、端踊りは第一のうちに「綵衣ノ童ノ群、隊隊相続グ。一ハ団扇ノ曲（六童舞）。一ハ掌節ノ曲（三童舞）。一ハ笠舞ノ曲（四童舞）。一ハ籃花ノ曲（三童舞）。以上、皆、太平歌ト名ツク」とされる。仲秋宴では「太平曲」、重陽宴では「太平歌」とするなど、端踊りを個々にではなく一群のものとして捉える意識があった。その点が一八三八年の躍番組との大きな違いである。

仲秋宴の「太平曲」は、広義には楽工六名の演奏、「寿星ノ仮面ヲ戴ク一人」の舞、楽工一四名の演奏と八遍の端踊りを指し、狭義には八遍の端踊りを意味すると思われる。寿星は徐葆光の記述によれば楽工六名の演奏に和して歌い、舞ったとある。矢野輝雄は神歌《おもろ》主取が「寿星ノ仮面」を着けて舞うと解し、「今日の祝儀舞踊の『かぎやで風』に代わるもの」とするが[27]、「黄髪ノ老人、百拝稽首シテ恭シク、皇上ノ恩徳、天ノ如ク、国王帯礪百世ヲ頌ス。老人、歌罷テ、拝シテ退ク」とあるのが神歌主取で[28]、「黄髪ノ老人」が退いた後に、寿星の登場、「戚臣ノ子弟」による「太平曲」となる。この寿星は踊った後にそのまま舞台に止まったらしく、「戚臣ノ子弟」を先導する役ではなかったか。

一六六三年の張学礼の使録『中山紀畧』に、

> 幼童百余人、皆、貴戚子弟。又、一少年僧、生成シテ頭長ク尺五、眉髪、雪白、頬ニ霜髯ヲ綴リ、庭中ニ佇立ス。一童子、双髻ヲ挽キ、葫蘆ヲ杖掛ニシ、寿星之右ニ次ス。一童子、生成背駝ニシテ眼細ク、簪冠ヲ戴キ、錦服ヲ穿チ、手ニ蟠桃ヲ擎テ東方朔ノ如シ。寿星之左ニ黒鹿一隻有リ。寿星之前ニ排シ、鑼ヲ鳴シ、鼓ヲ撃ツ。衆童子、環繞、歌舞ス。内ハ錦衣ヲ穿チ、外ハ白綾、半臂ニ菊花ヲ繍ス。以テ佳節ニ応ス。

とあり、直接にはこの時「一少年僧」が扮した「寿星」に淵源すると思われ、衆童子を先導したとは記されていないが、その中心に位置していた。

寿星が「戚臣ノ子弟」を先導したとの理解を裏付けるのが『冊封琉球全図』[29]で、仲秋宴の項には第一遍「笠舞」の冒頭に、「帷ヲ褰ル処、十四五歳ノ丱童大小十余輩有リ。或ハ三人、或ハ四五人、隊ヲ分ツ」とある。幕裏に待機すべき丱童（子供、すなわち若衆）の姿が不用意に見られたとみるよりは、八遍の端踊りを踊る丱童がすべて舞台に登場し、幕前に控えていたと理解されよう。少人数で端踊りを踊る若衆たちは、「寿星」に先導されるべき集団としての存在であったのではないか。

古い端踊りと新しい端踊りは歴史的な変化を示唆し、新しい端踊りが現れてなお「老人老女」（「長者の大主」）に古い端踊りを遺し、「仙老夫婦」に「率領」されて登場することになる。故事集に古い端踊りの詞章を載せなかったのは、すでに端踊りといえば新しい端踊りであると認識されていたためであろう。

古い端踊りも個々に故事であったのではなく、老人老女（仙老夫婦）が子孫を引き連れ（率領）、祝賀の口上とともに賓客に能羽（芸能）を捧げるかたちを、琉球における拝賀の故事とした。

五　天孫氏に率いられる「入子躍」

尚敬冊封（一七一九年）の重陽宴では第四折に「天孫太平歌」と呼ばれ、五〇余名の若衆、二才による大掛かりな演目があった。『中山伝信録』の記述によれば、「白木桿ヲ執」る「一披髪ノ頭陀」ⓐに率いられた「五色衣ノ小童」（若衆）一九名ⓑが第一層、「紅緑ノ雑衣郎」（二才）二〇名ⓒが第二層、小点鼓の小童二名、銅点の雑衣郎二名、同じく腰鼓八名（以上ⓓ）が第三層となって輪をつくる。さらに輪の中で四名の小童ⓔが紙帯を持って歌い、これに雑衣郎が和す。小童四名の後ろには二〇名の楽工ⓕが二列に並ぶ。輪の一番外に位置する小童ⓑが採物を扇、桿、菊、竿と持ち替えて踊った後、第二層の雑衣郎ⓒと入れ替わり、雑衣郎は手に何も持たずに四五番を踊り、終わる。

この「天孫太平歌」（A）を『琉球戯曲集』によって一八三八年（道光一八／天保九）の戊の冠船における入子躍[30]（B）と比較すると、次のような共通点が見出される。

①Bでは大黒天が加わるものの、Aの「白木桿ヲ執」る「一披髪ノ頭陀」ⓐはBの天孫氏の着付「髪大かむろ、唐黒ひげかけ、緞子衣裳、貫木葉羽織、梧桐葉足袋、朱ぬり六角棒持[31]」に相当する。

②若衆ⓑ、二才ⓒの踊り手がAでは三九名、Bでは二八名で、人数が減ってはいるが、若衆と二才のふたつの集団で踊るかたちが共通する。

③最初の若衆ⓑの踊りの採物がAでは扇、桿、菊、竿、Bでは扇子、花(菊)、風車、筑子で、採物を次々に持ち替えて踊るかたちが一致する。

④若衆ⓑと二才ⓒの入れ替わりをAは「(小童)転シテ第二層ニ入リ、雑衣郎、転シテ外ノ一層ニ出ル」とし、Bは「若衆は内え廻り　二才は外え廻候(32)」と記して一致する。

これらの共通点から一七一九年の「天孫太平歌」が入子躍であったことは疑いない。

寅の故事集(3)は入子躍を「天孫氏首出御世故事」と称し、

本国開闢ノ人物、交生シテ首テ出、世ヲ御スル者、天孫氏ト叫フ。是ニ由リ、一員ヲ天孫氏ノ貌様ニ粧成セシメ、老幼ヲ率領シテ以テ太平曲ヲ唱フ。〔老幼人等各歌ヒ各舞フ〕

と説明して、琉球の開闢神話を天孫氏に率いられた若衆と二才による集団舞踊として具現する。

『中山伝信録』にBの天孫氏に相当する「一披髪ノ頭陀」の具体的役名はみえないが、この演目を「天孫太平歌」とするところから、「一披髪ノ頭陀」を天孫氏に比定していたか、少なくとも一七一九年の入子躍が天孫氏と関連づけられていたことは間違いない。

一七一九年以前の使録にも冠船における集団舞踊がみえる。一六六三年(康熙二／寛文三)、尚質冊封の冠船に「一少年僧」を中心とした「幼童百余人」の踊り(張学礼『中山紀畧』)、一六八三年(康熙二二／天和三)、尚貞冊封の冠船に「仮面ヲ戴キ、笛ヲ吹キ、鼓ヲ撃チ、鉦ヲ鳴シ、前導ヲ為ス」「年長者十余人」と、「年八九歳ヨリ十四五ニ至ル」「悉ク朝臣ノ子弟」である「小童」による踊りがあり(汪楫『使琉球雑録』)、いずれも重陽宴に行われた。これらの集団舞踊には踊り手としての二才(c)がみえず、天孫氏に比定されるべき役がないことから、いまだ入子躍には至らぬ踊りであったろう。これを天孫氏に結びつけ、若衆と二才による集団舞踊として創作したのが一七一九年の入子躍であった。

六　冠船に謡われるおもろ

仲秋宴の冒頭に恒例として行われる神歌こねりについて詳細を知りうる唯一の史料である『中山伝信録』の記事は、これまでおもろを論ずる際にもしばしば引用されたところであるが、長文を厭わず次に示す。

先、神歌祝頌ヲ呈ス。説帖ニ云フ。本国混沌之初、首出シテ世ヲ御スル者、天孫氏ト為ス。中国ノ羲皇ノ如ク、澹泊ニシテ治ヲ為ス。嗣テ後、国君、位ニ登ル毎ニ神出テ、霊祐ヲ示ス。乃チ迎神ノ歌ヲ製シテ、以テ之ヲ歓楽ス。後ニ迫テ、神、屢ハ出ス。神歌ノ遺曲、今ニ至テ猶存ス。国王即位及ヒ行慶諸事ニ当ル毎ニ、必、皆挙行ス。従前、先王、冊封ヲ受ル後、天使ヲ宴スルヲ例ニシテ、首ニ之ヲ演ス。一老人ヲ作シ、場ニ登リ、楽ヲ作サス、惟、神歌ヲ唱フ。拝シテ、皇上万歳、中外昇平ヲ祝ス。次ニ国王、共ニ福祉ヲ蒙リ、今、中秋佳節ニ当テ、天使降臨。真ニ、神人共ニ之ヲ喜フノ日ナルコトヲ頌ス也。謹テ例ニ遵ヒ、首メニ神歌ヲ唱起ス。黄髪ノ老人、百拝稽首シテ恭シク、皇上ノ恩徳、天ノ如ク、国王ノ帯礪百世ヲ頌ス。老人、歌罷テ、拝シテ退ク。

おもろの由来と歴史を述べるこの一文については、末次智『琉球宮廷歌謡論』所収の「オモロという歌謡―宮廷の歌謡表現」に適切な解説がある。(33) ただし「従前、先王、冊封ヲ受ル後、天使ヲ宴スルヲ例ニシテ、首ニ之ヲ演ス」とする、「冠船におけるおもろが一七一九年以前に始まるという『中山伝信録』(説帖)の説明には疑問がある。

尚敬冊封の冠船に謡われたおもろは、安仁屋本系統の『おもろさうし』巻二二の四七に「御冠船之御時おもろ」として載せる「首里　おわる　てだこが／思い子の遊び／なよればの見物」の一首であろう。このおもろは『中山世鑑』巻四の「成化十三年丁酉尚宣威御即位」の項にみえ、このおもろによって尚宣威は退位を決意することになる。

一六世紀に編纂が始まって一七世紀に完成する『おもろさうし』が一七〇九年（康熙四八／宝永六）の王城焼失によって失われ、一七一〇年に再編されたものが現在に伝わる尚家本『おもろさうし』である。再編された『おもろさうし』がすでに二二巻であったことについては、再編に際して奉行を務めた津嘉山按司朝睦の家譜を資料とする池宮正治の指摘があり、(34)巻二一までのオモロから抜粋・再録して公事おもろと称した巻二二も一七一〇年には成立していた。(35)安仁屋本の原本が失われている現在、唯一の原本（少なくとも巻二二）が伝存する尚家本に四七のおもろがないことは、一七一〇年の時点、すなわち一六八三年（康熙二二／天和三）尚貞冊封の冠船におもろが謡われていなかったことを示しているのではあるまいか。

『中山伝信録』の六年前に成立する『琉球国由来記』の巻二、御唄《おもろ》の項の職事には冠船についての言及がない。御唄の職事を『おもろさうし』巻二二の公事おもろと対照させて、『琉球国由来記』巻二が「当時の王府におけるオモロ歌唱の場を忠実に記録している」(36)と評価する末次智に従えば、『琉球国由来記』が成立する一七〇三年（康熙四二／元禄一六）に職事として冠船が含まれていなかったことになる。さらに島村幸一は冠船のおもろが尚敬以前に恒例となっていたとする『中山伝信録』の記述について、「そのような大事なことを『由来記』「御唄」が落とすとは思えない。あるいは、再編後「おもろ主取」の「職」として、これが新たに加わったことも考えられる」(37)とする。

これら二点から、説帖による『中山伝信録』の記述は王府の作為であり、実際には尚敬冊封に始まる冠船におけるおもろを、あたかも冠船における恒例であったかのように装ったのではないか。(38)尚敬冊封の故事集（説帖）に異例な長文の説明を加えたにも関わらず、尚敬以降の冠船に恒例化するおもろについて、一九世紀の故事集では「神唄頌／一員神舞／五員神唄」と簡潔な記述になったこともその傍証となる。

尚家本になく、安仁屋本にある巻二二の四七は、安仁屋本の原本が失われているために確かなことはいえないが、一七一〇年（康熙四九／宝永七）以降の追加である可能性が高い。安仁屋本を書写した田島本、仲吉本には、四七の節名の次に「尚穆様冠船之御時よりおきもかなしきと云おもろニ成ル文句上座ニ有ル」との書き入れがある。尚敬の次、尚穆の冊封（一七五六年）からおもろが変更されたとするこの書き入れも神歌主取の歌唱実践のなかでの加筆である。(39)

尚穆冊封に謡われるおもろが変更されたことには何らかの事情があったに違いない。巻二二の四七は、いわば尚氏第二王統の変事を記憶する一首であり、(40)冠船において国王即位を祝賀するに相応しいおもろはほかにもあった。四七の書き入れに対応する「尚穆様冠船之御時より此おもろニ成ル」は四四にあって、「おきもかなしき」のおもろではなく、安仁屋本の書き入れには混乱がある。四五の「御肝愛しぎや／てだ　神　揃へて／守よわれ／…」が尚穆冊封から用いられることになったおもろと考えられる。

尚穆冊封からおもろが変更されたにも関わらず、最後の神歌主取であった安仁屋真苅にまでもとのおもろが伝承され、山内盛彬が同翁から採取した五曲六節に含まれていたことも不審で、そこには安仁屋家に係る何らかの事情が隠されていたように思われる。

尚敬冊封の冠船には中国に対して琉球の歴史を示そうとする王府の新たな企図があり、琉球の故事に基づく組踊りを創作し、後に「拝賀故事」と呼ばれる「長者の大主」を重陽宴に配し、「天孫太平歌」と称され、後に「天孫氏首出御世故事」と呼ばれる入子躍を準備した。この方針に沿って神歌主取に選ばせた一首が巻二二の四七であったが、これが冠船の場に相応しくないことから次の尚穆冊封に際して変更されたのではなかったか。その事情が安仁屋本に反映されて近世末まで安仁屋家に伝承され、安仁屋本の『おもろさうし』にそのまま残されたのではないか。

国王即位における神の加護と王位の正統性（君手摩り百果報事）は極めて国内的問題であって、中国に対して示されるべき問題ではない[41]。そのような場に謡われるおもろをあえて琉球の故事として示すために転用したのが、尚敬冊封におけるおもろであったのではないか。

おわりに

尚敬冊封にあった神歌頌、入子躍、「長者の大主」に、組踊り、端踊りが加わって冠船の芸能は次第に充実する。一七一九年（康熙五八／享保四）に初めて舞台が仮設されたとする推測も可能であろう[42]。この後、故事を素材とした組踊りは次第に番数を増やし、故事との関連が認められない端踊りも二才の踊る女踊りを生んで後の琉球舞踊の基礎をつくる。一七一九年には神歌頌（おもろ）を天孫氏と結びつけ、入子躍を「天孫太平歌」とするに過ぎなかったが、後に戌では入子躍を「天孫氏首出御世故事」、「長者の大主」を「仙老夫婦率領子孫拝賀故事」とするなど、尚敬冊封の冠船に始まる御冠船踊りの故事化は一九世紀に引き継がれていく。ここに故事集を「演戯故事」と称する根拠があった。

尚敬冊封の冠船は、玉城朝薫による組踊りの創始によって御冠船踊りの歴史における画期となったばかりでなく、神歌頌、「長者の大主」、入子躍によって芸能の枠組みを設定し、さらにこれらを含めた御冠船踊り全体を、琉球の故事を提示する場としたところに真の画期があったといえよう。故事の中心に『中山世鑑』に始まる琉球の開闢神話、王統の始祖となる天孫氏が据えられた政治的背景を、尚敬王代の治政のなかでさらに考察すべきではあるが[43]、筆者には手に余る問題であり、ひとまず擱筆する。

註

（1）那覇市歴史博物館編『国宝「琉球国王尚家関係資料」のすべて―尚家資料／目録・解説』（沖縄タイムス社、二〇〇六年）。以下、『尚家資料／目録・解説』と略記する。
（2）初版は、春陽堂、一九二九年。ただし本章の引用は『伊波普猷全集』第三巻（平凡社、一九七四年）を用いる。
（3）前者は尚家文書八一、八二『冠船ニ付躍方日記』（以下「躍方日記」と略す）、後者は七宴等の次第を含む『冠船御礼式日記』を代表とする。
（4）冠船に踊られた端踊りの詞章（琉歌）を知る資料は、今のところ『琉球戯曲集』（註2）しかない。
（5）戌にいう「老人老女」を本章では括弧つきで「長者の大主」と称す。村踊りの冒頭にしばしば演じられる「長者の大主」と同趣の内容をもつからである。
（6）註2、一一六頁。
（7）一八六六年、寅の『丙寅冊封諸宴席前演戯故事』（後述(3)）も同じ。ただし尚家文書一二七『演戯故事』（後述(1)）は第四句を「永固夫婦」とし、皇帝、国王から「老人老女」の夫婦に至る。「永固夫婦」を「帯礪永固」に直す改訂は、申（一八〇〇年）、辰（一八〇八年）の成立かと考えられる『演戯故事』の後に行われたのであろう。
（8）鈴木耕太氏作成の資料を参考とした。
（9）玉城朝薫が組踊りを創始した一七一九年の組踊りは最大でも五番、次の田里朝直が躍奉行を務めた一七五六年の番数は正確にはわからないが一九世紀のように一三番であったとは思えず、(1)が一九世紀に入ってからの故事集であることは間違いない。
(10) 那覇市史家譜資料二・二七〇頁。
(11) 尚家文書一七八『冠船総横目方日記』所収の寅四月付文書の宛先に「那覇／踊方」の名がみえるが、那覇御座当と那覇踊方との関係は明らかでない。
(12) 『琉球戯曲集』(註2)所収の戌の台本には、重陽宴の一番「老人老女」の「老人申上候意趣」に「嘉慶十三年戊辰年意趣之儘」とある(一一四頁)。台本の改定がこの年(一八〇八年)にあったことを窺わせ、故事集の改定とも符合する。
(13) 戊戌『冠船方諸帳』の久米村方「漢本巻次」には那覇躍の故事集がみえない。那覇躍に故事集のあったことは前引蔡姓(二〇八二)家譜に明らかだが、戌に評定所冠船方に提出されなかった理由は不明。
(14) 沖縄研究資料2『沖縄県立沖縄図書館所蔵／郷土史料目録』(法政大学沖縄文化研究所、一九八二年)四七頁に、「故事集　組踊漢訳、和本、一冊」とある。
(15) 『琉球戯曲集』(註2)所収。引用は三三五頁、故事集は三四一、三五二頁の註。
(16) この歌三線演奏は冊封の規式ではなく、その後の宴で歌われたことは『冠船躍方日記』戌四月二三日の条に明らか。
(17) 尚家文書の一般公開以前には、(5)の『故事集』のみが知られていた。とすれば故事集の通称はこれに拠るとも考えられる。
(18) 故宮博物院(北京)蔵。
(19) 『中山伝信録』の重陽宴には、第一「老人祝聖事」、第二「鶴亀二児復父仇古事」、第三「鐘魔事」、第四折「天孫太平歌」とあり、四折であるが、『冊封琉球全図』は六折とする。
(20) 畠中敏郎『組踊と大和芸能』(ひるぎ社、一九九四年)一八二頁。

(21)『中国語大辞典』(角川書店、一九九四年)に「故事」を解して、「昔あったこと．先例．故事．歴史の教訓」とする。

(22)以下、本節では故事集の(1)を辰、(2)を戌、(3)を寅と表記する。

(23)御餞別宴になぜ「長者の大主」が行われたかの理由は不明だが、老人の口上には「今日諸礼全竣」という文言があり、拝辞宴、望舟宴を残して餞別宴をもって諸礼が一応終わるという認識が窺える。

(24)戌の『冠船躍方日記』によれば重陽宴に「賄」を用意すべき躍人数は四四名であった(戌八月二一日条)。『琉球戯曲集』で重陽宴の出演人数を数えると延べ六〇名になる。このうち同一人物と推定される出演者を除くと三八名となり、六名で故事集に「附」とある演目一一番を踊ることは無理で、実際には踊られなかったと考えられる。

(25)宜保栄治郎「三線の伝播と獅子舞について」(『地域と文化』五〇、一九八八年)一七頁、同「田井等・親川の豊年祭(解説)」(『田井等誌』、二〇〇八年)二八六～七頁など。

(26)仲秋宴と重陽宴の間に勅使が弁ヶ嶽、末吉社檀を遊覧することが恒例であったが、その始まりは不明。戌では前者の晩に当時摂政であった浦添王子朝熹、後者では同じく次の摂政となる大里王子朝教の御殿で御取持があった。

(27)矢野輝雄『組踊を聴く』(瑞木書房、二〇〇三年)四八三頁。また同氏は「楽工六人」をおもろの地人数と解す。戌、寅の故事集にみえる「神唄頌／一員神舞／五員神唄」に照応する。

(28)註2、『琉球戯曲集』所収の戌の台本にも、神歌主取の着付は「髪黄古銅色緞子丸頭巾」とある(二六頁)。また末次智は『琉球の王権と神話』(第一書房、一九九五年)でこの「黄髪ノ老人」に言及し、「おもろ主取は王に託宣を下す神の姿となっている」(二二九頁)とする。

(29)註18。

(30)金城厚「入子躍初考」(科研報告書『尚育王代における琉球芸能の環境と芸態復元の研究』、二〇〇三年)に戌の入子躍についての芸態分析がある。

(31) 註2、二八頁。

(32) 註2、三二頁。

(33) 末次智『琉球宮廷歌謡論』(森話社、二〇一二年)二〇三～六頁。

(34) 向姓(二六)七世朝睦(那覇市史家譜資料三・二五三頁)。池宮正治「『おもろさうし』概説」(『おもろさうし精華抄』、ひるぎ社、一九八七年)四頁。

(35) 一七一〇年に再編された『おもろさうし』が二部作られ、その一部が神歌主取のもとで格護された(安仁屋本)ことは後書から明らかであるが、一七一〇年の時点で巻二二の四七が安仁屋本に入っていたか否かは、原本が失われたために確かめることができない。

(36) 末次智「一八世紀初頭のオモロ儀礼―『琉球国由来記』巻二「御唄」の項についての注釈的考察―」(『日本文学』五〇―六、二〇〇一年)三〇頁。

(37) 島村幸一『『おもろさうし』と琉球文学』(笠間書院、二〇一〇年)二三四頁。

(38) 『中山伝信録』にいう「皇上万歳、中外昇平ヲ祝ス」以下がおもろの内容を示すとすれば、中国皇帝をうたうおもろは存在せず、勅使に配慮した冠船に相応しい説明を故事集が採ったことになる。

(39) 池宮前掲論文(註34)、一二頁。なお島村前掲書(註37)第Ⅰ部第一編第四章注4(一二二～三頁)参照。

(40) この一首について、「もともとこのおもろは、首里にまします王の愛し子である神女の、神遊びの舞いの素晴らしさよ、というもので、これを冊封使を歓待する芸能者を讃えるおもろに転用して王府に保存していたもので、尚真の即位を暗示するようなおもろだったわけではない」と池宮正治は指摘する(「琉球の歴史叙述―『中山世鑑』から『球陽』

へ」『季刊文学』九―三、一九九八年、七三頁)。「芸能者を讃えるおもろ」とする点には賛成できないが、おもろの内容ではなく、謡われた状況が退位の原因だったとしても、このおもろが王府において変事と結びついて記憶されていたことは間違いない。

(41)　中国皇帝が琉球国王の即位を認めるか否かの判断は、請封における結状であって神女が媒介する神は関与しない。豊見山和行「近世琉球の王府制度に関する一考察―「おかず書」・「結状」の分析を中心に―」(『沖縄文化研究』一五、法政大学沖縄文化研究所、一九八九年)参照。

(42)　陳侃『使琉球録』(一五三四年)、簫崇業『使琉球録』(一五七九年)に宴席で夷童(若衆)が踊った夷舞がみえるが、『中山伝信録』以前の使録には舞台の記述がない。

(43)　高良倉吉は「近世琉球における天孫氏問題―雍正九年の天孫氏位牌安置一件の詮議から―」(『球陽論叢』、ひるぎ社、一九八六年)において尚敬王代に起こった標記の問題を論じ、天孫氏の位牌が「崇元寺先王廟に位置づけられなかったことにより、天孫氏は実在の王統としては認知されなかったことになり、また、それが竜福寺に安置されることによって、第二尚氏王統以前の歴史王統の中にかろうじて占めるべき地位を得たことになる」(一五八頁)と結論する。むしろ王府は、天孫氏を歴史ではなく故事として扱ったと理解されようか。

Ⅳ　王子使者の御膳進上と薩摩藩主

7　近世琉球における王子使者と御膳進上

一六〇九年(万暦三七／慶長一四)の薩摩侵攻の後、近世琉球の王府は薩摩藩や江戸幕府に対して多くの使者を遣わした。これら薩摩上国と江戸立の記録に『中山世譜附巻』『大和江御使者記』があり、その分析は山田哲史[1]、深瀬公一郎[2]によってなされている。深瀬によれば、「上国使者の派遣数は、琉球侵入の翌一六一〇年から『中山世譜附巻』『大和江御使者記』に記載のある一八七六年までの二六六年間で九九五回となる。これを一年平均にすると、毎年三・七四回の派遣があったことにな[3]」るとされ、使者の位階は王子、按司から親方、親雲上以下まで様々であった。

【資料4】「薩琉関係(薩摩上国・江戸立)芸能年表」(二九九〜三一三頁)においてみるように、もっとも上位の王子使者は御座楽、唐躍、琉躍などの芸能を帯同し、江戸立における江戸城奏楽の儀の御座楽を除けば、唐躍、琉躍は薩摩藩主への御膳進上という外交儀礼を上演の第一の場とし、さらに島津家の人々を主客として行われるものであったことが明らかである。とすれば近世琉球の王府芸能については、琉球における冊封使饗応の諸宴とともに、鹿児島や江戸における御膳進上がもうひとつの公的な上演の場として注目されなければならない。

そこで本章は、芸能上演の場としての御膳進上を主題とし、御膳進上が薩摩と琉球との関係のなかでいかなる役割を果たしていたかについて考察する。したがって本章が芸能に触れることは少なく、芸能そのものについては次章を参照されたい[4]。

【資料3】「王子使者一覧」(以下「一覧」と略記⑸)は、上国、江戸立使者のうち王子使者だけを取り上げ、派遣年、使者の氏名(生年、年齢、家系)、派遣名目、御膳進上の有無などの項目から成り、以下の論述は一覧の凡例を示しつつ、問題の解明を進める。

一　王子使者の立場

一覧には二種の通し番号が付されている。もっとも上の段は派遣件数の通し番号(註番号との混同を避けて「＊1」などとする)、上から三番目の段は王子使者の通し番号である(丸数字で記す)。ただし後者の通し番号においては初出のみを記し、転領などにより家名が変わる場合には同一人であることを示すために通し番号を再掲した。また派遣件数の通し番号で空白のセルは、最初の使者がその派遣名目を達する前に死没(▼)し、その代理が立てられたことを示し、以下のような事例がある。

＊17　一六五二年(順治九／承応一)　慶賀使・北谷王子朝秀⑥鹿児島で病死→国頭王子正則⑦

＊39　一七一一年(康熙五〇／正徳一)　御祝使・美里王子朝禎⑱読谷山沖で破船溺卒→与那城王子朝直㉑

＊54　一七六二年(乾隆二七／宝暦一二)　御祝使・大村王子朝永㉙喜入で破船溺卒→玉川王子朝計㉚

＊70　一八〇九年(嘉慶一四／文化六)　御礼使・今帰仁王子朝賞㊵伊平屋島で破船溺死→羽地王子朝美㊶

なお一六八一年(康熙二〇／天和一)に江戸での務めを済ませた慶賀使(＊28)名護王子朝元⑪、一六八八年(康熙二七／元禄一)の御祝使(＊31)金武王子朝興⑫はともに使命を果たした後に鹿児島で病没するが、一八三二年(道光一二／天保三)に江戸立を前に鹿児島で病没した謝恩使(＊73)豊見城王子朝春㊸の場合は同行した讃議官普天間親雲上朝典が豊見城王子として使命を果たす。

以上、王子使者の派遣件数は九〇件、人数は五二名となる。

なお、一覧における生年以降の欄の空白は、資料を得られず、不明であることを示す。（——は重出を示す）

ところで、王子には国王の実子である正王子と、按司部のうち「依二勲功一、擢二于王子位一」[6]、つまり勲功により王子位に陞る従王子がある。

正王子のうち、中城王子尚貞⑧、中城王子尚純⑬、佐敷王子尚益⑮、中城王子尚哲㉝などの世子は厳密にいえば使者ではない。国王の代理ではなく、自身が世子（世孫）として薩摩藩主に「御目見」するための上国であった。

尚貞王の一子尚純、尚穆王の一子尚哲はともに世子に立つものの即位に至らずして薨じたが、尚純の二子尚監は恩納王子㉑、三子尚盛は越来王子㉓を称し、また尚哲の四子尚灝は具志頭王子を称して後に国王となる。尚元王三子尚久の五子尚盛、七子尚亨もまたそれぞれ久米中城王子、久米具志川王子を称する。尚純、尚久は死後に王位を追号されたためであろう。なお尚真王一子浦添王子朝満を大宗とする五世の具志頭王子朝誠②が王子を称する理由は不明である。

久米具志川王子朝盈④、北谷王子朝騎㉔、義村王子朝章㊼、玉川王子朝達㊾のように、国王の実子が別の家系を継ぐ場合にはそのまま王子を称し、家系の欄に出生と入籍した家系の代数を／で区切って記した。

一覧の氏名に▲が付されているのは従王子であることを示している。使者拝命と同時に「叙王子位」された場合には「＋▲」とした。御祝使（＊11）北谷王子朝秀⑥にはじまり、金武王子朝興⑫、金武王子朝祐㉒、今帰仁王子朝忠㉖、具志川王子朝利㉗、今帰仁王子朝賞㊵、義村王子朝顕㊷の七名がその例である。いずれも名乗りに朝がつき、国王の同宗一族、按司家の出であり、使者拝命と同時に王子位を叙されたのは、派遣名目の内容から王子位を必要としたからであろう。

これら王子の多くは摂政として三司官とともに国政の中枢に位置した。氏名に「↓＊」としたのは後に摂政となることを示し、摂政に在職する王子が使者を務める場合は氏名に「＊」を付す。(7) 例えば一六二九年（崇禎二／寛永六）に摂政に任職した金武王子朝貞③が年頭使（＊8）を務める一六三四年（崇禎七／寛永一一）には具志川王子朝盈④が「仮摂政」となり（向姓（四八五）二世朝盈）、具志川王子朝盈は一六三八年（崇禎一一／寛永一五）、一六四四年（順治一／寛永二一）にも仮摂政を務める。摂政が国政を離れて上国する事例は一八六二年（同治一／文久二）の御祝使・御礼使（＊85）与那城王子朝紀㊿にもみえるが、一七世紀前半の場合は薩摩との関係が不安定であったからであろう。これらの事例では王子使者の年齢は比較的高く、役向きの重さが窺える。

派遣名目はおもに『大和江御使者記』に従った。派遣名目には江戸立の慶賀使、謝恩使、薩摩上国の御祝使、御礼使、年頭使、その他国質（十年質など）、御目見、交渉（伺、願）、見舞などがある。江戸立と薩摩上国を区別するために一覧では江戸立の王子使者の氏名と派遣名目を太字にした。

宮城栄昌『琉球使者の江戸上り』、横山學『琉球国使節渡来の研究』所収の江戸立（江戸上り）一覧では、いずれも一六三四年（崇禎七／寛永一一）を江戸立の嚆矢とする。(8) 前者は佐敷王子朝益⑤を謝恩使（尚豊襲封）、後者は佐敷王子朝益を賀慶使（家光襲職）、金武王子朝貞③を恩謝使（尚豊襲封）とするが、『大和江御使者記』では佐敷王子朝益が「勅使御礼待相済候為御礼使」、つまり前年に尚豊が冊封を受けたことを薩摩藩主に謝する御礼使として上国し、同年の「年頭御使者」として上国した金武王子朝貞が「兼任大伝」して佐敷王子に随行し、上京した（↓京）と記す。藩主島津家久が徳川家光の上洛にあわせて上京していたからである。

先学がこれを実質的に江戸立とするのは『通航一覧』に拠ると思われるが、『通航一覧』は幕府側の認識であり、琉球側の『大和江御使者記』『中山世譜附巻』の記述からは王府が江戸立（実質は京）を意図したことが窺えない。

ただしこの年に王子を京へ派遣した事情は王子使者の問題とも関連する。宮城栄昌は、江戸立（江戸上り）は「一六一〇年（慶長十五）の尚寧王の参府に基づくものとされ」、「一六三四年の第一回の江戸上り（実は京都上り）のときも、国王の来朝がある筈であったが、『恩免』によって免除された」と指摘し、「江戸上りが幕府の陪臣たる異国王の聘礼すなわち城下之再盟であってみれば、国王の来朝は当然であったが、琉球は病気の理由をもって虜囚の辱めを避け、幕府はそれを恩免とすることで権威を維持した」と結論する。[9] この時の島津家久宛、老中酒井忠勝、土井利勝の奉書に「当国主煩ニ付、子息幷国守舎弟金武近日来着之由…」（旧記雑録後編五・七四九）とある一文はまた、この後の江戸立における王子使者派遣に根拠を与えた。すなわち王子使者が国王の名代を務める慣例はここに始まる。前文の「子息」は尚豊王の二子で正王子の佐敷王子朝益、「国守舎弟」は追号された尚久王の五子金武王子朝貞で、異例ながら佐敷王子の附役を務める。

二　御膳進上の生成と島津家

近世後期の史料であるが、王府の『評定所文書』には上国使者として、王子使者、按司使者、親方使者、親雲上使者などの名称が使われていて、派遣名目により派遣すべき使者の位階に軽重のあったことを示している。このうちの王子使者と按司使者との違いについては「古老集記類」に次の記述がある。[10]

一御当地迄の王子使者は、御立府の節は奉レ願御膳進上、御内証進上物をも差上、御参府の節は御内証進上物迄を被ニ仰付置一候。

一按司使者は、御膳進上無レ之、御内証進上物迄を被二仰付置一候。
　右之通天明六帳留相見得申候。

「御当地」は鹿児島（麑府）のこと。薩摩藩主在国の場合には王子使者による御膳進上、進上物があり、江戸参府のために不在であれば進上物のみとなり、按司使者は御膳進上を行わない慣例のあったことが、一七八六年（乾隆五一／天明六）の「帳留」（原史料不明）から知られる。

王子使者の御膳進上に係る薩摩側の史料に『島津家歴代制度』[11]がある。その巻三九には御膳進上が二箇所に立項され、『鹿児島県史料』に翻刻された法令史料集三・二七八四〜二七九三は一七五一年（乾隆一六／寛延四）の島津重年初入部に際しての「諸士御膳進上」の次第（同二七八六）、一七八九年（乾隆五四／寛政一）の「斉宣公初入部ニ付／大身ヲ初諸士マテ御膳進上並御能備　御覧候」次第（同二七九一）などを範例として収める。家督を相続した新しい藩主の御国入り（初入部）に際して家臣一同から藩主への御膳進上が行われ、「御初入部御祝御能」が催される慣習が薩摩藩にあった。

同じく二八一三〜二八一四が琉球から派遣される王子使者の御膳進上で、一七九六年（嘉慶一／寛政八）、江戸立の謝恩使（＊66）大宜見王子朝規㊱の鹿児島における次第を範例として収める。八月九日、王子以下が登城し、御書院において藩主への御目見の後、藩主へは三汁十一菜の御膳を奥において進上し、ふたたび出座があって御盃が王子から藩主に差し上げられ、それが王子以下に下される。三度出座の後、御座楽が演奏され、また座をあらためて「唐踊・琉球踊」を御覧になり、また御酒を下される。終わって拝領物を頂戴し、王子が拝領物、御膳進上、御目見の御礼を言上する。これが王子使者による御膳進上の次第である。

『鎌田正純日記』[12]によれば、一八三九年（道光一九／天保一〇）の御祝使（＊74）大里王子朝教㊹、御礼使（＊75）伊江王子朝忠㊺両人の八月九日における御膳進上では、両王子の一行は午前八時頃に登城し、規式は午後四時頃に終わる。[13]また一八四二年（道光二二／天保一三）の慶賀使（＊76）浦添王子朝熹㊻の七月四日の場合は、午前一一時頃に藩主の出座、御目見があり、午後の四時頃に終了、[14]一八四五年（道光二五／弘化二）の御礼使（＊78）義村王子朝章㊼の御膳進上は午前一〇時頃出座、午後二時前に終わる。[15]御膳進上の規式は芸能を含めておよそ四、五時間を要したらしい。いずれにも鎌田正純は列席し、特に前二度では奏者番を務めて前日に習礼のあったことが日記にみえる。なお「朝飯は御まかなひニ而、夕飯は王子より被差出候」「都而御規式相済毎之通於御用人座、琉人より振廻之飯幷菓子相居り」とあり、[16]薩摩藩の家臣へのふるまいは別に行われた。

この御膳進上は犬追物、御料理頂戴、御祝御能、士踊町踊、椀飯御飾、嘉祥玄亥、四首頭、御吉書御式など薩摩藩の「規式・行事に関するもの」[17]の一部として巻三九に採られる。しかし『島津家歴代制度』では王子使者の御膳進上とは別に、琉球由来、琉球国、琉球教条、琉球法度など、薩摩藩の琉球支配に係る巻一四に中城王子御目見上国に関する規式がみえ、「安永二巳七月、中城王子上国ニ付、御目見被仰付候次第」（法令史料集一・八〇七）、同年一二月の「琉球館へ御入之御次第」（同八〇九）を収める。中城王子の御目見上国は薩摩藩の琉球支配の一端をなし、八〇七はその朝見（御目見）の次第である。一七七三年（乾隆三八／安永二）に御目見上国した中城王子尚哲は一一月一八日に鶴丸城御書院で御膳進上を行っているから（鄭姓（二一五三）一五世永功、向姓（二六一三）一一世朝意）、八〇九は御膳進上ではないが、藩主の琉球館への御入を得て中城王子から藩主へ御膳を進上し、続いて「唐踊・琉踊可奉備　御覧」とある内容は御膳進上に等しい規式であった。

一八〇一年（嘉慶六／享和一）の御礼使（＊67）宜野湾王子朝祥㊲上国の際に、「当夏王子上国之上、館内調之卓子　太守様可被遊　御覧旨」の、当時の藩主斉宣の意向が琉球館へ伝えられた。[18]この史料から類推すれば一七七三年の琉球館御入にも藩主重豪の意向が働き、また初期の御膳進上における古いかたちの再現が意図されたと考えられる[19]。

すなわち薩摩侵攻（一六〇九年）の後、間もなく始まる王子使者による御膳進上は初め琉仮屋（琉球館）で行われた。一覧で御膳進上が行われたことが明らかな最初の二例、一六二一年（天啓一／元和七）の御礼使（＊3）久米中城王子朝貞③、一六二七年（天啓七／寛永四）の御祝使（＊4）金武王子朝貞③はともに「於琉仮屋献御膳」（向姓（五）二世朝貞）と家譜にみえる。具志川王子朝盈④は一六三七年（崇禎一〇／寛永一四）に島津家久の病気見舞を兼ねて年頭使として上国（＊9）し、病床にある家久に対して鶴丸城の奥の間で御膳進上を行ったが[20]、次の一六四〇年（崇禎一三／寛永一七）に尚賢の継目につき「伺」の使者（＊12）として上国した時は家久を継いだ光久の帰国を待って、「光久公琉仮屋ニ請侍シテ而シテ御膳ヲ献ス」と家譜にあり、ふたたび琉仮屋での御膳進上となる[21]。最初の江戸立である一六四四年（順治一／寛永二一）の、慶賀使（＊13）金武王子朝貞③、謝恩使（＊14）国頭王子正則⑦の鹿児島での御膳進上がどこで行われたかは不明。一六五六年（順治一三／明暦二）の年頭使（＊18）国頭王子正則は御城で御膳進上し、以後は鶴丸城御書院での御膳進上が慣例となる。

藩主が病床にあった一六三七年を異例として、御膳進上の場が琉仮屋（琉球館）から御城に変更された理由は不明であるが、御膳進上が藩主の琉球館へのいわば御成（「御入」）から、城内で行われる朝見と等しい儀礼に格上げされたとみることはできよう。

本節の冒頭に「古老集記類」を引いて示したように、藩主の在国、在府に左右される御膳進上は御目見（朝見）とともに王子使者の重要な務めであった。御膳進上は国王の名代である王子使者の薩摩藩主に対する外交儀礼ではあるが、御膳進上の場に藩主とともに藩主家の人々が列席することがあった。以下はその事例である。

一六三二年（崇禎五／寛永九）（＊6）　　光久（嫡子）：江戸[22]

一六四四年（順治一／寛永二一）（＊13）（＊14）　綱久（嫡子）：江戸㉓
一六七一年（康熙一〇／寛文一一）（＊26）　綱貫（嫡孫）：江戸㉔
一六八一年（康熙二〇／天和一）（＊28）　光久（前藩主）、忠竹（嫡子吉貴）：江戸㉕
一七六四年（乾隆二九／明和一）（＊56）　浄岸院（前藩主継豊室）、御前（藩主重豪室）：江戸㉖
一八五九年（咸豊九／安政六）（＊83）　宰相（前藩主斉興）：鹿児島㉗

このように隠居した前藩主、その室、藩主の室、嫡子・嫡孫などが御膳進上に列席し、とくに江戸においてその傾向が著しい㉘。隠居した前藩主や藩主の妻子が江戸にとどまる原則によるものであろうが、ここには御膳進上を受けるのは島津家であるという薩摩の認識が窺える。前述の『島津家歴代制度』で御膳進上が薩摩藩の「規式・行事に関するもの」として扱われることも関連していよう。しかし王府の認識はこれと異なり、後述するように「御膳進上之儀、王子上国之節ハ跡々より進上被仰付、誠冥加之仕合、琉球之規模、其上国王一世一代之礼式ニ茂相懸㉙」るものであった。御膳進上に対する薩摩と琉球の姿勢の違いは後に、一七九三年（乾隆五八／寛政五）の「使者流《ながれ》」、一八〇五年（嘉慶一〇／文化二）に薩摩藩の提示する御膳進上の縮小をめぐる問題へと発展し、一八四五年（道光二五／弘化二）における御膳進上の解体へ向かう。

三　王子使者の「使者流《ながれ》」

一七九二年（乾隆五七／寛政四）に誕生した一一代将軍徳川家斉の嫡子竹千代に係る御祝使（＊65）義村王子朝宜㉟が翌年に鹿児島へ派遣された。江戸立の初回（一六四四年）に三代将軍家光の嫡子家綱誕生の慶賀使（＊13）の例があったが、「此後、若君誕生の時は、使札献物を薩摩国に渡して、江戸に来らす」（通航一覧第一・四二頁）とする幕府の方針に従う鹿児島への使節派遣となる。ところが若君夭折（六月二四日。旧記雑録追録七・二〇六）により義村王子は名目を喪失する（使者流）。その経緯については、後の一八五五年（咸豊五／安政二）の琉球館聞役、在番親方から摂政、三司官への従大和下状に詳しく記される[30]。

寛政五年丑年　若君様御誕生ニ付、中山王より為御祝儀使者王子御当地迄被差渡、次使者を以献上物被差上、御両殿様　其外様江茂進上物可被差上旨被仰渡置、右使者いまた上国不仕内　若君様御逝去之段御到来、右付右膳殿より、今般王子使者上国ニ者不及筋、誠之内々ニ而琉球江問越候而者何様可有之哉、自然道之辺抔江潮掛等有之儀茂候ハヽ、其所より直ク乗帰候而可宜段、御内々被仰渡趣承知仕、飛舟取仕立島次差立候折、王子乗船久志泊江着船陸地より館内到着仕候付、王子勤方・献上物等之儀奉伺候処、別紙写之通献上物被差上ニ不及、　御両殿様　其外様江之進上物又者使者附々進上物茂被差上ニ不及、…

御祝使の到着前に若君は夭折し、薩摩藩からは使者の取り止めと帰国の指示が届く。すぐに王府は飛舟を仕立てて義村王子にこのことを報せるが、王子はすでに琉球館に入っており、王府があらためて朝見、御膳進上、進上物などについて問い合わせたところ、薩摩藩はこれらすべてを必要なしとした、というのが文意である。

しかし義村王子の家譜[31]の記述は従大和下状と異なり、若君誕生の御祝使を同年（一七九三年）の正月に命ぜられ、七月二七日に那覇を開船して八月四日に甑島に至ったところで義村王子は若君夭死の報に接する（「因若君公夭死住薩使遣飛船以報告」）。しかし義村王子は薩摩藩領の甑島まで来て虚しく帰国することを無念に思い（「窃思既到薩州属地而空帰国於理有所不安」）、事実を知りながら同一五日に甑島を出帆し、一九日に鹿児島に入る（「是以奉請十五日起碇十九日到鹿児島」）。鹿児島で義村王子は薩摩藩の指示によって御祝使を名乗らず、ただ「御使者」として[32]諸式を行った（「照王子之品分奉行諸式」）と家譜は続ける。諸式とは九月九日の島津重豪、斉宣への朝見、一二月九日の御料理被下（「賜盛宴時見囃子小舞」）である。前引記事（従大和下状）に続く次の文章が諸式の実施を懇請する王府（義村王子）の言い分であった。

尤王子上国之節者身分ニ付御膳進上御料理被下、御囃子見物被仰付儀候得共、此度者御祝儀流ニ相成候付、御膳進上幷御料理等者不被下、上国ニ付附々迄茂先格之通御両殿様為伺御機嫌進上物差上、諸使者一所太守様江御目見可被仰付段被仰渡候。然処御膳進上之儀者使者勤ニ付奉願儀ニ而者無御座、跡々より王子上国御在国之御時王子身分ニ付奉願進上仕候故、其訳申上奉願候付、御膳進上幷御料理被下、且奉伺候上南泉院御宮幷御位牌殿江参詣仕、且福昌寺・浄光明寺　聖堂神農堂江者諸使者役々一所ニ先格之通参詣仕御届申上、且王子御暇之儀別段ニ者不被下、帰帆ニ付拝領物被仰付候ハヽ、御暇与可相心得旨御口達を以為被仰渡段書留相見得申候。

当初、薩摩藩は「使者流」として「御膳進上御料理被下、御囃子見物」を行わない意向であったが、使者側は王子の身分と慣例（「王子上国之節者身分ニ付」「跡々より王子上国御在国之御時王子身分ニ付奉願進上仕候故」）を盾に、御膳進上を除く朝見と御料理被下を実現させた。

『中山世譜附巻』も「遵二薩州之命一。不レ称二其慶賀使者一。只称二使者一。依二王子之品分一。行二朝見之礼一。其余如レ例勤焉」とする。将軍家に遠慮する薩摩藩の立場からすれば「使者流」は当然の措置と思われ、むしろ義村王子の行動にやや異常さが認められる。王子使者が先例に従って行うべき諸式を「王子之品分」に基づくと義村王子の家譜は記し、この文言は『中山世譜附巻』にも採られ、王府の認識になっていたことが次の史料からも窺える。[33]

王子使者上国に付御膳進上奉レ願候処、使者勤流相成候付ては、御膳進上も不レ被二仰付一段被二仰渡一候付、御膳進上之儀被二仰付一度旨、使者より奉レ願候趣。

一王子上国之節は奉ㇾ願二御膳進上一、御太刀并御内証進上物迄も差上候先例之事。

一御在府之節、御内証進上物迄も差上、御在国之節進上不ㇾ被二仰付一例は無二御座一候事。

一此節之儀御在国之御事候付、御膳進上仕候儀兼々願意罷在候処、其儀不二相叶一帰帆仕候儀、近比残念奉ㇾ存候事。

一願通被二仰付一候はゞ、冥加至極難ㇾ有奉ㇾ存候事。


これがいつの上国をさすかは示されていないが、恐らく一八五八年(咸豊八／安政五)の徳川家定襲職の慶賀使(＊82)伊江王子朝忠㊺、あるいは同人の一八六二年(同治一／文久二)の家茂襲職の慶賀使(＊84)に係る文書と推測される。一七九三年は将軍家に配慮する薩摩藩の立場から妥当な「使者流」であり、一八五八年、一八六二年も同様の理由(家定の死去)と幕府政治の混乱(将軍後継と条約締結)、維新へむけての激動のなかで、王府は朝見、御膳進上という外交儀礼の先例に固執する。王府にとっては国王の名代である王子使者が御膳進上を求めることは当然であったが、現実には王子使者の懇望によって実現されるものであったとすれば、「使者流」における義村王子の行動も納得される。

四　御膳進上の縮小と解体

王子使者の御膳進上についての薩摩藩の姿勢は『琉球館文書』にもみえ、それは芸能の問題に及ぶ。すでに紹介した史料ではあるが㉞一八〇五年(文化二)九月二二日付の琉球館から薩摩藩に対する「口上覚」(二六五オ〜ウ)をここに再掲してあらためて検討する。

来年江戸立付、琉球人上着之上御膳進上之儀、当時之事候間、御用捨被仰付差支ハ有之間敷哉、且右様式立候節、音楽踊備　御覧候儀／公辺ニ而は音楽計候間、御当地ニ而茂音楽迄ニ而踊無之方被仰付、是又差支有之間敷哉、両条吟味を以可申上旨被仰渡、御当地ニ而吟味難相片付御座候間、琉球江問越何分申来候趣申上候様仕度旨、先達而申上置候、然者／御膳進上之儀、王子上国之節ハ跡々より進上被仰付、誠冥加之仕合、琉球之規模、其上国王一世一度之礼式ニ茂相懸り候処、此節より御差止被仰付候而は、古来より之規模相替難有乍、御用捨甚不本意之次第御座候間、是迄之通進上被仰付、且又踊之儀□備　御覧奉、今更旧例相欠候儀、残念之至御座候間、右両件共ニ有リ来通被仰付被下候様願可申上旨、此節琉球より申越候間、此段奉願候、此等之趣を以被仰上可被下儀奉頼候、以上

薩摩藩は江戸立における鹿児島での御膳進上の取り止めと披露する芸能を御座楽のみとする意向を王府に示した。来年の江戸立とは一八〇六年（嘉慶一一／文化三）に読谷山王子朝敕㊳を正使とする尚灝襲封の謝恩使（＊68）で、出発二年前の一〇月に使者はすでに任命され、毛姓（一一一三）六世致志は「楽生之師」として首里に屋敷を与えられ、楽童子への御座楽（歌楽）の教授が始まるなど、すでに準備が進められていた時期の通達である。

一七九六年（嘉慶一／寛政八）の謝恩使（＊66）以降、財政逼迫の薩摩藩は江戸立の費用として幕府から拝借金を下賜される慣例となり、㉟財政の苦しい琉球もまた一七九〇年（乾隆五五／寛政二）以降は薩摩藩からの拝借銀に頼ることになる。㊱こうした財政事情が薩摩藩の示達になったのであろう。一七九三年の使者流と状況は異なるが、御膳進上に対する薩摩藩の消極的姿勢は一貫する。

しかし王府は「国王一世一度之礼式」に係る江戸立の謝恩使であることを理由に、旧例通りの御膳進上、芸能が琉球にとって「冥加之仕合」であることを強く主張する。正使読谷山王子の家譜（八）によれば、江戸での御膳進上は略されたらしいが、鹿児島では例に照らして「御膳及方物」を献じ、「音楽唐躍琉躍」を藩主の叡覧に備えた。㊲つまり芸能に関しては琉球側の主張はほぼ通ったことになる。

一八〇六年以降の江戸立においては御膳進上は鹿児島あるいは江戸での一度だけになる。帯同する芸能内容は変わらないものの、薩摩上国においても次第に御膳進上が特別の場合を除いて行われなくなり、芸能が琉躍のみとなったらしいことが【資料a】「薩摩上国・江戸立における芸能を伴う御膳進上」、および【資料4】「薩琉関係(薩摩上国・江戸立)芸能年表」から読み取れる。

このように薩摩藩から縮小が提示される琉球の外交儀礼のなかで、中城王子の御目得上国に代わる一八四五年(道光二五/弘化二)、義村王子朝章㊼の御礼使(＊78)は、評定所文書に「組踊・獅子舞并浜元里之子親雲上・幸地里之子親雲上・書院小姓㊳」が上国するという文言が強調されることで特異である。すなわち従来の御座楽、唐躍、琉躍ではなく、これまでの江戸立、薩摩上国にみられなかった組踊り、獅子舞が帯同されることになったのである。

中城王子の御目見上国が制度化されたのは一六六〇年(順治一七/万治三)中城王子尚貞以降で、その後の経緯について豊見山和行の考察があり、これが薩摩藩に対する服属儀礼であるとの理解が示される㊴。尚育王の世子尚濬は一八三九年(道光一九/天保一〇)に中城王子となり、薩摩から上国を求められたが王府はその宥免を懇請し、一八四三年には薩摩藩主の諭旨が家老調所笑左衛門を通して琉球に伝えられ、『中山世譜附巻』に収められる㊵。諭旨は中城王子上国の根拠を尚寧王の朝覲㊶に求め、世子の「初入朝之礼」の軽からざることを説きながら、王府財政の困窮と航海困難に係る父子の情を斟酌して中城王子の上国を「恩免」する。この薩摩藩の配慮に対する御礼使義村王子朝章は「中城王子様御名代㊷」「代中城王子㊸」、つまり中城王子の名代であり、「常之王子使者㊹」が国王の名代であるのとは異なる。

「江戸立等ニ者難比、太子太孫一世一代之公務、於琉球ハ無上之大切成儀㊺」である中城王子の上国に代わる義村王子の御礼使は、江戸立に比べ遜色があってはならず、その準備の入念さは、「義村王子上国ニ付踊方日記」という文書の存在からも窺える㊻。この「踊方日記」の現物は失われ、廃藩置県後に内務省が接収した際に作成した『旧琉球藩評定書類目録』に文書名だけが伝えられる。躍方（踊方）は冠船などの場合に設置される臨時の組織で、躍奉行以下の役人が芸能の準備を取り仕切る。御目見上国に躍方の設けられた史料はこれ以外に見出せず、帯同芸能に組踊りが含まれたことによる設置と思われる。

この時に帯同された芸能のうち、同年四月一五日付の案書に「興行被仰付置(47)」とある組踊り、獅子舞は、従大和下状の下案書目録に「躍ニ付而者多人数之上国、旁迷惑茂為相成(48)」とある。朝見も御膳進上も使者（王府）から願って仰せ付けられるかたちをとるから、「被仰付置」とするにも関わらず、王府の発意による多人数の上国が薩摩藩の迷惑となるかもしれぬとする在番親方の懸念を生んだのであろう。

この年に唐躍を帯同した形跡はなく、琉球固有の組踊りを唐躍の代わりとし、冠船における芸能の実態を初めて薩摩に示したことになる。馬姓（一六六七）一二世良厚に、(49)「義村王子朝章赴薩州時奉　命為小姓…九月三日召入于外御茶屋琉組躍呈　上覧」とあるのは、一八三八年（道光一八／天保九）の冠船に兄とともに舞台を務めた小禄里之子で、次の冠船（一八六六年）では「躍師匠」を務める。

なお浜元里之子親雲上、幸地里之子親雲上の上国には調所笑左衛門の指示があったようで、浜元里之子親雲上の家譜（一七〇一）(50)に収める褒賞書に「調所笑左衛門殿より御差図有之、其方幷幸地里之子親雲上ニ茂上国被仰付候」とある。両人は使者の員数外であり、「浜元者諸与力、幸地者儀者並之進上物」、「右浜元・幸地進上物、大親同格ニ被仰渡候付、…(51)」などと両人の立場を定めかね、薩摩藩の指示を仰ぐ王府の困惑が窺える。浜元里之子親雲上は一八三二年（道光一二／天保三）の江戸立（＊73）の楽童子浜元里之子で、この時には楽童子としてしばしば席書（「写漢字」）を披露し、一八三八年の冠船では躍人数、一八四二年（道光二二／天保一三）の江戸立（＊76）に楽師で御座楽のほかに席書を行い、翌年の御祝使（＊77）にも与力として上国して席書を披露、また「音楽」「唱諷」「弾唱」を藩主の「睿覧」「睿聴」

に備える。一八四五年にも席画（「写画」）をするなど、芸能、書画で薩摩藩主に知られた人物であった。なおこの時は御座楽も帯同していたから、その演奏にも関わったであろう。[52]

薩摩藩の基本施策として儀礼の簡素化があったにも関わらず、藩主個人としては王子使者の上国を機に琉球（中国）文化との接触を求め、他方、王府は中城王子の名代義村王子の上国に際してあらためて琉球の文化（規模）を示そうとしたのだと思われる。義村王子の家譜（一〇）[53]によれば八月六日が御膳進上で、「進城献宴奏琉楽倣琉躍以尊覧」とある。[54]この記事が正確であるとすれば、組踊りは九月三日の本丸外茶屋（尚姓（一〇）三世朝明）あるいは二丸外茶屋（馬姓（一六六七）一二世良厚）に行われ、[55]御膳進上のための帯同ではなかった。

このように一八四五年の義村王子上国は、義村王子が「常之王子使者」と異なる中城王子の名代であったにしても、王子使者の先格をはずれる点が多い。義村王子は中城王子上国宥免の「御礼之御使者」（『大和江御使者記』）であり、その職務の第一は御礼を言上すべき朝見之礼にあったはずである。しかし六月五日に鹿児島に入った王子に求められたのは、「太守公命書字以備尊覧」（同一八日）、「奉命書一扁額」（同二八日）、「奉命和歌以備尊覧」（七月三日）、「奉命書字以備尊覧」（同二九日）など、薩摩の指図によって上国した浜元里之子親雲上の手跡であった。この後、ようやく八月二日に朝見之礼が実現するものの、義村王子の「御使者」としての「御礼」よりは藩主島津斉興の趣味が優先される。

他方、朝見之礼に続く八月六日に行われた御膳進上について、王府も先格に固執することがなかった。「六日進城献宴奏琉楽倣琉躍以尊覧」（尚姓（一〇）三世朝章）とある正使の家譜を信じれば、御膳進上の芸能は琉楽と琉躍のみで、御座楽を帯同したにも関わらず御膳進上には用いられず、唐躍は帯同すらされない。上国に力を注いだ組踊りも御膳進上ではなく、九月三日の本丸外茶屋（尚姓（一〇）三世朝明）あるいは二丸外茶屋（馬姓（一六六七）一二世良厚）への召入での上演であった。

薩摩にとっては一八〇五年の御膳進上縮小政策の帰結であったとしても、その際に先格通りの実施に固執した王府は、琉球における中国文化の受容を示そうとした御座楽、唐躍を取り下げて琉球固有の芸能に置き換えるという政策の大きな転換をなした。政策転換の理由は明らかでないものの、薩琉の双方にとって一八四五年の御膳進上はその解体の始まりだったといってよい。一八四五年以降、一八五〇年の江戸立に一度だけ三種の芸能がみられるものの、それ以外は琉躍のみとなる（【資料4】）。

おわりに

本章は王子使者の御膳進上について、一七九三年（乾隆五八／寛政五）の使者流、一八〇五年（嘉慶一〇／文化二）の薩摩藩の通達、一八四五年（道光二五／弘化二）の中城王子上国宥免の御礼使の事例により、王府と薩摩藩の立場に差異のあったことを明らかにした。薩摩藩が御膳進上を島津家への儀礼と捉えていたのは、古琉球末期に島津氏が家督相続を慶賀する紋船使の発遣を琉球に求め、一六〇九年（万暦三七／慶長一四）の侵攻後、国王尚寧の帰国に際して提出を命じられた誓詞にもその文言が繰り返され（第4章第一第一節）、その誓詞が近世琉球における王子使者の性格を規定した歴史に起因する。他方、御膳進上に対する王府の立場は、先に検討した『琉球館文書』所収の一八〇五年（文化二）九月二二日付の口上覚（二四二〜三頁）にみえる「琉球之規模」[56]という一語に象徴される。すなわち口上覚では、「王子上国之節ハ跡々より進上被仰付」る「御膳進上之儀」を「琉球之規模」「古来より之規模」とする。「規模」の語義を正確に理解するための手掛かりは得られないが、文脈からして「面目」「よりどころとなるもの」という意味を含み、琉球の慣習という意味であったと思われる。

近世の薩琉関係は徳川幕藩体制下にある大名（薩摩藩）とその附庸国とされた国家（琉球）との関係であり、琉球にとって大和の御取合は薩摩藩（島津家）の御取合がその実質である。王府から幕府へ派遣される江戸立の使者は大和の御取合ではあるが、実際には薩摩藩主に領導され、薩摩藩によって仕立てられた使節であった。薩摩藩主への御膳進上が江戸立に限って鹿児島と江戸の二度にわたって行われることも薩摩藩に主導された御取合であったことを示している。

江戸立において徳川将軍に対する御膳進上は行われず、芸能も江戸城における奏楽（御座楽）のみであるから、大和に対して「琉球之規模」を示す唯一の機会は薩摩藩主に対する御膳進上となる。

料理と芸能による御取持である御膳進上の名称と形式は近世に始まるものの、国王の周辺―包丁（料理人）や小赤頭（あるいは小姓）など派遣する御取持のかたちは古琉球に始まり（第4章第二第四・五節）、口上覚にみえる「古来より之規模」はそのことを意味する。そうした御取持の慣習を維持することが王府の面目であった。加えて御膳進上で行われる芸能は座興であったわけではなく、一七一〇年（宝永七）以降の江戸立で王府は楽童子と楽童子の演奏する御座楽を異国性―中国文化の受容を強調する手段としたように、御膳進上の芸能に王府は琉球という国の表象を担わせようとしたことが、唐躍、琉躍を譲らなかった一八〇五年における王府と薩摩藩との折衝に反映される。御座楽、唐躍、琉躍を披露する御膳進上が、芸能を通してのみ許される王府の主体性を発揮できる場であったからである。

註

（1）　山田哲史「上国使者一覧―中山世譜附巻による分類・整理―」（『史料編集室紀要』二三、一九九八年）。

（2）　深瀬公一郎「近世琉球における上国使者の派遣―【上国使者一覧年表】と統計データの分析―」（村井章介編『八―一七

世紀の東アジア地域における人・物・情報の交流―海域と港市の形成、民族・地域間の相互認識を中心に―』（下）、二〇〇四年）。
（3）註2、二〇一～二〇二頁。この数字には原則として江戸立が含まれない（註2、一九九頁）。
（4）ほかに、「御冠船踊りの相貌―芸をめぐる人と場―」（第1章）、「唐躍について」（第9章）、「琉球使節の芸能を描く絵師―熊本藩御用絵師杉谷行直の場合―」（『沖縄県立芸術大学紀要』18、二〇一〇年）、「親雲上の鬚―御冠船踊りにおける芸の前提―」（第2章）など。
（5）一覧における派遣年は鹿児島（薩摩上国）あるいは江戸（江戸立）へ到着した年を採り、王子使者の年齢は数え歳である。
（6）『定本　琉球国由来記』（角川書店、一九九七年）四九～五〇頁。
（7）読谷山王子朝敕㊳は家譜（八）に「嘉慶八年癸亥十一月六日任国相職陞王子位」とあり、国相すなわち摂政に任職した時に王子位に叙せられる。
（8）宮城栄昌『琉球使者の江戸上り』（第一書房、一九八二年）一一～一二頁。横山學『琉球国使節渡来の研究』（吉川弘文館、一九八七年）三七七～九頁。
（9）宮城前掲書（註8）四四～五頁。
（10）『近世地方経済史料』第一〇巻（吉川弘文館、一九六九年）二八三頁。
（11）『鹿児島県史料』薩摩藩法令史料集一～六（鹿児島県、二〇〇三～二〇〇九年）。「島津家歴代制度」は底本とした東京大学史料編纂所蔵本の書名。
（12）『鹿児島県史料』鎌田正純日記一～三（鹿児島県、一九八八～一九九〇年）。
（13）鎌田正純日記一、七九一頁。同所に「於　御前ニ楽童子共踊有之」。

(14) 鎌田正純日記二、二八六頁。同所に「音楽幷ニ琉球踊・唐踊等」。
(15) 鎌田正純日記二、六四九頁。この時の芸能が琉楽、琉躍のみであったために所要時間が短かったか（尚姓（一〇）三世朝章）。
(16) 鎌田正純日記一、七九一頁および二、六四九頁。
(17) 法令史料集三、解題、一頁。
(18) 『琉球館文書』三（琉球大学附属図書館蔵）享和元年正月廿日付口上扣（二二四オ）。正使の家譜にも、「（嘉慶六年一一月）十六日　太守公始幸球館時蒙親賜杯酒賞…」（向姓（三）一〇世朝祥、那覇市史家譜資料三・二一二頁）と藩主の琉球館御入のことがみえる。
(19) なお豊見山和行の紹介する「石原家文書」には、「琉球館へ御入之次第」の一二月一三日のほか、翌年正月一八日にも「琉球仮屋での宴席」があったことがみえる（『琉球王国の外交と王権』二七一頁）。その背景については未考。
(20) 「貴躬疾未タ癒ラス故ヘニ奥ノ間ニ於テ同日御酒宴ニ待ラレ其ノ後チ奥ノ間ニ於テ御膳ヲ献ス」（向姓（四八五）二世朝盈）。
(21) 向姓（四八五）二世朝盈。
(22) 「芝御屋敷ニ於テ御膳ヲ家久公光久公ニ献ス」（向姓（四八五）二世朝盈）。
(23) 「於芝御屋敷献御膳於　光久公　綱久公」（向姓（五）二世朝貞）。
(24) 「於芝御屋敷献御膳于　光久公　綱貫公」（向姓（五）四世朝興）。ただし金武王子朝興が鹿児島に戻った九月二九日の後、一〇月五日に綱久公に朝見し、続けて「八月献御膳」とある記事は意味するところが不明である。なお光久の嫡子綱久は家督を相続する前、一六七三年（寛文一三）に江戸で死去する（『島津氏正統系図』島津家資料刊行会、一九八五年）六〇頁）。

(25)「於芝御屋敷献　光久公綱貫公忠竹公御膳」（向姓（四八四）一世朝元）。

(26)「恭進御膳於　太守公及　浄岸院様　御前様」（向姓（八）一世朝憲）。

(27)「太守様／宰相様江御前進上仕」（評定所文書一四・四六六頁）。

(28) ただし隠居した藩主は江戸に止まることが原則であり、藩主の妻子も江戸住まいを求められたことからすれば、江戸での御膳進上が例外とはできず、また鹿児島での御膳進上が藩主のみであることも当然といえる。

(29)『琉球館文書』四（註18）、文化二年九月二二日付口上覚（二六五オ）。

(30) 評定所文書九・三九五〜三九六頁。ただしこのたびは、一八五四年（咸豊四／嘉永七）に来航したアメリカ船が求める条約に薩摩藩の裁許を得ずに調印したことを詫びる上国使者（高嶺親方）が、使者の派遣に及ばずとする薩摩藩の意向が琉球に伝えられる前に鹿児島へ到着し、「使者流」となった一件である。この「御内分より奉伺候口上覚」には「的例見当不申候」と自ら断るように、一七九三年の王子使者の「使者流」は今回の適切な先例ではなかった。

(31) 尚姓（一〇）一世朝宜（那覇市史家譜資料三・三八七頁）。

(32)『大和江御使者記』（沖縄県立図書館蔵）、尚姓（一〇）一世朝宜。

(33) 註10、四四七〜八頁。

(34) 第1章四七頁。史料は琉球大学附属図書館仲原善忠文庫蔵。

(35) 紙屋敦之『幕藩制国家の琉球支配』（校倉書房、一九九〇年）二五二頁。

(36) 紙屋敦之『大君外交と東アジア』（吉川弘文館、一九九七年）一四五頁。

(37) 向姓（八）二世朝英。

(38) 評定所文書二・五五頁など。
(39) 豊見山和行『琉球王国の外交と王権』(吉川弘文館、二〇〇四年)Ⅲ「琉球王権と対外関係」第二章「従属的二重朝貢国＝琉球の対外関係と貢納制」、一「大和の御取り合い」、三「中城王子の上国」。
(40) 『中山世譜附巻』(『琉球史料叢書』五、東京美術、一九七二年)一〇五〜六頁。
(41) いうまでもなく一六〇九年の薩摩侵攻に敗れた琉球の国王で、その後薩摩で人質となり、駿府で徳川家康に朝覲する。
(42) 註32、『大和江御使者記』。
(43) 註40、一〇七頁。
(44) 評定所文書二・九八頁。
(45) 『琉球館文書』二(註18)、寛政五年(一七九三)の「口上覚」(一四六オ)。
(46) 『旧琉球藩評定所書類目録』(浦添市教育委員会、一九八九年)八三頁。
(47) 評定所文書二・一一三頁。
(48) 評定所文書二・二七二頁。また同書六一頁には薩摩藩に対して「御内分被奉伺候処」とある。
(49) 那覇市史家譜資料三・五三九〜四〇頁。
(50) 馬姓(一七〇二)一四世良珀。
(51) 評定所文書二・九四頁、二七五頁。
(52) 家譜に「奏楽」「座楽」(尚姓(一〇)三世朝章。那覇市史家譜資料三・三九一頁)、「音楽」(毛姓(一五三〇)一四世盛茂)などとある。
(53) 那覇市史家譜資料三・三九一頁。

(54)　同家譜には八月一五日に、「召見二丸茶屋屋敷賞看外庭併苑園是日恭献唐料理併令奏楽歌舞以備尊覧」と唐料理が進上されている。

(55)　従大和下状には、「且御膳進上、且礒御茶屋、御本丸・二ノ丸御茶屋江被召呼、御囃子・綱引・花火見物、拝領物被成下、且組躍等被遊　御覧」とある(評定所文書二・二七一頁)。礒御茶屋は八月九日、城での御囃子の賞看は一九日、二丸は二五日、本丸は二九日と正使の家譜に記され、九月三日の場所が本丸、二丸いずれの外茶屋であったかは確定できない。

(56)　『沖縄県史料』首里王府仕置(沖縄県教育委員会、一九八一年、一九八九年、一九九一年)には第一巻に「与世山親方宮古島規模帳」、第二巻に「系図座規模帳」(仮題)、「田地奉行規模帳」「山奉行所規模帳」「久米具志川間切規模帳」「富川親方規模帳」などを収め、第二巻の解題に「王府もしくは地方の役人が模範とすべき法則の謂いで、『規模帳』はこれら法令の集成をいう」(一一〜一二頁)とされる。しかし規模帳の語義をそのまま口上覚に適用することは難しく、口上覚における規模の解釈には『日本国語大辞典』第二版(小学館、二〇〇一年)を参照した。

【資料3】

王子使者一覧

＊一段目は派遣件数の通し番号、二段目は派遣年で、おおむね派遣目的（名目）である徳川将軍、薩摩藩主への朝見が行われた年を示した。派遣年の空白は前項と同じ年であることを示す。

＊三段目は使者の通し番号、四段目は使者の氏名で、転領などのよって氏名が変わる場合にのみ通し番号を再掲する。太字の氏名は江戸立。氏名に添記される▲は従王子、＋▲は使者任命に伴って王子に叙せられたことを示す。また＊は使者任命時に摂政であったことを、↓＊は後に摂政となったことを示す。

＊五段目は使者の生年、六段目は年齢で、同人の場合は――、空白は不明を示す。

＊七段目は使者の家系を示す。

＊八段目は派遣目的（名目）を『大和江御使者記』から採った。出典に関わらず江戸立は太字で慶賀使、謝恩使とした。▼は使者、▽は派遣名目の対象者の死没を示す。

＊九段目は鹿児島における御膳進上の有（●）、無（○）を示す。ただし使節に家譜が伝存し、この年の記事があるにも関わらず御膳進上の記述がない場合、藩主参府の場合に○とした。また依拠史料が家譜の場合は通し番号と代数を記し、「無」の場合は正使の家譜のみを採った。『近秘野艸』は『鹿児島県史料』旧記雑録拾遺／伊地知季安著作史料集6（鹿児島県、二〇〇六年）、『鎌田正純日記』一は同じく一九八八年。

＊資料3に係る註（※1…）は資料の最後に記した。

資料3　王子使者一覧

*	派遣年		氏名	生年	年齢	家系	派遣名目	御膳進上
1	一六一六（万暦44／元和2）	①	佐敷王子朝昌→＊	一五九〇	27	尚元王三子尚久四子→尚豊王	十年質	
2	一六一八（万暦46／元和4）	②	具志頭王子朝誠	一五九九	20	尚真王一子尚維衡／朝満五世	御祝使（家久宰相任官）	〇三―五
3	一六二一（天啓1／元和7）	③	久米中城王子朝貞→＊	一六〇〇	22	尚元王三子尚久五子尚盛	御礼使（尚豊即位）	●五―二
4	一六二七（天啓7／寛永4）	③	金武王子朝貞→＊	―	28	―	御祝使（家久中納言昇進）	●五―二
5	一六二九（崇禎2／寛永6）		金武王子朝貞→＊	―	30	―	御礼使（税免除）	
6	一六三二（崇禎5／寛永9）	④	久米具志川王子朝盈→＊	一六一〇	23	尚元王一子朝通二世／尚元王三子尚久七子尚享	御祝使（綱久誕生）→江戸 ※1	●四八五―二
7	一六三四（崇禎7／寛永11）	⑤	佐敷王子朝益			尚豊王二子尚文	御礼使（冊封使御礼待）→京	
8			金武王子朝貞＊	―	35	―	年頭使→京	
9	一六三七（崇禎10／寛永14）	④	具志川王子朝盈→＊	―		―	年頭使、家久病気見舞	●四八五―二

10	一六三八（崇禎11／寛永15）		金武王子朝貞＊	―	39	―	家久病気見舞、島原の乱出陣見廻	○五―二
11		⑥	北谷王子朝秀＋▲	一六一九	39	尚元王三子尚久三世	御祝使（光久継目）	○五―二
12	一六四〇（崇禎13／寛永17）		＊具志川王子朝盈↓	―		―	伺（尚賢継目）	●四八五―二
13	一六四四（順治1／寛永21）		**金武王子朝貞**＊	―	44	―	**慶賀使**（徳川家光襲職）	●五―二
14		⑦	**国頭王子正則**▲	一六一四	30	国頭親方正胤七世	**謝恩使**（尚賢襲封）、御祝使（綱久元服）	
15	一六四八（順治5／慶安1）		国頭王子正則	―	35	―	伺（尚質継目）	
16	一六四九（順治6／慶安2）		＊**具志川王子朝盈**↓	―		―	**謝恩使**（尚質襲封）、御礼使（尚質継目）	○四八五―二
17	一六五二（順治9／承応1）		**北谷王子朝秀**				**慶賀使**（徳川家綱襲職）▼	―
	一六五三（順治10／承応2）		国頭王子正則	―	40	―	―	○
18	一六五六（順治13／明暦2）		国頭王子正則	―	43	―	年頭使	●三五八―一
19	一六六〇（順治17／万治3）	⑧	中城王子尚貞	一六四五	16	尚質王一子↓尚貞王	御目見	
20	一六六四（康熙3／寛文4）		国頭王子正則	―	51	―	年頭使、訟（城火災、冊封使渡来につき困窮）	

資料3　王子使者一覧

21		⑨	大里王子朝亮↓＊			尚質王二子尚弘毅	御礼使（冊封礼式終了）	●四九〇―九
22	一六六七（康熙6／寛文7）		大里王子朝亮↓＊	―		―	尚質隠居	
23	一六六八（康熙7／寛文8）	⑩	羽地王子朝秀＊	一六一七	51	尚真王一子朝満二世朝喬三子朝元六世	御祝使（綱久娘嫁入）	
24			国頭王子正則	―	55	―	光久見舞	
25	一六七〇（康熙9／寛文10）	⑪	名護王子朝元	一六五〇	21	尚質王三子尚弘仁	御礼使（尚貞即位）	
26	一六七一（康熙10／寛文11）	⑫	**金武王子朝興**＋▲↓＊	一六四七	25	尚元王三子尚久四世	**謝恩使**（尚貞襲封）	●五―四※2
27	一六七四（康熙13／延宝2）	⑬	中城王子尚純	一六六〇	15	尚貞王一子	御目見、御祝使（光久中将昇進）	○
28	一六八一（康熙20／天和1）		**名護王子朝元**	―		―	**慶賀使**（徳川綱吉襲職）▼	●四八四―一
29	一六八二（康熙21／天和2）		大里王子朝亮＊	―		―	御祝使（姫様輿入）	
30	一六八四（康熙23／貞享1）	⑭	豊見城王子朝良			尚貞王二子尚経	御礼使（冊封規式終了）	
31	一六八八（康熙27／元禄1）		金武王子朝興＊	―		―	御祝使（綱貴継目）▼	
32	一六九二（康熙31／元禄5）	⑮	佐敷王子尚益	一六七八	15	尚純一子↓尚益王	御目見	○

33		⑯	北谷王子朝愛＊	一六五六	43	尚質王四子尚弘才	御祝使（姫様輿入）	
34	一六九六（康熙35／元禄9）	⑰	恩納王子朝寄				御祝使（綱貴中将昇進）	
35	一七〇四（康熙43／宝永1）	⑱	美里王子朝禎			尚貞王四子尚紀	御祝使（鍋三郎弘目）	
36	一七〇五（康熙44／宝永2）	⑲	越来王子朝奇			尚貞王三子尚綱	御祝使（吉貴家督相続）	●八一―一〇
37	一七一〇（康熙49／宝永7）		**美里王子朝禎**	―		―	**慶賀使**（徳川家宣襲職）	●一五三〇―九
38		⑳	**豊見城王子朝匡**▲↓＊	一六八二	29	尚貞王二子朝良二世	**謝恩使**（尚益襲封）	
39	一七一一（康熙50／正徳1）		美里王子朝禎				御祝使（吉貴中将昇進）▼	
	一七一二（康熙51／正徳2）	㉑	与那城王子朝直	一六九三	20	尚貞王長子尚純二子尚監	―	○
40	一七一四（康熙53／正徳4）		**与那城王子朝直**	―	22	―	**慶賀使**（徳川家継襲職）	●二六一一―一
41		㉒	**金武王子朝祐**＋▲	一六八五	30	尚元王三子尚久六世	**謝恩使**（尚敬襲封）、御礼使（御祝儀拝領）	
42	一七一八（康熙57／享保3）	㉓	**越来王子朝慶**			尚純三子尚盛家辞	**慶賀使**（徳川吉宗襲職）	●六〇九―三
43	一七二〇（康熙59／享保5）	㉔	北谷王子朝騎↓＊	一七〇三	18	尚益王二子尚徹／尚質王四	御礼使（冊封礼式終了）	○

						子朝愛二世		
44	一七二二(康熙61／享保7)		越来王子朝慶	—		—	御祝使(継豊家督相続・下国)	
45	一七三〇(雍正8／享保15)	㉑	恩納王子朝直	—	38	—	御祝使(継豊縁組輿入)	●五〇三—四
46			北谷王子朝騎＊	—	28	—	御祝使(益之助竹姫養子)	
47	一七三八(乾隆3／元文3)	㉕	本部王子朝隆▲			尚質王六子朝平四世	御祝使(竹千代誕生)	
48	一七四七(乾隆12／延享4)	㉖	今帰仁王子朝忠＋▲	一七〇二	47	尚真王三子朝典一〇世	御祝使(継豊隠居、宗信家督・少将昇官・入部)	○四—一〇
49	一七四八(乾隆13／寛延1)	㉗	**具志川王子朝利**＋▲	一七〇五	44	尚元王一子朝通七世	**慶賀使**(徳川家重襲職)	●四八四—四
50	一七五〇(乾隆15／寛延3)	㉘	小禄王子朝朗▲			尚貞王三子朝奇二世	御祝使(重年元服・家督相続・少将昇進)	●法制史料集三・二八〇〇
51	一七五二(乾隆17／宝暦2)		**今帰仁王子朝忠**	—	51	—	**謝恩使**(尚穆襲封)、御礼使(拝領、継目伺)、請(国中仕置入念)	●四—一〇
52	一七五六(乾隆21／宝暦6)	㉙	大村王子朝永▲			尚質王四子朝愛三世	御祝使(重豪家督相続)	
53	一七五七(乾隆22／宝暦7)	㉚	玉川王子朝計▲			尚貞王七子朝義四世	御礼使(冊封)、御祝使(千代姫誕生)	

54	一七六二（乾隆27／宝暦12）		大村王子朝永	—		—	御祝使（万寿姫誕生）▼	
	一七六三（乾隆28／宝暦13）		玉川王子朝計	—		—	—	●近秘野艸・三七三頁
55		㉛	豊見城王子朝儀▲			尚貞王二子朝良四世	御祝使（若君誕生、重豪結婚）	
56	一七六四（乾隆29／明和1）	㉜	＊**読谷山王子朝恒**↓	一七四五	20	尚敬王二子尚和	**慶賀使**（徳川家治襲職）	●八—一
57	一七七二（乾隆37／安永1）		読谷山王子朝恒＊	—	28	—	御礼使（唐御用物改宥免）	○八—一
58	一七七三（乾隆38／安永2）	㉝	中城王子尚哲	一七五九	15	尚穆王一子	御目得	●八—一
59			読谷山王子朝恒＊	—	29	—	御祝使（敬姫御前様御猶子）	●八—一
60	一七七四（乾隆39／安永3）		豊見城王子朝儀	—		—	御祝使（虎寿丸誕生）	
61	一七八二（乾隆47／天明2）	㉞	浦添王子朝央↓＊	一七六二	21	尚穆王二子尚図	御祝使（徳川豊千代将軍嗣子）	
62		㉟	義村王子朝宣↓＊	一七六三	20	尚穆王三子尚周	御祝使（茂姫西の丸移居）	○一〇—一
63	一七八九（乾隆54／寛政1）	㊱	大宜見王子朝規			尚穆王五子尚恪	御祝使（重豪隠居・斉宣家督相続）	○
64	一七九〇（乾隆55／寛政2）	㊲	**宜野湾王子朝祥**↓※3	一七六五	26	尚穆王四子尚容	**慶賀使**（徳川家斉襲職）、御祝使（姫君出嫁、御台改	●三—一〇

							称、など）	
65	一七九三（乾隆58／寛政5）		義村王子朝宜↓＊	—	31	—	御祝使（若君誕生）▽	○一〇—一
66	一七九六（嘉慶1／寛政8）		**大宜見王子朝規**	—		—	**謝恩使**（尚温襲封）、御礼使（拝領）	●一〇〇五—九
67	一八〇一（嘉慶6／享和1）		＊宜野湾王子朝祥↓	—	37	—	御礼使（冊封使終了）	●三—一〇
68	一八〇六（嘉慶11／文化3）	㊳	＊**読谷山王子朝敕**▲	一七六七	40	尚敬王二子朝恒二世	**謝恩使**（尚灝襲封）	●八—二
69	一八〇九（嘉慶14／文化6）	㊴	本部王子朝英▲			尚質王六子朝平六世	御祝使（斉宣隠居、斉興家督相続・中将昇進）	
70		㊵	▲今帰仁王子朝賞＋	一七五六	54	尚真王三子朝典一一世	御礼使（冊封儀礼終了）▼	
	一八一〇（嘉慶15／文化7）	㊶	羽地王子朝美↓＊	一七六三	48	尚真王一子朝満二子朝喬三子朝元一二世	—	
71	一八一四（嘉慶19／文化11）		本部王子朝英	—		—	御祝使（若君誕生）▽	
72	一八二七（道光7／文政10）	㊷	義村王子朝顕＋▲	一八一〇	18	尚穆王三子朝宜二世	上様隠居、願（中城王子朝相続）	○一〇—二
73	一八三二（道光12／天保3）	㊸	＊**豊見城王子朝春**▲			尚貞王二子朝良七世	**謝恩使**（尚育襲封）、御礼使（拝領）、御祝使（重豪位	●一〇六七—八

							階昇進）▼	
74	一八三九（道光19／天保10）	㊹	大里王子朝教↓＊			尚灝王三子尚惇	御祝使（斉興宰相任官）	●鎌田正純日記一・七九一頁
75		㊺	伊江王子朝忠↓＊	一八一八	22	尚灝王四子尚健	御礼使（冊封使儀礼終了）、御祝使（斉彬少将任官）	
76	一八四二（道光22／天保13）	㊻	**浦添王子朝熹**▲＊			尚穆王二子朝央三世	**慶賀使**（徳川家慶襲職）	●一五一七—一三
77	一八四三（道光23／天保14）		浦添王子朝熹＊	―		―	御祝使（斉興正四位昇進）	○
78	一八四五（道光25／弘化2）	㊼	義村王子朝章	一八二四	22	尚灝王五子尚謙／尚穆王三子尚周三世	御礼使（中城王子上国宥免）	●一〇—三
79	一八四九（道光29／嘉永2）	㊽	国頭王子正秀▲※4			国頭親方正胤一五世	御礼使（仏人退去）	○一六六一—一五
80	一八五〇（道光30／嘉永3）	㊾	**玉川王子朝達**			尚灝王六子尚慎／尚清八子朝苗一四世	**謝恩使**（尚泰襲封）、御祝使、御礼使（拝領）	○
81	一八五五（咸豊5／安政2）		玉川王子朝達	―		―	御祝使（斉興隠居・拝領、斉彬家督相続・中将昇進）	○評定所文書一〇—四二二頁※5
82	一八五八（咸豊8／安政5）		**伊江王子朝忠**↓＊	―	41	―	**慶賀使**（徳川家定襲職）、御	○

							祝使（斉興従三位昇進、篤姫婚姻、斉彬拝領）▽	
83	一八五九（咸豊9／安政6）		国頭王子正秀			—	御祝使（忠義家督相続）、御祝使（紀伊宰相養君、忠義元服、拝領）	●評定所文書一四—四六六頁
84	一八六二（同治1／文久2）		**伊江王子朝忠**↓＊	—	45	—	**慶賀使**（徳川家茂襲職）▽	
85	一八六三（同治2／文久3）	㊿	与那城王子朝紀▲＊			尚貞王七子朝義七世	御祝使（久光刀拝領、斉彬追贈）、御礼使（仏人退去）	
86	一八六七（同治6／慶応3）	51	具志川王子朝敷			尚育王三子	御祝使（朝廷より馬拝領、拝領）	●評定所文書一六—四三一頁
87		52	豊見城王子朝尊▲			尚貞王二子朝良八世	御礼使（冊封使首尾終了）	
88	一八七〇（同治9／明治3）	51	今帰仁王子朝敷	—		—	中城王子上国宥免、御祝使（拝領、議定職就任）	●評定所文書一六—四九三〜五〇二頁
89	一八七二（同治11／明治5）	㊺	伊江王子朝直↓＊	一八一八	55		御祝使（王政御一新）	
90	一八七五（光緒1／明治8）		今帰仁王子朝敷	—			御祝使（台湾出兵）	

※1　向姓（四八五）二世朝盈に、「同（崇禎）五年壬申綱久公御誕生ノ御祝使ト為テ八月那覇開洋十月中旬薩州ニ到リ翌年二月江府ニ赴キ芝御屋敷ニ於テ中納言家久公ニ朝ス…後キ芝御屋敷ニ於テ御膳ヲ家久公光久公ニ献ス」とある。

※2　向姓（五）四世朝興に、「九月二十九日回於麑府十月五日朝　綱久公八月献御膳」とある。
※3　向姓（三）一〇世朝祥に「実乃／尚穆王第四之王子」。
※4　仏人退去の功により島津斉興の命で王子位に陞る。
※5　「王子より御膳進上之儀、此節者不被遊　御下向候付、先例之通願被申上進上物計被差上候」。

8　近世琉球の対薩摩関係における芸能の役割

一四世紀初頭の琉球に山北、中山、山南の勢力が鼎立した三山時代からそれぞれの明への朝貢が始まり、一四二二年（永楽二〇／応永二九）の尚巴志による全島統一を経て、琉球の立場を規定する中国による朝貢冊封体制が確立される。さらに一六〇九年（万暦三七／慶長一四）の薩摩侵攻によって琉球は薩摩の附庸国とされ、間接的に江戸幕府の支配下に入る。以後、琉球と薩摩との通交は極めて頻繁となり、那覇に薩摩藩の在番奉行が在駐し、鹿児島には琉仮屋、のちの琉球館が設けられて、年頭使または年頭慶賀使の名目で在番親方が派遣されることになる。

附庸国となった近世琉球にとって薩摩は御国許となり、琉球から薩摩へ派遣される使者は「上国使者」と呼ばれ、朝観、問安、慶弔、謝恩あるいは稟文、捷文など薩摩藩への連絡のために王府は薩摩へ数多くの使者を遣わした[1]。大和への使者を記録する『中山世譜附巻』を分析した山田哲史によれば、一六一三年（万暦四一／慶長一八）から一八七六年（光緒二／明治九）までの二六三年間に上国使者の総数は一三九〇使に及び、単純に平均すれば一年に約五・三使となる。このなかには一六四四年（順治一／寛永二一）に始まる徳川将軍の襲職に対する慶賀、琉球国王の襲封に対する謝恩を目的とする琉球からの使者を薩摩藩主が「召し連れて」江戸へ参府する江戸立も含まれる[2]。

これらの使者が、とくに江戸立において御座楽、唐躍、琉躍などの芸能を帯同したことは、宮城栄昌『琉球使者の江戸上り』[3]、横山學『琉球国使節渡来の研究』[4]にすでに指摘される。しかし、王子、按司、親方、親雲上など役向も使者の身分も様々であるこれらの上国使者のうち芸能の帯同はもっぱら王子使者に係ること、江戸城における奏楽（御座楽）の儀礼的意味の大きさにも関わらず芸能の帯同目的が薩摩藩主に対する王子使者の御膳進上にあったこと、の視点を欠いては江戸立の芸能も、薩摩藩との関係における芸能の役割も理解することができない。

一　上国使者と御膳進上

1　御膳進上の形成と金武王子朝貞

「古老集記類」には、「御当地迄の王子使者は、御立府の節は奉レ願御膳進上、御内証進上物をも差上、御参府の節は御内証進上物迄を被二仰付置一候」とする記事が「天明六帳留」（一七八六年。所在不明）から採って収められる。[5]「御当地」は鹿児島のことで、上国使者としてもっとも高位の王子使者は国王の名代として、在国時の薩摩藩主に対する御膳進上[6]が重要な務めとされた。これを家譜資料に検証すると年頭使国頭王子正則の「時正則於御城献上　光久公御膳琉球躍有興行」[7]（一六五六年）、慶賀使読谷山王子朝恒の「此日朝恒因献御膳音楽唐躍琉躍」[8]（一七六四年）など王子使者が薩摩藩主に対して御膳を献じる記事が多くみられ、その場で芸能を上演することが慣例であったらしい。[9]一七九六年（嘉慶一／寛政八）の謝恩使大宜見王子朝規の江戸立に鹿児島で「（八月）初九日王子因進御膳於　大守公登　城奏楽」[10]（金姓（六四三）八世弘猷）とある「進御膳」の次第が『島津家歴代制度』巻之三九に「大宜見王子御膳進上御次第」の標題で収められ、家譜にいう「進御膳」（「献御膳」）の正式名称が御膳進上であることが証される。「古老集記類」は御膳進上における芸能にふれないが、王子使者の帯同する芸能上演の場として御膳進上は注目されるべきであろう。

　琉球が薩摩の附庸国となる一六〇九年（万暦三七／慶長一四）以降に使者の芸能帯同が始まるわけではなく、すでにその前史というべき王府から島津氏への紋船使派遣があり、管絃が帯同された（第4章第一第一節）。中世の紋船使の近世的変化が王子使者の御膳進上と考えられるもののその形成過程を示す史料は少なく、わずかな事例にその推移を知る以外にない。

王子使者の御膳進上はまず薩摩上国に行われ、後に薩摩藩主が琉球使節を率いて参府する江戸立が始まる（一六四四年）と、出発前の鹿児島と到着した江戸で二度の御膳進上が行われるようになる。

家譜にみられる鹿児島での御膳進上のもっとも古い事例は一六二一年（天啓一／元和七）の御礼使久米中城王子朝貞（後の金武王子）で、同人の家譜に「天啓元年辛酉　尚豊王為御即位之御礼使七月至於麑府朝　太守家久公然後於琉仮屋献御膳也」（向姓（五）二世朝貞）とある。尚寧を継いだ尚久王の四子尚豊即位を薩摩藩主に謝する使者（御礼使）で、徳川幕府に対する国王襲封の謝恩使派遣（江戸立）はまだ始まらない。初期の御膳進上は藩主の琉仮屋（後の琉球館。鹿児島における王府の出先機関）への「御入」を得て行われた。朝貞の家譜には御膳進上に芸能があったことはみえない。

六年後の一六二七年（天啓七／寛永四）にも金武間切を拝授して金武王子となった朝貞が島津家久中納言任官の御祝使として上国し、「同（天啓）七年丁卯二月　家久公叙中納言為御祝使至於薩州朝　家久公然後於琉仮屋献御膳」（同）とある。さらに二年後の一六二九年（崇禎二／寛永六）にも上国するが、家譜には「事竣而后与家久公舞尺八躍了」とのみあって御膳進上はなかったらしい。朝貞は一六二一年と同じ御礼使であったがこの度は税の一部を免除されたことに対する御礼で慶事でなかったことが御膳進上を行わなかった理由として推測され、御膳進上という外交儀礼ではなく私的な宴席での家久と朝貞の親しさが家譜には強調される。

朝貞は帰国してこの年に摂政となり、一六三四年（崇禎七／寛永一一）にふたたび年頭使として上国し、家久の指示により冊封御礼使の佐敷王子朝益とともに京へ上って徳川家光に朝見し、一〇年後から始まる江戸立の布石となる。

この後、一六三八年（崇禎一一／寛永一五）に病床の家久を見舞うが家久は没し、光久の代となって一六四四年（順治一／寛永二一）に始まる江戸立の初回に朝貞は家光の嫡子家綱誕生の慶賀使（御祝使）を務める。家譜に「崇禎十六年癸未五月為　将軍家綱公降誕慶賀使赴麑府朝　光久公献御膳也」、「翌年四月到于江城朝　将軍家光公次於芝御屋敷献御膳於　光久公　綱久公」（同）とある。

一七世紀前半における御膳進上の事例に金武王子朝貞の多いことは、この時期の薩琉関係における朝貞の存在が大きかったことを示す。家久と朝貞の関係は私的な酒席をともにし（一六二九年）、病床を見舞う（一六三八年）個人的な親しさばかりでなく、寛永年間における琉球（御座楽）を利用した幕府、朝廷に対する家久の施策実現に朝貞が常に関与し、御座楽を斡旋したのではないかと思われる。幕藩体制形成期に薩摩の地歩を固めるべき、徳川家光の薩摩藩邸御成（一六三〇年）に琉球から御座楽を召し寄せた件に朝貞が関わったことが、家久から朝貞への書状（向姓（五）二世朝貞）に窺える。すなわち「今度就　御成其地楽児之衆、至江戸可差越之由兼而申談之処…」という文言は、御成における奏楽が朝貞の斡旋によるものであったことを示す。家久が幕府に対する琉球の聘礼を目論んだ京での将軍朝見（一六三四年）も、朝貞が年頭使として冊封御礼使佐敷王子朝益の後見を兼ねて上国したから実現したのであろう。朝貞と家久の関係は光久に引き継がれ、一六四四年（順治一／寛永二一）の江戸立実現にあたっても朝貞を名指ししていたことが幕府の内意を伺った結果を国許の家老に知らせる文書に示される。(11) 摂政の立場で江戸立の慶賀使を務めたのである。

金武王子朝貞は尚寧王を継いだ尚豊王の弟で、尚豊王代の一六二九年（崇禎二／寛永六）から尚賢王代、尚質王代の一六五四年（順治一一／承応三）までの二六年間、摂政を勤め、王府の中核にいた。一七世紀前半の琉球における対薩摩外交は朝貞によって進められ、その外交儀礼のかたち―御膳進上も朝貞の手で作られたであろうことがその初期の事例と島津家との関係から推測される。

2　朝見之礼と御膳進上

江戸立における鹿児島と江戸の二度の御膳進上は一六四四年の後、王府の薩摩に対する外交儀礼の慣例となる。江戸立における御膳進上の推移は【資料a】(四四～七頁)、【資料3】(二五六～二六六頁)に示す通りで、第二回(一六四九年)、第三回(一六五三年)における御膳進上は確認できないが、第四回(一六七一年)には二度、第五回(一六八二年)には江戸のみが確認され、一八世紀になると二度の御膳進上が続き、一九世紀に入るとこのかたちが崩れ始める。

薩摩上国、江戸立の王子使者にとって御膳進上は重要な務めではあっても第一の外交儀礼ではない。金武王子朝貞の家譜(向姓(五))にみられるように、王子使者は上国するとまず藩主に朝見し、次いで日を改めて御膳進上を行う(「朝　太守家久公然後於琉仮屋献御膳」)。朝見と御膳進上の関係を、藩主参府のために御膳進上が江戸で二度行われた一七六四年(乾隆二九／明和一)の江戸立によってみる。

この年に琉球使節の上国を待たずに島津重豪がすでに参府していた理由は、「有二寒疾之憂一、故請焉承二台許一、先二琉使一三月廿二日発レ国」(旧記雑録追録六・五四、重豪譜)とされ、この事情は琉球使節にも知らされ、家譜に「旧例随　太守公赴江府今因太守公怕寒先到」(向姓(八)一世朝恒)、「旧例随　太守公同赴江戸今番　太守公懼寒而先赴不偕球人往也」(向姓(四九〇)一二世朝喬)と記される。その結果、鹿児島で行われるべき儀礼は江戸へ持ち越され、一一月一五日と一二月三日の両度、江戸で御膳進上が行われることになる。ただし一一月一五日は御膳進上のみではなく、正使読谷山王子朝恒の家譜に「恭進　国翰方物既而又進(朝恒)礼物併御膳行献酬礼」(向姓(八))、副使の同じく湧川親方朝喬に「正使朝恒公進膳於　太守公本日上　国翰併献方物及私物」[12](向姓(四九〇))とある。国翰、方物は国王に係るもので、本来は御膳進上において藩主に奉呈されるべきものではない。(13) 次の江戸立である一七九〇年(乾隆五五／寛政二)の慶賀使宜野湾王子朝祥の場合は「八月初三日進　城朝見太守斉宣公恭呈　国翰方物次進自己品物初六日恭献御膳(此時奏楽作舞以備　叡覧)是日恭蒙　太守公賜御盃行献酬礼」(向姓(三)一〇世朝祥)とある。八月三日と六日は鹿児島における事例であるが、前者(八月三日)の儀礼を朝見之礼(向姓(一九)九世朝盈)、朝覲礼(向姓(四〇九)一二世朝喬)といい、国翰、方物、礼物(使者自身の献上物)が藩主に奉呈され、後者(八月六日)の御膳進上における進上は料理と芸能に限られる。一七六四年では一一月一五日に江戸で朝見之礼と御膳進上が同時に行われ、藩主不在の鹿児島では朝見之礼に「只行一跪之礼」(魏姓(二二〇〇)六世献芝)のみがあった。

一七六四年の江戸立の一行は一一月九日に江戸に到着し、幕府に係る行事―二一日の出仕登城、二五日の御暇登城(奏楽)に先立って、一一月一五日に鹿児島で行われるべき御膳進上を行う。藩主に率いられる参府、徳川将軍朝見(一一月二一日)の実現をあらかじめ藩主に謝する意味があってのことと思われる。江戸での御膳進上(一二月三日)は御暇登城(一一月二五日)、老中(同二七日)や御三家廻り(一二月一日)など幕府に係る諸行事を済ませた後に行われ、江戸立の目的が無事に達せられた謝意を藩主に表する行事であろう。

【資料ａ】(四四～七頁)からは、一九世紀に入っての御膳進上の縮小傾向が読み取れる。一八〇六年(嘉慶一一／文化三)の江戸立の前年、薩摩藩から御膳進上の廃止と唐躍、琉躍を止めて御座楽のみにしたいとの意向が王府に伝えられた(『琉球館文書』四、文化二年九月二二日付口上覚)。これに対して王府は、「御膳進上之儀、王子上国之節ハ、跡々より進上被仰付誡冥加之仕合、琉球之規模其上国王一世一度之礼式ニ茂相懸り候処、此節より御差止被仰付候而者、古来より之規模相替難有乍、御用捨甚不本意之次第御座候」(同)と上申し、正使読谷山王子朝敕の家譜同年八月九日に「恭照例献御膳及方物(此時奏音楽唐躍琉躍以備　叡覧)」(向姓(八)一二世朝敕)とあるように鹿児島での御膳進上のみとなるが、御座楽、唐躍、琉躍を譲らない王府の主張は通される。

鹿児島のみとする御膳進上は次の一八三二年（道光一二／天保三）の謝恩使にも続き、一八四二年（道光二二／天保一三）の慶賀使に二度の御膳進上が復活する。

一八五五年（咸豊五／安政二）の、評定所文書「従大和下状」所収の「御内分より奉伺候口上覚」にも、「王子上国之節者身分ニ付御膳進上御料理被下、御囃子見物被仰付儀」[14]を行うべきことを王府は琉球館を通して薩摩藩に懇請する。薩摩藩の意図した儀礼簡素化の施策にも関わらず[15]、王府が御膳進上の存続を強く望んだという事実は注目してよい。外交儀礼としては朝見之礼のみで充分であったはずだが、御膳進上にこだわる王府には、料理と芸能による御取持という琉球古来の慣習を維持したいという強い意志があったのではないかと思われる。

二　御膳進上に伴う芸能

1　御膳進上における芸能の形成

『島津家歴代制度』巻之三九の「御膳進上」の項は一七九六年（嘉慶一／寛政八）の鹿児島における謝恩使「大宜見王子御膳進上御次第」[16]を収めて薩摩藩は琉球使節（王子使者）による御膳進上の規範とする。その次第によれば、登城した王子使者は御書院で薩摩藩主に朝見し、「御膳差上、難有仕合ノ旨」の挨拶がある。その後、藩主には奥で御膳が進上され、ふたたび出座して献酬礼（一七六四年。向姓（八）一世朝恒）があり、三度の出座で鶴之間に御座楽が奏され、四度の出座で「唐踊・琉球踊、御覧」があり、一同に藩主からの「御酒被下」があった後、藩主からの拝領物があり、「拝領物御膳進上、従者マテモ　御目見難有奉存候」と使者は御礼を言上して退出する。

これは御膳進上における芸能が御座楽、唐躍、琉躍に定まった後の次第であるが、少なくとも近世琉球の御膳進上には料理と芸能が合わせて主客に献じられるべきとの意識が背景にある。この御膳進上の芸能として御座楽、唐躍、琉躍の三種が定着する過程は、上演の場としての御膳進上の形成、あらかじめ芸能が準備される王子方と従者の持ち芸を披露する使者方の区別（本章第三節）、さらに芸能の成熟を視野に入れて検討される必要がある。前述一六二九年における島津家久と金武王子朝貞の酒席における余興「舞尺八躍」と御膳進上の芸能とは性格を異にし、御膳進上の芸能は王府の芸能である必要があった。

薩摩侵攻（一六〇九年）後の、一七世紀前半の御膳進上に行われた芸能の記録は家譜などになく、後半になってもわずか数例しかみられない。一六五六年（順治一三／明暦二）の年頭使国頭王子正則の御膳進上に「琉球躍」があり、その後「乱舞」があった（「正則於御城献上　光久公御膳催琉球躍有興行　上覧甚悦為利元其人数故御前被召出致乱舞備上覧」薛姓（三五八）一世利元）[17]。薛姓一世利元は琉球人の父を、恐らく薩摩人を母とし、一六四五年（順治二／正保二）に上国した国頭王子正則に認められて琉仮屋に雇われ、正則帰国に同行して琉球に居付き、その後正則の上国にたびたび扈従する。王子使者から披露された「琉球躍」は興行とあるから数番はあったと思われるが内容はまったくわからない。御膳進上ではないが琉球躍に類似する事例に、一六八七年（康熙二六／貞享四）の文姓（六八七）五世常孝の家譜に「為年頭慶賀向氏奥本親方（朝憲）為右筆…九月…同二十二日使者及役々従大守公内　召入五本松御茶屋上覧琉躍」とみえる琉躍がある。しかしこの年の年頭使は今帰仁親方朝位あるいは玉城親方朝恩（『中山世鑑附巻』）で奥本親方ではなく、信頼できる記事ではない[18]。光久の召し出しによって披露された乱舞（猿楽）は利元が薩摩で育って猿楽の素養があったゆえの上意であろう。

一六六四年（康熙三／寛文四）に冊封御礼使として上国した大里王子朝亮の御膳進上（翌寛文五年）に「正月初四日朝観

光久公於朝亮献膳之時奏楽於御書院」(向姓(四九〇)九世朝盛)とある。この席で奏楽(御座楽)を誉める光久に対して、年頭使として上国して同席していた正則は、今回は清となって最初の冠船において新たに学んだ清楽を帯同したと答える(毛姓(一〇〇二)六世安依)。御膳進上の芸能はむしろ中世末の紋船使以来の御座楽にあり(第4章第一第一節1)、一七世紀後半に行われた一六六〇年(順治一七/万治三)の中城王子尚貞、一六七四年(康熙一三/延宝二)の中城王子尚純、一六九二年(康熙三一/元禄五)の佐敷王子尚益の御目見上国には楽童子が伴われた(傅姓(一六四九)五世崇道、李姓(一八六二)四世孟由、湛姓(九五七)四世宣易、毛姓(一五一九)八世盛祐、文姓(六八三)五世孝相)。その後中断して一七七三年(乾隆三八/安永二)に一度だけ復活する中城王子の御目見上国に御座楽が準備され[19]、御膳進上が行われているから[20]、一七世紀の御目見上国に御膳進上の記事はみえなくとも御膳進上に楽童子の御座楽があったことは間違いない。

御膳進上における次の芸能記録は、一七〇五年(康熙四四/宝永二)に島津吉貴の家督相続を祝って上国する越来王子朝奇が翌年正月二八日に行った御膳進上における、玉城朝薫の「軒端梅之仕舞」になる。同人の家譜に「朝奇御膳進上之時　太守公依上意舞軒端梅之仕舞備上覧」(向姓(八一)一〇世)とあり、朝薫は越来王子の上国に小姓として従った。この時の御膳進上に仕舞以外の芸能はみえないが、御膳進上に仕舞だけとは考えられない。この仕舞は一六五六年(順治一三/明暦二)の利元の乱舞と同様に藩主の上意によるもので、王子使者があらかじめ準備して御膳進上で上覧に備える芸能ではなく、御膳進上で使者の側から大和の芸能を披露する例はこの二例のほかにない。使者の帯同する芸能を上覧に備えるべき御膳進上に藩主の上意による芸能が出されたことは、琉球側に御座楽以外の芸能の準備がいまだ整わず、また一六二九年の「舞尺八躍」のように島津家がなお酒席の余興として御膳進上の芸能を捉えていたことを示す[21]。

なお一七一四年(康熙五三/正徳四)の御膳進上に「唐歌琉歌琵琶三線等」(向姓(二六一一)一世朝直)、同じく一七三〇年（雍正八／享保一五）に「唱琉歌並唐歌」（向姓（五〇三）四世朝昆）など、御座楽とともに琉球の音楽（歌三線）が演奏されるかたちは一五七五年（万暦三／天正三）の紋船使以来のことで、江戸立における江戸城での奏楽の儀も同様である。

2　一七一〇年の「琉球おとり」「唐おとり」

次節で話題とする、上国使者が帯同し（王子方）、あるいは従者から披露される（使者方）芸能の歴史を辿る時に注目されるのは一七一〇年（康熙四九／宝永七）の慶賀使美里王子朝禎、謝恩使豊見城王子朝匡の江戸立である。すでに幕府に対する楽童子の定立をこの年にみたが（第4章第二第二節）、一二月七日の江戸で与力として同行した玉城親雲上朝薫が踊った「琉球おとり／くりまへおとり」に注目する池宮正治は「朝薫が踊った女踊り―『くりまへおどり』について」[22]の論考を草する。用いられた史料はまず『琉球使者記　琉球書簡幷使者接待楽章』（国立公文書館蔵。以下『琉球使者記』と略記）で、「十二月七日於松平薩摩守殿高輪屋鋪琉球人楽曲幷おどり之次第」に「琉球おとり」として、

くりまへおとり　女形壱人　玉城親雲上

手はうしおとり　女形二人　喜屋武親雲上
　　　　　　　　　　　　　棚原里之子

手おとり　　　　男形二人　湧川親雲上
　　　　　　　　　　　　　前川親雲上

また「唐おとり」として、

があった。この年の江戸での御膳進上は前日の一二月六日で[23]、「琉球おとり」「唐おとり」は御膳進上で踊られたわけではない。

家譜によれば一二月七日に行われた琉球使節の行事は、阿姓（一六一三）一〇世守生に「十二月七日於高輪御屋敷陽和院様信證院様於御前奏楽」、毛姓（一〇一四）七世安儀に「十二月七日於陽和院信證院二位御前奏座楽」、毛姓（一五四五）一〇世盛周に「同日於高輪御屋敷奏楽曲」、毛姓（一五三〇）九世盛昌に「七日　吉貴公率領正副使等到高輪御屋敷此時　先太守妃陽和院真修院御前奏楽」、夏姓（一六二六）一一世賢光に「初七日　吉貴公率領正副使等到高輪御屋敷此時　先大守妃陽和院信修院二位御前奏楽」とあり、いずれもこの時の楽童子の家譜で、前述『琉球使者記』の「楽曲幷おどり之次第」の前半の楽曲（奏楽）を担当する楽童子たちゆえに奏楽のみの記事となる。しかし後半の「おどり」を担当する、この時の与力玉城親雲上朝薫（向姓（八一）一〇世）、同じく湧川親雲上朝略（向姓（四九〇）一一世）の家譜に「琉球おとり」「唐おとり」の記事がみえない。

玉城親雲上（数え二七歳）、湧川親雲上（同二一歳）のほか、家譜の伝わらない演者の江戸立での役職[24]は喜屋武親雲上が使讃、前川親雲上が副使与力、棚原里之子が小姓であり、位階名からすべて元服後の二才である。また一二月七日の「琉球人楽曲幷おどり之次第」は島津光久の継室陽和院、藩主吉貴の正室信證院（真修院、信修院とも）のための、島津家の私的な催しであったとしても[25]、家譜に記録されなかったのは不思議である。

前述の池宮論考は同じ宝永七年の『琉球人来聘記』（琉球大学附属図書館蔵）の紹介が主たる内容であった。「十二月九日、琉球両使松平薩摩守へ祝儀之料理あり…右料理七つ時済夜ニ入…三之間ニおいて楽童子音楽有之、楽之趣如御城、右終て三味線二三挺にて琉球曲躍有之、右終て」とあり、続いて「琉球女方之躍」について、

琉球女方之躍有之、右つねニ着物よりゆき長キ広袖乃赤装束を着舞ふ、わきにて地謡三味線引申候、其後上之広袖をぬき申候へは、下には膝きりのぢばん白ゆぐの長き計ニなり躍申候

また「韃（韃靼）楽」の躍について、

韃楽有之、三味線二線四線にて地をうたい、韃靼装束にて小はたを持躍申候、かけ声。《ママ》パア〳〵と申候、韃靼女装束天冠之様なる物をかぶり、頬へ〇如斯髪の毛前髪程出し、又天冠之内へ引込、ゆき長きこて袖にて四つ竹の様成ものを鳴し、色々身をひねり躍申候、右女躍の内ハ、男がたハ跡へさかり立て居ル、其後又手拍子にて男がた二人女方二人宛入かはり躍、琉球躍とちがい殊外拍子利するどなる体也

とそれぞれ芸態を記す。「琉球女方之躍」が『琉球使者記』の「琉球おとり（くりまへおとり）」、同じく「韃（韃靼）楽」の躍が「唐おとり（手はうしおとり、手おとり）」に相当すると思われ、「唐おとり」は男形二名、女形二名による打組踊りであったらしい。ただし「唐おとり」の人数は一致するが、「手おとり」の男形が小旗を持ち、「手はうし（手拍子）おとり」の女形が「四つ竹の様成ものを鳴」らす点が異なる。

なお『琉球人来聘記』で右の踊りがあったとされる一二月九日に行事のあったことが使節の家譜にみえず、「祝儀之料理」が御膳進上であったならば一二月六日（毛姓（一五三〇）九世盛昌、夏姓（一六二六）一一世賢光）の誤りとなる。御膳進上以外に使者から薩摩藩主へ料理が献じられる例は他にない。『琉球使者記』『琉球人来聘記』ともに史料批判を尽くさなければ安心して使うことが出来ないが、後述するように、この年の御座楽が王府の準備した王子方の芸能であったのに対して、家譜に記録のない「琉球おとり」「唐おとり」は従者の私的な芸―使者方の芸能であったと想像しておく。

3　御膳進上における唐躍・琉躍の登場

玉城朝薫はこの後、一七一四年（康熙五三／正徳四）の、徳川家継襲職の慶賀使与那城王子朝直、尚敬襲封の謝恩使

金武王子朝祐を使者とする江戸立にも座楽主取兼通事として加わる。この年は鹿児島での御膳進上に「両王子在御書院献膳時漢楽球楽及戯恭備　上覧」(翁姓(一〇六五)七世盛寿)があった。漢楽が御座楽、球楽が琉球の音楽で、戯が漢と球をうけることは同じ家譜の一二月一二日に「国妃及世子又三郎公伝旨奏楽、此日座楽漢戯球戯悉備　上覧」とあることから明らかである。ただしこの永山親雲上盛寿(翁任道)以外に、この時の使者、従者で現存する家譜に漢戯、球戯が記されないのは不審であるが、盛寿の家譜は原本でかつ盛寿が楽師として直接関与した事蹟であり、一七一四年に漢戯(唐躍)、球戯(琉躍)があったことは信じてよい。[26]

しかし一七一〇年(康煕四九／宝永七)には御膳進上に用いられず島津家の私的な場で行われ、本人の家譜にも記されなかった「琉球おとり」「唐おとり」と、四年後の一七一四年に王子使者にとっては主要な公務である御膳進上における漢戯(唐躍)、球戯(琉躍)とでは上演される場が異なり、演劇よりはむしろ舞踊であったと想像される「唐おとり」や、朝薫の個人芸であったと思われる「琉球おとり」が、そのまま一七一四年の御膳進上に出されたとは考え難い。

後の一七九六年(嘉慶一／寛政八)にみられる唐躍、琉躍を基準として一七一〇年をみれば、中国語による台詞と歌から成る演劇である唐躍がすでに述べたように打組踊りのような舞踊でしかなく、琉躍のうち鬚髭を生やす前の若二才がふたりで踊ることを定式とする女踊り(第2章第二節)が、鬚髭を生やしていたであろう数え二七歳の朝薫によってひとりで踊られる。これら「琉球おとり」「唐おとり」が一七一四年に御膳進上の芸能となるためには何らかの工夫が必要であり、この時に使節に従った玉城朝薫がそこに関与したのではないかと思われる。[27]

朝薫が久米村に伝承される唐躍を知っていて、組踊り創作に影響を受けたとしても、朝薫と唐躍の関わりを示す直接の史料はない。唐躍のもっとも古い台本は一七六四年(乾隆二九／明和一)の「和蕃」まで待たねばならず、演目も[28][29]

これ以前のものは伝わらない。わずかに、一七一三年(康熙五二／正徳三)に即位した尚敬王が冊封を受ける冠船(一七一九年)の仲秋宴で勅使の帯同した唐躍を所望した(台湾大学図書館蔵『冠船日記』)ことがあり、[30]唐躍を御膳進上に用いるに際して尚敬王の意志が働いたかと想像される。

一方の琉躍についてみると、朝薫は一七一九年(康熙五八／享保四)の尚敬冊封の冠船に躍奉行を務め、冠船の芸能を改革したことは別に「故事としての御冠船踊り―尚敬冊封の画期―」(第6章)に述べた通りである。しかしこの冠船には朝薫自身が踊ったような二才の女踊りは出されず、端踊りは若衆による若衆踊りと女踊りのみであった。[31]次の冠船である一七五六年(乾隆二一／宝暦六)の演目も一七一九年とほとんど変わらないことから依然として冠船の芸能の中心は若衆の芸にあり、二才の女踊りが入り込む余地はなかったと思われる。ただし一七一九年に躍奉行として朝薫が冠船の芸能全般に関与したことから、それまでの若衆踊りに加えて若衆の踊る女踊りを朝薫が創ったことは充分に考えられる。若衆の祝儀性を核とする冠船の芸能に対して、例えば一八三二年(道光一二／天保三)の江戸立における図巻(「琉球人坐楽之図」)にみられるように琉躍には二才踊りにも女踊りにも琉球の風俗、民俗が強調される。この傾向が尚敬王代に始まるとすれば、冠船とは別に朝薫によって一七一四年に二才の女踊り(球戯)が創られたとしても不思議ではない。[32]朝薫の個人的な芸であった「くりまへおとり」ではなく、江戸立に小姓等を務める若い二才が等しく踊れる女踊りが創られたことによって琉躍が御膳進上の芸能となることができたのであろう。

しかし次の江戸立である一七一八年(康熙五七／享保三)の慶賀使越来王子朝慶の御膳進上には唐躍、琉躍がみえない。この年の使者、従者の家譜が三本しか伝わらず、しかも二本が後世の編集本であることが唐躍、琉躍の上演を確認できない理由とも、いまだ未成熟であったためにこのたびの江戸立で唐躍、琉躍の帯同が見合わされたとも考えられる。しかし一七四八年(乾隆一三／寛延一)、慶賀使具志川王子朝利の江戸立には、八月四日(鹿児島)、一二月二三日

（江戸）における御膳進上に「奏音楽為唐躍」（翁姓（一〇六七）六世盛畝）、「奏音楽作唐躍」（向姓（四八四）四世朝雄）、「奏音楽作唐戯」（向姓（五〇三）四世朝昆）などと記す家譜があり、御座楽（音楽）と唐躍（唐戯）があった。しかし琉躍はみえない。続いての江戸立である一七五二年（乾隆一七／宝暦二）には、謝恩使今帰仁王子朝忠の七月二五日（鹿児島）、一二月二三日（江戸）における御膳進上に「奏音楽及漢躍球躍等以備　叡覧」（向姓（四）一〇世）と正使の家譜にみえる。一七四八年の唐躍にさらに球躍（琉躍）が加わり、以後は御座楽、唐躍、琉躍が王子使者の帯同すべき三種の芸能となる。なお、一七六四年（乾隆二九／明和一）の例では、御膳進上の番組は御座楽と唐躍一番、琉躍三番であった（金姓（六四三）七世安執、葛姓（二五〇）八世秀倫）。

江戸立の御膳進上における唐躍（漢戯）、琉躍（球戯）の初出である一七一四年（康熙五三／正徳四）は尚敬王即位二年であり、琉躍が御膳進上に改めて登場する一七五二年（乾隆一七／宝暦二）は尚敬王の没後二年目になる。この間に尚敬冊封の冠船（一七一九年）があって玉城朝薫による冠船芸能の改革があった。尚敬王の治政のもとで、朝薫の改革によって御冠船踊りは中国に対して琉球の故事を示すものとなり、大和に対しては御座楽に加えて唐躍によって琉球における中国文化の受容を強調するとともに、琉躍を通して琉球の民俗、風俗を示すことになる。

4　二才の女踊りについての補説

唐躍については第9章で詳しく述べることとし、一七世紀中葉以降の琉躍について補足しておく。

現在の琉球舞踊でもっとも注目される女踊りの成立については不明な点が多い。それまで集団あるいは数人による若衆の踊りを中心とした冠船の芸能のなかに、池宮正治は一六八三年（康熙二二／天和三）の尚貞冊封における汪楫の使録『使琉球雑録』にみえる「短襖長裙」を女性の胴衣下袴とみて女踊りの初出とし、この時に「はじめて女踊りが公式の場に登場したことが確認されて以来、朝薫が踊奉行となって活躍した今回（一七一九年—筆者注）の場合には、女踊りが前面に踊り出た[34]」とする。しかしこの女踊りは小童、幼童が踊る、若衆の踊りであったことに注意する必要がある。他方、前述のように朝薫が一七一〇年（康熙四九／宝永七）に踊った「くりまへおとり」は数え二七歳の二才[35]の女踊りで、しかも一人で踊る点が若衆の女踊りとは異なる。これら二種の女踊り（若衆の女踊り、朝薫の女踊り）とは別のところに二才の女踊りが成立したことについて以下に補足しておく。

もっとも古い事例に、前述一七九六年（嘉慶一／寛政八）の大宜見王子朝規の江戸立に踊られた前川里之子、美里里之子の二人による女踊り「団羽踊[36]」があり、一八二九年（道光九／文政一二）の重富の島津家別荘における饗応の次第を記した摂州商人高木善助の『薩陽往返記事』（鹿児島県立図書館蔵）所収「琉球踊十二番」に、大湾子、国吉子が踊った五番の女踊りがみえる。近世琉球における里之子筋目の士族は元服すると里之子に叙され、「子」は元服しても里之子に叙されない、いずれも二才である。二才の女踊りは、一八三二年（道光一二／天保三）の江戸立で立津里之子、崎山子が踊る女踊りの「団羽躍」「笠躍」「四ツ竹躍」「柳躍」に続き[37]、冠船では一八三八年（道光一八／天保九）に豊平子、小禄里之子、豊見城里之子の「女笠をどり」「団躍」、末吉、国頭子、豊平子、小禄里之子の「天川をどり[38]」がみえ、勅使帰国後の御膳進上に豊平子、小禄里之子が踊る「女笠躍」、豊平子、小禄里之子、豊見城里□□の「経掛躍」、そして在番役人招請の際には「女笠躍」と、「経掛躍」の代わりに同じ三人で踊る「貫花躍」がみえる[39]。

すでに第2章で述べたように、数え二五歳で鬚髭を生やす琉球の習慣からすればこれらは元服から鬚髭を生やすまでの限られた期間の若い二才が踊る女踊りであった（五七〜六〇頁）。しかも江戸立などにおける鹿児島、江戸での場合は二人で踊られ、冠船では人数が増えて三〜四名となる。朝薫が一人で踊った「くりまへおとり」とは明らかに別種の女踊りである。また文献資料から知られる地謡の琉歌や詞章構成からすれば、近世琉球における二才の女踊りの特徴は「連れ立つ女たちの風景」という言葉に集約される[40]。

池宮正治は「くりまへおとり」を「布の成就を祝ったり、できあがった布をほめたりするといった類の『かせかけ』系の踊りではなく、途中うちかけを脱いで思い入れをする抒情性のまさった女踊りであったらしく思える」[41]とし、祝儀的な女踊りと「抒情性のまさった女踊り」という、ふたつの類型を提示する。「くりまへおとり」が「抒情性のまさった女踊り」と理解されるのは一人で踊られるゆえで、現在の琉球舞踊で女踊りが一人で踊られることからの推測である。他方の祝儀的な女踊りは池宮が指摘するように民俗的習俗（機織）を踏まえ、複数（女たち）で踊られるところに祝儀性が実現する[42]。少なくとも近世琉球における二才の女踊りは「くりまへおとり」以外に一人で踊られた事例を見出せないことから、「抒情性のまさった女踊り」ではなく、祝儀的な女踊りの系統にあったと考えられる。前述した二才の女踊りに至る、一七一〇年の「くりまへおとり」から一七九六年の「団羽踊」への推移、つまり二才の女踊りの成立経緯を知る資料は得られず、この理解が充分に実証されるわけではない。しかし二才の女踊りとしてはもっとも古い、幕開けの祝儀の踊りであった「団羽踊」[43]が一八三八年の冠船の「団躍」に展開するように、民俗（民族）的習俗を踏まえた祝儀的な女踊りから、「でかやう押連て」「でかやう立戻ら」の琉歌を出羽と入羽に据え、月見の遊びの風景を中踊りとする「瓦屋節」のようなかたちでの二才の女踊りが成立したと考えられる[44]。二才の女踊りの成立によって、一六五六年の「琉球躍」とは異なる琉躍（女踊り）が御膳進上に加えられることになった。

三　王子方と在番方の芸能

二才の女踊りの例として挙げた一八二九年（道光九／文政一二）五月の「琉球踊十二番」は、鹿児島における琉球の芸能―上国使者の芸能を考える上で注目される。摂州商人高木善助は『薩陽往返記事』に次のように記す。

但し此琉人踊は役者不残揃はぬ時は出来がたく、たま〳〵二三計は琉人館にて催す事もあるよしなれど、か様に番組を立て種々の踊せし事は稀々の事にて、たとへ太守公御所望あるとも、役者多くなきときはかやうに全備しがたきよし、其上役者といふも彼地歴々の官人なるゆへ、太守君も御慰などには御望なし、此故に此度の興行は、全く百武氏を御饗応のため御催しにて、琉球館へ御上より御頼ありしとぞ、薩州御家中といへど見たる事なきゆへ、此度の事、誠にめづらしく評判せしなり(45)

この時の「琉球踊十二番」は恐らく当時の在番親方城間親方朝平によって仕組まれ、琉躍十一番と唐躍一番が演じられる。これを「稀々の事」とするのは、王子使者の帯同芸能に匹敵する内容が、琉球館に偶々役者が揃っていたために実現できたからである。琉球館在番のために上国した士族による躍番組が仕組まれることはほかにも例があった。一七六七年(乾隆三二／明和四)の伊舎堂親方盛敞に「蒙　太守公於礒御屋敷命琉人唱奏琉歌舞三絃簫等以備　聖覧」(翁姓(一〇六七)六世盛敞)、一七九五年(乾隆六〇／寛政七)の与世山親方朝郁に「召入礒御茶屋作琉躍口説囃子等藝以備　上覧」(向姓(一三)九世朝郁)等、いずれも年頭慶賀使(在番親方)であった両名の例がすでにみえる。

年頭慶賀使(年頭使)については「年頭使は中山王府の薩摩の出先である薩摩琉球仮屋(後に琉球館)の責任者で、琉球国王の名代として薩摩藩主に対して年賀の挨拶をするのが主要な役目である(46)」と説明され、琉球館の責任者として在番親方と呼ばれ、在番親方の仕組む踊りの事例が近世琉球末期の評定所文書に「在番方」の名でみえる。

一八五六年(咸豊六／安政三)九月五日付の摂政・三司官宛、琉球館聞役新納太郎左衛門、在番親方松島親方朝詳連名の書状には、

今月二日渡名喜親方・松島親方・浦崎親方・久手堅親方・与儀親雲上・其外定式役々・帰唐役々迄茂玉里愛宕御

> 宮参詣願立候ハヽ、御免可被仰付、左候ハヽ、右之序新古在番方仕組之琉躍、御内々可被遊　御覧儀茂可有之旨、兼而御小納戸永江休之丞殿より御内達之趣太郎左衛門承知仕[47]

とある。渡名喜親方宗珍はこの年三月に琉仏修交条約締結を強要された件について釈明に遣わされた使者、久手堅親方・与儀親雲上は閩（中国・福建）からの帰途、薩摩へ漂着した「帰唐役々」である。浦崎親方政種は「古」、松島親方朝詳が「新」の在番親方で[48]、ここには芸能を帯同すべき使者はいない。藩主から「御内々可被遊　御覧儀茂可有之」と内達のあった琉躍は、「新古在番方仕組」すなわち新在番親方の松島親方、古在番親方の浦崎親方から用意される。これを一二月一四日付、浦崎親方の同様の書状には「新古在番方琉躍[49]」、九月八日付の松島親方の書状には「新古在番方琉踊[50]」とする。

これら在番方に対して、従大和下状にはまた「王子方」の語がみえる。一八五八年（咸豊八／安政五）の八月一二日には慶賀使伊江王子朝忠に二の丸の御庭、御花園拝見および席書、琉踊が仰せ付けられて「王子方踊備　御覧[51]」、さらに翌一八五九年には太守公の「継統大典[52]」を賀するために上国した国頭王子正秀が七月一二日の御膳進上で琉躍を上覧に備え、八月一九日にはまた「従　宰相様王子方幷古在番方踊御用御座候付」とある[53]。後者の「王子方」は国頭王子、「古在番方」とは前年からの在番親方であった嘉味田親方朝亮で、この時の同人の書状には「王子幷私方踊[54]」とあり、また新在番親方宮平親方良義の書状には同月二四日のこととして「按司御方幷私方踊[55]」とある。「按司御方」は「順聖院様薨逝[56]」によって香儀を進めるために派遣された本部按司朝章、この場合の「私方」は宮平親方をさす。弔使の本部按司が芸能を帯同したとは考えにくく、同道した従者から芸能を出したのであろう。

これらの事例からすれば、鹿児島で披露される芸能には、御膳進上を行う王子使者があらかじめ従者に準備させて帯同した王子方の芸能、琉球館の在番親方によって仕組まれた在番方の芸能があり、さらにあらかじめ準備したものではないが従者によって仕組まれた「使者方」「按司御方」の芸能があったとみてよい[57]。王子方、在番方は評定所文書にみられる用語であるが、一八五八年の「按司御方」などをさす使者方は本章における一種の造語で、一七一〇年（康煕四九／宝永七）に玉城朝薫らが踊った「琉球おとり」「唐おとり」も使者方の芸能であったとすれば納得がいく。

王子方の芸能は那覇川開船に先立つ餞宴で国王の検分を受け[58]、また御座楽、唐躍については久米村から師匠を呼び寄せ、約一年間をかけて従者の首里士族に教授させ、入念に準備された[59]。そこに王子方と在番方、使者方の違いがあり、他方、在番方、使者方として芸能を出しえたことは、芸能の素養が士族に遍く備わっていたことを示唆する。

入念に準備された王子方の芸能は、御膳進上以外にも「召入」によってしばしば薩摩側に賞看され、在番方、使者方の芸能もまた薩摩側からの所望によって上演されたことが【資料４】から知られる。ここには外交儀礼とは異なる薩摩藩の私的な場で国の御用に立てられる[60]（『報美条例』）芸能がみられる。

四　島津家の芸能所望

近世末、咸豊年間の評定所文書には、薩摩が琉球の芸能を所望した経緯が詳しくみえる。すでに引用した一八五六年（咸豊六／安政三）九月二日の例では、「新古在番方仕組之琉躍、御内々可被遊　御覧儀茂可有之旨、兼而御小納戸永江休之丞殿より御内達之趣太郎左衛門承知仕[61]」とあって、藩主島津斉彬の意向があらかじめ琉球館聞役新納太郎左衛門に伝えられていた。斉彬はその二年後に急逝し、その後を継いだ忠義が同年八月二二日、徳川家定襲職の慶賀使として上国していた伊江王子朝忠一行を城に召して二の丸の御庭と花園拝見、席書、琉踊を仰せ付けた時にも、「兼而家令衆より聞役江御達有之[62]」とある。さらに翌年八月一二日にも島津忠義の家督相続を賀する国頭王子正秀の一行は

「前廉被仰渡(63)」て二の丸の御庭を拝見し、外御茶屋で席書と「依願、御使者方躍」を御覧に入れ、一八六七年（同治六／慶応三）の八月一二日には上国していた使者具志川王子朝敷と豊見城王子朝尊、在番親方川平親方朝範の「両王子幷私」の踊りを「勝姫様より琉踊被遊　御覗候段兼而被仰渡候付(64)」上覧に備え、同年八月一六日にも「御側役島津求馬殿より兼而聞役江御達之趣(65)」によって二の丸での御庭と花園の拝見、席書と琉踊等があった。

前述のように、御膳進上が琉球側の主体的行事であったのに対し、これらは薩摩側の所望による芸能上演といえよう。家譜からも芸能所望の経緯がわずかに窺われ、御座楽に唐躍、琉躍が加わる一八世紀以降の江戸立における、所望によると思われる芸能上演は以下の通りである。

一七一四年（康熙五三／正徳四）には島津吉貴への御膳進上の芸能がその「国妃及世子又三郎」（翁姓（一〇六五）七世盛寿）の所望によって江戸で上覧された。国妃は吉貴の正室信證院で又三郎は継豊。一七一八年（康熙五七／享保三）には鹿児島の「信證院様御館」で御座楽が奏され（向姓（六〇九）三世朝直）、一七四八年（乾隆一三／寛延一）には同じく「信證院様　於栄様　於徳様」の御前で御座楽と唐戯（唐躍）があった（向姓（五〇三）四世朝昆）。江戸に上った具志川王子朝利の一行は、御膳進上に先立って藩主宗信と隠居したその父継豊の御前で御座楽と唐戯を演じる（同）。

一七六四年（乾隆二九／明和一）には江戸から鹿児島に戻った読谷山王子朝恒の一行が「因　嶺松院様之召」（傅姓（一六四九）八世厚昌）、「嶺松院后欲見」（毛姓（一〇〇九）一〇世安勅）によって御座楽、唐躍、琉躍を上覧に備える。嶺松院は継豊の側室。

一七九〇年（乾隆五五／寛政二）には鹿児島での御膳進上の後、内院の召入によって礒御茶屋でやはり御座楽、唐躍、琉躍があった（毛姓（一五一七）一一世盛方）。内院は斉宣の正室か。

一七九六年（嘉慶一／寛政八）には鹿児島での御膳進上の一〇日後にふたたび藩主の召入があって礒御茶屋で「奏楽」

（金姓（六四三）八世安昌）があり、江戸でも御膳進上に先立って芝の藩邸の外御茶屋で太守公（藩主）の召入による「奏楽」（同）、「歌楽」（毛姓（一〇〇五）九世安郁）、御膳進上の後にも太守公、中将公、奥平大膳大夫、雄五郎が列座する御前で「音楽」（同）がある。太守公は斉宣、中将公はその父重豪、奥平大膳大夫は重豪の次男奥平昌高、雄五郎は三男忠厚。

一八〇六年（嘉慶一一／文化三）には鹿児島での御膳進上の後、礒御茶屋への召入があって「座楽歌楽」（向姓（八）二世朝敕）があり、この年には江戸での御膳進上は行われなかったが、江戸城での奏楽のために「御家老」の下見があり、その場で唐躍、琉躍も演じられて太守公、若殿公が「覗」く（同）。太守公は斉宣、若殿公は斉興。その後、「御隠居公」の高輪中屋敷への召入があり、「座楽歌楽」「唐躍琉躍」があった（同）。御隠居公は重豪。

一八三二年（道光一二／天保三）には、鹿児島での御膳進上のほか、八月二日、同一三日に内院よりの召入があって奏楽、漢躍、球躍等があった（翁姓（一〇六七）八世盛方）。この年も江戸での御膳進上は行われず、芝の藩邸で斉興の召入が閏一一月六日（向姓（八）三世朝典）に、同一二日には内院の召入（一〇六七）、同二一日（一〇六七）に「栄翁」すなわち重豪が謝恩使豊見城王子朝春の一行を召し寄せ、同二二日にはやはり隠居の斉宣「渓山」も白金の屋敷に呼び寄せ[66]、それぞれ音楽、唐躍、琉躍（向姓（八）三世朝庸）があった。斉宣邸で描かれたのが永青文庫蔵の図巻「琉球人坐楽之図」である[67]。

一八四二年（道光二二／天保一三）には、七月四日の鹿児島での御膳進上の後、一九日（二の丸）、二七日（礒宮）に藩主の召入があって奏楽、歌舞があり（毛姓（一〇〇二）一四世安綱、魏姓（一二〇五）九世学誠）、江戸では御膳進上のほかに芝の藩邸へ三度の召入があって奏楽、漢戯、球舞（一二〇五）が行われる。三度目の一一月五日には藩主のほか「少将公」も同席したとあるが斉宣であれば中将公の誤りか。

これら召入―所望における芸能は王子使者に帯同される王子方であるが、従大和下状に御膳進上の芸能を王子方とする用例はなく、所望の場合に演者の立場が問題となるのであろう。

王子方の芸能は御膳進上のために帯同され、島津家からの所望にも対応した。御膳進上と所望の違いはまず番組にある。御膳進上の番組が残されていないためにその演目を知ることが出来ないが、一七六四年の江戸立における御膳進上に御座楽のほか「唐踊一番琉踊三番」のあったことが家譜からわずかに知られ（葛姓（二五〇）八世秀倫、金姓（六四三）七世有華）、御座楽、唐躍一番、琉躍三番が標準的な構成であったらしい。

他方の所望については、一八三二年閏一一月二二日の島津斉宣邸における番組が杉谷行直の図巻「琉球人坐楽之図」（永青文庫蔵）から知られ(68)、一部に異同があるものの『琉球人来朝関係書類』一（琉球大学附属図書館蔵）にも番組が収められる(69)（以下〈番組〉とする）。〈番組〉にみえる「用意」「用意外」の語を手掛かりとすると、まず御膳進上の構成に倣って演目数を増やした①御座楽（奏楽、唱曲）、琉躍五番、唐躍一番があった。〈番組〉は「奏楽儀注」「唱曲儀注」と「踊組」とを別に扱うから図巻の方が実際を反映していよう。次に図巻は②御座楽（唱曲）、琉躍三番、唐躍一番となり、①と同じ構成が演目を替えて繰り返される。これが〈番組〉では「用意」とされ、図巻では一番であった唐躍が〈番組〉では二番となる。さらに図巻は③琉躍三番、唐躍一番と続き、〈番組〉では②に入る唐躍一番を除く琉躍三番が「用意外」とされる。つまり①が当初に用意された演目で、その場での所望を想定して②もあらかじめ「用意」され、重ねての所望で「用意外」として③が当座に供されたことになる。

同年の『天保三冬／琉球使参府記略』（国立公文書館蔵）所収の番組(70)（「閏十一月十九日於栄翁侯亭廿一日渓山侯亭琉踊」）には、「御好ニ而／奏楽唱曲等有之／万年春より琉歌まて／御好／琉踊／〔三絃／笛〕／前ニ同／一四竹踊　立津里之子／崎山子」とある。日付に誤りがあるが、用意（あるいは用意外も）の所望には召入の主の好みが反映されていたらしいことが窺える。

以上は所望の一例に過ぎないが、所望に対する琉球使節の対応―御膳進上と所望における演目の差異を知る手掛りとなる。御座楽、唐躍には中国語の歌と台詞が必要であるから上演する演目はすべて琉球出発前に稽古され、一七九六年の史料である『琉球奏楽図』(大英図書館蔵)に「唐踊組」「唐踊用意組」と分けて収める唐躍台本の五番もすべて琉球で用意された。江戸立には五番の唐躍を用意する慣例があり(71)、この年には、出陣での夫婦の別れ(「餞夫」)、主人の小女への懸想(「送茶」)、傘の奪い合いとその裁き(「奪傘」)、賢母に導かれた立身出世(「跌包」)、老いて状元となる孝行談(「望先楼」)など、様々な趣向の唐躍があったが、内容的に御膳進上に相応しくない演目もあったに違いない。琉躍では祝儀的な「団扇躍」は御膳進上に相応しいが、一八三二年の用意外③に踊られた、当時の風俗を写した「網打躍」「伊計離節(72)」などは御膳進上に踊られることのない演目であったと思われる。つまり唐躍、琉躍には御膳進上のための演目と所望に対応するための演目があった。

一八三二年の江戸立には恒例の御座楽、唐躍とともに多彩な琉躍が帯同された。これらは江戸立―大和の御取持のために準備された王府芸能であるはずだが、「網打躍」「伊計離節」などまで王府の準備した王府芸能とするには疑問がある。王府が琉躍の準備にどの程度関与したかを知る史料は得られず、「網打躍」「伊計離節」が用意外の演目であったことからすれば、琉躍のうち、所望に対応する演目の一部は従者個人の芸を恃むものであったのではないか。つまり所望の芸能である王子方に、あらかじめ公的に準備されることのない従者の個人芸―使者方が加わるという変化がこの時期にあったと思われるが、その始まりがいつ頃であったかを確かめる史料はない。

おわりに

御膳進上を、王府は王子使者による外交儀礼とし、民族の慣習に基づく「琉球之規模」[73]とした。御膳進上では琉球における中国文化の受容を示す御座楽や唐躍が中心となり、琉球の文化を芸能によって表象する手段とする。しかし藩主に対して行われるべき御膳進上に島津家の人びとが参席する例のあったことからすれば、薩摩は御膳進上を外交儀礼と認識しつつも、御膳進上の芸能に対しても島津家からの所望に等しい姿勢があったと思われる。一八三二年の島津斉宣邸における番組が御膳進上の構成を踏まえて用意、用意外へと展開することも、逆に御膳進上を芸能鑑賞の場と捉えていたことを示すものであろう。

寛政年間以降の薩摩藩における御膳進上縮小の政策（第7章第四節）によって御膳進上は解体に向かい、御座楽、唐躍を帯同する機会は減る。後の一八四五年（道光二五／弘化二）に義村王子朝章が躍方の準備した組踊りを帯同したように、帯同される芸能は次第に琉躍などに代わっていく。しかもその琉躍は王府芸能を逸脱し、士族社会に行われる芸能そのままであった。王府は中国文化よりも日常に行われる琉球固有の文化を提示する方向に転じたのである。

註

（1）　山田哲史「上国使者一覧―中山世譜附巻による分類・整理―」（『史料編集室紀要』三一、二〇〇六年）。同稿によれば、使者の種類は、(1)年頭使・年頭慶賀使、(2)国質事・十年質・法司三年詰、(3)朝覲、(4)問安、(5)進香、(6)弔、(7)慰問、(8)訃、(9)慶賀、(10)賀、(11)謝、(12)請、(13)恭、(14)稟明、(15)稟報、(16)稟請、(17)捷報、(18)護送・運送・解送・転送、(19)その他、とする。

（2）これは年頭使・年頭慶賀使を派遣した期間である。

（3）宮城栄昌『琉球使者の江戸上り』（第一書房、一九八二年）。

（4）横山學『琉球国使節渡来の研究』（吉川弘文館、一九八七年）。

（5）小野武夫編『近世地方経済史料』第一〇巻（吉川弘文館、一九八七年）所収。二八三頁。「古老集記類」は仲吉朝助が『琉球産業制度史料』に収める「仲吉朝忠日記」。

（6）この御膳進上は、池宮正治が「冊封使を中国に送り、無事に帰国したことを確認して後に、家臣が祝意を込めて国王に酒肴を捧げる『御膳進上』」（「首里城の舞台に供された組踊と知られざる組踊」『日本東洋文化論集』七、二〇〇一年、四頁）とは異なり、『鹿児島県史料』薩摩藩法令史料集三（鹿児島県、二〇〇六年）に収める「御膳進上」をいう。

（7）薛姓（三五八）一世利元。

（8）毛姓（一〇〇九）一〇世安勅。

（9）【資料 a】（四四〜七頁）参照。家譜に御膳進上の語が使われる例は、向姓（八一）一〇世朝薫（一七〇五年）、阿姓（二六二三）一〇世守生（一七一〇年）、向姓（六〇九）三世朝直（一七一八年）、鄭姓（二一五三）一五世永功（一七七三年）、向姓（七四）一〇世朝惟（一八〇六年）と少ない。

（10）法令史料集三・三二六〜八頁。

（11）「自然金之王子指合候者、兄弟衆歟其外誰にても然々の衆、可被罷上由被　仰出候事」（旧記雑録後編六・二七八、光久譜）。

（12）那覇市史家譜資料三・一八七頁。

(13)　読谷山王子の「(朝恒)礼物」、湧川親方の「私物」は「古老集記類」にいう「内証進上物」であろう。
(14)　評定所文書九・三九五～六頁。
(15)　豊見山和行『琉球王国の外交と王権』(吉川弘文館、二〇〇四年)は、中城王子上国すなわち朝覲(御目見儀礼)の簡略化が一七九三年(乾隆五八／寛政五)にすでに薩摩藩から示唆されていることを指摘する(二二二～三頁)。
(16)　法令史料集三・二八一四。
(17)　那覇市史家譜資料三・四一四頁。
(18)　『沖縄県姓氏家系大辞典』(角川書店、一九九二年)の「奥本」の項に親方になった人物はみえない。
(19)　蔡姓(二〇九二)一三世任重が中華歌師、同一三世任邦が中華躍組師、梁姓(二一六五)五世国琬が歌楽師、梁姓(二一六七)一三世淵が唐躍師として久米村から首里に上って教授する。
(20)　鄭姓(一六七七)一五世永功に「十一月十八日御膳進上之時于御屋方御書院行歌楽之勤」とある。なお「古老集記類」(註5)には、「中城王子上国、御目見御膳進上等、首尾能相済帰帆之上は、国王より三司官使者を以御礼申上、国王中城王子共其外よりも進上物差上候先例之事」(四六〇頁)とある。
(21)　一七六四年の毛姓(一〇〇九)一〇世安勅に「十二月三日於太守公拝見自舞御稽古能(此日朝恒因献御膳音楽唐躍琉躍)」の記事がみえる。翌四日に行われた太守の稽古能(向姓(八)一世朝恒、向姓(四九〇)一二世朝喬など)の記事が三日の御膳進上に混入する。
(22)　池宮正治「朝薫が踊った女踊り―『くりまへおどり』について―」(『沖縄タイムス』一九八四年三月九～一三日朝刊。一一日は休載)。
(23)　毛姓(一五三〇)九世盛昌に「(一二月)六日美里豊見城両王子進膳于　吉貴公時朝見奏楽」、夏姓(一六二六)一一世賢光に「十二月初六日両王子進膳於　吉貴公朝見奏楽」。
(24) 史料によって異同があるためにここでは横山學『琉国使節渡来の研究』(註4)所収「琉球国使節使者名簿」による。
(25) 薩摩藩の江戸における中屋敷である高輪藩邸は、当時「先太守妃」すなわち島津光久の継室陽和院の住居であったと思われる。
(26) 正使与那城王子朝直(向姓(二六一一)一世)に奏楽と前述の唐歌以下、同じく正使金武王子朝祐(向姓(五)六世)に芸能の記述はなく、副使勝連親方盛祐(毛姓(一五一九)八世)に奏楽のみ、讃議官南風原親雲上守周(阿姓(二六二三)九世)に座楽、座楽主取兼通事の玉城親雲上朝薫(向姓(八一)一〇世)に奏楽、楽童子伊野波里之子盛真(毛姓(一五一八)一一世)、同じく保栄茂里之子盛珍(毛姓(一五三六)九世)に奏楽がみえる。
(27) 第9章で述べるように、中国語の台詞劇(唐躍)を習熟するためには約一年間の稽古が必要であったが、湧川親雲上朝略が江戸立の与力に任命されたのが出発前年の一一月、那覇を発つ七月までに半年の猶予しかなかったことも(向姓(四九〇)一一世朝略)、この「唐おとり」が王子使者の帯同する正式な芸能ではなかったことを示す。この年は楽童子の御座楽も同じ状況にあるが、御書院で日常的に稽古が行われていたとすれば、士族社会の芸能とはならなかった唐躍と事情は異なる。
(28) 池宮正治「組踊と中国演劇」(『新しい琉球史像』榕樹社、一九九六年)一五三〜七一頁。
(29) 大田南畝『一話一言』巻一五(国立公文書館蔵)。南畝は「和番」とするが蕃が正しい。
(30) 八月二〇日の仲秋宴の記事に、「上様より唐躍御望ニ而舞台下ニ而唐人躍一段」とある。
(31) 池宮正治「琉球舞踊の概観」(『琉球舞踊―鑑賞の手引き』沖縄県商工労働部観光・文化局、一九八五年)一九四〜五頁。矢野輝雄『沖縄舞踊の歴史』(築地書館、一九八八年)一〇四〜六頁。

(32) 一七一四年の球戯の内容はわからないが、この年の使節に楽童子以外の若衆はいないから球戯が二才の踊りであったことは間違いない。
(33) この踊りは若衆が若衆として踊る。二才踊りも同じだが、女踊りのみは若衆であれ二才であれ、女に扮して踊る点が琉球の踊りとしては画期である。
(34) 池宮前掲論文(註31)一九五頁。
(35) 第4章参照。
(36) 東京大学史料編纂所蔵『琉球関係文書』三。
(37) 「琉球人坐楽之図」(永青文庫蔵)。
(38) 伊波普猷『琉球戯曲集』(『伊波普猷全集』第三巻、平凡社、一九七四年)五〇、一三五～六、二二三頁。
(39) 御膳進上、大和人招請は尚家文書八七『冠船付御書院日記』。
(40) 平成一二～一四年度科学研究費補助金による研究公演(平成一三年三月三日、沖縄県立芸術大学奏楽堂)を「連れ立つ女たちの風景」と題したのはそうした理解による。また拙稿「『瓦屋節』考—女踊りの原景」(『沖縄から芸術を考える』榕樹書林、一九九八年)、「女踊り『本嘉手久節』考—歌と節と振のゆらぎ」(『ムーサ』一、二〇〇〇年)、「女踊り『諸屯』の成立—琉歌の視点から」(『沖縄県立芸術大学紀要』二〇、二〇一二年)を参照されたい。
(41) 註22、一九八四年三月一〇日朝刊。
(42) 一八六七年の八重山の躍番組に収める三種の女踊り「かすかけ」(『本田安次著作集』第一八巻(錦正社、一九九九年)三三二頁、三四三頁、三四五頁)に典型的なかたちでみられ、村踊りにも多くの事例がある。
(43) 池宮正治『池宮正治著作選集』二(笠間書院、二〇一五年)二七二～四頁。なお「団扇踊」から「団躍」への展開については別稿を用意するつもりである。
(44) 拙稿「『瓦屋節』考―女踊りの原景」(註40)。
(45) 番組は「女　団扇をどり」「二才　麾おとり」「女　笠おとり」「二才　口説はやし」「女　和久かすおとり」「二才　無手おとり」「女　貫花おとり」「二才　笠おとり」「女　四ツ竹おとり」「二才　口説はやし」「唐人踊」「四本道おどり」一二番。『日本庶民文化史料集成』第二巻(三一書房、一九六九年)に翻刻があるが一部脱落がある。
(46) 池宮正治「毛起竜(識名盛命)『思出草』―翻刻と注釈」(『日本東洋文化論集』八、二〇〇二年)三七頁。
(47) 評定所文書一三・三三〇頁。
(48) 在番親方の琉球館勤務期間は原則として一八ヶ月で、夏季には新古の在番親方が琉球館に勤務することになる。
(49) 評定所文書一四・二二七頁。
(50) 評定所文書一四・二三〇頁。
(51) 評定所文書一六・五〇〇頁。
(52) 『中山世譜附巻』(『琉球史料叢書』五、東京美術、一九七二年)一一四頁。
(53) 評定所文書一四・四六八頁。
(54) 評定所文書一四・四六一頁。
(55) 評定所文書一四・四六九頁。
(56) 註50。
(57) 「使者方」は未八月一四日付の本部按司の書状に、「依願御使者方躍被遊　御覧」(評定所文書一四・四五九頁)とあり、本章では王子方、在番方以外の芸能をさす語とする。

(58) 第1章三三五頁。
(59) 第9章三二八〜三三〇頁。
(60) 『沖縄県史料』第一四巻資料編四雑纂一(琉球政府、一九六五年)所収の褒美条例に「諸芸能致伝受御用ニ相立」とある(一五八頁)。
(61) 評定所文書一三・三三〇頁。
(62) 評定所文書一六・四九五頁。ただしこの時の伊江王子朝忠は、家定と斉彬の相次ぐ急死のためその後帰国する。
(63) 評定所文書一四・四五九頁。
(64) 評定所文書一六・四三六頁。
(65) 評定所文書一六・四三二頁。
(66) 『儀衛正日記』(東京大学史料編纂所蔵)。
(67) 同図巻の奥書には、「天保三壬辰之歳閏十有一月二十有二日画工杉谷行直於武州白銀邸中(薩州渓山侯)模写之」とある。
(68) 図巻から知られる番組は、「奏楽」(ただし場面は島津斉宣邸における全体図で「奏楽」の墨書がある)、「唱曲」「唱曲」「団扇躍」「麾躍」「笠躍」「打組踊」「打花鼓」「御代治口説」「唱曲」「唱曲」「唱曲／琉歌」「四ッ竹躍」「柳躍」「節口説」「風箏記」「網打躍」「借衣靴」「伊計離節」「上り口説」。
(69) 「踊組」には、「琉踊」として「団踊」「麾踊」「笠踊」「打組踊」「御代治口説」「打花鼓」、「唐踊」として「打花鼓」、「用意」として琉踊の「四ッ竹踊」「柳踊」「節口説」、唐踊の「風箏記」「借衣靴」、「用意外」として琉踊の「網打踊」「伊計離ふし踊」「口説はやし」。

(70)　天保三年の栄翁邸、渓山邸の番組とすれば閏一一月二一日、二二日が正しい(『儀衛正日記』)。なお『琉球人来朝関係書類』一には御座楽を含まぬもうひとつの番組があり、やはり三部の構成で「用意外」は琉踊の「かすかけ躍」「下り口説」、唐踊の「借衣靴」「風筝記」である。前述の〈番組〉では渡慶次筑登之が一人で踊る「麾踊」がこちらでは名嘉地里之子との二人の踊りとなり、「御代治口説」も〈番組〉では徳田親雲上、こちらでは名嘉地里之子になっているから、恐らく閏一一月二一日の高輪栄翁邸での番組で、沖縄県立博物館・美術館蔵の図巻「琉球人坐楽并躍之図」と一致する。

(71)　一七九六年の江戸立に用意された唐躍は五番であり(大英図書館蔵『琉球奏楽図』、東京大学総合図書館蔵『琉球劇文和解』)、同じく一八〇六年の江戸立に「奉　命編成倣戯五班」(梁姓(二一六七)一三世淵)とある。

(72)　板谷徹、金城厚、細井尚子「図巻『琉球人舞楽御巻物』の芸能史的考察」(『沖縄県立博物館・美術館、博物館紀要』四(二〇一一年))図版第一七図(六七頁)、同第一九図(六八頁)を参照されたい。

(73)　第7章二四九頁。

【資料4】

薩琉関係（薩摩上国・江戸立）芸能年表

＊この資料は薩摩上国、江戸立における芸能上演を家譜資料から抽出して年表化した。ただし使者が賞看した大和の芸能は含まない。

＊使者：太字は王子使者。役向の〔　〕は江戸立、（　）は薩摩上国を示し、『中山世譜附巻』による。ただし一六三〇年、一六三六年は使者ではない。

＊月日：「＊」は翌年、「**＊**」は同日の別資料の記事を示す。

＊芸能記事：芸能内容の詳しい記事を一例選ぶ。括弧内の数字は氏集による家譜の通し番号、その他は出典と頁数を示す。なお家譜資料については拙稿「家譜にみられる芸能資料」（一三頁）を参照されたい。

＊備考：薩琉関係において参照すべき事項を示し、派遣年、使者に関する注記（※）を含む。

西暦（唐暦／和暦）	使者（役向）	月日	芸能記事	備考
一六〇九（万暦37／慶長14）				薩摩侵攻
一六二一（天啓1／元和7）				御膳進上の初出

一六二二（天啓2／元和8）				年頭使の定例化
一六二六（天啓6／寛永3）	今帰仁親方宗能（年頭慶賀使）	11／6 ?	赴京都十一月六日　帝王御前於奏楽（七三〇） 亦在京都於朝　将軍家光公而奏楽（七三〇）	
一六三〇（崇禎3／寛永7）	城間親雲上清信	4／? 4／18 4／22 4／24～ 8／15	四月到于江府於紫御屋敷朝于家久公而奏楽（二〇七一） 家光公入御数奇座…於黒書院奏楽（二〇七一） 秀忠公御成之時楽（二〇七一） 数日相続御兄弟衆諸大名衆招請之時楽…其後尾張大納言殿紀伊大納言殿水戸中納言殿於殿下奏楽加之御大名衆於家台奏之（二〇七一） 於紫御屋敷家久公光久公献御膳或歌会或立花或管弦有御遊宴而間奏楽（二一八四三）	
一六三六（崇禎9／寛永13）	小橋川親雲上篤宴	10／13 11／24	上於京都奏楽於　帝王御前（八三〇）	※日付は『隔蓂記』による
一六四四（順治1／寛永21）	**金武王子朝貞**（御祝使） **国頭王子正則**（謝恩使）	6月中旬	同（崇禎）十六年癸未為将軍家綱公御誕生之御祝使尚氏金武王子朝貞赴子府之時為楽童子…翌年…六月中旬至江府不日登城奏楽（七五六）	江戸立始まる 尚賢襲封 ※此後、若君御誕生の時は、使札献物を薩摩国に渡して、江戸に来らす（通航一覧第一・四二頁）

一六四九（順治6／慶安2）	**具志川王子朝盈**（謝恩使）		楽童子（一〇三〇他）	尚質襲封
一六五三（順治10／承応2）	**国頭王子正則**（慶賀使）		楽童子（一九九他）	家綱襲職
一六五六（順治13／明暦2）	**国頭王子正則**（年頭使）	5／?	於御城献上　光久公御膳催琉球躍有興行（三五八）	
一六六〇（順治17／万治3）	**中城王子尚貞**（朝観）		楽童子（一六四九）	
一六六五（康熙4／寛文5）	**大里王子朝亮**（冊封御礼使）	1／4	朝観　光久公於朝亮献膳之時奏楽於御書院（四九〇）	
一六七一（康熙10／寛文11）	**金武王子朝興**（謝恩使）		楽童子（一二五八）	尚貞襲封
一六七四（康熙13／延宝2）	**中城王子尚純**（朝観）		楽童子（一八一一他）	
一六八二（康熙21／天和2）	**名護王子朝元**（慶賀使）	4／12 4／14	中将光久公使奏楽而試之（六八二） 随王子進城奏楽以聞綱貴公於是　綱吉大悦（六八二）	綱吉襲職
一六八七（康熙26／貞享4）	玉城親方朝恩（年頭使）	9／22	使者及役々従大守公内　召入五本松御茶屋上覧琉躍時賜盛宴（六八七）	
一六九三	**佐敷王子尚益**（朝観）	8／5	従光久公、琉歌三線之音律聴慰慮、予等召御下	※8／8も

（康熙32／元禄6）		※	屋敷賜馳走、玉席近奏歌絃（一五一）	
一七一〇（康熙49／宝永7）	**美里王子朝禎**〔慶賀使〕 **豊見城王子朝匡**〔謝恩使〕	8／18	奉　命謁東照宮及南泉院神主殿而奏座楽（一〇一四）	家宣襲職 尚益襲封
		閏8／6	自両王子献於　吉貴公膳時　朝見奏座楽（一〇一四）	
		10／20	到伏見同日於御本亭有楽稽古之旨（二六二三）	
		11／21	進　城朝見　将軍家宣公於御前奏楽時賜宴（一〇〇五）	
		*	登城奏音楽三成明曲清曲因　命再奏音楽二成明清曲琉曲（一五四五）	
		12／6	美里豊見城両王子進膳于　吉貴公時朝見奏楽（一五三〇）	
		12／7	於高輪御屋敷陽和院様信證院様於御前奏楽（二六二三）	
		12／15	於　太守妃御前奏座楽（一〇一四）	
		*2／21	於須摩様要看奏楽故在于佐多豊前殿宅奏楽（一五三〇）	
一七一四（康熙53／正徳4）	**与那城王子朝直**〔慶賀使〕 **金武王子朝祐**〔謝恩使〕	8／23	両王子在于御書院献膳時漢楽球楽及戯恭備　上覧（一〇六五）	家継襲職 尚敬襲封
		12／4	大樹家継公欲聞音楽由是琉人咸上　城奏楽之時賜宴（一五一八）	唐躍の初出
		12／12	国妃及世子又三郎公伝旨奏楽此日座楽漢戯球戯悉備　上覧（一〇六五）	

		12/16	献上御膳…於　太守公…是時奏聞唐歌琉歌琵琶三線等(二六一一)	
一七一八（康熙57／享保3）	**越来王子朝慶**（慶賀使）	7/20	於大雄山並南泉院　御霊前奏楽(六〇九)	吉宗襲職
		7/23	正使朝得御膳進上之時於御城奏楽(六〇九)	
		8/2	於　信證院様御館奏楽(六〇九)	
		11/15	為御暇登城之時於大広間御座奉奏座楽(二一五〇)	
		11/23	正使朝得御膳進上之時奏楽(六〇九)	
		11/28	於　御前様御前奏楽(六〇九)	
一七三〇（雍正8／享保15）	**北谷王子朝騎**（為下賀三益之助公。為二竹姫君猶子一事上）	12/16	現今王子献御膳於　継豊公時朝昆等唱琉歌並唐歌奏聞　太守公(五〇三)	
一七四八（乾隆13／寛延1）	**具志川王子朝利**（慶賀使）	7/26	拝謁大雄山及南泉院此時奏楽(四八四)	家重襲職
		8/4	朝利献膳於　宗信公此時奏音楽為唐躍(一〇六七)	
		8/17	在于　信證院様　於栄様　於徳様御前奏音楽作唐戯(五〇三)	
		12/18	又進　城奏音楽(一〇六七)	
		12/20	在於　継豊公　宗信公御前奏音楽作唐戯(五〇三)	
		12/23	朝利進膳於　宗信公因而朝見奏音楽作唐躍(四八四)	
一七五二	**今帰仁王子朝忠**（謝恩使）	7/24	拝謁大雄山宮並南泉院照例恭献御宮並神位金二	尚穆襲封

（乾隆17／宝暦2）			百疋〔此時有奏音楽〕（四）	
		7／25	進　城恭献御膳時奏音楽及漢躍球躍等以備　叡覧（四）	御座楽・唐躍・琉躍の定例化
		12／18	随　太守公進　城恭奏音楽（四）	
		12／23	献御膳於　太守公時奏音楽及漢躍球躍等以備　叡覧（四）	
一七六一（乾隆26／宝暦11）	喜屋武按司朝隆〔為下賀三太守重豪公承祧。初到二薩州一事上〕	8／21	蒙　大守公内院召入磯御屋敷於鶴之間朝見…琉歌三線半笙等合奏琉躍備　叡覧（四八九）	『近秘野艸』に「琉球踊」
		10／26	又蒙　大守公召入磯御屋敷在鶴之間朝観…琉歌三線半笙等合奏琉躍備　叡覧（四八九）	
一七六三（乾隆28／宝暦13）	**玉川王子朝計**〔為下賀二万寿姫君誕生一事上〕 **豊見城王子朝儀**〔為下賀二若君公誕生。及　太守公婚礼一事上〕	8／27	臨「舌舞《（ママ）》」唐饌且催琉踊（近秘野艸）	
		10／1	玉川王子・豊見城王子献　公盛膳、公親觴之（近秘野艸）	
		10／3	召王子等於大礒館、観琉球踊（近秘野艸）	
一七六四（乾隆29／明和1）	**読谷山王子朝恒**〔慶賀使〕	7／21	拝謁大雄山宮及南泉院進献大官香各四把〔此時奏音楽…〕（四九〇）	家治襲職
		7／22	拝謁福昌寺浄光明寺〔奏楽如例〕（一二一〇〇）	
		11／15	王子献御膳於大守公同而召見〔旧例在麑府時行之雖然此礼此時有奏楽併琉躍三番〕（一二五〇）	
		11／25	随　太守公進　城奏音楽以備　叡覧（八）	
		12／3	恭進御膳於　太守公及　浄岸院様　御前様〔此	

			時作楽舞以備　叡覧」（八）	
		*	王子献御膳於　大守公因而召見…〔此時有奏楽併唐踊一番琉踊三番」（二五〇）	
		*	於　太守公拝見自舞御稽古能〔此日朝恒因献御膳音楽唐躍琉躍」（一〇〇九）	
		*2／22	因　嶺松院様之召於彼館唐踊琉踊奏歌（一六四九）※	※この項と次項は同一にして日付の誤りか
		*2／23	嶺松院后欲見音楽唐躍琉躍因茲随讃議官楽生等進筑地御屋敷（一〇〇九）	
一七六七（乾隆32／明和4）	伊舎堂親方盛敞（年頭慶賀使）	8／29	蒙　太守公於磯御屋敷命琉人唱奏琉歌舞三絃簫等以備　聖覧（一〇六七）	
一七七三（乾隆38／安永2）	**読谷山王子朝恒**（為下賀三敬姫様。為二御前様猶子一事上）	11／21	朝恒恭献　太守公御膳並進礼物…〔此時作琉躍以備　叡覧」（八）	
		*	読谷山王子亦献盛膳奏楽如前（近秘野艸）	
	中城王子尚哲（朝観） 本部按司朝救（為下進二香浄岸院公一事上）	8／21	太守公召随尚哲公皆使者到磯御屋敷賜盛膳…盛膳時奏唐歌琉歌三味線並舞躍也（一三三五）	
		8／29	相遇新建至聖廟大守公如拝謁之期奉　欽命奏作音楽以供祭儀（二一五〇）	
		9／3	奉　命於　聖堂奏音楽（二六一三）	
		9／18	御書院奉作座楽（二一五〇）	
		11／18	献御膳之時跟随世子　城在御書院奏歌楽（二一六一三）	

		*	琉人奏二座楽及唐躍一（旧記雑録追録六・一一二四）	
		*	中城王子献　公盛膳、奏琉唐楽以備　英覧（近秘野艸）	
		12/13	右相済、亦書院へ　御出座、唐踊・琉踊可奉備御覧候（法令史料集一・八〇九）	
		*2/9	即日奉　命教授音楽于司聖堂之官員（二六一三）	
一七八九（乾隆54／寛政1）	**大宜見王子朝規**（為下賀二太守様承祧。及　中将様致仕一事上）	11/27	召入磯茶屋賞看御庭及火花賜盛宴…（此時琉躍備　上覧）（一五一七）	
一七九〇（乾隆55／寛政2）	**宜野湾王子朝祥**（慶賀使）	8/6	朝陽献御膳於　太守斉宣公因而召見（此時有奏楽併唐躍琉躍）（一五一七）	家斉襲職
		8/17	拝謁大雄山宮及南泉院（奏楽如例）（一五一七）	
		8/28	随朝陽従内院召入磯御茶屋賞看御庭及花火賜盛宴…（此時有奏楽併唐躍琉躍）（一五一七）	
		12/5	随朝陽進　城奉奏音楽（一五一七）	
		12/13	王子献御膳於　太守公因而召見…（此時有奏楽併唐躍琉躍）（一五一七）	
一七九五（乾隆60／寛政7）	与世山親方朝郁（年頭慶賀使）	8/23	太守公［　　］之浦御屋敷是時令［　　］躍口説囃子等藝（一三）	
		*5/28	召入礒御茶屋作琉躍口説囃子等藝以備　上覧（一三）	
一七九六	**大宜見王子朝規**（謝恩使）	8/9	王子因進御膳於　大守公登　城奏楽（六四三）	尚温襲封

年	使節	月日	事項	出典
（嘉慶1／寛政8）		*	朝規献御膳於　太守公為音楽唐躍琉躍（一〇〇二）	琉球歌舞図巻（徳川美術館）
		8／17	拝謁大雄山及南泉院奏楽（六四三）	琉球劇文和解（東大総合図書館）
		8／19	蒙　太守公召入議御茶屋令看花火以賜盛宴…此時奏楽（六四三）	琉球奏楽図（大英図書館）
		12／9	随太守公登　江城奏楽（六四三）	
		12／15	蒙　太守公召入外御茶屋以賜盛宴…此時奏楽（六四三）	
		*	於芝御屋敷御茶屋朝見　太守公奏歌楽以賜盛膳（一〇〇五）	
		12／19	王子因進御膳於　太守公進於芝御屋敷奏楽（六四三）	
		*	随朝規召入芝御屋敷為音楽唐躍琉躍時于賜盛宴（一〇〇二）	
		12／24	於御殿奥御座朝見　太守公及　中将公時奥平大膳大夫様雄五郎様御烈座奏音樂以賜盛膳（一〇〇五）	
	伊是名親方朝承（年頭慶賀使）※	9／19	於磯御茶屋備　上覧音楽唐躍琉躍（五九）	※中山世譜附巻は朝義
一八〇六（嘉慶11／文化3）	**読谷山王子朝敕**〔謝恩使〕	8／9	恭照例献御膳及方物〔此時奏音楽唐躍琉躍以備叡覧〕（八）	尚灝襲封
		8／16	蒙召入磯御茶屋賜盛宴且看挽綱花火席絵及御庭〔此時奏座楽歌楽〕（八）	

		8／17	拝謁大雄山及南泉院御霊位此時奏楽（一〇〇二）	
		11／17	座楽歌楽御家老為下見且因准許倣唐躍琉躍　太守公　若殿公為覗畢朝見蒙賜盛宴（八）	
		11／27	随　太守公　若殿公　城奏音楽及唐歌琉歌以備叡覧（八）	
		12／9	御隠居公召入高輪殿奏座楽歌楽及倣唐躍琉躍以備　叡覧蒙賜華宴（八）	
一八二七（道光7／文政10）	**義村王子朝顯**（為㆘稟㆓請帰政㆒事㆖）	8／16	進二丸殿観庭園且於本丸外茶屋謁見　大守公時蒙　太守公賜宴…時奉　太守公令着令与力以下人等呈座楽唐躍併席書（一〇）	
一八三二（道光12／天保3）	※**豊見城王子朝春**（謝恩使）	8／2	奉　大守公之命従内院領楽師楽童子於二丸御殿奏楽及有漢躍球躍等蒙賜盛宴（一〇六七）	尚育襲封 琉球人坐楽之図（永青文庫） 琉球人座楽并躍之図（沖縄県立博物館・美術館） ※ただし正使は鹿児島に没し、讃儀官普天間親雲上朝典が代行。
		8／4	正使献御膳時随進　城奏楽（一〇六七）	
		8／13	又従内院随副使領儀衛正及楽師楽童子於二丸御殿奏楽且…竣賜盛宴（一〇六七）	
		閏11／6	到芝御殿奏音楽並備唐躍琉躍（八）	
		閏11／7	随正使又進　城朝観奏楽時蒙賜御菓子御吸物及盛宴（一〇六七）	
		閏11／12	今日座楽歌楽御下タ見ニ付、…御次第書之通楽相済、引次琉踊唐踊備御覧（儀衛正日記） 奉　大守公之命従内院召奏楽且有漢踊球踊等（一〇六七）	
		閏11／17	今日音楽踊於　御舞台被仰付候旨被仰渡、楽正	

年	使節	月日	記事	出典
			楽師楽童子其外踊人数、…御次第書之通相済（儀衛正日記）	
		＊	於御舞台奏音楽且備躍此時賜盛宴（八）	
		閏11／21	御料理等被下、音楽唐琉踊備　御覧〔儀衛正日記〕	
		＊	蒙　二位公召奏楽及有漢踊球踊等時賜盛宴（一〇六七）	
		閏11／22	蒙　中将公召奏楽並有漢踊球踊竣写字時賜盛宴（一〇六七）※	※閏十有一月二十有二日画工杉谷行直於武州白銀邸中模写之（琉球人坐楽之図）
		閏11／23	楽正以下楽童子江席書被仰付、引次踊備　御覧（儀衛正日記）	
		＊	蒙　旨楽正以下席書並備躍（一一三）	
一八四二（道光22／天保13）	**浦添王子朝憙**〔慶賀使〕	7／4	正使調膳奉進　太守公〔時有漢戯球舞〕（一五一七）	家慶襲職琉球人舞踏図巻（東京国立博物館）
		7／19	随王子蒙召入二之丸殿奏楽歌舞及席書備　呈覧時賜盛宴（一〇〇二）	
		7／27	再入礒宮賜宴及物件且観漁〔時有奏楽〕（一二一〇五）	
		8／3	拝謁大雄山宮及南泉院奏楽（一二一〇五）	
		11／20	召入　芝宮賜宴〔時有奏楽席書等技〕（一二一〇五）	
		11／22	進　城蒙回国〔時奏音楽〕（一五一七）	
		＊	随王子進　城奏音楽備　大樹公（一〇〇二）	
		11／24	正使調膳奉進　太守公〔時有音楽並漢戯球舞〕	

			（一五一七）	
		11／27	召入　芝宮奏楽（二二〇五）	
		12／5	同正使召入　御殿蒙賜筵宴…〔時有漢戯球舞〕（一五一七）	
		＊	照例奉献　大守公少将公…召入　芝宮賜宴〔時有席書華歌琉躍等技且…〕（二二〇五）	
一八四三（道光23／天保14）	**浦添王子朝憙**（為下賀三太守様。陞二正四位上一事上）	7／17	蒙　太守公于二丸殿賜細帯地一條数寄屋絹一端〔時奏音楽以備叡覧〕（一七〇一）	
		8／8	蒙　太守公召入二丸殿賜盛宴…〔時奏音楽以備御覧〕（一七〇一）	
一八四五（道光25／弘化2）	**義村王子朝章**（蒙四薩州。恩三免　中城王子。入二朝薩州一）	8／6	進城献宴奏琉楽倣琉躍以尊覧（一〇）	
		8／9	見　太守公於磯之茶屋〔此時宴賞看綱引烟火後亦音楽及戯舞備　公覧…〕（一五三〇）	
		8／25	於二丸座楽唐歌（一〇）	
		8／29	於御本丸外茶屋令倣琉踊以備御覧（一七〇一）	
		＊	於本丸外茶屋令為琉球歌舞以供尊覧（一〇）	
		9／3	於御本丸外茶屋令倣琉踊以備御覧〔時令奏楽歌舞以備　御覧〕（一七〇一）	
		＊	召入于二丸外御茶屋琉組躍呈　上覧（一六六七）	
一八四九（道光29／嘉永2）	**国頭王子正秀**（為下去秋。仏夷回レ国。恭告二其由。一併行二謝礼一事上）	8／19	召入二丸御庭賜盛宴此時琉躍備　上覧（一五一八）	

資料4　薩琉関係芸能年表

一八五〇（道光30／嘉永3）	**玉川王子朝達**〔謝恩使〕	7／19	到二丸御殿令奏鼓音楽及為華舞琉舞（一〇六七）	尚泰襲封
		7／25	到二丸御殿…又令楽舞（一〇六七）	
		8／7	到御本丸御殿令為音楽術童子躍又蒙賜物件及筵宴（一〇六七）	
		11／2	令演習礼儀音楽（一〇六七）	
		11／8	在芝御屋敷写漢字以呈　上覧〔時有音楽〕（一六六七）	
		11／11	復令演習礼儀音楽（一〇六七）	
		11／21	蒙拝謁御殿復令演習礼儀音楽（一〇六七）	
		11／22	進　城朝観令奏楽唱歌又蒙賜点心及筵宴（一〇六七）	
		12／5	召入芝御屋敷蒙賜筵宴…時〔有漢戯球舞〕（一六六七）	
		12／7	在芝御屋敷蒙賜…盛宴時〔有音楽及漢戯球舞〕（一六六七）	
一八五六（咸豊6／安政3）	浦崎親方政権（年頭慶賀使） 松島親方朝詳（年頭慶賀使）	9／2	今月二日浦崎親方・渡名喜親方・久手堅親方・与儀親雲上・私其外定式役々・帰唐役々迄茂玉里愛宕御宮参詣之願有之候者御免可被仰付、左候者新古在番方琉踊御内々被遊　御覧候儀茂可有（評定所文書一四・一二三〇頁）	
一八五八（咸豊8／安政5）	**伊江王子朝忠**〔慶賀使〕※	8／12	同十二日、王子始御使者役々、外御庭江被為召、二丸御庭幷御花園拝見被仰付、席画幷琉踊等可被仰付（評定所文書一六・四九五頁）	家定襲職 ※ただし江府に到らず

一八五九（咸豊9／安政6）	**国頭王子正秀**（恭㆓賀　太守公継統大典㆒。兼行㆓諸凡賀礼㆒）	7/12	当日王子始御使者役、聞役案内ニ而登　城、御目見御膳進上其外進上物琉踊　上覧、王子江拝領物等都而先格之通首尾能相済申候（評定所文書一四・四六六頁）
	本部按司朝章（因㆓順聖院様薨逝㆒。…恭進㆓香儀㆒）	8/12	二之丸御庭拝見於外御茶屋席書幷依願御使者方躍被遊御覧（評定所文書一四・四五九頁）
	嘉味田親方朝亮（年頭慶賀使）	8/19	従　宰相様王子幷私方踊御用被仰付候付、聞役より被召列玉里於御楽屋踊備　御覧（評定所文書一四・四六二頁）
	宮平親方良義（年頭慶賀使）	8/24	按司御方幷私方踊玉里御茶屋江被為　召被遊御覗（評定所文書一四・四六九頁）
		9/2	従　宰相様玉里御茶屋江御安置之愛宕御宮参詣被仰付…新古在番方琉躍可被遊　御覧儀（評定所文書一四・一二二七頁）
一八六七（同治6／慶応3）	**具志川王子朝敷**（為㆘賀㆔天朝。賜㆓　太守様。馬匹㆒事㆖）	8/9	当日両王子始御使者役々、聞役案内ニ而登　城御目見、御膳進上、其外進上物、琉踊　上覧（評定所文書一六・四三一頁）
	豊見城王子朝尊（為㆘恭㆓謝　冊封諸凡典礼。全竣㆒事㆖）	8/12	玉里御屋敷江両王子を始御使者役々迄被為　召、御料理頂戴、音楽等見聞被仰付（評定所文書一六・四三一頁）
	川平親方朝範（年頭慶賀使）	8/12	玉里御屋敷江両王子を始御使者役々迄被為　召、御料理頂戴、音楽等見聞被仰付（評定所文書一六・四三一頁）

	＊	勝姫様より琉踊被遊　御覗候段、兼而被仰渡置候付、両王子幷私踊打組備御覧（評定所文書一六・四三六頁）
	＊	王子方踊備　御覧（評定所文書一六・五〇三頁）
	8/16	両王子其外琉球人、外御庭江被為　召　二丸御庭幷御花園拝見被仰付、席書幷琉踊等被仰付（評定所文書一六・四三二頁）
	＊	両王子・私、踊備　御覧（評定所文書一六・四三七頁）

V　琉球に伝承された中国演劇

9　唐躍について

近世琉球に行われた中国演劇については、島袋全発「打花鼓」[1]、池宮正治「組踊と中国演劇」他[2]、喜名盛昭・岡崎郁子『沖縄と中国芸能』[3]などの著作があり、戦前からもっぱら能との関連で論じられた組踊り成立の問題に、池宮は中国演劇の影響という新たな視角を提示する。

この中国演劇は、王府が一八世紀中葉以降の江戸立に御冠船踊りの端踊り（琉躍）とともに帯同させた芸能であり、演者である従者が二つを同時に演じていたという事実からすれば、端踊りへの中国演劇の影響を、とくに身体技法の点で明らかにする必要がある。現在の宮内庁楽部の楽人が雅楽と洋楽をともに行うに等しい巧妙な使い分けであったのか、琉躍の身体に唐躍の演技が相当の影響を与えたのかを本章で明らかにすることはできないが、組踊りの成立とともに近世琉球の中国演劇はそうした問題の発展性を含んでいる。

この中国演劇は近世琉球の家譜に漢戯、漢躍、唐躍などと表記され、これに対応する端踊りは琉躍、球躍、球戯、球舞などとされた。漢も唐も王朝の名ではなく、琉球では中国を唐と呼ぶ習慣があった[4]。琉球の正史である『球陽』や一部の家譜で冠船の芸能を戯舞とするのは中国的表記だが、球戯が組踊りをさすわけではなく、戯は必ずしも琉球で演劇をささず、むしろ戯は戯舞と同様に芸能の総称であろう。琉球で組踊りというように演劇と舞踊は区別されず、漢躍、唐躍などの躍もまた舞踊を意味するものではない。王府文書や薩摩藩文書には唐躍の語がもっとも多く使われることから、(5) 近世琉球の中国演劇に芸能の様式名称として唐躍を採るのが妥当であろう。
本章では近世琉球における唐躍の実態をまず整理しておく。

一　唐躍の伝来と伝承

1　冊封使帯同の戯子と唐躍の伝来

琉球国王を冊封する中国皇帝の勅使は「戯子」すなわち役者を帯同して来琉することを例としたらしい。一五六一年（嘉靖四〇／永禄四）の尚元冊封の使録（郭汝霖『重編使琉球録』）の巻上、「用人」の項に戯子がみえる。また一六〇六年（万暦三四／慶長一一）の尚寧冊封の夏子陽『使琉球録』所収の題奏にみえる「医卜技芸之流」にも恐らく戯子が含まれていたであろう。勅使の戯子帯同の目的は、一六三三年（崇禎六／寛永一〇）の尚貞冊封における従客胡靖の『琉球記』に示される。

国王設宴例用貼厨、則天使自帯十五人、為王弁宴、茲封大宴者七、如朔望逢五及十皆小宴、則輪遣三法司詣那覇、相陪必以梨園、演劇悉用随行者、若彼国者則不知為何物也

勅使に対する王府の接待に、国王が設ける大宴（七宴）のほか、一日、一五日（「朔望」）や、五と一〇の日（「逢五及十」）には天使館に小宴を設けて三司官（法司）が交代で陪席し、小宴には必ず役者による芸能が行われ（「必以梨園演劇」）、演ずるのは随行者で（「悉用随行者」）、琉球の人には理解できない内容であった（「若彼国者則不知為何物」）とする。この年には首里に上って重陽宴（重九宴）でも演じたらしく、『琉球記』は続けて、

時重九宴、天使観競渡於斯潭、爰従潭高埠新架亭台、…時請天使登台、先用随行梨園双演諸劇、遂有六龍競渡潭

中

とし、龍潭における恒例の龍舟戯に先立って「諸劇」が演じられた。(6)

一七一九年（康熙五八／享保四）の尚敬冊封の冠船にも、戯子が久米村に舞台を構えて劇を演じたことが『書簡案文集』（沖縄県立博物館・美術館蔵）にみえる。すなわち、

> 唐人にも那覇上之天妃楼作り布を張、一七日程戯倡段々有之候、就中さんさう法師天竺江行給ふ時、於中途段々変化之者ニ逢給へし御執行之次第、奇妙不思議之有様、目をさます次第、難尽言語候

とある。案文集ではあるが事実であった可能性が高いのは、この年の『冠船日記』（台湾大学図書館蔵）の八月二〇日条に、仲秋宴で王府の準備した芸能が終わると「勅使より躍御望ニ付躍二段有之唐人より躍有之」の後「焔花御覧」（花火見物）となり、さらに「上様より唐躍御望ニ而舞台下ニ而唐人躍一段」と記される一文によって戯子の帯同が確認されるからである。

冊封使が伴う戯子によって琉球にもたらされた中国の演劇を学んだのは中国からの移民が集住して王府の対中国外交に関与した久米村人であった。後に王府は「唐歌唐躍」の伝承を久米村に命じたらしく、「三平等兼題文言集」の課題のひとつに「右条々、久米村人之内無伝失稽古受次候様可取計旨、夫々相応之訳申述、惣役長史江仰渡之趣」、すなわち暦学、風水、日食月食、唐歌唐躍の伝承を久米村の惣役、長史へ命じる通達の案文が収められる。(7)

唐歌唐躍の久米村での伝承は後述するように国の御用に立てることが目的であったが（「三平等兼題文言集」）、首里城でも唐躍を演じていたことが一五七九年（万暦七／天正七）の尚永冊封の副使謝傑の『琉球録撮要補遺』の国俗にみえる。(8)

> 居常所演戯文、則閩子弟為多、其宮眷喜聞華音、毎作輒従簾中窺、長吏恒跽請典雅題目、如拝月西廂買臙脂之類、

皆不演、即岳武穆破金班定遠破虜、亦嫌不使見、惟姜詩王祥荊釵之属、則所常演、夷詢知咸嘖嘖羨華人之節孝云

琉球の演劇（戯文）は多く閩子弟（久米村人）によってなされ、首里城の人々（宮眷）はその中国語（華音）を喜び、好まれた演目は「姜詩」「王祥」「荊釵」などで「華人之節孝」を羨んだとする。(9)

久米系家譜にはほかにも久米村人が首里城に召されて演劇のあった記事がみえる。謝傑の使録から一世紀以上を経た一七〇〇年（康熙三九／元禄一三）の七月一七日に世子尚純、一九日に世孫尚益が久米村人を召して観劇し（「特召看劇」）、また翌年にも七月一五日に世子、二〇日に世孫の観劇があった（以上、魏姓（一一九九）四世士哲。康熙四〇年は魏姓（一二〇〇）五世鳳、魏姓（一二〇一）五世鵬にも）。池宮正治はこの記事から『劇』はやはり組踊以前の劇的な内容のものだったかもしれない(10)」とするが、むしろ久米村で伝承する唐躍の久米村人による上演とするのが妥当であろう。

2　久米村における唐躍の伝承

久米村における唐躍の伝承については島袋全発の「打花鼓」に触れられ、「久米村青少年の読書、講談、作詩、官話等の学問は、明倫堂で修業し、毎月、三、六、九の日はその復習デーになっていたから、久米村では今日の所謂学芸会の事を三六九と称し」、春秋の大会には武芸や唐躍も出されていた。(11)また同稿には「久米村日記」から次の口上覚が引用される。(12)

口上覚

恐多く御座候へ共申上候。私事、此節謝恩紫金大夫神村親方従内無系仲村渠にや病気御断りに付、代りて渡唐致し、唐歌楽並唐躍稽古仕り度存じ奉り候条、御免仰付られ度奉願候。此旨宜しき様、御取成下され度奉願候。以上

この史料はすでに失われて口上覚の年月を確かめることができないが、「謝恩紫金大夫神村親方」とあることから一八六六年（同治五／慶応二）の尚泰冊封を謝する渡唐使者（『中山世譜』巻一三）と推定され、神村親方は阮姓（一一八七）九世宣詔である。[13]「唐歌楽並唐躍稽古」のために渡唐を願い出たのは「鄭氏池宮城筑親雲上（当三五歳）[14]」で、恐らく勤学[15]としての留学であろう。このような唐躍学習のための渡唐が久米系家譜にはほかにもみえる。

一七九〇年（乾隆五五／寛政二）の江戸立に毛致志とともに唐躍を教授した梁淵は、一七七三年（乾隆三八／安永二）の世子尚哲の御目見上国に「唐躍師」を務めた後、

> 乾隆五十年乙巳六月十六日再請　憲令、為習礼読書及習中華歌楽雑戯、随在船都通事蔡徳蘊具志親雲上、次年丙午五月初三日那覇開船、初九日到閩細肆楽戯、戊申四月初五日随在船都通事阮善真玉橋里之子親雲上帰国（梁姓（一一六七）一三世淵）

と、「習礼読書」「中華歌楽雑戯」を学ぶために渡唐する。この雑戯が唐躍であったことは疑いない。また魏姓（一一〇〇）九世秉礼の条には一八三九年（道光一九／天保一〇）の次の記事がみえる。

> 道光十九年己亥七月為学習唐躍事奉　憲令充為勤学、随総官高嶺里之子親雲上魏尊恭坐駕接貢船、十月十六日那覇開洋…二十七日漂到福建省内厦門外洋南定地方拋錠[16]灣泊、十一月初一日転到漳州府嶼津洋面、初四日進入本港、二十二日稟請随同存留官王兆棠国場里之子親雲上、自陸起身、十二月初一日到柔遠駅就師学習歌舞、翌年五月十八日随進貢正議大夫林奕海新崎親雲上、五虎門開船、二十三日到馬歯山、二十五日開棹回国

この資料から柔遠駅すなわち福州の琉球館において唐躍を学んだ（「就師学習歌舞」）ことがわかるものの、どの劇種を学んだかは明らかではない。[17]

勅使の戯子帯同が一七一九年（康熙五八／享保四）で絶えたことにより久米村人の渡唐学習が始まるかとも想像され

る。

二　唐躍の上演機会

前述の「三平等兼題文言集」は久米村で唐歌唐躍を伝承すべき理由（「訳」）として以下の案文を掲げる。

＊江戸立之時、且唐歌者御茶屋江御奉行御申入之節ニも御用有之、彼是御公界向相懸、格別成芸術候条、是又致習熟、夫々之御用無支、曲節又者舞方等聊不取違様可相弁事[18]

＊御当地御用迄ニ而無之、他国御公界向相懸、格別成芸術候得者、精々習受、差当無支相弁候様可申付事[19]

＊他国御公界向相懸一稜之御用芸ニ而、致稽古候者不罷居候而ハ、御用支罷成事候条、曲節立振等細密ニ習受事[20]

唐歌とともに唐躍は王府の御用芸とされ、「御当地御用」すなわち薩摩藩在番奉行の御取持、「他国御公界」すなわち江戸立などにおける王子使者の御膳進上に用いるために、久米村における唐躍の伝承を王府は必要とした。

これを江戸立によって検証すると【資料d】の通りとなる。なおこの一覧は家譜資料から唐躍と思われる芸能の記事を抜粋した。上演機会を二種に分け、御膳進上の月日を一字下げ、その他の上演機会を三字下げにして区別した。また同一事項の別の家譜における記事（※）を次の行に附した[21]。

【資料d】　唐躍上演記事一覧

一七一四年（康熙五三／正徳四）　慶賀使・謝恩使

【四月二七日】為賜餞宴事王子以下在南風御殿漢粧礼式及漢戯球戯恭備　聖覧既而任道等於御番所賜膳（翁姓

（一〇六五）七世盛寿）
【八月二三日】両王子在于御書院献膳時漢楽球楽及戯恭備　上覧（翁姓（一〇六五）七世盛寿）
【一二月一二日】国妃及世子又三郎公伝旨奏楽此日座楽漢戯球戯悉備　上覧」（翁姓（一〇六五）七世盛寿）
一七四八年（乾隆一三／寛延一）　慶賀使
【八月四日】朝利献御膳　於宗信公此時奏音楽作唐戯以備　上覧（向姓（五〇三）四世朝昆）
※翁姓（一〇六七）六世盛敵に「奏音楽為唐躍」、向姓（四八四）四世朝雄に「奏音楽作唐躍」
【八月一七日】在于　信證院様　於栄様　於徳様御前奏音楽作唐戯（向姓（五〇三）四世朝昆）
【一二月二〇日】在於　継豊公　宗信公御前奏音楽作唐戯（向姓（五〇三）四世朝昆）
【一二月一三日】朝利献御膳于　宗信公行朝見礼此時亦奏音楽作唐戯以備　上覧（向姓（五〇三）四世朝昆）
※翁姓（一〇六七）六世盛敵に「奏音楽為唐躍」、向姓（四八四）四世朝雄に「奏音楽作唐躍」
一七五二年（乾隆一七／宝暦二）　謝恩使
【四月二三日】着漢衣冠進　城演習赴江府所行之礼数及音楽漢躍球躍等以恭備叡覧（向姓（四）一〇世朝忠）
【七月二五日】進　城恭献御膳時奏音楽及漢躍球躍等以備　叡覧（向姓（四）一〇世朝忠）
【一二月二三日】献御膳於　太守公時奏音楽及漢躍球躍等以備　叡覧（向姓（四）一〇世朝忠）
一七六四年（乾隆二九／明和一）　慶賀使
【五月一五日】進城各着漢衣冠演習到江府応行礼儀併令楽童子奏楽及演漢戯球戯以備　御覧随蒙賜茶及御盛合菓子（向姓（四九〇）一二世朝喬）
【一一月一五日】正使朝恒公進膳於　太守公本日上　国翰併献方物及私物（時奏音楽倣漢戯球戯旧例在麑府為之此次因

太守公先例江府故於此為之〕（向姓（四九〇）一一世朝喬）

※魏姓（二二〇〇）六世献芝に「奏音楽唐舞球躍」、金姓（六四三）七世安執に「有奏楽併流《ママ》躍三番」、葛姓（二五〇）八世秀倫に「有奏楽併琉躍三番」、向姓（一九）九世朝盈に「有奏楽併唐躍流躍」

【一二月三日】正使朝恒公進膳于　太守公〔時奏音楽倣漢戯球戯〕（向姓（四九〇）一一世朝喬）

※馬姓（一六六七）九世良穎に「有奏楽唐躍琉踊」、魏姓（二二〇〇）六世献芝に「奏音楽唐躍球舞」、金姓（六四三）七世安執に「有奏楽併唐躍一番流躍三番」、葛姓（二五〇）八世秀倫に「有奏楽併唐踊一番琉踊三番」、毛姓（一〇〇九）一〇世安勅に「音楽唐躍琉躍」

【翌年二月二二日】因　嶺松院様之召於彼館唐踊琉踊奏歌（傅姓（一六四九）八世厚昌）

【翌年三月二八日】咸進　王城各着漢衣冠朝見　王上併令楽童子奏楽及倣漢戯球戯備　叡覧（向姓（四九〇）一一世朝喬）

※毛姓（一〇〇九）一〇世安勅に「奏楽併備覧唐躍琉躍」

一七九〇年（乾隆五五／寛政二）　慶賀使

【八月六日】朝陽献御膳於　太守斉宣公因而召見〔此時有奏楽併唐躍琉躍〕（毛姓（一五一七）一一世盛方）

※向姓（三）一〇世朝祥に「奏楽作舞」、葛姓（二四六）一一世秀休、葛姓（二五〇）一一世秀承に「有奏楽併唐躍琉躍」

【八月二八日】随朝陽従内院召入磯御茶屋賞看御庭及花火賜盛宴…〔此時有奏楽併唐躍琉躍〕（毛姓（一五一七）一一世盛方）

※向姓（三）一〇世朝祥に「奏楽作舞」、葛姓（二五〇）一一世秀承に「有奏楽併唐躍琉躍」

【一二月一三日】王子献御膳於　太守公因而召見公…（此時有奏楽併唐躍琉躍）（毛姓（一五一七）一一世盛方）

※向姓（三）一〇世朝祥に「奏楽作舞」、葛姓（二四六）一一世秀休に「有奏楽併唐躍琉躍」

一七九六年（嘉慶一／寛政八）　謝恩使

【五月二日】進　城各着唐衣冠演習江府応行礼儀及音楽唐歌唐戯琉戯以備　上覧（毛姓（一〇〇五）九世安郁）

【八月九日】朝規献御膳於　太守公為音楽唐躍琉躍（毛姓（一〇〇二）一二世安輝）

【一二月一九日】正使朝規進御膳於　太守公（奏音楽併唐戯琉戯）（毛姓（一〇〇五）九世安郁）

※毛姓（一〇〇二）一二世安輝に「随朝規召入芝御屋敷為音楽唐躍琉躍時于賜盛宴」

【閏六月二四日】各進城奏音楽唐戯琉戯以備　上覧（毛姓（一〇〇五）九世安郁）

一八〇六年（嘉慶一一／文化三）　謝恩使

【四月一八日】於南殿着唐衣冠奏音楽且做唐躍琉躍以備　叡覧（向姓（八）一二世朝英）

【八月九日】恭照例献御膳及方物（此時奏音楽唐躍琉躍以備　叡覧）（向姓（八）一二世朝英）

【一一月一七日】座楽歌楽御家老為下見且因准許做唐躍琉躍　太守公　若殿公為覗畢朝見蒙賜盛宴（向姓（八）一二世朝英）

【一二月九日】御隠居公召入高輪殿奏座楽歌楽及做唐躍琉躍以備　叡覧蒙賜華宴（向姓（八）一二世朝英）

※馬姓（一六六七）一〇世良和に「奏楽作躍」、金姓（六四三）八世弘猷に「唐宴時奏音楽唐躍琉躍」、向姓（一三）一〇世朝承に「奏音楽並漢躍琉躍」

【翌年六月二八日】因奏楽作躍　上覧進城（馬姓（一六六七）一〇世良和）

一八三二年（道光一二／天保三）　謝恩使

【八月四日】　奉　大守公之命従内院召奏楽且有漢踊球踊等（翁姓（一〇六七）八世盛方）

【閏一一月六日】到芝御殿奏音楽並備唐躍琉躍（向姓（八）三世朝典）

【閏一一月一二日】因奏楽作躍　上覧進城（馬姓（一六六七）一〇世良和）

一八四二年（道光二二／天保一三）　慶賀使

【七月四日】　正使調膳奉進　太守公（時有漢戯球舞）（毛姓（一五一七）一三世盛普）

【一一月二四日】正使調膳奉進　太守公（時有音楽並漢戯球舞）（毛姓（一五一七）一三世盛普）

【一二月五日】同正使召入　御殿蒙賜筵宴…（時有漢戯球舞）（毛姓（一五一七）一三世盛普）

【翌年五月八日】随王子進　城於南殿奏楽歌舞恭備　上覧（毛姓（一〇〇二）一四世安綱）

※毛姓（一〇〇五）一〇世安通に「奏楽歌舞」

一八五〇年（道光三〇／嘉永三）　謝恩使

【七月一九日】到二丸御殿令奏鼓音楽及為華舞琉舞（翁姓（一〇六七）八世盛喜）

【一二月五日】召入芝御屋敷蒙賜筵宴…時（有漢戯球舞）（馬姓（一六六七）一三世良休）

【一二月七日】在芝御屋敷蒙賜…盛宴時（有音楽及漢戯球舞）（馬姓（一六六七）一三世良休）

一八五八年（咸豊八／安政五）　慶賀使

【四月二七日】進　城正副使以下吏役等穿着中華衣冠列成赴江府之儀及音楽唐歌唐躍以備…上覧（此向例也）（向姓（六一）一四世朝隆）

まず本章冒頭に述べた近世琉球の中国演劇の名称を唐躍とすることについて補えば、江戸立を記録する家譜においては唐躍（踊）（二七例）の使用頻度が比較的に多いものの漢戯（一二例）、唐戯（七例）も多く、漢躍（踊）（五例）、唐舞（一例）、華舞（一例）など近世末に至るまで一定しない。各家から原稿（組立、仕次）が系図座に提出されるという家譜の史料的性格とともに当時における芸能名称の共通認識が薄かったことによると思われる。琉躍もまた同様で対外的な名称に過ぎなかった。

唐躍本来の上演機会が、御座楽、琉躍ともに御膳進上にあったことは一覧から明らかであり、そのほか藩主などからの召入にも行われた。

江戸立以外における唐躍は、

一七九六年（嘉慶一／寛政八） 年頭慶賀使

【九月一九日】於磯御茶屋備 上覧音楽唐躍琉躍（向姓（五九）一一世朝義）

一八二七年（道光七／文政一〇） 使者（稟請）

【八月一六日】進二丸殿観庭園且於本丸外茶屋謁見 大守公…時奉 太守公令着令与力以下人等呈座楽唐躍併席書（尚姓（一〇）二世朝顕）

の二例のみが現存家譜にみえる。前者の一七九六年は年頭慶賀使（在番親方）伊是名親方朝義の記事であるが、この年の尚温襲封の謝恩使大宜見王子朝規が藩主に率いられて九月一日に鹿児島を出立した後であり、これとは別に在番親方から唐躍が出されたとは考えられず、家譜が月日を間違えたのであろう。[23] 一八二七年は「上様御隠居 中城王子（尚育）様江御跡職御相続御願」（『大和江御使者記』）の使者義村王子朝顕である。[22]

世子（世孫）の御目見上国にあっては一七世紀に楽童子を伴って御座楽が行われ、一七七三年（乾隆三八／安永二）の中城王子尚哲の場合は久米村から歌楽師（梁姓（二一六五）五世国琬）、中華歌師（蔡姓（二〇九二）一三世任重）、中華躍組師（同一三世任邦）、唐躍師（梁姓（二一六七）一三世淵）が首里へ呼び寄せられ[24]、この年の「琉球館へ御入之御次第」に「右相済、亦書院へ　御出座、唐踊・琉踊可奉備　御覧候[25]」とあるから、家譜に上演記事がみえないものの唐躍があったことは間違いない。

「太子太孫一世一代之公務、於琉球ハ此上之大切成儀無御座、江戸立冠船等より物入も相増[26]」とされる御目見上国には江戸立と同じ規模で芸能が帯同されたと思われるが、使者を含めて一五名程度の規模で[27]構成される常の王子使者にあっては、御座楽や琉躍のように日常的には伝習されず、習得に一年余を要する唐躍を御膳進上のために必ず帯同したとは考え難い。家譜に事例が少ないのはこのためであろう。

三　唐躍の準備

前節の終わりに「習得に一年余を要する」とした唐躍の準備について、同じく久米村に伝承される唐歌（御座楽の唱曲）とあわせて次に検討する。琉躍はその準備を知る資料がほとんどなく、唐歌と唐躍によってのみ王子使者の帯同する芸能の準備の実態が窺えるからである。

資料の多い江戸立でみると、例えば一七九〇年（乾隆五五／寛政二）の徳川家斉襲職の慶賀使宜野湾王子朝祥の場合、前年の二月一二日に正使以下の任命があった[28]。使節には上官（正副使）、中官（讃議官以下）と楽童子がいて[29]、楽童子が御座楽を担当し、中官は唐躍、琉躍を担当することを考慮しての任命である。唐歌と唐躍を教授する久米村人の任命は遅れて四月あるいは五月となる。

このうち御座楽を教授する楽生師は首里に館を賜って、安国寺で毎日の教授が行われて翌年五月九日の国王餞宴まで続き、翌一〇日に職務を終えて久米村に戻ったことが、この年の楽生師のうち四人に残る家譜にみえる。

＊(乾隆)五十四年己酉四月十九日、為赴江府事奉　憲令為楽生師、五月初一日賜館于首里、毎日在安国寺教授楽曲、翌庚戌五月初十日教竣、回家(林姓(一一二三)五世家樟)

＊乾隆五十四年己酉四月、奉　憲令為赴江戸府楽生之師、自五月賜館于首里、毎日在安国寺教授楽曲、同五十五年庚戌五月教竣、回家(梁姓(一一六七)一三世淵)

＊乾隆五十四年己酉閏五月初六日、為宜野湾王子赴江戸府事、奉　憲令為楽生師、賜館首里、毎日在安国寺教授音楽歌曲、翌年五月初十日教竣、回家(毛姓(一一一〇)七世慎威)

＊乾隆五十四年己酉四月十九日、奉　憲令為　宜野湾王子赴江戸府時楽生之師、賜館首里、毎日在安国寺教授音楽歌曲、翌年五月初十日教竣、回家(毛姓(一一一三)六世致志)

御座楽の教授は歌楽奉行のもとで行われ[30](鄭姓(一一四一)一八世邦輔、毛姓(一一一三)六世致志)、教授に要した約一年間は宮城前掲書(註29)で作成された楽生師の資料(六一頁)に照らしても標準的な準備期間である。

楽生師は中華歌師(蔡姓(一〇九二)一二世光祖、同一三世任重、同一三世任貴)、歌師(梁姓(一一六九)一一世廷権)、歌楽師(鄭姓(一一六五)五世国琬)とも呼ばれ、一七九〇年の四例を含めて家譜に一八の事例がみえる。対して唐躍の師匠に中華躍組師(蔡姓(一〇九二)一三世任邦)、唐躍師(梁姓(一〇九二)一三世淵)、唐躍仕組師(毛姓(一一一三)六世致志)などの名称があり、家譜には三例がみえるに過ぎない。

一七九〇年に楽生師に任命された毛致志は、その半年後に加えて唐躍仕組師を命ぜられる。

乾隆五十四年己酉十月十七日、奉　憲令為　宜野湾王子赴江戸府時唐躍仕組師、時梁淵在殿内既雖教授、特以一

人之力悉難教授、因此倶在殿内毎日教導、翌年五月初十日全竣、回家（毛姓（二一一三）六世致志）

この記事によれば梁淵がすでに唐躍の師匠として教授していたが、一人では手が回らなくなったために（「特以一人之力悉難教授」）毛致志が唐躍に加勢する。しかし梁淵の任命は「楽生之師」であって、その家譜に唐躍の記事はみえない。その後、梁淵は一八〇六年（嘉慶一一／文化三）にも、

嘉慶十年乙丑十二月、読谷山王子駕臨江戸府時、充中華倣戯絃歌等之師指教各藝（梁姓（二一六七）三世淵）

と「中華倣戯絃歌等之師」を務め、中華倣戯は唐躍、絃歌は唐歌であるから唐歌と唐躍を兼ねて教授した。また前引の「久米村日記」の口上覚は「唐歌楽並唐躍」を稽古するための渡唐の願いであり、梁淵自身も一七八五年（乾隆五〇）に渡唐して「中華歌楽雑戯」を習ったと家譜にみえる。つまり唐歌と唐躍は別個の芸能ではなく、楽生師が唐躍の教授にもあたったことを以上の資料は示している。

唐躍教授に係る家譜資料はほかに、一七七三年（乾隆三八／安永二）における中城王子尚哲の御目見上国にみられる。

乾隆三十七年壬辰正月、為中華躍組師、王世子（尊諱哲）因赴薩州奉　憲令教其歌舞毎日在兼城親方及譜久村親雲上家教授、翌年四月教竣（蔡姓（二〇九二）一三世任邦）

および、

乾隆三十七年壬辰正月、奉　令為唐躍師、館于首里毎日教之（梁姓（二一六七）一三世淵）

があり、管見に入る唐躍教授の資料はこれがすべてである。

楽生師はその都度六名が任命されたとすれば[31]、一七九〇年の梁淵と毛致志のように楽生師六名のうち数名が唐躍の教授を兼務したのであろう。楽生師に比して家譜に唐躍教授の資料が少ない理由はここにあると思われる。

次に、宮城の指摘するように唐歌の教授は首里の寺で行われたが、唐躍の教授は首里の殿内（親方の屋敷）などで行

われる（「在兼城親方及譜久村親雲上家」）。一七九〇年の江戸立に唐躍の教授が行われた殿内はこの時の副使幸地親方良篤であろう。一七七三年の御目見上国での唐躍教授は兼城親方の殿内と譜久村親雲上の家で行われたとされ（蔡姓（二〇九二）一三世任邦）、一八〇一年（嘉慶六／享和一）の御礼使宜野湾王子朝祥の例（向姓（三）一〇世朝祥）からすれば兼城親方と譜久村親雲上は使者の大親であったと思われる。

このように準備された唐躍は御座楽、琉躍とともに国王の餞宴において検分を受ける。【資料d】の一七一四年四月二七日、一七五二年四月二三日、一七六四年五月一五日が餞宴についての資料である。

ところで鎌倉芳太郎ノートに写された『唐歌唐躍集』(32)には江戸立の年度ごとに唐歌の詞章に先立って次のような見出しが立てられる。

＊乾隆六十一年丙辰江戸立大宜味王子（屋部／太田）

＊嘉慶十一年丙寅江戸立読谷山王子

＊道光十二年壬辰江戸豊見城王子（儀間／富山）

＊道光二十二年寅江戸立浦添王子（伊計／牧志）

＊道光二十年戊江戸立玉川王子（高嶺／楚南）

＊咸豊六年丙辰江戸立伊江王子（屋富祖／安慶名）

ただし嘉慶一一年には正使の名に続く二名の人名がなく、またノートに「道光二十年」とあるのは干支から「三十年」の誤りである。

江戸立の正使の次に割字で記される人名（〔　〕）を使節名簿に探すと、(33)乾隆六一年（一七九六）の屋部は儀衛正の屋部親雲上（鄭章観）、太田は楽師の大田親雲上（蔡邦錦）、道光一二年（一八三二）の儀間は儀衛正の儀間親雲上（蔡修）、富山は楽師の冨山親雲上（梁文弼）（いずれも江戸到着前に死没）、道光二二年（一八四二）の伊計は儀衛正の伊計親雲上（鄭元偉）、牧志は楽師の牧志親雲上（魏学賢）、道光三〇年（一八五〇）の高嶺は儀衛正の高嶺親雲上（魏国香）（浜松で死没）、楚南は楽師の楚南親雲上（魏掌治）、咸豊六年（一八五六）の屋富祖、安慶名は不明。いずれも久米村人である。

『唐歌唐躍集』の素性は明らかでなく、唐躍の台本を含まず唐歌すなわち唱曲の詞章のみを内容とするにも関わらず唐躍が表題に含まれる理由も分明でない。約一年間をかけて唐歌、唐躍を指導した久米村の師匠は江戸立に同行しないから、久米村出身の儀衛正と楽師の二名が恐らく江戸立において唐歌、唐躍の中国語を監督したのであろう。乾隆六一年（寛政八）の鄭章観と蔡邦錦はすでに隠居した前藩主島津重豪に招かれて中国語で中国事情を語るなど（『琉客談記』）、江戸立使節のなかでもとくに中国語を能くした者であったと思われ、師匠から引き継いだ唐歌の詞章を集成したのが『唐歌唐躍集』ではなかったか。

四　唐躍の演目

江戸立における唐躍の初出である宝永七年（一七一〇）の「唐おとり」を【資料d】（第二節）に入れなかったのは、池宮正治が「ここの『唐踊り』は明らかに演劇である」(34)とするにも関わらず、論拠とする『琉球人来聘記』（琉球大学附属図書館蔵）の記述には「小はたを持躍申候」「四つ竹の様成ものを鳴らし色々身をひねり躍申候」「手拍子にて男が た二人女方二人宛入かはり躍」とのみあって台詞劇を思わせる記述がないからである。唐躍を中国語による台詞劇とすれば、むしろ舞踊劇とみるべきであろう。明和元年（一七六四）の江戸立、徳川家治襲職の慶賀使に唐躍の演目として初めて「和蕃」がみえ、以降の史料に現れる唐躍の演目は左記の通りである。

【資料e】　唐躍の演目

年次	演目	資料
明和元年（一七六四）	和蕃	大田南畝『一話一言』巻一五
寛政八年（一七九六）	餞夫	東京大学総合図書館蔵『琉球劇文和解』、東京大学史料編纂所蔵『琉球関係文書』三、大英図書館蔵『琉球奏楽図』（巻末写真6-(1)）
	送茶	
	奪傘	
	跌包	
	望先楼	
文化三年（一八〇六）	韓信問卜	松浦静山「保辰琉聘録」（『甲子夜話』）
	長春戯班	
	孝廉双全	
	天生一対	
天保三年（一八三二）	和蕃	東京大学史料編纂所蔵『琉球関係文書』一四、琉球大学附属図書館蔵『琉球人来朝関係書類』一、永青文庫蔵「琉球人坐楽之図」（巻末写真6-(2)）、沖縄県立博物館・美術館蔵「琉球人坐楽并躍之図」（巻末写真6-(3)）など
	打花鼓	
	買臣得官赴任故事	
	借衣靴	
	風箏記	
年代不明	打花鼓	琉球大学附属図書館蔵『琉球人来朝関係書類』一

慶応三年（一八六七）　笠盗
渭水訪賢
打花鼓　島袋全発「打花鼓」（『島袋全発著作集』）
孟宗抱竹
借衣靴
朱買臣
揺櫓
断機教子

これら唐躍のうち、台本または戯文和解（梗概）で内容が知られる演目については細井尚子「唐躍について―演目から―」に検証がある。㉟その結果、これらの演目が乱弾系であり、上演時間は約三〇分と推定され、「笑いを招くものを必ず加え、その他も重複しない、多様な内容で構成」されると結論する。同論文はさらに演目を選択する基準を七点挙げ、ここから浮かび上がる唐躍の演劇的特色は重要であるがここでは省略し、同論文を参照していただきたい。

なおこれらの唐躍を上演する際に使用される楽器に注目すると、寛政八年（一七九六）の『琉球奏楽図』（大英図書館蔵）、図巻「琉球歌舞図巻」（徳川美術館蔵）の「餞夫」には月琴、三絃、横笛、天保三年（一八三二）の図巻「琉球人坐楽之図」（永青文庫蔵）の「打花鼓」には三絃、四胡がみえる。いずれも一場面にしか描かれず、唐躍の楽器はすべて同じであったことを示すと思われる。後者で三絃を担当する譜久村親雲上、同じく四胡の池城親雲上は楽師であった。また『琉球人来朝関係書類』一（琉球大学附属図書館蔵）所収の年代不明の番組は人名が江戸立に一致せず、薩摩上国のものと思われるが、唐躍の「打花鼓」に「唐歌／義元里之子」「竿生／仲原親雲上」、「笠盗」に「竿生／伊波子」

とある。竿生はこの時の琉躍（女踊り、二才踊り）のすべてで歌三味線とともに地謡に加わり、池宮正治は竿笙（竿生）は縦笛であろうとする。(36)

唐躍の使用楽器が一定せず、また中国演劇の伴奏音楽で重要な役割を果たす打楽器が含まれないことから、中国で伝習を受けた唐躍が少なくとも使用楽器において琉球化されたとの指摘があり、(37)それが劇構成など他の面にも及んだことは充分に考えられる。

なお唐躍の演目については唐躍の台本資料として重要な『琉球劇文和解』（東京大学総合図書館蔵）および江戸立資料に含まれる台本、戯文和解について述べなければならないが、次章の主題ともなるので省略する。

おわりに

唐躍も芸態に及べばもはや手に負えない問題となるが、唐躍を視野に入れなければ近世琉球の王府芸能、とくに薩摩との関係における芸能の役割を考えることができない。冒頭に述べた「唐躍の実態をまず整理」しておくとは、中国演劇に詳しくない立場からできる限界を自覚してのことであった。

中国演劇の専門家である細井尚子氏に加わっていただき、上海戯劇学院の葉長海、曹路生、張福海三氏の協力を得た共同研究において、唐躍のもととなる中国の劇種を探し、同学院の紀要『戯劇芸術』に『琉球劇文和解』を紹介する機会を与えていただいたが、(38)なお劇種は不明のまま現在に至る。その劇種がわかればもう少し文化転移の実態が明らかになるだろうが、それは当該研究分野に委ねるほかはない。

それにしても中国から琉球へ帰化してもはや琉球語が日常となった久米村士族が、職能の一端である中国語を駆使して伝承し、しかしもっとも重要な上演機会を首里の士族に譲った唐躍が、久米村の人々にとって実際に面白い演劇であったかには疑問が残る。島袋全発が伝えるように中国語を学習する明倫堂の課目に過ぎず、明治の廃藩置県を経て近代の久米に唐躍の片鱗すら残さなかったという事実は、王府に命じられて国の御用に立てるべき芸能であって、久米村において唐躍は遂に久米村人のアイデンティティとはならなかった不思議な演劇であった。

註

(1)『島袋全発著作集』(おきなわ社、一九五六年)二九五～三一五頁。
(2) 池宮正治「組踊の論理」(『琉球文学論』沖縄タイムス社、一九七六年)、「組踊りと中国演劇」(『沖縄芸能文学論』光文堂、一九八二年)、「組踊と中国演劇」(『新しい琉球史像』榕樹社、一九九六年)。
(3) 喜名盛昭・岡崎郁子『沖縄と中国芸能』(ひるぎ社、一九八四年)。
(4) 池宮正治『続・沖縄ことばの散歩道』(ひるぎ社、一九九七年)一一八頁。
(5) 厳密には王府文書ではないが「三平等兼題文言集」(『那覇市史』資料篇第一巻一一琉球資料㊦(那覇市役所、一九九一年)二三〇～二頁)、法令史料集三・二八一四の「唐踊(唐躍)」など。
(6)『国家図書館蔵琉球資料』匯編(北京図書館出版社、二〇〇〇年)所収の北京図書館蔵『琉球記』に対し、宝玲文庫蔵『杜天使冊封琉球真記奇観』は「諸劇」を「雑劇」とする。
(7)「三平等兼題文言集」(註5)二三一頁。
(8) 本史料は夏子陽『使琉球録』巻下の「附旧使録」に収める。なおこの記事について細井尚子は、「演者についての記述は『閩子弟為多』のみで明確には記されていないが、その演目の選択、演目が要求するであろう演技術レベルなどから考えれば、おそらくこれらの舞台を提供したのは冊封使とともに来琉した専業の「戯子」であろう」とする見解をもつ（細井尚子「唐躍について―演目から―」（『ムーサ』一二、二〇一一年）一三〇頁）。

(9)　この記事を姚旅『露書』から引用するのは孫引きとなり、謝杰『琉球録撮要補遺』からの引用が正しい。

(10)　池宮正治「躍奉行―玉城朝薫任命の意味―」（『琉球の言語と文化』仲宗根政善先生古稀記念論集刊行委員会、一九八二年）三六六頁。

(11)　島袋前掲書（註1）二九八頁。

(12)　同二九七頁。

(13)　那覇市史家譜資料二・一七一～三頁。神村親方（阮宣詔）は一八五六年（咸豊六／安政三）にも進貢大夫として渡唐するが紫金大夫に陞るのは三年後。ただし家譜の記事は咸豊一一年まで同治五年の渡唐記事を欠く。

(14)　註1、二九七頁。

(15)　中国の国子監で学ぶ国費留学生の官生に対して私費留学生をいう。

(16)　漢和辞典になく、嘘字の可能性もある。

(17)　王連茂「泉州と琉球―双方の関係史に冠する若干の問題についての調査考証―」（『琉球―中国交流史をさぐる』浦添市教育委員会、一九八八年）は、この唐躍を泉州の梨園戯に比定する（五四～九頁）。

(18)　「三平等兼題文言集」（註5）二三一頁。当蔵村神山筑登之、森田筑登之親雲上添削。以下、添削後の文章を引用。

(19)　同二三二頁。汀志良次村与儀筑登之、与儀筑登之親雲上添削。

(20)　同。寒水川村松村里之子、仲松里之子親雲上添削。

(21)　なお唐躍の上演記録は家譜資料以外にも見出され、【資料d】に限られるわけではない。

(22)　旧記雑録追録七・三九五。
(23)　八月一九日に磯御茶屋への召入があったことが家譜にみえる(向姓(七四)九世朝和、金姓(六四三)八世安昌、葛姓(二五〇)九世秀承、馬姓(一七〇二)一二世良典、向姓(四)一二世朝郁)。藝、奏楽、音楽とあって唐躍には言及されないが、伊是名親方朝義の家譜(五九)はこの日の記事であった可能性が高い。
(24)　家譜の記事は左記の通り。
＊乾隆三十七年壬辰正月二十三日奉　憲令為歌楽師原是因　中城王子尚哲公赴薩州同蔡任徳等昼夜館首里毎日於広徳寺教授御小姓至翌年五月教完(梁姓(二一六五)五世国琬)
＊乾隆三十七年壬辰正月為中華歌師　王世子(尊諱哲)因赴薩州奉　憲令其楽生毎日在広徳寺教授翌年四月教竣(蔡姓(二〇九二)一三世任重)
＊乾隆三十七年壬辰正月為中華躍組師　王世子(尊諱哲)因赴薩州奉　憲令教其歌舞毎日在兼城親方及譜久村親雲上家教授翌年四月教竣(蔡姓(二〇九二)一三世任邦)
＊乾隆三十七年壬辰正月奉　令為唐躍師館于首里毎日教之(梁姓(二一六七)一三世淵、那覇市史家譜資料二・八一六頁)
(25)　法令史料集一・八〇九。
(26)　『琉球館文書』二(琉球大学附属図書館蔵)所収、丑(一七九三年)二月付口上覚(一四六オ)。
(27)　向姓(二六一一)一世与那城王子朝勅、向姓(四)一〇世今帰仁王子朝忠、向姓(八)読谷山王子朝恒、向姓(三)一〇世宜野湾王子朝祥、向姓(四)一一世今帰仁王子朝賞、向姓(四七三)一一世伊江王子朝忠、『冠船付御書院日記』(尚家文書八七)一八三九年(道光一九)四月二九日条、『鹿児島県史料』新納久仰雑譜一・七一三頁。

(28) 向姓(三)一〇世朝祥、毛姓(一五一七)一一世盛方、毛姓(一〇〇二)一一世安執、葛姓(二四六)一一世秀休、麻姓(一一五五)一四世克昌、翁姓(一〇六七)七世盛元。
(29) 江戸立使節の構成については宮城栄昌『琉球使者の江戸上り』(第一書房、一九八二年)三五〜五五頁。
(30) 後者の毛姓家譜には「奉行小禄按司等」、前者、一八五四年の鄭姓家譜には「為挙用功労事歌楽奉行本部按司多嘉良親方阿浪根親雲上等呈詳切曽充楽生師在首里励尽精力教授音楽歌曲嗣後請旅使之時挙用其功法司准之」(那覇市史家譜史料二・五九九頁)とある。歌楽奉行はその名称にも関わらず音楽(楽)と歌曲(唱曲)の両方を管掌したらしい。
(31) 一七九六年(嘉慶一／寛政八)、一八〇六年(嘉慶一一／文化三)の江戸立において六名の楽生師が任命されたことが毛姓(二一一三)六世致志の家譜にみえる(『久米／毛氏家譜』久米国鼎会、一九九二年、一四四、五頁)。
(32) 『鎌倉芳太郎資料目録』(沖縄県立芸術大学附属研究所、一九九八年)によるノート番号は五五(一一三頁)。『鎌倉芳太郎資料「文書資料」目録』(沖縄県立芸術大学附属研究所、二〇一四年)に一枚目の写真を掲出(六二頁)。
(33) 横山學『琉球国使節渡来の研究』(吉川弘文館、一九八七年)巻末所収の「琉球国使節使者名簿」(四七一〜五二三頁)による。
(34) 池宮正治「組踊と中国演劇」(註2)一六三頁。
(35) 細井尚子「唐躍について—演目から—」(『ムーサ』一二、二〇一一年)。同論文は科学研究費補助金による共同研究「御冠船踊りの研究—対中日外交の場に生成された琉球の身体—」(平成二〇年度〜二三年度)の報告会である「シンポジウム《御冠船踊り—近世琉球の自己表象》第1回「絵巻と唐躍」の記録」に収める。
(36) 池宮正治「『戌年冠船躍方日記』について」(科研報告書『尚育王代における琉球芸能の環境と芸態復元の研究』沖縄県立芸術大学板谷研究室、二〇〇三年)四頁。

(37)　註35、シンポジウム記録一四一～二頁。

(38)　板谷徹・細井尚子「関于《琉球劇文和解》」(一〇～三頁)、板谷徹「関于唐躍」(一四～二四頁)(『戯劇芸術』一五二、上海戯劇学院、二〇一〇年)。

10　唐躍台本『琉球劇文和解』の成立と島津重豪

近世琉球に行われた中国演劇─唐躍の整った台本としては唯一の『琉球劇文和解』については、拙著『交錯する琉球と江戸の文化─唐躍台本『琉球劇文和解』影印と解題』（榕樹書林、二〇一〇年）に紹介した。その解題を「唐躍を観る江戸の観客─『琉球劇文和解』をめぐって」としたのは、江戸時代に中国演劇を観ることが出来るのは長崎に限られ、江戸においては書物でのみ知られた中国演劇を、琉球使節のもたらす唐躍によって知った観客の驚きを想像してのことであった。

二〇一二年一二月に開催された藝能史研究会東京例会のシンポジウムに『琉球劇文和解』が取り上げられ、「唐躍台本『琉球劇文和解』の成立について」という報告をさせていただいた。解題では充分に解明することが出来なかった本書成立の事情を島津重豪に焦点をあてて検討し、後に「唐躍台本『琉球劇文和解』の成立と島津重豪」と改題して成稿した（『藝能史研究』二〇二、二〇一三年）。同誌にはシンポジウムにおける報告、武井協三「江戸藩邸における唐躍りの上演」、紙屋敦之「寛政八年琉球使節の江戸上りについて」も収録され、これらの論考により『琉球劇文和解』の周辺状況が一層明らかになった。

本章はこの拙稿をもとにするが、その後にパトリック・シュウェマー氏から大英図書館蔵『琉球奏楽図』の存在を教えていただき、『琉球劇文和解』についての新たな知見を加えることになる。

一　『琉球劇文和解』の書誌と諸本

1　書誌と諸本

『琉球劇文和解』は東京大学総合図書館に架蔵される袋綴の写本一冊で、縦二六五㎜、横一九二㎜。藍色の表紙に書題簽で「琉球劇文和解」とある。本文五〇葉。成立年代や成立事情を示す奥書、識語などはない。

表紙には題簽のほかに「八十九番」と記される短冊形の貼紙と東京大学総合図書館における請求番号票が貼付されている。表紙見返しの中央には「東京帝国大学図書印」と「B 52229」の番号が捺され、初丁表の右上に「高取植村文庫」、その左に「南葵文庫」、右下に「坂田文庫」の蔵書印がある[1]（巻末写真4）。また裏表紙見返しには「購入／古本／紀元二千五百六十三年／明治三十六年十二月廿二日」と南葵文庫の購求印。

坂田文庫すなわち坂田諸遠の「遺書一万五千冊は南葵文庫にて購入し」と平野喜久代『蔵書印集成解説』にあり[2]、南葵文庫は明治三六年に本書を購入し、明治四一年刊『南葵文庫蔵書目録』第一冊技芸の項に「琉球劇文和解　写一」を載せる[3]。大正一二年の関東大震災後に南葵文庫は一括して東京帝国大学附属図書館に譲渡されるから、本書はこの時に移管されたものであろう。

本書に内題はなく、全五〇葉のうち前半の二四葉が唐躍の台本（「餞夫」「送茶」「奪傘」「跌包」「望先楼」）で、楷書体で書かれた本文に訓点を部分的に朱で加え、各行の右に発音、左に和訳を片仮名で記す（ただし「送茶」の後に白紙一葉がある）。後半二六葉は「望先楼」を除く四番の和訳台本で、前半の逐語的な和訳よりはよほどこなれた文章に詳しいト書きが加えられ、草書体で書かれる。

『琉球劇文和解』は屋代弘賢の不忍文庫にも収められていたらしい。『不忍文庫書目録』一〇のうち、地志部の海外、琉球に「琉球劇文和解」とみえるがその所在は現在わからない。[4] 同目録にはまた次の行に「琉球狂言」とある。不忍叢書の一篇として現在は国立国会図書館に架蔵される「琉球狂言」がこれにあたるかと思われ、『琉球劇文和解』の和訳台本のうち「餞夫」「送茶」二番を抄録する。またこれと同じ内容の「琉球戯場」が宮崎成身編『視聴草』続篇四集之七に収められる。[5]「琉球狂言」「琉球戯場」は恐らくいずれも「りゅうきゅうしばい」と読むのであろう。[6]

以上が管見に入った『琉球劇文和解』の諸本である。

2　関連資料

冒頭に言及した大英図書館蔵『琉球奏楽図』[7]は右端を綴じた冊子本で表紙と三六丁。表紙に「琉球奏楽図」と書かれた子持ち枠の題簽を有し、表紙の次から各丁左肩に2から始まる洋数字がうってある。一八六九年四月二二日に収蔵されたらしく、大英博物館から後に大英図書館に移管される。同史料には明らかな錯簡があり、本来の順序を想定して内容を示すと、①「薩侯邸楽帖踊組」(「うちわおどりの歌」を含む)、②「又奏楽帖」、③「奏楽図」「唱曲図」以下琉躍(「団羽踊」「打組踊」「口説はやし」)、唐躍(「餞夫」一葉、「送茶」二葉、「奪傘」三葉、「跌包」三葉)の挿図、④「曲詞」(「福寿頌」「昇平調」「太平頌」「青山曲」「新囉」「琉歌」)、⑤「唐踊組」(「餞夫」「送茶」「奪傘」)、「唐踊用意組」(「跌包」「望先楼」)の台本、⑥「十二月廿八日薩侯邸菜単」と末尾に記される献立(菜単)、となる。これらの資料がすべて同日のものとすれば、芸能の番組(配役)、詞章、台本、挿図、供された料理の献立を総合した記録として他に類をみない貴重な史料である。

『琉球奏楽図』に収める③挿図(巻末写真6は唐躍の部分)は、筆致が異なるものの内容と構図をほとんど同じくし、徳川美術館蔵「琉球歌舞図巻」と一致する。「琉球歌舞図巻」は巻末に「周之冕印」の白文方印と「服卿」の朱文方印が捺されるものの明代の周之冕の真筆である可能性はまったくなく、成立年代、作者とも不明である。本図巻は尾張徳川家の伝来品ではなく、同館のご教示によれば琉球楽器の参考に購入される。

「琉球歌舞図巻」には墨書がないが、『琉球奏楽図』の墨書によって各場面の演目と役名が明らかになる。その墨書は以下の通りである。

演目の墨書は、「奏楽図」「唱曲図」、「団羽踊」「打組踊」「口説はやし」(以上三番は琉躍)、「餞夫」、「送茶」一～二、「奪傘」一～三、「跌包」一～三(以上は唐躍)。さらに「餞夫」に「皂隷」「花大漢」「王氏」、「送茶」一に「懐忠読書」「瓊娥送茶」、二に「春桃自献」「懐忠不肯」、「奪傘」一に「羅進賢雨中尋朋」「光棍求幇傘」、二に「包衙告状」「包公」「皂隷」「皂隷」「進賢」「光棍」、三に「包公遮断」「進賢叩謝」「光棍吃打」、「跌包」一に「周媽規子」「周仔逃学」、二に「周瑞龍拝母」「周媽」、三に「周瑞龍尋人」と、それぞれの役名などの墨書が添えられる。

『琉球奏楽図』と対照すると、「琉球歌舞図巻」は「跌包」三を欠き、一と二の順が逆であることが判明する。転写関係は明らかでなく、これらとは別に原本が存在した可能性も否定できない。

江戸立に関しては刊本、写本を含めて多数の資料が残され、そのうち芸能については奏楽儀注(御座楽)、踊番組(御座楽、唐躍、琉躍)、詞章(唱曲)、台本・戯文和解(唐躍)などの資料のほか、図巻が江戸の薩摩藩邸における御座楽、唐躍、琉躍の上演を総体的、均質的な視点で記録する。唐躍の戯文和解、台本については次節以降に述べる通りであるが、『琉球劇文和解』の関心は唐躍にあり、中国語による唐躍の台本を収めた上で和訳と発音を附し、実際にこれを観劇してト書きを加え、歌舞伎風、狂言調の和訳台本を加えたところに戯文和解とは異なる価値がある。すなわち唐躍を江戸文化のなかで理解しようとする姿勢が『琉球劇文和解』にはある。

しかしながら本史料が江戸立の芸能資料として利用されることは少なかった。戦後にマイクロフィルムで琉球大学附属図書館に蒐集されたが、経年劣化のために現在マイクロフィルムは廃棄され、その複製本が沖縄県立公文書館、那覇市歴史博物館に架蔵されるのみである。沖縄でも本史料の存在が早くから知られていたはずであるが唐躍研究の視野に入らなかったようで、わずかに劉富琳が『中国戯曲と琉球組舞』(8)に五番の台本を収めるにとどまる。

二　「戯文和解」の資料

「戯文和解」は台本に使用される上引、唱、白、板などの用語と役柄の解説および梗概（以下、「用語解説」「梗概」とする）から成る。唐躍を江戸で鑑賞するための手引きといってもよい。現存する戯文和解は次の四種が知られている。

ⓐ松浦静山『甲子夜話』巻八七～九〇の「保辰琉聘録」に収める「戯文大意和解」(9)。まず「韓信問卜」「長春戯班」「孝廉双全」「天生一対」の台本を収め、次に「戯文大意和解」として用語解説と四番の梗概を記す。用語解説は天保三年（一八三二）のⓑ～ⓓと小異あり、後者の「上引」を「開引」、「板」を「平板」とし、次に「流水板」を加える。「保辰琉聘録」は天保三年の江戸立関係の資料を集めたものだが、編者松浦静山の注記に「左の琉楽譜は、或日樫宇示す。何れの時の来奏か。惟ふに、文廟御時、宝永七年の記か」(10)とある。「樫宇」は儒者の林樫宇。林家九世で林述斎の三男、天保九年に大学頭になる。「文廟」は六代将軍徳川家宣。しかしこの時の「奏楽儀注」にみられる氏名からすれば文化三年（一八〇六）と考えるべきである。

ⓑ『琉球人来朝関係書類』一（琉球大学附属図書館蔵）所収の「戯文和解」。用語解説と「和蕃」「打花鼓」「買臣得官赴任故事」「借衣靴」「風箏記」の梗概。踊番組の資料と対照すると天保三年の唐躍とみられる。琉球大学附属図書館

にはマイクロフィルムで入っている。原本の所在は不明だが、本資料の二の巻末に、「琉球人来朝関係書類　二冊／右東京市外落合村公爵近衛文麿氏所蔵／大正七年三月謄写編纂ス／右原本ハ断片的ノ書類ナリシヲ当研究室ニ於テ編纂シテ新ニ右ノ如ク題セシモノナリ」とある。

ⓒ島津家本『琉球関係文書』一四（東京大学史料編纂所蔵）に「参考」として収められた用語解説と「和蕃」「打花鼓」「買臣得官赴任故事」「借衣靴」の梗概。「戯文和解」の内題はないが、同巻の目録に「戯文和解」とある。なおⓑと対照するとⓒでは「買臣得官赴任故事」の最後の部分が脱落して「風筝記」の途中につながっている。誤写のために四番のようにみえるが、演目としてはⓑの唐躍五番をすべて含む。また目録に、戯文和解、琉踊とならべた上で次の行に「戯文和解　嘉永五年琉人来朝の参府の部リノ二」と別筆の書き入れがある。明治維新の慶賀使を除けば最後の江戸立となる嘉永三年（一八五〇）であった可能性もある。

ⓓ旭岱子編『墨海山筆』（国立公文書館蔵）巻九三に収める「戯文和解」。演目はⓑⓒに等しく、梗概の後に用語解説がおかれる。末尾に、「弘化三丙午年仲春下旬　梅處閑人」の識語があり、「梅處閑人」は旭岱子のこと。『墨海山筆』巻九三所収の資料は多く屋代弘賢の不忍文庫蔵本からの筆写であり、「戯文和解」もまた同じであろうと思われる。『屋代弘賢・不忍文庫蔵書目録』第三巻「地志部」の琉球の項に「戯文和解」の書名はみえないが、「琉人雑伎」「同解」とあるのがあるいは「戯文和解」であったかもしれない[11]。

「保辰琉聘録」は台本の次に載せる用語解説と梗概を「戯文大意和解」とする。『琉球劇文和解』が書名に「戯文和解」を避けたことからすれば、「戯文和解」とは台本を含まぬ用語解説と梗概を内容とするものであったろう。

＊仇は仇、恨は恨に報ふぞかし。懼るべき事どもなりと云意の仕組也（「韓信問卜」）その梗概はそれぞれ次のような文章で結ばれる。

＊盲目は恐れ入て、慮外々々と、女房に手を下げ詫る体を、笑ぐさに仕組たる踊り也（「長春戯班」）
＊彼の陶淵明がまねをして、故郷へ帰んと京師を出立たる仕組なり（「孝廉双全」）
＊百歳の契りは三世の縁と。是則天生一対と云ふ意の仕組なり（「天生一対」）
＊胡地へ赴キシコト誠ニアワレナル事共作意シタル仕組ナリ（「和蕃」）
＊夫婦ツレ合立帰ル体ヲ、笑グサニ作意シタル仕組ナリ（「打花鼓」）
＊サスカ無理ニシガタク、後園ノアキ地ヲアタへ、夫婦生活セシメケルコトヲ、作意シタル仕組ナリ（「買臣得官赴任故事」）
＊面目ヲ失ヒ、猶モ独言シテコソ〳〵ト出テ行ク体ヲ、笑グサニ作意シタル踊ナリ（「借衣靴」）
＊互ニ佳偶ノ情ヲ述へ、夫婦和合ノ体ヲ伸ベタル仕組ナリ（「風筝記」）

以上は、「韓信問卜」から「天生一対」を「保辰琉聘録」ⓐ、「和蕃」から「風筝記」を『琉球人来朝関係書類』一ⓑから採った。

天保三年の三種の「戯文和解」ⓑ〜ⓓを校合すると、脱字、誤字などがみえるものの、いずれもひとつの原本からの転写と推定される。また文化三年と天保三年の梗概がそれぞれ同じように結ばれて演目の作意が示されることは、この梗概すなわち「戯文和解」が上演する琉球側の用意したものであったことを示す。

三　唐躍の台本と戯本

江戸には戯文和解のほかに唐躍の台本も残される。

Ⓐ明和元年（一七六四）、大田南畝『一話一言』巻一五、『通航一覧』巻一六に収める「和蕃」[12]。『通航一覧』には末尾に「明和四年夏六月、一話一言」の注記があり、『一話一言』から採る。『一話一言』巻一五の目録に「琉歌并唐躍曲　明和元年」とあるが内容は唐歌の詞章と唐躍の台本で、「明和四年夏六月朔　滄浪書」の識語と同人のものと思われる白文方印が捺される。『大田南畝全集』第一三巻所収の『一話一言』巻一五は国立公文書館蔵の南畝自筆本（特一三一―一）を底本とし[13]、「和蕃」の本文に訓点を附し、右に訓読、左に部分的ながら和訳をいずれも片仮名で書き入れる。なお本文には「鑼鼓交打舅爺坐白」「馬夫入レ内牽レ馬出白」「吹鼓昭君出唱」「鑼鼓交打昭君坐舅爺馬夫跪白」など音楽と所作に係るト書きがある。

Ⓑ寛政八年（一七九六）、『琉球奏楽図』所収の「餞夫」「送茶」「奪傘」「跌包」「望先楼」。本文は白文。「外丑到包衙去告状」（「奪傘」）、「跌地介」「打倒」（「跌包」）などのト書きを含むことはⒸと同じ。

Ⓒ同じく寛政八年、『琉球劇文和解』所収の「餞夫」「送茶」「奪傘」「跌包」「望先楼」。台本の体裁については既に述べたが、本文に朱で部分的に訓点を附し、右側に発音、左側に和訳をそれぞれ片仮名で添える。

Ⓓ文化三年（一八〇六）、松浦静山「保辰琉聘録」所収の「韓信問卜」「長春戯班」「孝廉双全」「天生一対」[14]。「韓信問卜」の頭に「琉球／楽譜」の割書がつく。本文に訓点を施し、用語解説に説明される唱の曲調（平板、流水板）、「瞎眼打棒。科」（「長春戯班」）、「外白賜勅。科」（「孝廉双全」）、「旦做レ詩。睡科」「生取二旦詩一白」（天生一対）など「科（「身ぶり」）」のト書きを含む。

江戸立史料及び随筆などに収録されたこれらの唐躍台本は、Ⓐに楽器、Ⓓに曲調[15]が記載されるなど形式が一様ではないが、いずれも江戸立に際して久米村で作成される「戯本」をもとにしたと思われる。すなわちⒹの一八〇六年（嘉慶一一年／文化三）、尚灝襲封の謝恩使読谷山王子朝敕の江戸立に関わる家譜の記事にこの戯本がみえる[16]。

嘉慶十年乙丑十二月、読谷山王子駕臨江戸府時、充中華倣戯絃歌等之師指教各藝、於編造其戯本例令文組職編、今亦公家照例着令該職編成奈由不能編成、奉　命編成倣戯五班（梁姓（二一六七）一三世淵）

「倣戯五班」とあるのは唐躍五番のことで、この江戸立に係る「保辰琉聘録」Ⓓ所収の唐躍は「韓信問卜」「長春戯班」「孝廉双全」「天生一対」と一番少ない。『琉球劇文和解』Ⓒの和訳台本も四番であったことから、江戸立には五番の唐躍が用意されるもののすべてを鹿児島、江戸で演じるわけではなかったらしい。

戯本の作成は「文組職」つまり久米村の漢文組立役があたる慣例であったが、何らかの事情でこの年は代わりに梁淵がその任を命じられた。この江戸立で毛致志への「楽生之師」の任命は前年二月であり（毛姓（二一一三）六世致志）、すでに稽古が進められていた一二月に梁淵は遅れて「中華倣戯絃歌等之師」を任命されて唐躍、唐歌などの稽古に助勢する。「編造其戯本」の下命も一二月であったとすれば、梁淵が作成（「編造」）した戯本は稽古のためのものではない。中国への外交文書の作成を職掌とし、冠船には諸宴等で芸能を鑑賞する勅使のために中国語の手引き―故事集を担当する漢文組立役が[17]、江戸立における鹿児島、江戸における上演のために作成し、使節に持参させたのが戯本であろう[18]。

戯本そのものは現存しないが、江戸に残された唐躍台本Ⓐ〜Ⓓの検討によって戯本と台本との関係を知ることは可能である。その手掛かりはまずⒶの『一話一言』にある。

『一話一言』における「琉歌幷唐躍曲」の識語を書いた滄浪は、薩摩藩士で漢学者であった向井友章（一七五九―一八一二）であろう。明和四年（一七六七）に滄浪は数え九歳で江戸の昌平黌に学ぶ前であるから、琉球使節がもたらして鹿児島に残された戯本や唐歌の詞章を属目する機会を得て、それを写して「琉歌幷唐躍曲」を草したと想像される[19]。

全集が底本とする南畝自筆本の「琉歌幷唐躍曲」にあった訓点、訓読、和訳の藍、識語に捺された白文方印の朱は、全集では再現されていない。また底本の「琉歌幷唐躍曲」八葉は他と筆が異なり、最初の一葉の右下に「南畝文庫」の蔵書印が捺されている。落款があることからこの八葉は滄浪の自筆と考えられ、滄浪から譲られて南畝の手元にあった「琉歌幷唐躍曲」が、そのまま『一話一言』巻一五に綴じ込まれたのであろう（巻末写真5）。

滄浪の落款が捺されていることはまた、「琉歌幷唐躍曲」が久米村で作成された戯本などの単なる筆写ではなく、滄浪自身の加筆があったことを示す。唐歌（「天初暁」「紗窓外」「太平歌」「五頌歌」「論治」）では詞章の本文と本文右の発音が墨、句点と訓点、訓読が藍で書かれる。江戸立資料に収める唐歌の多くには発音が附されているから、琉球使節が持参した唐歌の詞章にはすでに発音が書かれ、滄浪の加筆は藍の句点と訓点、訓読の部分となる。墨と藍の二色にこの原則があったとすれば、滄浪は白文の戯本に句点、訓点、訓読を加筆したことになる。とすれば『琉球奏楽図』Ⓑが収める白文の台本は、もとの資料に何も手を加えない戯本そのものであった。白文の戯本に訓点、訓読、発音などが附され、『一話一言』Ⓐ、『琉球劇文和解』Ⓒ、「保辰琉聘録」Ⓓのように戯本は江戸あるいは鹿児島で漢文として読解された。

すでに述べたように、戯本には「保辰琉聘録」Ⓓの「瞎眼打棒。科」（「長春戯班」）、「外白賜勅。科」（「孝廉双全」）、「旦做ㇾ詩。睡科」（天生一対）などのト書きがあった。『琉球奏楽図』Ⓑの「外丑到包衙去告状（トウケカタキ包公ノヤクシヨニユキウツタエル）」（「奪傘」）、「跌地介（チニタヲレタルミブリ）」「打倒（ウチタヲス）」（「跌包」）などは『琉球劇文和解』Ⓒの中国語台本（1オ～24ウ）でそれぞれ（　）内のように和訳される。さらに同書の和訳台本（25オ～50オ）では「外丑到包衙去告状」が「と傘を引合なから二人同音に奉行所へそせう申と云て入ル」、「跌地介」が「とたつね見まはり周媽の椅子のまへにたほれる」、「打倒」が「としつぺいにてうつ周仔アイヤとさけひたほるゝ媽しつべいをすて」となり、戯本における語句の解釈は和訳台本で舞台の理解となる。

このように『琉球劇文和解』における和訳台本の特色はト書きにあり、それぞれの冒頭には、

＊舞台の真中に唐卓をすゑ杯酒つぎ燭台をかさり付卓の左右に椅子を置（「餞夫」）
＊舞台の真中に唐卓をすゑ其上に燭台蠟燭をともしたるを置書物を飾付卓の前に椅子一脚あり（「送茶」）
＊舞台の正面に椅子を一脚かさりたるはかりなり（「跌包」）

のト書きがあり、歌舞伎台本の体裁に倣って舞台飾りを台本の冒頭に記す。「奪傘」にこの種のト書きがないのは、冒頭部分に舞台飾りがなかったからである。

さらに中国語台本に無い、「餞夫」の「夫にとりつき泣きながら」（貼）、「舞台の正面に出なげくびして」（貼）、「送茶」の「どうけおんな春桃出寝おきのよふすにてきよろ〳〵としながら」（二花）などのト書きが和訳台本に加えられる。唐躍の上演を観ずに和訳台本を作ることは出来ず、和訳台本の作者は台本と演技を充分に理解していたことが窺える。「望先楼」に和訳台本がないのは和訳台本の作者がこれを観ることが出来なかったからで、和訳台本は観劇の記録であるとともに上演可能な台本ともなっていた。『琉球劇文和解』において訓点、訓読、和訳によって戯本の中国語は読解され、芸能としての理解（解釈）は和訳台本に示されたともいえる。

四　島津重豪と琉球使節の芸能―藩主から隠居へ―

薩摩藩第二五代藩主島津重豪は代々の藩主と等しく能を嗜んだが、特に芸能好きの大名というわけではなく、むしろ蘭学、博物学に熱心であった。しかし『南山俗語考』全五巻を編んだ唐話通の重豪にとって、唐躍は生きた唐話に接する絶好の機会であったであろうことは想像に難くない。そこで重豪と琉球使節の帯同する芸能、特に唐躍との関

わりを概観しておく。

重豪は分家加治木島津家の当主重年の長男として延享二年(一七四五)に鹿児島に生まれ、寛延二年(一七四九)の伯父宗信死去に伴って父重年が藩主となり、重豪は五歳で加治木島津家を継ぐ。宝暦四年(一七五四)に父とともに参府して世子の届を出すも翌年に父が死去して一一歳で藩主となる。[20] 幼少であり、分家でもあったことからこの間に琉球使節との接触は恐らくなかったであろう。

宝暦一一年(一七六一)に重豪の初入部が実現し、家督相続を賀する御祝使喜屋武按司[21]が琉球から遣わされて「琉歌三線半笙等合奏琉躍[22]」が磯別邸であり、重豪は恐らく初めて琉球の芸能に接することになる。次の在国となる宝暦一三年には将軍徳川家治の娘万寿姫誕生の御祝使玉川王子朝計、重豪の若君誕生の御祝使豊見城王子朝儀が上国し、琉踊あるいは琉球踊を観たと『近秘野艸[23]』にみえる。

明和元年(一七六四)には徳川家治襲職の慶賀使読谷山王子朝恒の江戸立があった。在国の藩主が帰府に際して琉球使節を率いて江戸へ上るのが例であったが、このとき重豪は在府していたために鹿児島での御膳進上を江戸へ持ち越し、一一月一五日と一二月三日の二度、江戸で御膳進上があり、前者に「奏楽併琉躍三番」、後者に「奏楽併唐踊一番琉踊三番[24]」があった。現存する史料にみる限り、重豪はこのとき初めて唐躍を観ることになる。なお文化九年(一八一二)に上梓される中国語辞書『南山俗語考』は重豪二三歳の明和四年(一七六七)に着手されたとされるから[25]、漂船に係る藩の唐通事養成が編纂動機であったとしても[26]、明和元年の唐躍が影響を与えたとも考えられる。

明和四年には年頭慶賀使伊舎堂親方盛敞が上国し、八月に磯別邸で重豪に「琉歌舞三絃簫等」を上覧に備え、さらに「琉躍衣裳併三絃一対」が献じられ、翌年に御小姓への「音楽稽古[27]」を命じたのも重豪であろう。年頭慶賀使の任期は約一八ヶ月で鹿児島にある王府の出先機関、琉球館の責任者(在番親方)を務める。島津家の所望で在番親方から芸能が出されることがあり、これを在番方といって琉球館勤務の士族が務めた[28]。

安永二年（一七七三）には中城王子の御目見上国があった。中城王子は琉球国王の世子の名称で、一六〇九年（万暦三七／慶長一四）の薩摩侵攻以降の一七世紀に三度あった御目見上国（一六六〇年、一六七四年、一六九二年）は「薩摩藩主へ琉球国王の世子あるいは世孫が『御目得』する一種の服属儀礼[29]」であり、冠船や江戸立にも増して費用を要する「太子太孫一世一度之公務[30]」であった。ところが一八世紀に入ると国王の早世などの事情で途絶え、今回が約八〇年ぶりの復活となる。中城王子の御膳進上に「歌楽[31]」「琉唐楽[32]」があったと家譜などにみえるが、久米村人の「中華躍組師[33]」「唐躍師[34]」が出発前の約一年、中城王子の従者たちに指導したことが久米村の家譜にみえ、この度は藩主の琉球館への御入（一二月一三日）があり、『鹿児島県史料』薩摩藩法令史料集一所収の「琉球館へ御入之御次第」（八〇九）に「唐踊・琉踊」がみえる。この時も太守（重豪）の命によって「文廟有司」「司聖堂之官員」に「座楽歌」「音楽」すなわち御座楽の教授があった[35]。

天明七年（一七八七）に重豪は家督を長子斉宣に譲って隠居し、藩政後見となる。寛政二年（一七九〇）の徳川家斉襲職の慶賀使宜野湾王子朝祥の斉宣への御膳進上に重豪は同席して奏楽（御座楽）、唐躍、琉躍を観[36]、寛政八年（一七九六）の尚温襲封の謝恩使大宜見王子朝規の江戸立にも斉宣や子息たちとともに琉球使節の音楽（御座楽）を聴く[37]。

文化三年（一八〇六）、尚灝襲封の謝恩使読谷山王子朝敕の参府では寛政八年に移った高輪の屋敷に使節を呼び寄せ、座楽、歌楽、唐躍を観る[38]。文化八年（一八一一）に斉宣の長子斉興に家督を継がせると大御隠居と呼ばせ、天保三年（一八三二）、尚育襲封の謝恩使豊見城王子朝春の時には江戸での御膳進上がなかったが、重豪は斉宣と日を継いで使節を召し入れ、奏楽、漢踊、球踊を観る[39]。重豪が没したのは翌年、天保四年のことであった。

重豪の家督相続（一七五五年）から隠居（一七八七年）までの藩主在職三二年間に琉球から送られた王子使者は一一件

で、そのうち一件（一七六四年）の江戸立では在府していたために江戸で使者を引見し、在国時の王子使者は四件（一七六一年二件、一七七三年二件）であった。[40] 少なくとも王子使者に関する限り重豪の目にした芸能は前述の史料に尽くされている。

宝暦一一年（一七六一）の按司方、同じく明和四年（一七六七）の在番方のほかに家譜に漏れている王子方以外の事例があったかも知れないが、按司方、在番方に充分な稽古期間の必要な唐躍が出された可能性は低い。[41]

隠居して芝の藩邸に住む寛政二年、重豪は太守公（斉宣）への御膳進上に同席し、寛政八年に高輪に移ってからも必ず使節を自邸に召し入れた（同年、文化三年、天保三年）。重豪は琉球使節との接触に熱心で、琉球の芸能―唐躍に接する機会も多かった。

五　『琉球劇文和解』の成立機会

1　『琉球劇文和解』の成立年

中国演劇が江戸で上演される機会は琉球使節の江戸立以外にはなく、すでに寛政八年と考える『琉球劇文和解』の成立年の根拠をあらためてここに示す。ただし厳密にいえばどの年度の江戸立において『琉球劇文和解』が成立したかということであって、『琉球劇文和解』そのものの成立年ではない。

島津家本『琉球関係文書』三（東京大学史料編纂所蔵）には「大宜見王子来聘」の見出しで寛政八年（一七九六）の使者の名簿とその役職の解説、江戸での日程、「上覧音楽譜」（一二月九日、江戸城）、献上物・拝領物、「琉球人唱酬」、番組（月日不明）、書翰などが収められている。

月日不明の番組の内容は、第一奏楽「万年春」、第二奏楽「賀清明」、第三奏楽「楽清朝」、第四唱曲「福寿頌」「昇平調」、第五唱曲「太平頌」、「琉球踊[42]」として、「団扇踊」「打組踊」「口説はやし」の琉躍三番、「唐踊」として、「餞夫」「送茶」「奪傘」「跌包」の四番で、それぞれ配役を含めて記される。

この番組は『琉球奏楽図』の「薩侯邸楽帖踊組」（三四三頁の①）と一致する。ただし奏楽の三曲が『琉球奏楽図』では「賀清明」が「賀聖明」となって「楽清朝」を欠き、唱曲は歌楽の見出しで曲目は同じである。この後、琉躍（琉球踊）、唐躍（唐踊）と続くが、実際にはさらに奏楽と唱曲の所望のあったことが『琉球奏楽図』の「又奏楽帖」という標題から窺われる。

『琉球奏楽図』では唐躍に「唐踊組」と「唐踊用意組」の二種がある。『琉球人来朝関係書類』一（琉球大学附属図書館蔵）所収の一八三二年（道光一二／天保三）の「踊組」には琉躍五番、唐躍二番に続けて「用意」と肩書された琉躍三番、唐躍一番があり、さらに「用意外」として琉躍二番、唐躍二番がみえる。用意は所望による上演で、さらに重ねての所望で用意外の演目が演じられる。この例からすれば当初予定されていた唐躍は「餞夫」「送茶」「奪傘」の三番、所望のあることを想定して江戸立に準備した残りの「跌包」「望先楼」を用意したことが二種の標題に示される。『琉球劇文和解』の和訳台本と「琉球歌舞図巻」、『琉球奏楽図』の挿図には「望先楼」が含まれていないから、「望先楼」だけは上演されなかった。

以上のところから、『琉球奏楽図』と内容を一にする『琉球劇文和解』が一七九六年（嘉慶一／寛政八）の江戸立における唐躍の台本であることは間違いない。

2『琉球劇文和解』の作成機会

寛政八年(一七九六)、藩主島津斉宣に率いられた謝恩使の一行は一一月二五日に江戸に着き、江戸城での諸行事を終えて一二月三〇日に江戸を発つ[43]。一ヶ月余りの江戸滞在における琉球使節の公務とそれに伴う芸能を、家譜などの記録によって整理すると次の通りとなる(行事はすべて一二月。なお行事内容については、薩摩藩邸の行事に関して、御膳進上以外を「召入」と表記する。また依拠史料はすべて註に記す)。

六日　出仕の儀[44](於江戸城)
　　　太守公召入[45](於桜田藩邸)
九日　御暇の儀、奏楽の儀[46](於江戸城)　奏楽
　　　太守公召入[47](於桜田藩邸)
一二日　上野東照宮参詣[48]
一五日　太守公召入[49](於芝藩邸)　奏楽
一六日　御老中廻り[50]
一八日　御三家廻り[51]
一九日　御膳進上[52](於芝藩邸)　奏楽(音楽、唐躍、琉躍)
二一日　重豪公召入[53](於高輪藩邸)
二四日　太守公召入[54](於芝藩邸)　奏楽
二五日　太守公召入[55](於芝藩邸)　能及狂言
二七日　太守公召入[56](於芝藩邸)　蹴鞠曲馬駒廻手妻伊勢神楽

以上が寛政八年の琉球使節が江戸で務めた行事で、江戸城での将軍拝謁のほか、薩摩藩邸では藩主への御膳進上以外にも太守公(藩主斉宣)や中将公(重豪)の召入があり、使節の帯同する芸能を上覧に備え、あるいは能狂言や雑芸など大和の芸能を賞看する機会が与えられる。

召入と御膳進上を別に扱うのは、琉球使節にとって御膳進上は重要な外交儀礼であり、その場に藩主以外の者が同席したとしても島津家の人々や家臣に限られ、和訳台本や図巻の作者が陪席することは考えられないからである。するとト書きを含む和訳台本、図巻の作成機会は御膳進上以外の一五日、二四日、重豪召入の二一日のいずれかとなる。ところが『琉球奏楽図』に収められる番組、挿図、献立などがすべて同じ日の記録であるとすれば、「十二月廿八日薩侯邸菜単」(三四三頁の⑥)の日付は前述のいずれにも該当しない。家譜の一二月二八日には、江戸滞在中に薩摩藩邸の御側小姓へ「音楽歌楽」を教授した楽師、楽童子(「自楽正官到楽童子」)に褒賞を賜った記事(金姓(六四三)八世安昌、葛姓(二五〇)九世秀承、毛姓(一〇〇五)九世安郁)のみが見出せる。家譜にこの日の芸能についての記載がないが、すでに隠居していた重豪の計らいで御側小姓への音楽歌楽の教授が行われ、その褒賞が重豪から与えられ、その席で使節は卓袱料理を賜り、さらに御座楽、唐躍、琉躍があって『琉球劇文和解』の和訳台本の作者、「琉球歌舞図巻」の作者(あるいは原本または『琉球奏楽図』挿図の作者)が陪席したと想像することはできる。唐躍四番だけはやや多いものの御座楽、唐躍、琉躍で構成される標準的な番組であり、唐躍に重点を置いた番組は『琉球劇文和解』の作成が念頭にあった重豪の意に出た特別の上演であったとも考えられる。以上のところから『琉球劇文和解』は一二月二八日の上演を記録したものと考えてよいだろう。なお『琉球奏楽図』の編者は番組、詞章、台本、献立などをすべて入手できる立場にあったと考えられるが、「薩侯邸楽帖踊組」「薩侯邸菜単」とあることからすれば薩摩藩邸内部の人間ではなく、重豪を取り巻く江戸の文人たちによって『琉球劇文和解』も『琉球奏楽図』も成ったのではないか。

六　寛政八年の島津重豪と唐躍台本

寛政八年(一七九六)、島津重豪は琉球使節の儀衛正鄭章観(屋部親雲上)、楽師蔡邦錦(大田親雲上)を召し寄せ、入唐経験がある二名に中国の事情を質し、その内容を翌年、赤崎楨幹に命じて『琉客談記』にまとめさせた。(57) 楨幹の序にその経緯が次のように記される。

丙辰之冬、琉球謝恩使尚恪寓於江都之邸、其僚属有嘗入清者二人、曰鄭章観蔡邦錦、太公頗通唐語、乃召二人親問其所歴覧勝景佳事、二人所説甚詳、因命臣楨幹以国字記其語、装為一巻、又命画工作図而附、其後以為臥遊之具云、章観字有光、邦錦字日章、皆琉球久米村人

路次楽の責任者である儀衛正の鄭章観に家譜は現存しないが、楽師蔡邦錦の家譜(二〇八八)によれば、寛政八年以前の邦錦の入唐は乾隆三九年(一七七四)の「読書習礼」のみで入京の経験はなく、『琉客談記』の見聞の過半は鄭章観であったであろう。ただし邦錦の約八ヶ年に及ぶ福州滞在は勤学(私費留学生)としては異例に長く、語学習得に相当な成果を挙げたと思われる。(58) 寛政八年について邦錦の家譜には次の記事がみえる。

乾隆六十年乙卯十月六日、因尚恪大宜味王子朝規赴江府、奉　命為楽師、嘉慶元年丙辰…十一月二十五日到于江戸、其後随奉御医玄沢老伝、称　太守諭時、従琉球楽師蔡邦錦精学中華正音等因、遵即兼本職毎日自午至酉在副使館、精分其平上去入之音教授、(蔡姓(二〇八八)一四世邦錦)

蔡邦錦が「中華正音等」を精しく学んでいることから、「御医玄沢老伝」に随って、太守(斉宣)の命により、薩摩藩邸の副使安村親方の宿所(「副使館」)で毎日午から酉までの約六時間、「平上去入之音」(四声)を教授したという。邦

錦の「本職」とする御座楽についての記事は家譜にまったくみられず、邦錦の江戸立にとってこの一件がよほど重要な出来事であったことを窺わせる。

邦錦による四声（平上去入之音）の教授が太守（斉宣）の指示によって行われた（「称　太守諭」）としても、それは父重豪の意を汲んでのことと思われる。そのように考える根拠は、『南山俗語　琉球詞和解』（59）にあり、文化九年（一八一二）に上梓される『南山考講記』の稿本である『南山俗語考』がすでにあって、その一部について重豪が邦錦に校閲を求めたのが四声教授と考えられるからである。琉球語（琉球詞）の和解でないこの書を「琉球詞和解」とする理由はほかに見出せない（60）。

重豪はこの年の三月に高輪の下屋敷に移っていた。重豪自身が四声の教授を受けたとすれば、『琉客談記』のように高輪藩邸へ邦錦を召し寄せたはずで、琉球使節の宿泊する芝藩邸で行われた邦錦の教授は重豪の家臣を対象としたものであろう。その家臣が、『南山俗語考』の和訳校閲を担当した曽槃、同じく華音を担当した石塚崔高であった可能性もある（61）。

この年に太守へ献じられた唐躍の台本（戯本）もまた、重豪は語学材料として考えたに違いない。生きた唐話である唐躍に重豪が興味を惹かれなかったはずはない。

『琉球奏楽図』に収める唐躍台本には、『琉球劇文和解』の本文左右に片仮名で附された発音、和訳がない。すでに述べたように戯本をそのまま筆写したためであろう。『琉球奏楽図』と『琉球劇文和解』とでは台本の体裁も異なり、前者が追い込みで書かれるのに対して、後者は原則として行頭に役名（役柄）をたてて役ごとに改行する、歌舞伎台帳の書式に近い。重豪の指示によって台本の体裁を整え、邦錦の四声教授を踏まえ、発音と和訳が附されて成ったのが『琉球劇文和解』の中国語台本ではないか。中国語史を専攻する古屋昭弘による、『琉球劇文和解』と島津重豪が編纂した『南山考講記』『南山俗語考』の「三書の片仮名音は酷似」するという指摘[62]は以上の推測を裏付ける。

七　『琉球劇文和解』の和訳台本

すでに述べたように『琉球劇文和解』の後半は唐躍五番のうち四番の和訳台本である。もちろん中国語台本(前半)の本文左側に片仮名で記された訳によっても内容の理解は充分に可能で、しかもその訳は単なる読み下しではない。しかし歌舞伎風の台本に仕立てられた「送茶」、狂言調に訳された「奪傘」の和訳台本は、舞台としての面白さを感じさせる工夫がみられる。

例えば「餞夫」の最後、夫の出陣を見送った妻(貼)の唱「ワガツマハユキ玉フ、ワレヲフリステ、、ヒトリネヤニカヘリテ、コヲウミタリトモ、タレニカイタカシメン」が、和訳台本では、

夫にわかれしね屋のうち、つれ〳〵かちなる我身ひとつ、身ふたつになりたりとも、誰にその子をいだかせんと歌われる。また「送茶」で主人が下女を口説くくだりで、正生の唱「サキニソナタヲタヲヤメトノミオモヒシニ、ケフノシカタハオトコマサリ、コヨイゾヱンノヲヒヲムスバンニ、サシウツムイテナニユヘ、モノヲハイハスゾ」が同じく、

今までは、あたに詠めしかほよ花、けふとし見れは水際の、立ふるまひも男へし、草結ひけん縁の帯、とけぬ心か口なしの、思わせふりはつらにくや

となる。さらに「奪傘」冒頭の外の引「カラカサハコト小ナリトイヘトモ、マガラヌサバキハフタツナシ」が、

さしたる傘はせまけれと、かげとたのむやあめが下、心はおなじ道なれば、すぐなるかたを行ふよ

となり、同じく羅進賢（外）の名乗「ソトシタル、ラシンケント云モノナリ、コンニチノヲホアメニ、ヒトリカラカサヲサシユキテ、トモタチヲタヅヌルナリ、トヤカク云ウチ、ハヤ、ウシロマチノタテバニイタレリ」が、

是は羅進賢と申て、そといたした者でござる、ちとしよやうがこざつて、友たちのかたへまいりまするが、かやうな大雨でござるほとに、この傘をさいて罷出た、イヤ、何かと申うちに、これははやうしろまちのたて場でござる

となり、完全に狂言の名乗りとなる。これらの例からして、和訳台本の作者は中国語の台本を咀嚼してかなりこなれた歌舞伎風、狂言調の台本とする。

また、「あしやらまぢりの」（あじやらまじり、戯交：「送茶」）など歌舞伎、浄瑠璃に用例をみる言葉、連歌、俳諧用語の「長点をかけふわいの」（「送茶」）[63]などが使われることから、和訳台本の作者が歌舞伎や狂言に通じた江戸の文人であったことが想像される。

和訳台本の作者として想定される人物の手掛かりは、今のところ蔡邦錦が同道したとされる「御医玄沢」以外にはない。御医は薩摩藩の江戸詰藩医か当時の高名な医師と思われ、玄沢を名乗る医師は大槻玄沢以外にいない[64]。

ところで琉球への興味を『琉球談』に上梓した森島中良は、『惜字帖』（早稲田大学中央図書館蔵）に薩摩藩士から入手した琉球の王子の書状を収め、寛政八年、琉球使節の附医師又吉親雲上が薬剤の入手を旅方役人赤崎善介に依頼した書付も貼り込む。後者の注記に、「寛政八年来聘セシ中山使者大宜見王子ノ附医師又吉親雲上」とあり、続けて「又吉ハ口説囃子ト云フ踊ノ上手也、薩侯ノ前ニテ躍リシヲ家兄モ見玉ヒキ」と記す。薩摩藩主の前で踊った又吉親雲上の「口説囃子」を実際に観たのは中良の兄、幕府奥医師を務める桂川甫周で、甫周と重豪の交誼は深かった[65]。注記は兄甫周から聞いた話で、中良はこの席には居ない。

大槻玄沢と森島中良の交流は石上敏『万象亭森島中良の文事』(66)にも明らかで、和訳台本の作者としては森島中良の方が相応しいが中良は唐躍を観ていない。甫周、中良との縁(67)で玄沢が薩摩藩邸に出入りしたと考えることもできよう。

大槻玄沢は宝暦七年(一七五七)に生まれ、長崎遊学の後、江戸で仙台藩の医師となり、寛政八年には四〇歳であった。『解体新書』の杉田玄白のもとで蘭書の翻訳をするなど、蘭学、医業に従事し、蘭語の指南書を著す。しかし寛政九年には『藪さがし続編/医商』と題する戯作を著し、オランダ正月を模した新元会と称する祝宴を寛政六年以降毎年催すなどの粋人であった(68)。『先考行実』は玄沢を「君ノ人トナリ寡欲被服倹素、但風流好事ノ性アッテ花月ヲ賞シ、歌詩ヲ唫シ、能ク客ヲ愛シテ酒ヲ勧ス」(69)と評す。

天明五年(一七八五)一一月から翌年三月にかけての長崎遊学には『瓊浦紀行』と題する日記が残され、途中の大坂逗留にしばしば芝居見物をしたことがみえ、「丑之助ガ戯場ヲ見ル　慶子ガ芸を見ル　七十四歳ノヨシ今ニ矍鑠タリ」(70)などと記す。長崎では「山行」と称して丸山遊郭に遊んだことが散見されるが、芝居については三月一二日に「戯場へ行キ」(71)とあるのみで、これは唐人踊ではなかったらしい。芝居に関心をもつ玄沢が長崎で唐人踊(中国演劇)の風聞に接しないわけはなく、ようやく出会えたのが寛政八年の江戸であったとも想像される。

大槻玄沢の『畹港漫録』巻之六には寛政年間の記述と思われる箇所に「大田親方/毛維新」「野武親雲上/鄭章観」(七三ウ)などと琉球人の姓名がみえる(72)。鄭章観は『琉客談記』に登場する一人で正しくは屋部親雲上、もう一方の大田親方は大田親雲上である蔡邦錦の間違いで、毛維新は楽童子安里里之子の唐名である。さらに八一オから八二オにかけて「雑劇套」にはじまる中国の演劇用語が並べられる(73)。寛政八年の唐躍、久米村人二名との出会いがこのメモを玄沢に書かせたのではないか。

蔡邦錦の家譜にみえる「御医玄沢」が大槻玄沢その人であったならば薩摩藩邸の四声教授の場に陪席したことにな

り、さらにそこで『琉球劇文和解』もまた語学材料とされたならば、『琉球劇文和解』の和訳台本の作者が芝居にも通じた玄沢であった可能性は高い。

註

（1）平野喜久代『蔵書印集成解説』（平野喜久代、一九七四年）によれば、高取植村文庫は大和高取藩主植村家長（一七五三―一八二八）の蔵書（九二頁）。寛政八年に江戸城奏者に在職中であったが薩摩藩との関係は特に見出せない。

（2）註1、九六頁。

（3）『南葵文庫蔵書目録』（南葵文庫、一九〇八年）三五三頁。

（4）朝倉治彦編『慶応義塾図書館蔵／屋代弘賢・不忍文庫蔵書目録』第三巻（ゆまに書房、二〇〇一年）一五三頁。

（5）国立公文書館蔵。影印が『内閣文庫所蔵史籍叢刊』特巻第二、第一二巻（汲古書院、一九八五年）に収められる。

（6）森島中良『琉球談』巻末に載せる「森島中良著述書目」の『琉球談』の内容紹介にも、「…琉球狂言。小哥の文句。彼国の言語にいたるまて。…」とし、『中山伝信録』によって組踊り二番の梗概を記す。

（7）大英図書館には『琉球奏楽図』（OR.961）と別に『琉球楽器図』（OR.960）があり、ともに一八六九年四月二二日に受け入れられる。一九九二年九～一〇月に浦添市美術館で開催された「世界に誇る・琉球王朝文化遺宝展―ヨーロッパ・アメリカ秘蔵」に両書とも出展され、同展の図録によれば『琉球奏楽図』の法量は二七糎×三七糎、同じく『琉球楽器図』は三一糎×四四糎である。

（8）劉富琳『中国戯曲与琉球組舞』（海峡文芸出版社、二〇〇一年）

（9）松浦静山『甲子夜話』続篇巻九〇（東洋文庫『甲子夜話』続篇七、平凡社、一九八一年、三一～四三頁）。

(10) 註9、三二頁。

(11) 註4。

(12) 『一話一言』は『大田南畝全集』第一三巻(岩波書店、一九八七年)一一一〜二頁ほか。また通航一覧第一・一八三〜四頁。

(13) 註11、『大田南畝全集』第一三巻における巻一五の書誌(九八頁)。

(14) 註9、三四〜七頁。

(15) 前節で述べたように天保三年の江戸立における唐躍の用語解説に「板」がみえ、「板トハ平板トテ歌曲ノ調ノ名目ナリ」(『琉球人来朝関係書類』一)とあり、現存しない台本(戯本)に曲調が記されていたのであろう。

(16) 那覇市史家譜資料二・八一七頁。

(17) 第5章一八〇頁。

(18) 安政五年(一八五八)に予定された江戸立のために『将軍代替ニ付御祝儀使者伊江王子江戸立仰渡留』(尚家文書三〇三)が残される。恐らく奏楽の儀に用いられるべき「楽帖並奏楽儀注」を鹿児島に到る前に用意して鹿児島で「取しらへ」を受けるべきことが薩摩藩から王府に達せられ、さらに、

於　御城奏楽之節、琉球人江差添楽器取添方等取扱仕、且又先年茂御老中様就御用楽器持参候様被仰付、於御役屋敷組立差出候儀茂有之、其外冠服楽器名目絵形幷唱曲楽歌等之解御用之節…

と使者従者の服装(冠服)を含め、御座楽に対して出される質疑に遺漏無く対応できる万全の用意がなされた。これは江戸城奏楽の儀への対応であるが、薩摩藩主に対する御膳進上における唐躍のために戯本、戯文和解が用意されたのであろう。

(19) 向井友章については『国書人名辞典』第四巻(岩波書店、一九九八年)の「向井滄浪」の項参照。またこの時の家譜記事に明和二年(一七六五)のこととして、「二月四日帰到麑府二十二日因　嶺松院様之召於彼館、唐踊琉踊奏歌(傅姓(一六四九)八世厚昌)とある。馬姓(一六六七)九世良穎、毛姓(一〇〇九)一〇世安勅には二三日とあるものの、藩主重豪在府のため鹿児島での御膳進上は行われなかったが、鹿児島で唐躍が行われたことは確実で、鹿児島に唐歌、唐躍の資料が残されていた可能性は高い。

(20) 芳即正『島津重豪』(吉川弘文館、一九八〇年)一～一〇頁。

(21) 王子使者に次ぐ按司使者には御膳進上がなく、ここで披露された芸能はあらかじめ準備して帯同したものではなく、従者から出された芸能で按司方と呼ばれ、王子方(王子使者が帯同する芸能)と区別される。

(22) 向姓(四八九)八世朝隆(那覇市史家譜資料三・三二〇頁)。

(23) 『鹿児島県史料』伊地知季安著作史料集六(鹿児島県、二〇〇六年)三七三頁。

(24) 葛姓(二五〇)八世秀倫。

(25) 註20、一〇三頁。

(26) 曽槃『仰望節録』(『日本偉人言行資料』三、国史研究会、一九一七年)四～五頁。

(27) 翁姓(一〇六七)六世盛敞。

(28) 王子方、按司方、在番方については第8章第三節参照。

(29) 豊見山和行『琉球王国の外交と王権』(吉川弘文館、二〇〇四年)二二二頁。

(30) 『琉球館文書』二(琉球大学附属図書館蔵)寛政五年二月付口上覚(一四六オ)。

(31) 鄭姓(二一五三)一五世永功、向姓(二六一三)一一世朝意。

(32) 註22。
(33) 蔡姓(二〇九二)一三世任邦。
(34) 梁姓(二一六七)一三世淵。
(35) 葛姓(二五〇)八世秀倫、向姓(二六一三)一一世朝意。
(36) 葛姓(二四六)一一世秀休。
(37) 毛姓(一〇〇五)九世安郁。
(38) 向姓(八)二世朝英。
(39) 『儀衛正日記』(東京大学史料編纂所蔵)天保三年(一八三二)閏一一月二一日条。
(40) ただし安永二年(一七七三)の中城王子上国は厳密には王子使者とはいえないが、御膳進上と芸能は王子使者と同じである。
(41) ただし寛政八年(一七九六)の伊是名親方、文政一二年(一八二九)の城間親方(『薩陽往返記事』)がいずれも年頭慶賀使で鹿児島滞在中に在番方として唐躍を出すが、前者は月日の間違いで王子方であり、後者は本格の唐躍ではない。
(42) 「音楽」が見出しのようにもみえるが、演目と演者との関係でいえば「団羽踊」が前川里之子、美里里之子、「打組踊」が前川里之子、美里里之子、又吉親雲上、喜名里之子で(「口説はやし」については省略)、「団羽踊」の右に記される「琉球踊」が「團羽踊」「打組踊」「口説はやし」の見出しであろう。
(43) 毛姓(一〇〇二)一二世安輝。
(44) 島津家本『琉球関係書類』三(東京大学史料編纂所蔵)、毛姓(一〇〇二)一二世安輝。
(45) 註43。

(46) 註43。
(47) 註43。
(48) 註44、『琉球関係書類』三。
(49) 葛姓(一一五〇)九世秀承、毛姓(一〇〇五)九世安郁。
(50) 註48。
(51) 註48。
(52) 金姓(六四三)八世安昌、葛姓(一一五〇)九世秀承、毛姓(一〇〇五)九世安郁、毛姓(一〇〇二)一一世安輝。
(53) 葛姓(一一五〇)九世秀承、註48『琉球関係文書』三。
(54) 註52。
(55) 註52。
(56) 註52ほか。
(57) 安永二年(一七七三)の中城王子尚哲の御目見上国の際も、「太守公以漢語。親問中華烟火之事。景裕永功。亦以漢語奏聞。自此以後。太守公毎召　世子于御屋敷。太守公親将漢音見問。又　太守公行幸伊勢兵部之宅。召景裕及永功于御前。将漢音問北京福州聖廟之礼法。併廟宇器具等事。景裕永功。亦以漢音細奏」と真境名安興編『県史編纂資料・那覇ノ部』(那覇市史家譜資料二・九三二頁)に収められた毛姓(一〇九九)家譜の断簡にみえる。景裕は毛姓の田里親方、永功は鄭姓の上原里之子親雲上。『琉客談記』での重豪と久米村人との対話にはこのような布石があった。
(58) 蔡姓(一〇八八)一四世邦錦に、「乾隆三十八年癸巳十一月十六日年二十四歳、呈請随接貢総官毛致知吉川里之子親雲上赴閩読書習礼法司准之、翌年四月初四日従那覇津開船…同四十七年壬寅跟存留通事陳宏毅仲本通事親雲上、二月二十

四日帰国」とある。乾隆三八年は安永二年(一七七三)。

(59)『南山俗語　琉球詞和解』は二本が伝わる。一は琉球大学附属図書館伊波文庫蔵、一は『文鳳堂雑纂』(国立公文書館蔵)地誌部三十に収める。伊波文庫本には「黒川真頼蔵書」「黒川真道蔵書」の印記があり、黒川文庫の書籍目録の「二十　外交」の一二九に「南山俗語　琉球詞和解　一」とみえる(日本書誌学大系八六(2)『黒川文庫目録　索引編』)。また『日本古典籍書誌学辞典』には「(黒川)春村・真頼が収集した蔵書は国学者で東京帝国大学教授であった四男真道が受け継いだが古書店に渡り分散した」(一七六頁)とあり、東大在学中の伊波が真道から譲られた可能性もある。

(60)山根真太郎「薩摩藩と唐通事―『南山俗語琉球詞和解』を手がかりとして―」(『新薩摩学　薩摩・奄美・琉球』南方新社、二〇〇四年)一二二～三頁、岩本真理「筑波大学図書館蔵『南山考講記』について」(一)(『人文研究』五二(四))一一頁参照。

(61)古屋昭弘「18世紀末『琉球劇文和解』の中国語音について」(『水門―言葉と歴史―』二二、二〇一〇年)一一一頁。

(62)註61、一一〇～一頁。

(63)平成二四年七月の演劇研究会例会におけるご教示。

(64)真栄平房昭は「将軍の侍医をつとめていた有名な蘭学者大槻玄沢」とする(「清国を訪れた琉球使節の見聞録―『琉客談記』を中心に―」『第八回琉球・中国交渉史に関するシンポジウム論文集』、沖縄県教育委員会、二〇〇七年)一二七頁。ただし玄沢が将軍の侍医であった事実はない。

(65)文化元年に重豪の高輪藩邸に立てられた「亀岡十勝の詩」の碑文を撰した甫周は「抑国瑞之家、三世得㆔出㆓入太公之門㆒」と記し、桂川家と島津重豪の縁は甫周の祖父甫筑国華から続く(註26『仰望節録』三一頁)。

(66)石上敏『万象亭森島中良の文事』(翰林書房、一九九五年)。とくに第二章第七節「大槻玄沢との交友―江戸蘭学者の交友一斑―」。

(67) 石上敏『万象亭森島中良の文事』(註66)所収の「万象亭森島中良年譜(稿)」に、寛政六年、「甫周、幕府に長崎屋での出島商館長一行との対話を願い出」、五月四日・五日に中良も「甫周・玄白・玄沢・前野良沢・宇田川玄随らとともに、長崎屋で蘭人との対話の席に加わる」とある(七二二頁)。

(68) 佐藤昌介「大槻玄沢小伝」(『大槻玄沢の研究』洋学史研究会編、思文閣出版、一九九一年)による。

(69) 杉本つとむ編『大槻玄沢集』Ⅱ(早稲田大学出版部、一九九四年)三六七頁。

(70) 津本信博編『近世紀行日記文学集成』二(早稲田大学出版部、一九九四年)三六頁。

(71) 註70、五九頁。

(72) 杉本つとむ編『大槻玄沢集』Ⅴ(早稲田大学出版部、一九九六年)三一〇頁。

(73) 註72、三三五～七頁。

(74) 玄沢はこの年一二月一三日に「火災ニ罹ル紺屋町へ仮居ス」と『先考行実』にあり(註69、三六三頁)、薩摩藩邸に出向く余裕があったかは疑問。

1

【巻末写真】仲秋宴の舞台

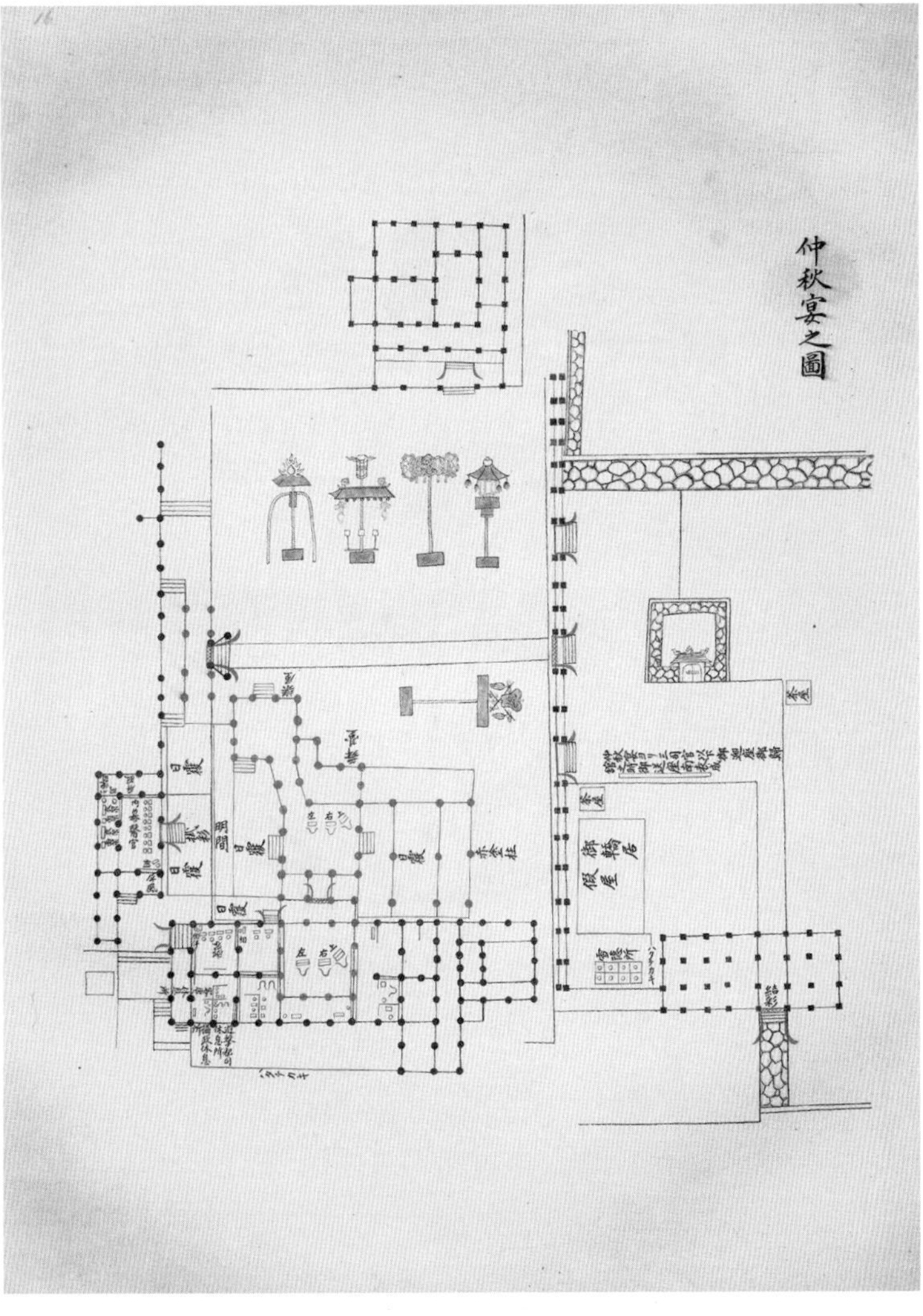

『冠船之時御座構之図』(沖縄県立博物館・美術館蔵)

首里城御庭を囲んで左に正殿、右に奉神門、上に南殿、下に北殿が位置する。北殿に冊封正使(右)、同副使(左)、国王(上)の席が設けられ、正対して三間四方の舞台、左奥に橋がかり、その先に楽屋がある。舞台上の右、左、上は舞台終了後の花火を観る席で、南殿の前に四基、奉神門の前に一基の仕掛け花火が描かれる。赤が冠船のための仮設部分である。

2

①楽童子

舞

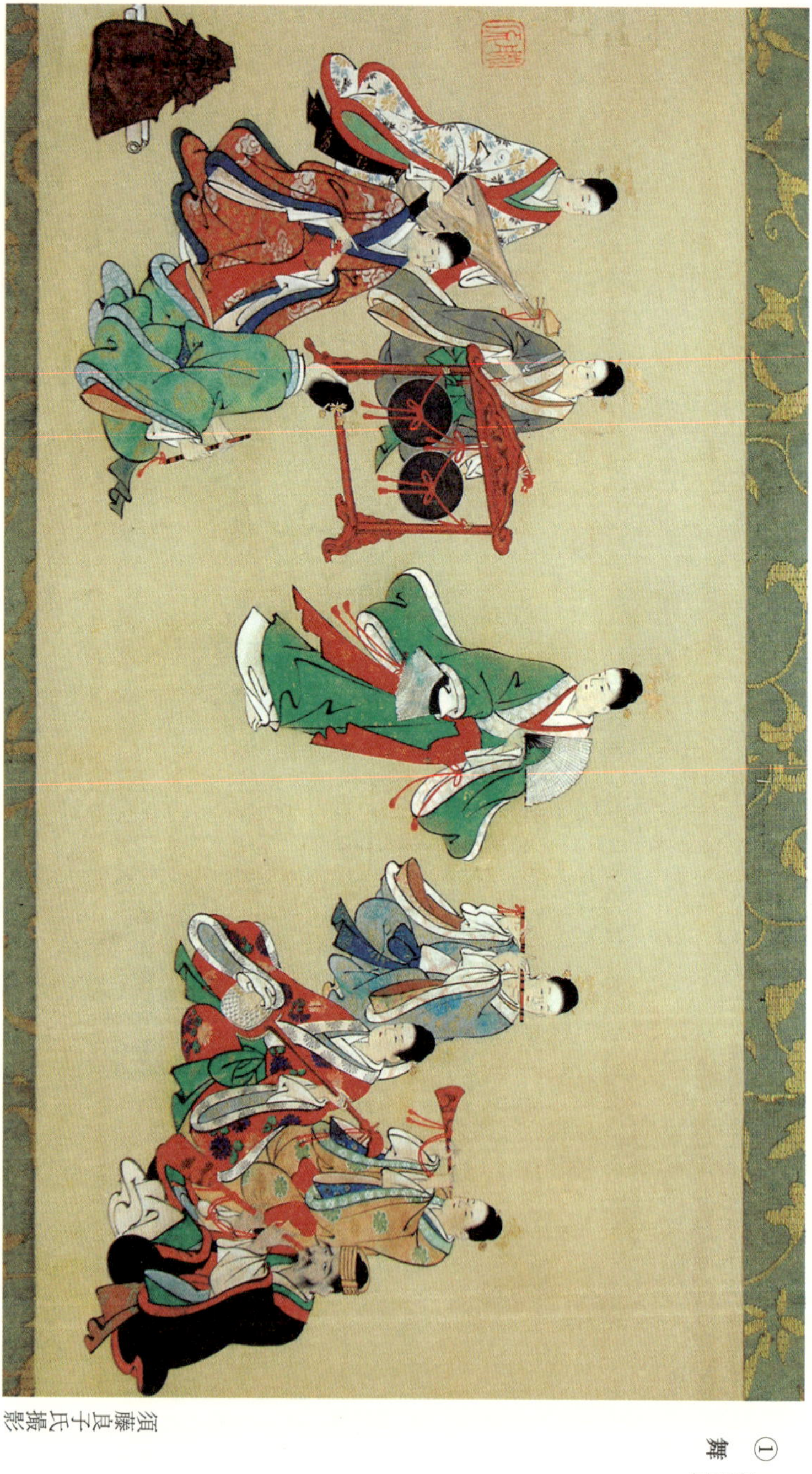

「琉球人舞楽之図」(沖縄県立博物館・美術館蔵)

須藤良子氏撮影

② 寛文一一年の登城行列

「琉球使者金武王子出仕之行列」(ハワイ大学マノア校図書館サカマキ・ホーレー文庫蔵)

江戸立の芸能

（1）天保三年の島津斉宣邸（永青文庫蔵「琉球人坐楽之図」）

(2) 琉躍と唐躍の演者

① 打組踊

「琉球人坐楽之図」(永青文庫蔵)

② 城間親雲上の醜女

「琉球人坐楽之図」(永青文庫蔵)

「琉球人舞楽御巻物」(沖縄県立博物館・美術館蔵)

③ 唐躍における城間親雲上の老公

「琉球人坐楽之図」（永青文庫蔵）

「琉球踊之図」（熊本県立美術館蔵）

④ 節口説の渡慶次筑登之

「琉球人坐楽之図」（永青文庫蔵）

⑤ 笠躍の立津里之子

「琉球人坐楽之図」（永青文庫蔵）

4

『琉球劇文和解』（東京大学総合図書館蔵）

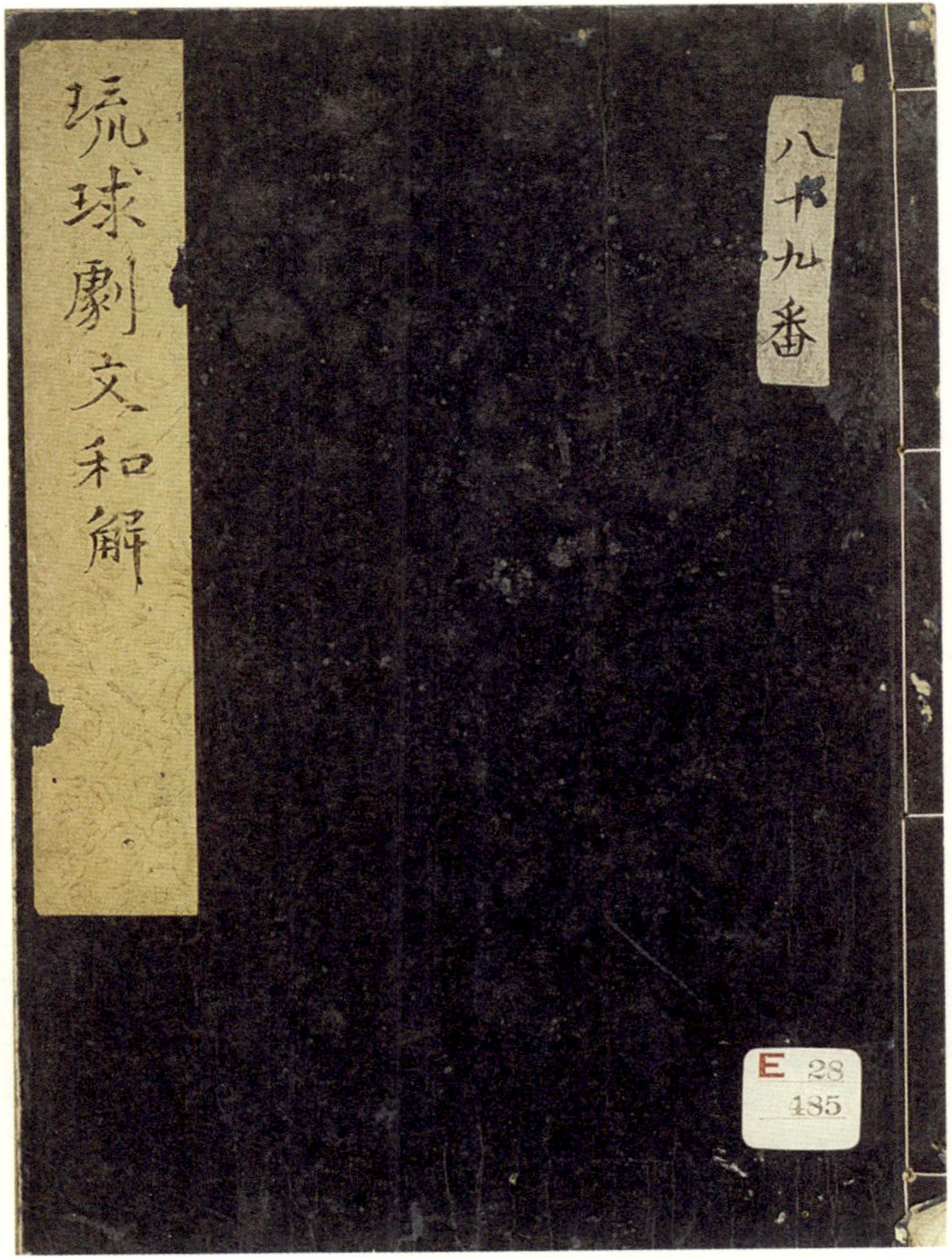

① 表紙

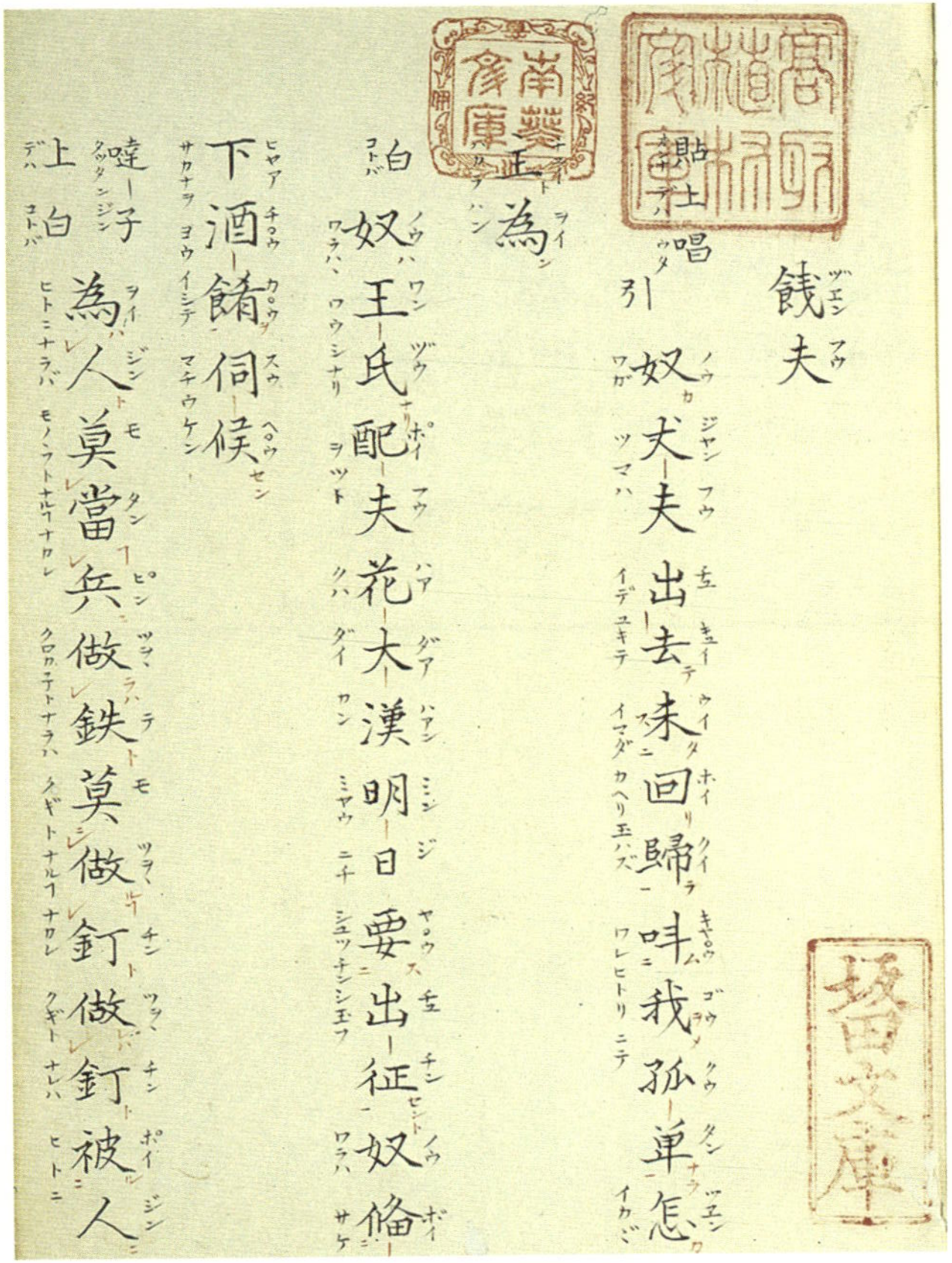

② 本文（初丁オ）

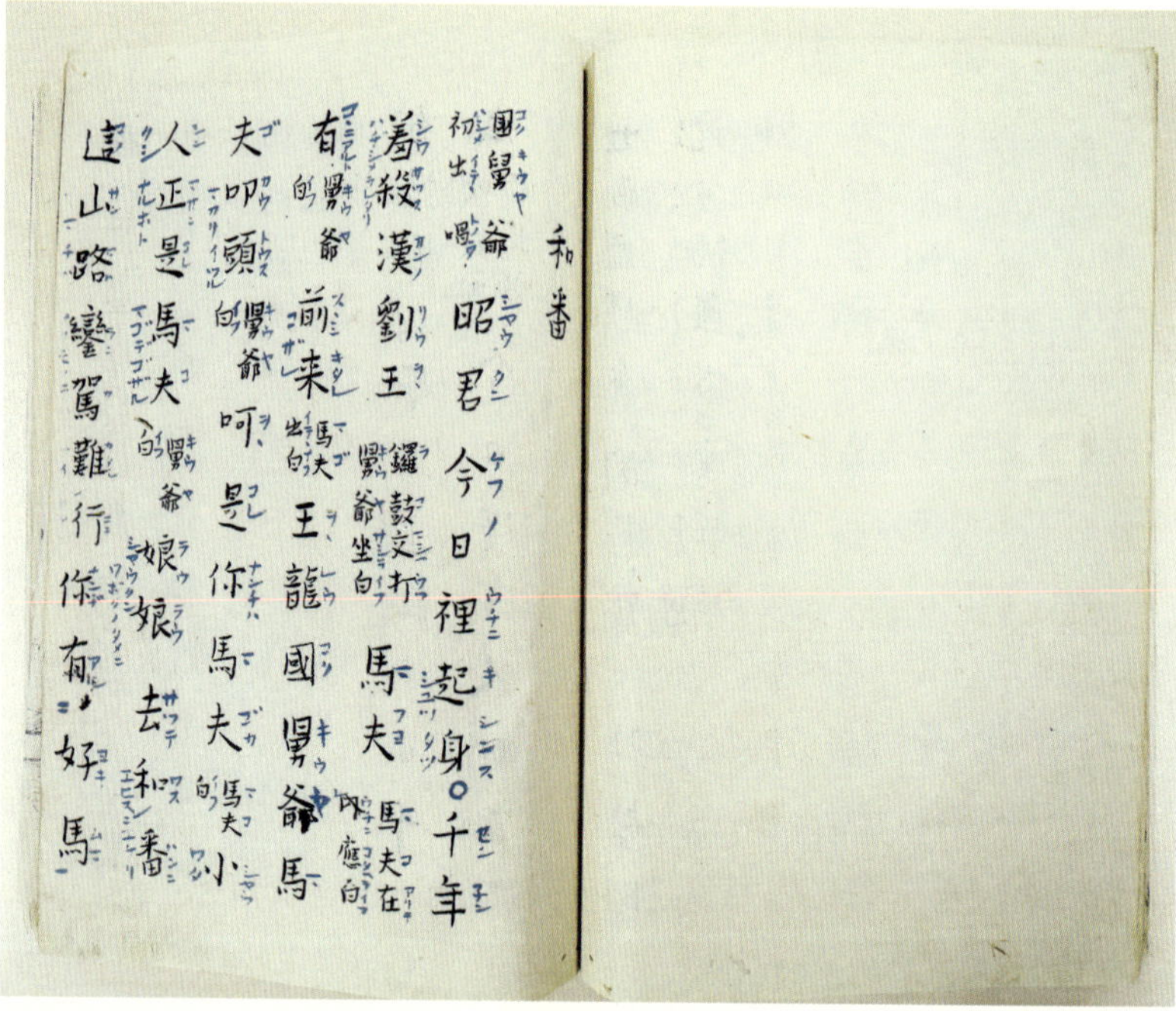
和番
國舅爺初出唱 昭君今日裡起身○千年
羞殺漢劉王 鑼鼓 國舅爺出白 文打 馬夫 馬夫在内應白
有 白國舅爺 前来 馬夫出白 王龍國舅爺馬
夫叩頭 白國舅爺 呵、是你馬夫 白馬夫 小
人正是馬夫 入白國舅爺 娘娘去和番
這山路鑾駕難行 你有好馬

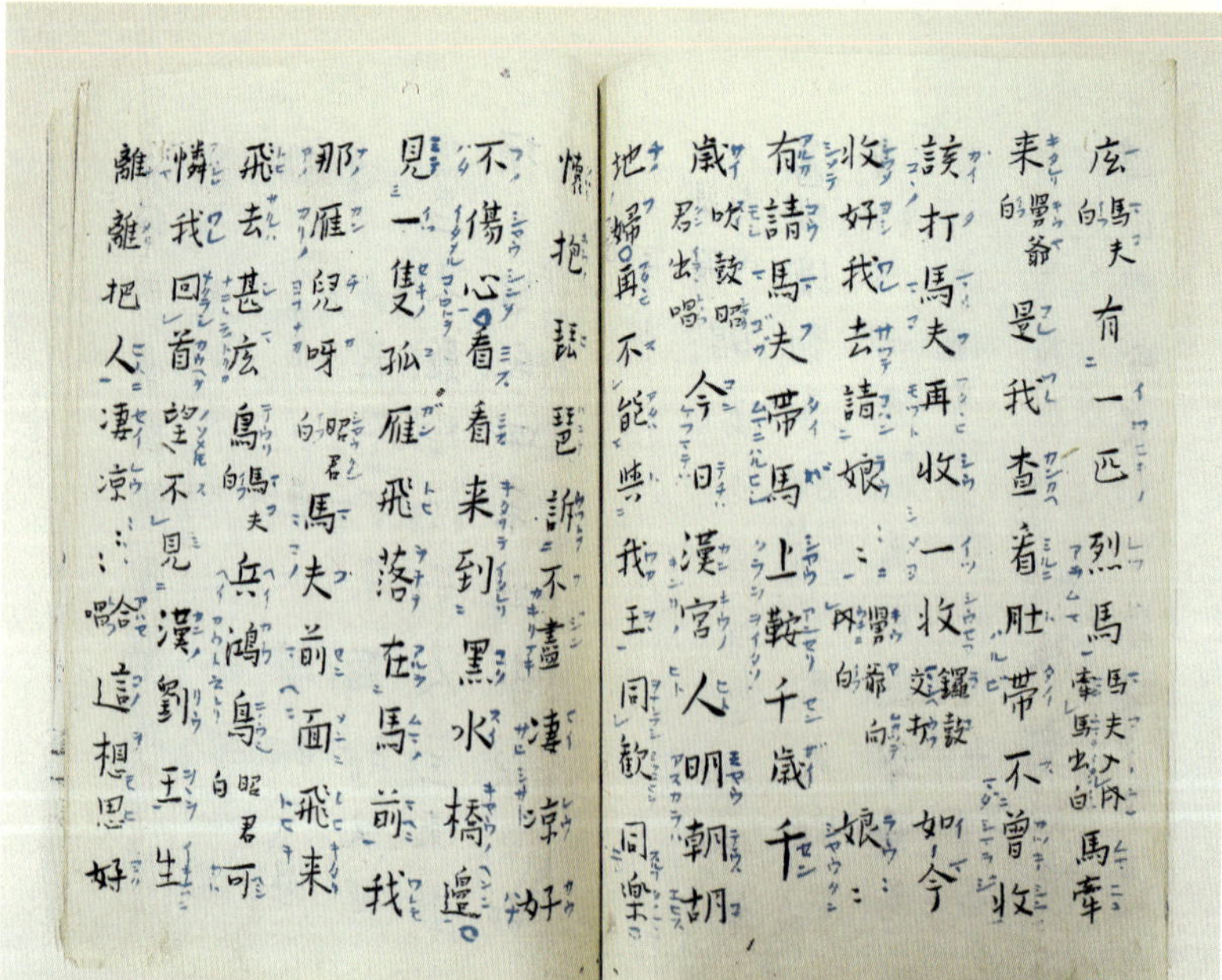
広 白馬夫 有一匹烈馬 馬夫牽駿出白 馬牽
来 白國舅爺 是我查看 肚帶不曾收
該打馬夫再收一收 鑼鼓 文打 如今
收好我去請娘娘 内國舅爺白 向 娘娘
有請馬夫帶馬上鞍 千歳千
歳 吹鼓唱 君出唱 今日漢宮人明朝胡
地婦再不能與我王同歡同樂
懐把琵琶訴不盡淒涼好
不傷心看看来到黒水橋邊
見一隻孤雁飛落在馬前我
那雁兒呀 白昭君 馬夫前面飛来
飛去甚広鳥 白馬夫 兵鴻鳥 白昭君 可
憐我回首望不見漢劉王生
離離把人淒涼哈這想思好

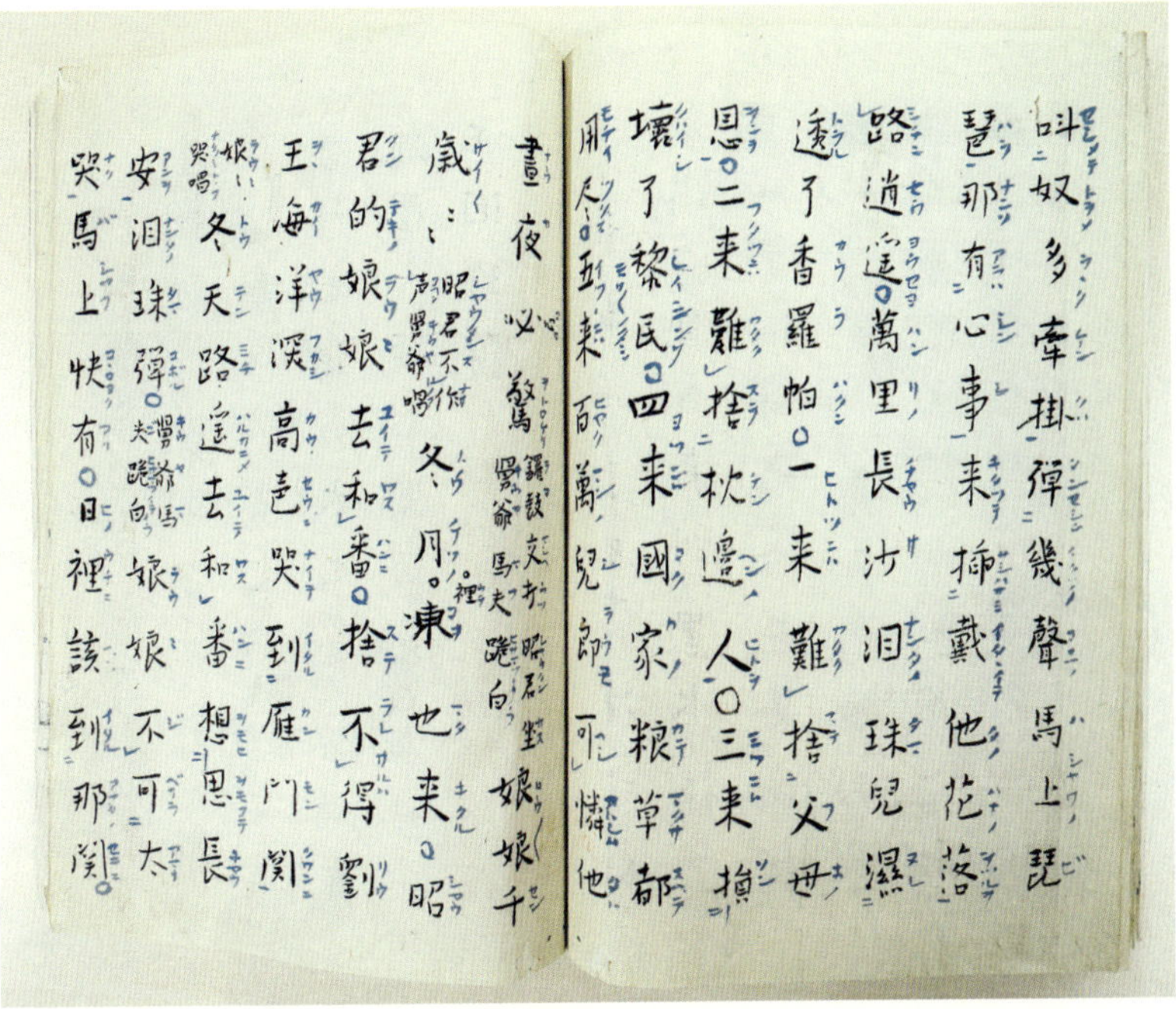

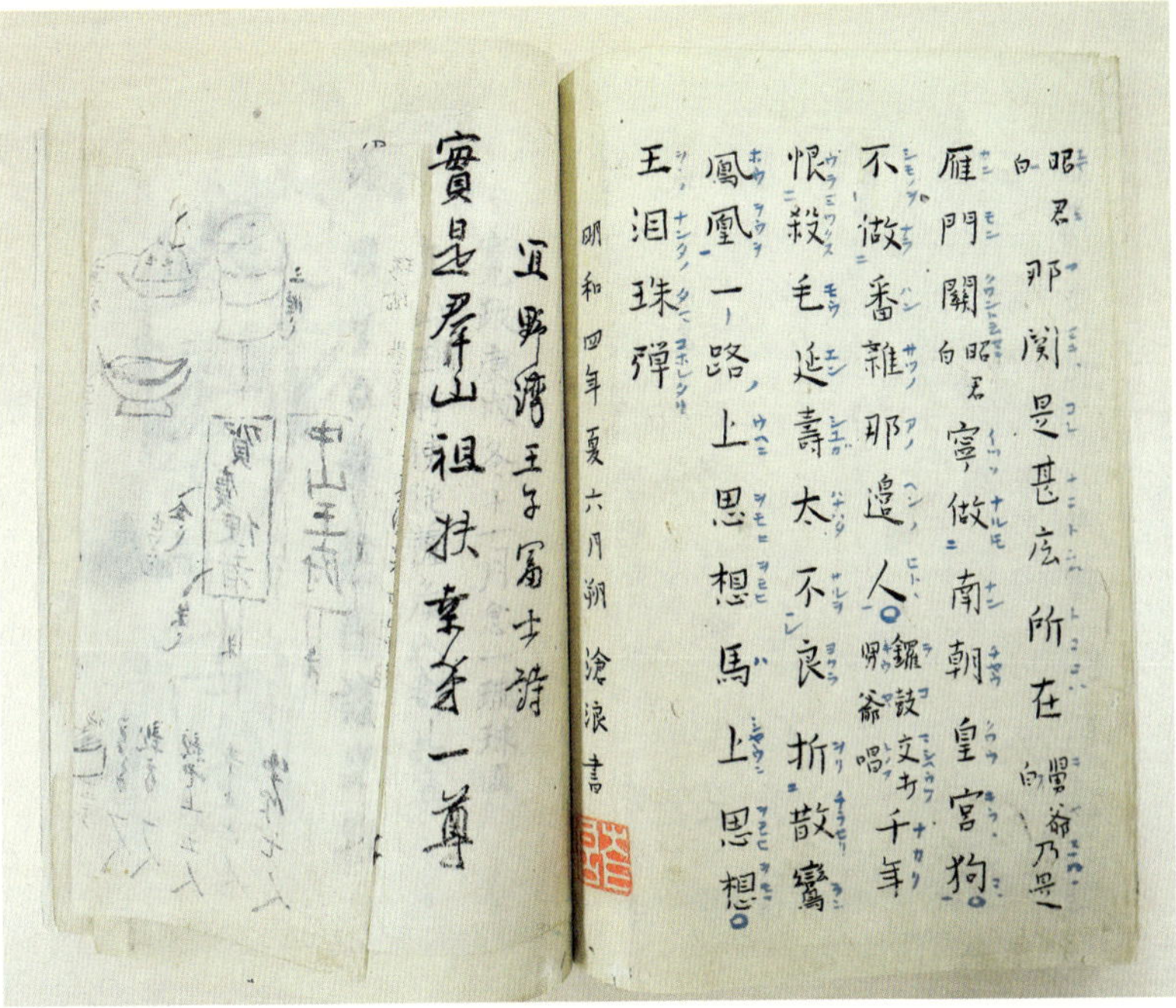

「琉歌并唐躍曲」（国立公文書館蔵、大田南畝『一話一言』巻一五）

6　絵画資料にみる唐躍

(1)　『琉球奏楽図』(大英図書館蔵)

①　餞夫

②　送茶一

③　送茶二

④ 奪傘一

⑤ 奪傘二

⑥ 奪傘三

⑦ 趺包一

⑧ 趺包二

⑨ 趺包三

(2)「琉球人坐楽之図」（永青文庫蔵）

① 打花鼓

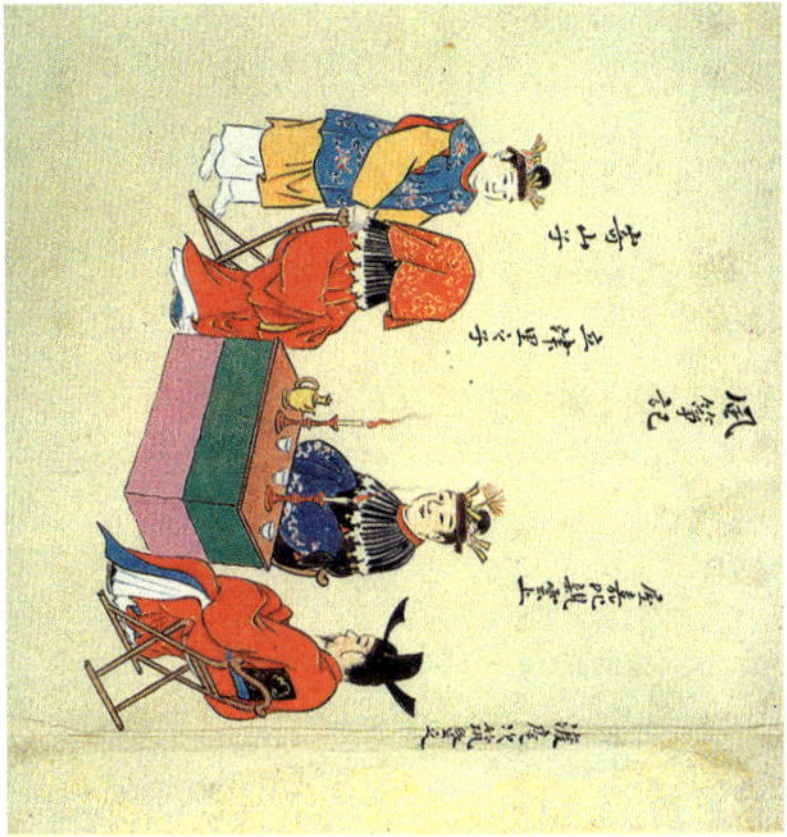

② 風箏記

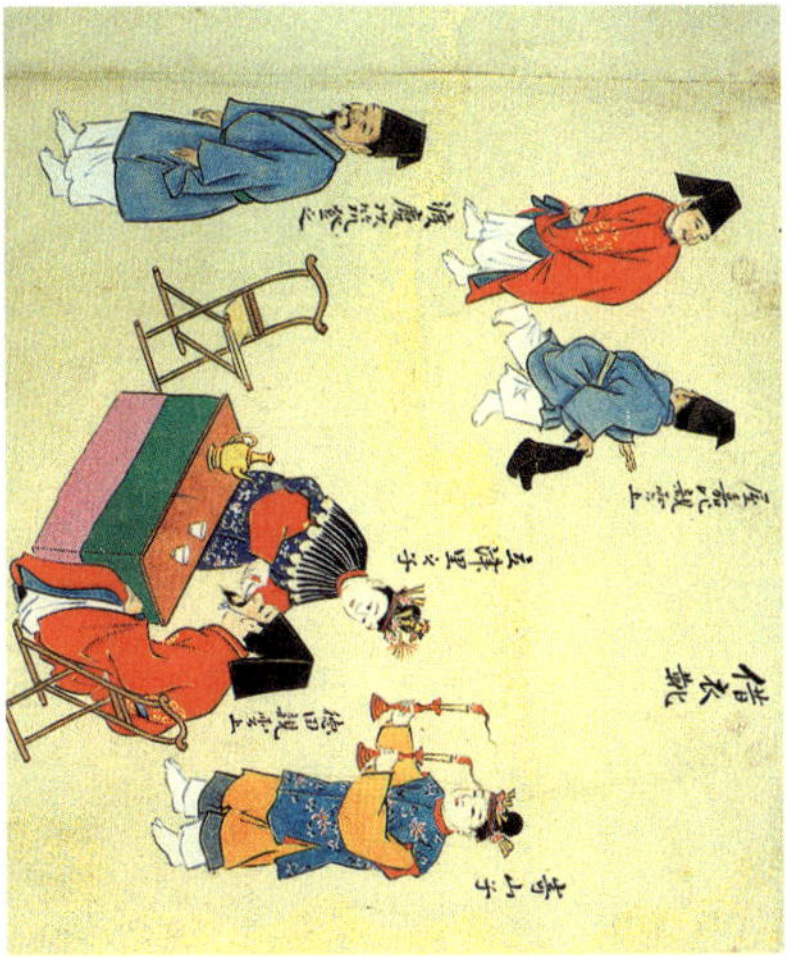

③ 借衣靴

(3)「琉球人坐楽并躍之図」（沖縄県立博物館・美術館蔵）

① 打花鼓

② 和蕃

③ 風筝記

あとがき

本書は、平成二〇年度〜二三年度の科学研究費補助金による共同研究「御冠船踊りの研究―対中日外交の場に生成された琉球の身体」を研究代表者として計画する契機となった論文（第1章、第9章）、その成果（第2章、第5章〜第8章）に、その後の展開あるいは補足として執筆した論文（第3・4章、第10章）を加え、冒頭に研究の主題と方法をあらためて整理した序章を配して一冊とした。したがって本書は、この共同研究に研究分担者として参加していただいた金城厚氏（沖縄県立芸術大学）、細井尚子氏（立教大学）、共同研究に関連して開催されたシンポジウム「御冠船踊り―近世琉球の自己表象」（平成二二年三月二〇日、同二三年三月一九日、同二四年三月二四日）にご出席くださった方々の多大な学恩を蒙っている。あらためてお礼を申し上げる。

＊

これまでの科学研究費補助金による研究課題が多く琉球芸能に係る資料整理であったのは、琉球芸能史の研究にその基礎となる資料の整備が著しく欠けていたからである。ようやく琉球・沖縄芸能史年表作成研究会（代表波照間永吉）編による『琉球・沖縄芸能史年表』古琉球〜近代篇（国立劇場おきなわ、二〇一〇年）、その戦後篇六集が刊行され、琉球芸能史研究に格段の進展が望める状況となった。この年表の近世がおもに家譜から資料を採っているように、士族の家譜は近世琉球の芸能に係る基礎資料となる。私自身も別に家譜から芸能資料を抽出する作業を行い（「家譜にみられる芸能資料」『ムーサ』八〜一〇、二〇〇七〜九年）、これが本研究の基盤となった。「家譜にみられる芸能資料」は事項ごと、あるいは年表のかたちで芸能資料を整理したが、論文に家譜資料を使うに際してはさらにテーマによって整理し直す必要があった。これら家譜に基づく各種資料、また尚家文書『冠船御礼式日記』の翻刻などを【資料】1～4、a～eとして本書に収めたのは、資料に基づいた議論、批判を得たいと考えたからである。かつて大学院生の頃に『歌舞伎評判記集成』の手伝いをさせていただき、論文を執筆する時間を削っても基礎資料の充実に力を注ぐべきことを教えてくださったのは鳥越文蔵先生であった。近世琉球の芸能史については家譜による資料の整理を終え、稚拙ながら論を提出できるようになったのが冒頭に述べた科研である。

沖縄の芸能研究を、芸能の現場に伝わる口頭伝承から引き離し、史実に基づく歴史研究とすべきことは池宮正治先生の説くところでもある。加えて本書にいう王府芸能は時代の趣味、観客の嗜好によってのみ律せられるものではなく、唐・大和との外交関係、王府の外交姿勢に規定される部分が大きい。従って芸能の動向は近世琉球の政治史、外交史のなかで読み解かなければならない。紙屋敦之、徳永和喜、喜舎場一隆、豊見山和行の諸氏に導かれながら史学の視点を獲得すべく努めたものの、もとより充分とは言い難い。本書には恐らく初歩的な誤謬が多いと思われる。諸賢のご批正をいただければ幸いである。

そうした事情もあって、論文が決定稿になるには時間を要した。しかもなお多くの重複を残してしまった。巻末に初出一覧を掲げたものの、初出をそのまま収録した論文はほとんどなく、多くは大幅に改稿した。わずか七年間に書かれた論文であり、資料に基づく研究を心掛けたにも関わらず、自らの前説を否定しつつ新たな発見を得るという紆余曲折の結果である。初出の論文が結果として習作でしかなかったことを、発表の機会をくださった学会、大学および編者の方々にお詫び申し上げる。

＊

沖縄県立芸術大学の教員生活における最後の科研と思い定めた前述の研究テーマは、必ずしもそれまでの研究の展開ではなかった。

振付の視点から琉球舞踊の動きの記譜を試みて構成譜という一種の舞踊譜を考案し、地謡の琉歌や番組のかたちで残されたわずかな文献資料から近世における女踊りの世界に遡及しようとした研究は、御冠船踊りが地方に伝播して残った村踊りに出会うことによって、やがて御冠船踊りの芸態を復元する研究へ向かった。舞踊の様式（振付）、あるいは節や歌（音楽、文学）によって規定される身体を通して近世琉球の思想を明らかにし、近代の沖縄がそれをどのように受け止めたかを解明する、という研究課題を芸態研究によって行いたいという思いがあった。

近世琉球において、唐（中国）、大和（日本）の御取合に王府が用いた芸能―王府芸能は近代に新たな観客を迎え、それを演じる者の立場や理解も変化して現在の組踊り、琉球舞踊となる。他方、士族社会の芸能は近世から明治期にかけて間切役人の子弟の首里奉公、士族の地方下り、廃藩置県で禄を失った士族などによって地方の村々に伝えられ、村踊りとして継承されている。御冠船踊り復元をめざした科研「尚育王代における琉球芸能の環境と芸態復元の研究」（平成一二年度～一四年度）の試演会で村踊りを取り上げたのは、近代に変質を蒙った琉球舞踊よりは村踊りが御冠船踊り復元の手掛かりとなると考えたからである。村踊りには現在の琉球舞踊にはみられない技法や演目が残され、御冠船踊りの遺産が伝えられている。

村踊りを扱うためにはまずモノグラフが必要であると考えて幾篇かの「村踊りの民俗誌」を執筆し、村踊りの伝承過程における芸態変化の資料とすべく古い映像を数多く収集し、「村踊り関係文献資料年表」（トヨタ財団研究助成報告書、二〇〇八年）を作成したものの、村踊りにおける芸態の分析の道程はいまだ遠い。むしろ並行して準備していた王府芸能の環境を明らかにする文献研究、歴史研究を先にまとめることで村踊りの研究に資するところがあると考え、冒頭に述べた科研の研究課題となった。王府を頂点とする士族社会における芸能の歴史的推移と、芸能に対する士族の考え方を明らかにすることにより、それを受容した村踊りとの相互の関係において一方の軸がはっきりするからである。

＊

大学で研究を指導してくださった郡司正勝先生からは、芸能の研究に必要な批評眼を教わった。芸術研究においては当然のことであるが、批評には研究とは別の覚悟が求められる。初めての論文を掲載していただいた『近世文芸―研究と評論』の誌名のように、早稲田大学の文学部には批評する精神と責任を併せ持つ研究を尊重する風潮があった。そうした環境に育った私は、民俗芸能であれ舞台芸能であれ、心を動かされることが常に研究の動機となった。

沖縄の大学に赴任して沖縄の芸能に本格的に出会うことになり、専門家が踊る琉球舞踊より素人の村踊りに面白みを感じることが多かった。充分な根拠を示さずに発言することは舞踊家の方々に対して甚だ失礼であるが、琉球舞踊よりむしろ村踊りに沖縄を感じたことによる。村踊りが素人によって踊られるからそこに沖縄を感じるのではなく、士族から教わった芸能を伝承する村踊りが、近代の様々な影響に晒されながら近世琉球の芸能のかたちをよく残しているためである。

琉球舞踊に沖縄が希薄になってしまった原因は、近代に置かれた沖縄の特殊な状況のなかで沖縄が近世をどのように継承したか、琉球舞踊が決定的に変質した戦後の一時期に外からの視線によって沖縄がどのような影響を受け、沖縄が自らの芸能をどのように理解しようとしたかという問題に解明の糸口がある。これらの問題を考えるためにはまず近世琉球の芸能に遡り、芸能の創り出す世界、その世界を支える思想―つまりそれらが集約された近世琉球の身体を知る必要があった。その手段として琉球舞踊の近代における変化を遡り、村踊りから御冠船踊りを透かし見る芸態研究がある。

こうした問題に対して不用意な発言を繰り返すことに対して、私を批判する方々も沖縄に多い。本書はその批判にお応えするための序論に過ぎず、本論となる次の一冊が日の目をみるまでは是非とも健康であり続けなければならない責任が私にはある。次の一冊を読んでいただけないならば、舞踊家の方々、教室で私の話に耳を傾けてくれた学生の皆さんに申し訳が立たない。

*

本書が世に出たのは岩田書院の岩田博氏のお蔭である。研究書を量産することによって著者に負担を強いず、経営も成り立つという哲学を飄々と実践しながら、実は膨大な原稿に目を通して研究を送り出し、社会的財産にしてくださっている。

なお校正については鈴木良枝さんを煩わせた。ガムラン音楽の研究者である立場からすれば分野違いの校正に相当な苦労があったようだが、仲間内の言語という弊害からは幾分逃れることができた。

ようやく上梓できた論文集が成るについては沢山の方々のお世話になった。一々のお名前は記さないが、深甚なる感謝を申し上げる。

平成二七年仲秋の瀬良垣にて

板谷　徹

初出一覧

序にかえて
御冠船踊りまたは王府芸能への視角
書き下ろし

Ⅰ　御冠船踊りの相貌

1　御冠船踊りの相貌—芸をめぐる人と場—
『演劇研究センター紀要』Ⅸ〈21世紀COEプログラム〈演劇の総合的研究と演劇学の確立〉〉、二〇〇七年

2　親雲上（ぺーちん）の鬚—御冠船踊りにおける芸の前提—
『ムーサ』一一、二〇一〇年

Ⅱ　唐・大和の御取合と若衆の役割

3　唐・大和の御取合と若衆—琉球における躍童子と楽童子—
島村幸一編『琉球　交叉する歴史と文化』（勉誠出版、二〇一四年）

4　楽童子の成立—紋船使から江戸立へ—
書き下ろし

Ⅲ　冊封使の観た御冠船踊り

5　御冠船踊りを観る冊封使—唐の御取持—

『ムーサ』一三、二〇一二年

6　故事としての御冠船踊り―尚敬冊封の画期―
『ムーサ』一四、二〇一三年

Ⅳ　王子使者の御膳進上と薩摩藩主

7　近世琉球における王子使者と御膳進上
演劇博物館グローバルCOE紀要『演劇映像学2010』第四集

8　近世琉球の対薩摩関係における芸能の役割
『民族藝術』二五、二〇〇九年

Ⅴ　琉球に伝承された中国演劇

9　唐躍について
『民族藝術』二三、二〇〇七年。後に改稿して、板谷徹編著『交錯する琉球と江戸の文化―唐躍台本『琉球劇文和解』影印と解題』（榕樹書林、二〇一〇年）

10　唐躍台本『琉球劇文和解』の成立と島津重豪
『芸能史研究』二〇二、二〇一三年

著者紹介

板谷　徹（いたや・とおる）

昭和22年、東京に生まれる。

早稲田大学文学部哲学科卒業。同大学院博士課程芸術学専攻単位取得満期退学。

早稲田大学演劇博物館助手、早稲田大学、御茶の水女子大学、成城大学、大東文化大学などの非常勤講師を経て、
平成4年、沖縄県立芸術大学音楽学部に着任。平成25年定年退職。その後同大学名誉教授となる。

専攻は民族舞踊学。歌舞伎舞踊、神楽、琉球舞踊、村踊りなどを研究テーマとする。

編著書に、『交錯する琉球と江戸の文化―『琉球劇文和解』影印と解題』、『瀬良垣の豊年祭』『喜瀬の豊年祭』、報告書に『芸能による地域共同体の再構築―沖縄における村踊り伝承の支援』(トヨタ財団研究助成)、『沖縄における身体の近代化―御冠船踊りの受容をめぐって』『尚育王代における琉球芸能の環境と芸態復元の研究』『沖縄におけるエイサー芸能の動態の総合的研究』(以上科研)などがある。

近世琉球《きんせいりゅうきゅう》の王府芸能《おうふげいのう》と唐《とう》・大和《やまと》

2015年(平成27年)12月　第1刷　300部発行　　**定価[本体9900円＋税]**

著　者　板谷 徹

発行所　有限会社岩田書院　代表：岩田　博　　http://www.iwata-shoin.co.jp
〒157-0062　東京都世田谷区南烏山4-25-6-103　電話03-3326-3757　FAX03-3326-6788

組版・印刷・製本：三陽社

ISBN978-4-86602-940-5 C3039　¥9900E